普通高等学校规划教材

道路交通信息检测与数据处理技术

张惠玲　敖谷昌　主　编
王登贵　廖明军　副主编
　　　　邵毅明　主　审

人民交通出版社股份有限公司
北　京

内容提要

本书的主要内容分为两大部分:道路交通信息检测技术和交通数据处理技术。道路交通信息检测技术包括磁频车辆检测器、波频车辆检测器、视频车辆检测器、射频识别技术、手机检测、IC 卡(Integrated Circuit Card,集成电路卡)检测等检测方式,为了呼应各种检测器所使用的传感器,在书中介绍了传感器的相关内容;交通数据处理技术主要阐述了道路交通检测数据中常用的统计处理方法,并列出了具体的应用案例。

本书可以作为高等院校交通相关专业的本科生教材,也可作为相关领域的科研及工程技术人员的参考用书。

图书在版编目(CIP)数据

道路交通信息检测与数据处理技术/张惠玲,敖谷昌主编.—北京:人民交通出版社股份有限公司,2019.8

ISBN 978-7-114-15820-9

Ⅰ.①道… Ⅱ.①张… ②敖… Ⅲ.①公路运输—交通信息系统—研究 Ⅳ.①U491.1

中国版本图书馆 CIP 数据核字(2019)第 196120 号

Daolu Jiaotong Xinxi Jiance yu Shuju Chuli Jishu

书　名:	道路交通信息检测与数据处理技术
著 作 者:	张惠玲　敖谷昌
责任编辑:	郭晓旭　郭红蕊
责任校对:	孙国靖　魏佳宁
责任印制:	刘高彤
出版发行:	人民交通出版社股份有限公司
地　　址:	(100011)北京市朝阳区安定门外外馆斜街 3 号
网　　址:	http://www.ccpress.com.cn
销售电话:	(010)59757973
总 经 销:	人民交通出版社股份有限公司发行部
经　　销:	各地新华书店
印　　刷:	北京鑫正大印刷有限公司
开　　本:	787×1092　1/16
印　　张:	16
字　　数:	393 千
版　　次:	2019 年 8 月　第 1 版
印　　次:	2019 年 8 月　第 1 次印刷
书　　号:	ISBN 978-7-114-15820-9
定　　价:	48.00 元

(有印刷、装订质量问题的图书由本公司负责调换)

前 言

道路交通信息检测技术是实施道路交通管理及控制的基础技术，也是智能交通各部分得以实现的基础保障，更是智慧城市等各类高新技术得以顺利发展的关键技术之一。

道路交通信息检测技术主要对道路上的交通流量、速度、占有率等参数进行实时、长时间的检测。通过流量等参数的采集，为道路的控制策略制定提供实时的数据来源；通过车辆运行速度和占有率等参数的采集，为道路路段的交通运行状态判断提供基础数据，进而为车辆路径诱导等方案实施提供支持；通过对流量等参数的采集和预测等，为道路路网规划等提供基础依据。同时，由于检测器的原始数据不可避免地存在检测误差，对检测数据进行判断及合理的应用也是交通信息得以科学应用的关键技术之一。

基于对大量的国内外相关文献及科研成果进行查阅分析的基础上，结合多年交通信息检测与数据处理技术课程的讲授经验，通过对检测器所使用的传感器进行介绍，本书较广泛的介绍了交通信息检测技术所使用的道路检测器，其中所阐述的 HD 和 AD 微波车辆检测器为编者在美国访学期间，所访学校进行科学研究所常用的交通数据采集设备，编者将该设备的使用操作进行简化，作为微波车辆检测器的一部分引用到了本教材中。另外，书籍编写中考虑到常用检测器检测数据存在的异常情况以及经常面临的采集数量的要求、数据处理方式等，结合具体的交通数据，介绍了统计学在交通信息检测中的应用。

本书第 1、3 章由重庆交通大学张惠玲、廖明军老师编写。第 2 章由重庆交通大学王登贵老师编写，第 4、5 章由重庆交通大学张惠玲、敖谷昌、马庆禄老师编写。全书由重庆交通大学张惠玲、敖谷昌老师主编，重庆交通大学邵毅明教授主审。参与本书编写工作的还有重庆交通大学硕士研究生葛鹏、杨金燕、许裕东、刘晓晓、张艺、杨林玉、奚邦顺等，撰写过程中参考了国内外许多专家学者们的文献与著作，引用了其中的观点与结论，在此一并表示感谢！

鉴于道路交通信息检测及相关的数据处理技术正处于不断发展的过程，很多方面还有待深入研究，且编写人员水平有限，错误和不当之处在所难免，敬请各位读者批评指正。

编 者
2019 年 8 月

目 录

第1章 绪论 ... 1
- 1.1 道路交通信息检测的产生背景 ... 1
- 1.2 道路交通信息检测技术的发展 ... 1
- 1.3 道路交通信息检测技术的作用和地位 ... 4
- 1.4 交通信息的特点 ... 5
- 1.5 道路交通信息检测技术的主要内容 ... 6
- 1.6 误差相关概念 ... 6
- 课后习题 ... 9
- 本章参考文献 ... 10

第2章 传感器技术 ... 11
- 2.1 传感器技术概述 ... 11
- 2.2 压电传感器 ... 13
- 2.3 光电传感器 ... 18
- 2.4 超声波传感器 ... 29
- 2.5 微波传感器 ... 32
- 2.6 CCD图像传感器 ... 34
- 2.7 新型传感器 ... 37
- 课后习题 ... 40
- 本章参考文献 ... 40

第3章 道路交通信息检测技术原理 ... 41
- 3.1 磁频检测技术 ... 41
- 3.2 波频检测技术 ... 77
- 3.3 其他检测方式 ... 123
- 课后习题 ... 166
- 本章参考文献 ... 166

第4章 交通数据处理技术 ... 169
- 4.1 交通信息的内涵 ... 169
- 4.2 统计学基础 ... 169
- 4.3 交通数据处理案例 ... 200
- 课后习题 ... 231
- 本章参考文献 ... 232

第5章 道路交通信息检测技术发展展望 ... 233
- 5.1 目前道路交通信息检测技术的需求特点 ... 233
- 5.2 道路交通信息检测技术的研究方向 ... 240
- 课后习题 ... 246
- 本章参考文献 ... 246

第1章 绪　　论

1.1 道路交通信息检测的产生背景

随着交通工程的发展,智能交通系统(Intelligent Traffic System,简称ITS)以及智慧交通逐步成为交通工程发展的重要趋势,而智能交通系统从一开始的交通管理计算机化,逐步发展为强调系统性、信息交流的交互性及服务的广泛性的交通工程与管理系统。智慧交通的发展则更是依赖于交通信息。

智能交通系统是将先进的信息技术、数据通信传输技术、电子控制技术及计算机管理技术与先进的行政管理手段相结合,使其有效地综合运用于交通运输的服务、控制和管理。智能交通系统的目标和功能包括以下5个方面:

(1)提高道路交通的安全性:由于ITS提供的准确交通信息,驾驶员可以避开拥挤,预知险情,大幅度的减少意外事故的发生。

(2)增强道路交通的机动性:ITS能使交通管理系统实时适应当前的路网使用情况,对其分析,以最优的方式对车流集中地区进行分流和疏导,防止堵塞情况的发生,改善地面情况的机动性、便利性和舒适性。

(3)提高道路交通的利用率:ITS的交通信息给予出行者选择路线的自由,用最便捷的路线到达目的地,充分利用当前闲置的道路,避开不必要的拥挤,减少了交通延误、阻塞和事故,从而大幅度地提高路网的通行能力。

(4)提高汽车运输的生产率:ITS有效地促使道路畅通,合理地调度运输车辆、提高行驶效率、减少交通事故,这大大提高了汽车运输的生产效率和经济效益,并对社会经济发展的各方面都产生了积极的作用和影响。

(5)降低道路交通的污染:当前,汽车的行驶不可避免地给环境造成污染。ITS通过及时提供交通信息,使路网畅通无阻,减少汽车的滞留时间,从而降低了排放量,减少能源消耗,把污染降到最低。

道路交通信息检测系统主要是由前端的交通检测器和后端的用于数据处理分析的计算机组成。作为道路交通检测系统的重要组成部分,交通检测器在智能交通系统中占有重要的地位,它通过数据采集和设备监控等方式,在道路上实时地采集交通量、车辆速度、车流密度和时空占有率等交通参数,为计算机的信息处理和分析提供各种交通参数,是路网的监控中心分析、判断、发出信息和提出控制方案的主要依据。因此,交通检测器及其检测技术水平的高低直接影响到公路交通监控系统的整体运行管理水平。

1.2 道路交通信息检测技术的发展

道路交通信息检测技术(简称交通检测技术)的产生与道路交通管理、交通运输发展的需求密切相关。若要对道路交通实施科学、高效地管理,需要实时、准确、全面的交通信息作为支撑,必须全面实时地检测和收集道路交通的信息,为交通管理决策提供依据。交通信息采集与传输的实时性、全面性和可靠性是道路交通管理的必要前提,没有系统、全面、准确可靠的交通信息,就不可能实现对道路交通系统的有效管理和控制。而交通信息的自动采集,是通过传感与检测技术实现的,因此,交通检测技术应运而生,各国争相开展交通检测技术和交通信息传输技术的研究,研究如何准确、实时地采集交通信息,如何合理选择交通检测器,如何选择经济合理的通信方式,以便实现对路网中静态与动态交通信息的采集、传输,以满足道路交通管理对交通信息的需求。

交通检测技术的发展与电子技术、传感器技术、通信技术、计算机技术和图像处理技术的不断发展有着密切联系。其主要经历了人工检测和自动检测两个阶段。

第一阶段:早期的交通检测是通过人工方式进行的,即通过电话将人工采集的交通参数告诉管理中心工作人员。由于人员有限,对一些观测点只能做临时观测,观测数据随意性大,数据通过电话采集的实时性差。交通管理中心对数据的处理也是采用人工方式,工作量大,实时性差。后来,随着电视技术的发展,对重要路口采用摄像机进行拍摄,将拍摄的电视信号通过有线方式传送到观测室,用人工方式对图像进行分析,以得到有用的数据。第一阶段的特点是观测及数据处理都是通过人工方式进行的,成本较高,实时性及连续性较差。但人工检测方式在车型识别、车牌识别、事故检测等方面比传感器检测系统的检测精度要高得多。

第二阶段:这一阶段主要是利用各种车辆检测器自动获取道路上的动态交通参数。车辆检测器又称交通信息检测器,它以车辆为检测目标,检测车辆的存在或通过状况。车辆检测器起源于交通信号控制系统对交通数据的检测需求。所谓车辆检测器,就是指测量车辆的存在、通过速度、车道占有率以及交通流量等参数的检测装置。通过检测到的交通参数,为交通控制系统提供控制区域内的各种实时交通流信息。在第二阶段,随着电子技术、传感器技术、通信技术、计算机技术和图像处理技术的不断发展,车辆检测器从最初的被动式检测器,发展到电子感应式检测器、波频式车辆检测器和视频式车辆检测器。

交通信息的自动检测始于20世纪30年代初期,美国第一次尝试在道路交叉口设置车辆检测器,用于检测车辆到达交叉口的情况,并将检测信息传给路口信号机。当时采用的检测装置不是自动的,而是靠接受汽车喇叭声来获取车辆到达的,因此,要求车辆到交叉路口前某一指定的位置处必须鸣喇叭,检测器再用麦克风将这一声音信号传送给信号机。这一被动"感应"方式既不可靠,又加剧了交叉路口处的噪声污染,遭到公众的反对。不久,一种气动传感器便取代了这种落后的声控装置,并一度风行欧美各国,成为一种通用的车辆检测手段。这是交通信息自动检测的初级阶段。

20世纪60年代以来,随着电子技术的发展,以及交通工具自身需求的发展,电磁式检测器、地磁式检测器、环形线圈式检测器等种类繁多的电磁感应式检测器随之产生,并取代了旧式气动传感器。环形线圈式检测器在美国应用比较广泛,其最初是埋设在高速公路沿途检测点上,将检测数据传送到控制中心进行分析、处理和判断,后来将其埋设在城市道路和交叉口处,用来检测车流量、车道占有率、速度等交通参数,将检测数据传送到路口信号机或控制中心,为交通信号控制系统调整信号配时服务。从20世纪70年代到80年代,超声波式检测器、光电式检测器、雷达测速仪等波频车辆检测器迅速发展起来,其应用领域已扩展到道路交通状况调查和道路交通控制系统等范围。这一时期是交通检测技术的中级阶段。

20世纪80年代至90年代初,美国开始进行视频车辆检测技术的研究与应用,经过多年的发展,视频车辆检测技术已经相当成熟,与线圈感应检测技术相比,其优越性和高性价比已得到广泛公认,代表了交通检测领域的发展和应用方向。目前,视频车辆检测技术已在世界各国得到广泛的应用,这是交通检测技术的高级阶段。

我国自20世纪70年代以来,北京、上海、成都、深圳等地的高校和交通科研部门,先后成功研制了环形线圈式检测器、电磁式检测器以及超声波式检测器,并将其广泛用于城市的道路交通管理。近几十年来,随着我国交通事业的发展,在引进国外先进交通控制系统和技术的同时,"七五""八五""九五""十五""十一五"期间,我国进行了全面适合我国国情的"智能交通系统"的科技攻关项目的研究,交通检测技术的研究和发展进入了新的时期。

目前,实用的交通检测技术有环形线圈检测器、超声波检测器、磁性检测器、红外线检测器、微波检测器、视频图像处理技术等。其中环形线圈检测器广泛应用于城市交通面控系统和高速公路监控系统,它可用来检测交通流量、车道占有率、速度等参数,是一种最常用的交通检测装置。视频图像处理技术是将一段道路的交通状况摄成图像,然后用适当的图像处理技术进行处理,从而检测出交通参数的方法。该方法不需要改造路面,具有可检测多参数、检测范围较大,检测用的摄像机又可同时用于交通监控、使用灵活等特点,是目前国际上交通信息检测技术的研究热点,具有广阔的应用前景。

长期以来,交通检测主要是由感应式环形线圈检测器实现的,这种技术可以检测到车辆的存在。车道路面下埋设单个线圈可以完成车辆计数,同一条车道内按照固定距离布设双线圈可以测量车速,当车速低于一定阈值时,线圈检测器可以指示交通拥堵。

其他类型的交通检测器(如超声波检测器、雷达检测器和红外检测器)大都是安装在龙门架上,其安装和维护对交通流的干扰比线圈检测器要少,但是在恶劣气候的情况下,这些检测器没有感应线圈检测器的可靠性好。另外,这些检测器和线圈检测器一样,只能作为单点交通检测器使用。

基于图像处理的视频图像检测器(Video Image Detector, VID)是近年来应用于交通检测的众多技术之一。通过VID中的摄像机获取的图像被处理后可以获得车辆的存在、车速、车道占有率、车道流量等信息。在视频摄像机的拍摄区域内可以定义多个检测区域,这样摄像机就可以覆盖多条车道,多个摄像机可以同时连接到一个处理单元上以便覆盖更广阔的区域,而且通过计算机软件的处理,便可减少由阴影、遮挡以及阳光直射在摄像机上等原因所造成的问题。

虽然车辆检测器可以直接或间接地提供许多交通流特征,但动态视频图像更能帮助交通管理中心操作人员监视复杂的交通状态并做出适当的决定。交通管理中心将来自闭路电视(Closed-Circuit Television, CCTV)的可视图像作为交通检测器的补充信息,甚至可将其他检测器与视频交通监视相结合,加上警车、直升机通信员、道路维护部门、气象部门、出租车队以及日益增长的路上驾驶员的移动手机呼入等作为输入数据,将其运用于交通信息与管理。

此外,在交通管理实践中,有时需要采集车辆几何尺寸,比如超高检测器可在车辆接近隧道时向驾驶员发出预告。也可以借助于车长检测器和自动车辆分类技术实现公共汽车检测。电子收费需要将自动车辆检测和自动车辆分类技术结合使用。

如上所述,以电磁感应为检测机理的环形线圈和地磁式车辆检测技术、以形状感应为检测机理的超声波脉冲式和光电(红外)式车辆检测技术以及由多普勒雷达发展起来的微波检测技术已成为交通信息采集的主要技术手段。近年来，随着传感器技术、通信技术、计算机技术和图像处理技术的不断发展和完善，视频车辆检测技术已经成熟，该技术将是未来实时交通信息采集和处理的发展方向。交通检测技术已发展到基于视频的车辆检测技术和基于全球定位系统(Global Positioning System，GPS)、"汽车黑匣子"、手机定位的动态交通信息检测技术，而后三种属于移动型交通检测技术，是随着移动通信技术、卫星通信与定位技术的飞速发展而发展起来的。

目前，道路交通信息检测技术正朝着大范围、系统化、集成化、智能化的方向发展。

1.3 道路交通信息检测技术的作用和地位

当前，世界上正面临着一场新的技术革命，这场革命的主要基础就是信息技术。信息技术的发展给人类社会和国民经济的各个部门及各个领域带来了巨大的、广泛的、深刻的变化，并且正在改变着传统工业的生产方式，带动着传统产业和交通行业及其他新兴产业的更新和变革，是当今人类社会发展的强大动力。

现代信息技术主要有三大支柱：一是信息的传感技术(检测技术)，二是信息的传输技术(通信技术)，三是信息的处理技术(计算机技术)。

一般来说，建立一个科学合理的智能交通系统，首先必须全面地实时检测和收集道路的信息，为交通管理决策提供依据，而交通信息的采集，是通过传感检测技术来实现的。因此，交通检测技术实质上也就是交通信息检测技术。显而易见，在现代信息技三大环节中，"检测(采集)"是首要的、基础的一环，没有信息的"检测或采集"，通信"传输"就是"无源之水"，计算机"处理"更是"无米之炊"。所以，交通信息检测的可靠性与精确性直接关系着道路交通系统的管理效果和控制效果。交通信息检测是科学交通管理的依据，是交通控制系统中不可缺少的耳目。因此，在交通管理与控制中，或者说，在智能交通系统中，交通检测技术具有十分重要的地位和作用。

现代城市交通管理与控制系统(智能交通系统)是多种技术的综合体。它包括信息采集与传输、信息检测处理与显示、信号控制与最优化、交通管理与决策等多个组成部分。随着城市交通管理现代化的发展，交通检测技术在交通信号控制和交通管理及高速公路监控等方面得到了广泛的应用，已成为不可缺少的高端科学技术。

要实现道路交通的自动控制，就必须实时掌握在道路上行驶或静止的车辆状态，而描述道路交通状态的各种参数我们称为交通参数，如交通流量、流向、车速、车型、车道占有率等。我们通常把利用各种检测设备来获取交通参数、监视交通状况的技术称为交通检测技术，即利用车辆检测器收集(采集)交通信息(情报)的技术。这也是交通检测技术的狭义定义。

交通检测技术是实现交通信息采集(检测)系统的根本手段和方法，是道路交通管理系统中一个重要的组成部分，它是客观、真实、有效地获取各类交通信息的根本途径。在未来的智能交通系统中，交通检测技术将起到极其重要的作用，具有很大的发展前景。图1-1是城市道路交通管理系统结构框图，图1-2为智能道路交通管理系统组成与信息流程图，从这两幅图中可看出交通检测技术在道路交通管理系统中的作用和地位。

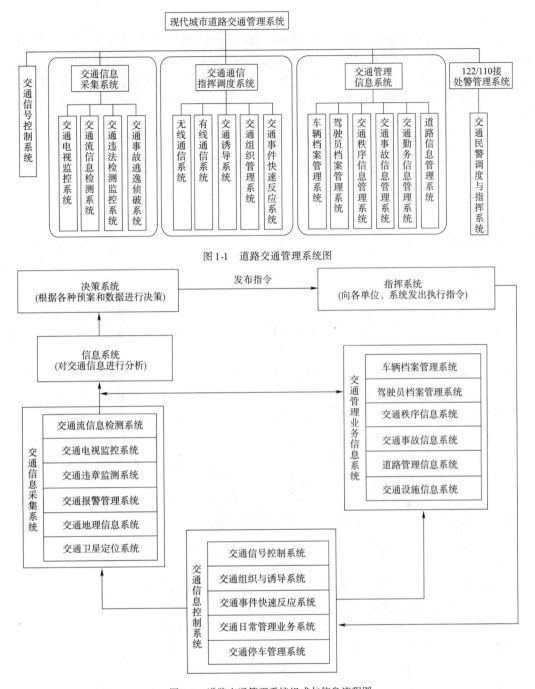

图 1-1 道路交通管理系统图

图 1-2 道路交通管理系统组成与信息流程图

1.4 交通信息的特点

交通信息根据信息变动的频率划分为静态交通信息和动态交通信息。静态交通信息主要是指表示交通系统中如高速公路、城市道路、公路设施、停车场分布等常规组成部分的性能、特性和指标的信息,这些信息在相当长的时间内是相对稳定的,如道路网信息、交通管理设施、交通管理者等交通基础设施信息。静态交通信息是由交通状态、空间位置和环境 3 个属性构成。

动态交通信息主要是指公路和城市道路上所有移动物体所具有的特定信息,这些信息根据实际交通状况时刻变化。它是由交通状态、交通位置、时间和环境4个属性构成,其主要包括网络交通流状态特征信息(流量、速度、占有率)、交通紧急事故信息、环境状况信息、交通动态控制管理信息等。或者说,动态交通信息是指实时道路交通流信息、交通控制状态信息、实时交通环境信息等时空上相对变化的信息。

1.5 道路交通信息检测技术的主要内容

1.5.1 主要内容

道路交通信息检测技术是以车辆为探测目标,研究如何检测车辆的通过或存在的问题。它是以采集交通信息为目的,寻求相应的检测手段,研究开发各种类型的车辆检测器,并利用起来采集所需要的交通信息。

交通检测技术主要包括以下内容:

(1)交通流检测。用于交通流参数(如车速、交通流量、时间占有率等)检测的传感器技术。

(2)车辆状态检测。用于检测个体行驶车辆特征的传感器技术。其中有关车长、行驶车道位置及速度的检测方法已较为成熟,对于尾气排放、乘客计数等检测技术尚不成熟。

(3)环境指标检测。用于检测气候(温度、湿度、风力)、空气污染及道路路面状态的传感器技术。

(4)车辆部件性能检测。用于检测车辆本身性能的检测器技术,并把这些参数通过车载面板显示出来,然后可通过车载通信设备传送给路边设备。

(5)驾驶员行为检测。用于检测驾驶员驾驶行为状态及驾驶员心理特征的传感器技术。

(6)货物运行状态检测。用于检测车载货物的各种行驶状态的参数等。

1.5.2 车辆检测器用途

(1)处理一系列检测器测得的信息,以优化道路交叉口的信号配时。

(2)开发交通流量和交通特征历史资料数据库。

(3)收集交通量大的道路和瓶颈地段处可能检测到的事故信息。

(4)在匝道及其相邻的路段监测交通流量,进行匝道车流调节和控制。

(5)控制停车场的栏杆,并提供车位占用信息。

(6)监测车速、车间距以及车辆超高高度等信息,并把这些信息立即传递给驾驶员,以便及时采取措施。

(7)检测等候车队长度,为车流调配提供依据。

1.6 误差相关概念

由于测量方法和实验设备不完善,周围环境的影响,以及受人们认识能力所限等,测量和实验所得数据和被测量的真值之间不可避免的存在差异,这在数值上即表现为误差。随着科学技术的日益发展和人们认识水平的不断提高,虽可将误差控制的越来越小,但终究不能完全消除它。误差存在的必然性和普遍性,已被大量实践所证明。为了充分认识并进而减小误差,必须对检测过程和科学实验中始终存在着的误差进行研究。

误差研究的意义在于:

(1)正确认识误差的性质,分析误差产生的原因,以减小误差。

(2)正确处理测量和实验数据,合理计算所得结果,以便在一定条件下得到更接近真值的数据。

(3)正确组织实验过程,合理设计仪器或选用仪器和测量方法,以便在最经济的条件下得到理想的结果。

1.6.1 误差的定义及表示法

所谓误差就是测得值与被测量的真值之间的差,可用下式表示

$$误差 = 测得值 - 真值 \tag{1-1}$$

例如在长度计量测试中,测置某一尺寸的误差公式具体形式即为

$$误差 = 测得尺寸 - 真实尺寸 \tag{1-2}$$

测量误差可用绝对误差表示,也可用相对误差表示。

1.6.1.1 绝对误差

某量值的测得值和真值之差为绝对误差,通常简称为误差。

$$绝对误差 = 测得值 - 真值 \tag{1-3}$$

由式(1-3)可知,绝对误差可能是正值或负值。

在实际工作中,经常使用修正值。为消除系统误差用代数法加到测量结果上的值称为修正值,将测得值加上修正值后可得近似的真值,即

$$真值 \approx 测得值 + 修正值 \tag{1-4}$$

由此得

$$修正值 = 真值 - 测得值 \tag{1-5}$$

修正值与误差值的大小相等而符号相反,测得值加上修正值后可以消除该误差的影响。但必须注意,一般情况下难以得到真值,因为修正值本身也有误差,修正后只能得到较测得值更为准确的结果。

1.6.1.2 相对误差

绝对误差与被测量的真值之比值称为相对误差,因测得值与真值接近,故也可近似用绝对误差与测得值之比值作为相对误差,即

$$相对误差 = \frac{绝对误差}{真值} \approx \frac{绝对误差}{测得值} \tag{1-6}$$

由于绝对误差可能为正值或负值,因此相对误差也可能为正值或负值。

1.6.1.3 引用误差

所谓引用误差指的是一种简化和使用方便的仪器仪表示值的相对误差,它是以仪器仪表某一刻度点的示值误差为分子,以测量范围上限值或全量程为分母,所得的比值称为引用误差,即

$$引用误差 = \frac{示值误差}{测量范围上限} \tag{1-7}$$

1.6.2 误差来源

在测量过程中,误差产生的原因可归纳为以下几个方面。

1.6.2.1 测量装置误差

以固定形式复现标准量值的器具,不可避免地都含有误差。

(1)仪器误差

凡用来直接或间接将被测量和已知量进行比较的器具设备,称为仪器或仪表,它们本身都具有误差。

(2)附件误差

仪器的附件及附属工具,也会引起测量误差。

1.6.2.2 外界条件的影响

测量工作都是在一定的外界环境条件下进行的。因此,环境因素(如温度、风力、大气折光等)的差异和变化都会直接对观测结果产生影响,给观测结果带来误差。

1.6.2.3 方法误差

测量方法不完善所引起的误差,如采用近似的测量方法而造成的误差。

1.6.2.4 人员误差

测量者受分辨能力的限制,因工作疲劳引起的视觉器官的生理变化,固有习惯引起的读数误差,以及精神上的因素产生的一时疏忽等所引起的误差。

总之,在计算测量结果的精度时,对上述四个方面的误差来源,必须进行全面的分析,力求不遗漏、不重复,特别要注意对误差影响较大的那些因素。

1.6.3 误差分类

按照误差的特点与性质,绝差可分为系统误差、随机误差(也称偶然误差)和粗大误差三类。

1.6.3.1 系统误差

在同一条件下,多次测量同一量值时,绝对值和符号保持不变,或在条件改变时,按一定规律变化的误差称为系统误差。

例如标准量值的不准确、仪器刻度的不准确而引起的误差。

系统误差又可按下列方法分类:

(1)按对误差掌握的程度分

已定系统误差,是指误差绝对值和符号已经确定的系统误差。

未定系统误差,是指误差绝对值和符号未能确定的系统误差,但通常可估计出误差范围。

(2)按误差出现规律分

不变系统误差,是指误差绝对值和符号为固定的系统误差。

变化系统误差,是指误差绝对值和符号为变化的系统误差。按其变化规律,又可分为线性系统误差、周期性系统误差和复杂规律系统误差等。

1.6.3.2 随机误差

在同一测量条件下,多次测量同一量值时,绝对值和符号以不可预定方式变化着的误差称为随机误差。例如仪器仪表中传动部件的间隙和摩擦、连接件的弹性变形等引起的示值不稳定。

1.6.3.3 粗大误差

超出在规定条件下预期的误差称为粗大误差,或称"寄生误差"。此误差值较大,明显歪曲测量结果,如测量时对错了标志、读错或记错了数、使用有缺陷的仪器以及在测量时因操作不细心而引起的过失性误差等。

上面虽将误差分为三类,但必须注意各类误差之间在一定条件下可以相互转化。对某项具体误差,在此条件下为系统误差,而在另一条件下可为随机误差,反之亦然。如按一定基本尺寸制造的量块,存在着制造误差,对某一块量块的制造误差是确定数值,可认为是系统误差,但对一批量块而言,制造误差是变化的,又称为随机误差。在使用某一量块时,没有检定出该量块的尺寸偏差,而按基本尺寸使用,则制造误差属随机误差。若检定出量块的尺寸偏差,按实际尺寸使用,则制造误差属系统误差。掌握误差转换的特点,可将系统误差转化为随机误差,用数据统计处理方法减小误差的影响;或将随机误差转化为系统误差,用修正方法减小其影响。

总之,系统误差和随机误差之间并不存在绝对的界限。随着对误差性质认识的深化和测试技术的发展,有可能把过去作为随机误差的某些误差分离出来作为系统误差处理,或把某些系统误差当作随机误差来处理。

一般情况下,对于整个交通检测系统而言,可以使用平均误差(Mean Error,ME)分析检测值与真实值的整体情况。通过对平均误差的分析,可以对检测系统的误差进行修正。

对各种延误参数检测方法的误差进行统计时,使用平均误差对获取的延误参数与真实的延误参数进行对比,可判断所使用的检测方法的系统误差情况。平均误差的计算式如式(1-8)所示。

$$\text{ME} = \frac{1}{N}\sum_{i=1}^{N}(t_i - d_i) \tag{1-8}$$

式中:d_i——检测值;

t_i——真实值;

N——样本个数。

对于可以获取到每辆车的延误的检测方法,如基于视频车辆跟踪的延误参数获取方法,可以对周期内车辆的误差统计,使用平均相对误差(Mean Relative Error, MRE)统计一个周期内车辆的延误获取误差,误差的计算式如式(1-9)所示;对于统计周期之间整个系统的检测相对误差,使用平均绝对百分比误差(Mean Absolute Percentage Error,MAPE)进行统计,其计算式如式(1-10)所示。

$$\text{MRE} = \frac{\sum_{i=1}^{N}|d_i - t_i|}{\sum_{i=1}^{N}t_i} \tag{1-9}$$

$$\text{MAPE} = \frac{1}{N}\sum_{i=1}^{N}\left|\frac{d_i - t_i}{t_i}\right| \tag{1-10}$$

课后习题

1.1 交通信息检测经历了哪些发展阶段?各有什么特点?

1.2 交通信息检测涉及的内容有哪些?

1.3 误差指标选取时一般需要考虑哪些因素?

本章参考文献

[1] 张文溥.道路交通检测技术与应用[M].北京:人民交通出版社,2010.
[2] 费业泰.误差理论与数据处理[M].北京:机械工业出版社,2007.
[3] 张惠玲.信号控制交叉口延误参数获取方法研究[D].上海:同济大学,2011.
[4] 尹宝计.山地城市信号交叉口车辆运行规律与延误分析[D].重庆:重庆交通大学,2016.

第 2 章 传感器技术

传感器是交通检测技术的基础,是获取、感知、检测和转换信息的功能装置,处于被测对象与传输、处理系统的接点位置。新型传感器的出现往往能促进某项技术的飞速发展,交通检测技术更是如此。本章将对用于交通信息检测的各类传感器的原理及其应用做一基本阐述。

2.1 传感器技术概述

传感器技术是实现测试与自动控制的重要环节。在测试系统中,被作为一次仪表定位,其主要特征是能准确传递和检测出某一形态的信息,并将其转换成另一形态的信息。传感器作为信息获取与信息转换的重要手段,是实现信息化的基础技术之一,"没有传感器就没有现代科学技术"的观点已为全世界所公认。传感器的精度直接影响计算机控制系统的精度,可以说传感器在现代科学技术、工农业生产和日常生活中都起着不可替代的作用,是衡量一个国家科学技术发展水平的重要标志。

2.1.1 传感器的概念

传感器(transducer/sensor)在《传感器通用术语》(GB/T 7665—2005)中是这样定义的:"能感受被测量并按照一定的规律转换成可用输出信号的器件或装置,通常由敏感元件和转换元件组成"。根据这个定义可知,传感器具有以下属性:

(1)它是一种检测装置,能感受到被测量的信息,并能将感受到的信息,按一定规律变换成为电信号或其他所需形式的信息输出。

(2)它的输入量是某一被测量,可能是物理量,也可能是化学量、生物量等模拟或数字量。

(3)它的输出量是某种物理量,这种量要便于传输、转换、处理、显示等,可以是气、光、电量,但主要是电量。

(4)输出、输入有对应关系,且应有一定的精确程度。

传感器的组成如图 2-1 所示。

图 2-1 传感器的组成

敏感元件(sensing element):指传感器中能直接感受或响应被测量的部分。敏感元件是传感器的核心,也是研究、设计和制作传感器的关键。

转换元件(transducing element):指传感器中能将敏感元件感受或响应的被测量转换成适于传输或测量的电信号部分。

并不是所有的传感器都能明显地区分敏感元件和转换元件两部分,有的传感器转换元件不止一个,需要经过若干次的转换,有的则是将两者合二为一。

关于"传感器"这个词,目前国外还有许多其他叫法,如转换器(Converter)、检测器(Detector)和变送器(Transmitter)等,但当传感器的输出为规定的标准信号(1~5V、4~20mV)时,称为变送器(Transmitter),注意两者不要混淆。

2.1.2 传感器的分类

通常一种传感器可以检测多种参数,一种参数又可以用多种传感器测量,所以传感器的分类方法也很多,目前尚无统一规定,通常按下列原则进行分类。

(1)按被检测量分类

物理量传感器:能感受规定物理量并转换成可用输出信号的传感器。

化学量传感器:能感受规定化学量并转换成可用输出信号的传感器。

生物量传感器:能感受规定生物量并转换成可用输出信号的传感器。

(2)按输出信号分类

模拟式传感器:输出信号为模拟量的传感器。

数字式传感器:输出信号为数字量或数字编码的传感器。

(3)按工作机理分类

结构型传感器:利用机械构件(如金属膜片等)的变形检测被测量的传感器。

物性型传感器:利用材料的物理特性及其各种物理、化学效应检测被测量的传感器。

另外,按测量原理传感器还可分为电阻式、电感式、电容式、电位器式、压电式、磁电式、热电式、光伏式传感器等。

2.1.3 传感器的基本特性

传感器一般要变换各种信息量为电量,描述这种变换的输入与输出关系表达了传感器的基本特性。传感器的基本特性是指系统的输入/输出关系特性,及系统输出信号 $y(t)$ 与输入信号(被测量) $x(t)$ 之间的关系,如图2-2所示。

图2-2 传感器系统

对不同的输入信号,输出特性是不同的,对快变信号与慢变信号,由于受传感器内部储能元件(电感、电容、质量块、弹簧等)的影响,反应大不相同。快变信号要考虑输出的动态特性,即随时间变化的特性;慢变信号要研究静态特性,即不随时间变化的特性。

(1)传感器动态特性

传感器动态特性是指响应于被测量随时间变化有关的传感器特性,通常要求传感器不仅能精确地显示被测量的大小,而且还能复现被测量随时间变化的规律,这也是传感器的重要特性之一。

传感器的动态特性与其输入信号的变化形式密切相关,在研究传感器动态特性时,通常是根据不同输入信号的变化规律来考察传感器响应的。实际传感器输入信号随时间变化的形式可能是多种多样的,最常见、最典型的输入信号是阶跃信号和正弦信号。这两种信号在物理上较容易实现,而且也便于求解。

为便于分析传感器的动态特性,必须建立动态数学模型。建立动态数学模型的方法有多种,如微分方程、传递函数、频率响应函数、差分方程、状态方程、脉冲响应函数等。建立微分方程是对传感器动态特性进行数学描述的基本方法。在忽略了一些影响不大的非线性和随机变化的复杂因素后,可将传感器作为线性定常系统来考虑,因而其动态数学模型可用线性常系数微分方程来表示。能用一、二阶线性微分方程来描述的传感器分别称为一、二阶传感器,虽然传感器的种类和形式很多,但它们一般可以简化为一阶或二阶环节的传感器(高阶可以分解成若干个低阶环节),因此一阶和二阶传感器是最基本的。

(2)传感器静态特性

当传感器的输入信号是常量,不随时间变化(或变化极缓慢)时,其输入/输出关系特性称为静态特性,传感器的静态特性主要由下列几种性能来描述。

①线性度:传感器近似后的输出直线与实际曲线之间存在的最大偏差,通常用相对误差表示。

②迟滞:传感器在正、反行程期间,输入、输出曲线不重合的现象称迟滞。

③重复性:传感器输入量按同一方向做多次测量时,输出特性不一致的程度。

④灵敏度:在稳定条件下,输出微小增量与输入微小增量的比值。

⑤分辨率:传感器能够检测到的最小输入增量。

⑥阈值:输入小到某种程度时输出不再变化的 ΔX 称为阈值,或称门槛灵敏度,指输入零点附近的分辨能力。

⑦稳定性:表示传感器在较长时间内保持性能参数的能力。

2.1.4 传感器技术的发展趋势

近年来,传感器正处于传统型向新型传感器转型的发展阶段。新型传感器的特点是微型化、数字化、智能化、多功能化、系统化、网络化,它不仅促进了传统产业的改造,而且可导致建立新型工业,是21世纪新的经济增长点。归纳起来传感器技术将会有以下几个方向的变化。

(1)新型材料的开发与应用

材料是传感器技术的重要基础,由于材料科学的进步,将会出现具有新功能、新效应的材料,如光导纤维以及超导材料的开发、精密陶瓷材料、传感型复合材料等。

(2)智能化

智能化传感器是一种带有微处理器的传感器,它兼有检测判断、信息处理和故障检测功能,利用计算机可以编程的特点,使传感器或仪表内的各个环节自动地组合、分工、协作,使检测技术智能化。

(3)多功能传感器和仿生传感器

传感器一般来说只检测一种物理量,以后将研制出同时能检测多种信号的传感器。仿生传感器主要用于生物领域和食品工业上,如利用传感器色条的颜色变化来判断食品是否还可食用等。多功能传感器和仿生传感器都将成为传感器未来发展的方向。

2.2 压电传感器

压电式传感器是被测量变化转换成由于材料受机械力产生静电电荷或电压变化的传感

器。因此,压电式传感器是力敏元件,它能测量最终能变换为力的那些物理量,例如压力、应力、加速度等。压电式传感器具有体积小、质量轻、工作频带宽、灵敏度高、工作可靠、测量范围广等特点,因此在各种动态力、机械冲击与振动的测量,以及声学、医学、力学、航天等方面都得到了非常广泛的应用。

2.2.1 压电效应

压电效应可分为正压电效应和逆压电效应。一些电介质,在受到一定方向的外力作用而变形时,内部产生极化现象,而在其表面产生电荷,当去掉外力后,又重新回到不带电状态,这种将机械能转换成电能的现象,称为正压电效应。反之,当在电介质的极化方向上施加电场,这些电介质在一定方向上将产生机械变形或机械应力,当外电场撤去后,变形或应力也随之消失,这种物理现象称为逆压电效应(亦称为电致伸缩效应)。习惯上常把正压电效应称为压电效应,压电式传感器大多是利用正压电效应制成的。

具有压电效应的物体称为压电材料,如天然的石英晶体、人造压电陶瓷等。现以压电陶瓷材料(元件)为例说明压电效应。

压电陶瓷是人工制造的多晶体压电材料,内部晶粒有许多自发极化的电畴,有一定的极化方向,从而存在电场。在无外电场作用时,电畴在晶体中杂乱分布,它们的极化效应相互抵消,压电陶瓷内极化强度为零,如图2-3a)所示。因此原始的压电陶瓷呈中性,不具有压电性质。

在陶瓷上施加外电场时,电畴的极化方向发生转动,趋向于按外电场方向的排列,从而使材料得到极化。外电场越强,越有更多的电畴更完全地转向外电场方向。让外电场强度大到使材料的极化达到饱和的程度,即所有电畴极化方向都整齐地与外电场方向一致时,当外电场去掉后,电畴的极化方向基本没变化,即剩余极化强度很大,这时的材料才具有压电特性,如图2-3b)所示。

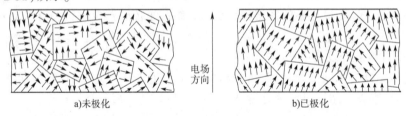

图2-3 压电陶瓷的极化

极化处理后陶瓷材料内部存在很强的剩余极化,当陶瓷材料受到外力作用时,电畴的界限发生移动,电畴发生偏转,从而引起剩余极化强度的变化,因而在垂直于极化方向的平面上将出现极化电荷的变化。这种因受力而产生的由机械效应转变为电效应,将机械能转变为电能的现象,就是压电陶瓷的正压电效应。电荷量q(库)的大小与外力成正比关系

$$q = d_{33}F \tag{2-1}$$

式中:d_{33}——压电陶瓷的压电系数,C/N;

F——作用力,N。

在压电陶瓷中通常把它的极化方向定为z轴,下标为3,是其对称轴,在垂直于z轴的平面上,任意选择正交轴为x轴和y轴,下标为1和2。极化压电陶瓷的平面是各向同性的,对于压电系数,可用等式$d_{32} = d_{31}$表示,它表明平行于极化轴(z轴)的电场,与沿着x轴(下标1)或y轴(下标2)的轴向力的作用关系是相同的。极化压电陶瓷受到如图2-4a)所示的均匀

分布的作用力 F 时,在镀银的极化面上,分别出现正、负电荷 q(库)。

$$q = -d_{32}F\frac{S_x}{S_y} = -d_{31}F\frac{S_x}{S_y} \tag{2-2}$$

式中:S_x——极化面的面积,m^2;

S_y——受力面的面积,m^2。

压电系数的大小表示压电材料的压电性能的好坏。这里,压电系数是指晶体承受单位力作用时所产生的电荷量,用 d_{ij} 表示。图 2-4b)为压电系数的坐标系的表示方向。

$$d_{ij} = \frac{Q_i}{F_j} \tag{2-3}$$

式中:d_{ij}——j 方向受力而在 i 方向上得到电荷的压电系数,C/N;

Q_i——压电晶体受外力后在晶体表面产生的电荷量,C;

F_j——压电晶体所承受的外力,N。

图 2-4b)中用 1、2、3 分别表示 x、y、z 三个轴的方向,而以 4、5、6 表示围绕 x、y、z 三个方向的剪切方向。d_{ij} 表示在 j 方向受力而在 i 方向得到电荷的压电系数,其中 d 的下标 $i=1,2,3$ 分别表示在垂直于 x、y、z 轴的晶片表面上产生电荷;d 的下标 $j=1,2,3$ 分别表示沿 x、y、z 轴方向承受单向应力;d 的下标 $j=4,5,6$ 分别表示晶体在 x、y、z 面上承受剪切应力。式(2-3)

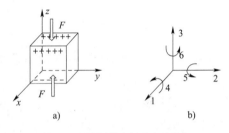

图 2-4 压电元件坐标系表示方向

中的 d_{33} 表示压电陶瓷沿 z 轴方向受力在 x 面上产生电荷时的压电系数。单晶材料(如石英晶体)的压电效应是由于这些单晶受外力时其内部晶格结构变形,使原来宏观表现的电中性状态被破坏而产生电极化。而经极化(一定温度下加以强电场)处理后的压电陶瓷、高分子薄膜的电性是电畴、电极偶子取向极化的结果。

用不同的电场强度对压电陶瓷极化,可以画出它的迟滞回线。压电陶瓷的剩余极化是因为材料微观的不均匀性,如剩余弹性应变、化学不纯等,随着时间其将逐渐减少,为了改进极化的稳定性,可以在材料中掺加杂质使极化被限制在一定位置。

2.2.2 压电传感器的等效电路

由压电元件的工作原理可知,压电元件两电极间的压电陶瓷或石英作为绝缘体,可以构成一个电容器,其电容量 C 为

$$C = \frac{\varepsilon_r \varepsilon_o S}{\delta} \tag{2-4}$$

式中:S——极板(压电片)面积,m^2;

ε_r——压电材料的相对介电常数;

ε_o——空气的介电常数,F/m;

δ——压电片的厚度,m。

当压电元件受外力作用时,两表面产生等量的正、负电荷 Q,压电元件的开路电压 U 为

$$U = \frac{Q}{C} \tag{2-5}$$

因此,把压电元件等效为一个电荷 Q 和一个电容 C_a 并联的等效电路,如图所示 2-5a)所示,也可以等效为一个电压源 U_a 和一个电容 C_a 串联的等效电路,如图所示 2-5b)所示。

压电传感器在使用时，总是与二次仪表配套或与测量电路相连，因此就要考虑连接电缆电容 C_c、前置放大器的输入电阻 R_i 和输入电容 C_i，以及传感器的泄漏电阻 R_a 的影响。压电传感器泄漏 R_a 与前置放大器的输入电阻 R_i 并联，为保证传感器具有一定的低频响应，要求传感器的泄漏电阻在 $10^{12}\Omega$ 以上，使 R_LC_a 足够大。与此相适应，测试系统应有较大的时间常数 τ，要求前置放大器有相当高的输入阻抗。图 2-6 为压电式传感器电压源与电荷源的实际等效电路。

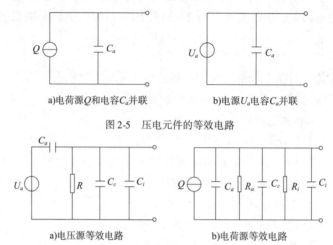

a)电荷源 Q 和电容 C_a 并联　　b)电源 U_a 电容 C_a 并联

图 2-5　压电元件的等效电路

a)电压源等效电路　　b)电荷源等效电路

图 2-6　压电元件的等效电路

既然压电传感器可以等效为电压源或电荷源，那么传感器的灵敏度也应该有两种表示方式。电压灵敏度为单位外力作用下压电元件产生的电压，即 $K_u = U/F$；电荷灵敏度为单位外力作用下压电元件产生的电荷，即 $K_q = Q/F$。电压灵敏度与电荷灵敏度之间的关系可写为 $K_u = K_q/C_\alpha$ 或 $K_q = K_uC_\alpha$。

2.2.3　压电传感器的组成及结构

压电式力传感器是以压电元件为转换元件，输出电荷与作用力成正比的力—电转换装置。压电式力传感器的种类很多，在工程实际应用中，根据其测力的情况，分为单分量力传感器与多分量力传感器。压电式力传感器多为荷重垫圈式结构，它由底座、传力上盖、压电晶片、电极、绝缘套、电极引出端子构成。

图 2-7 为压电式单向测力传感器的结构示意图。两块压电晶片反向叠在一起，电极 3 为负极，底座与传力上盖形成正极，绝缘套使正负极隔离。压电元件采用并联接法，提高了传感器的电荷灵敏度。

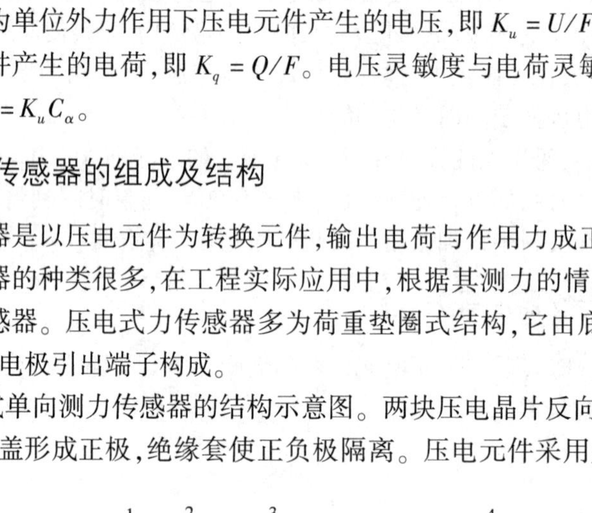

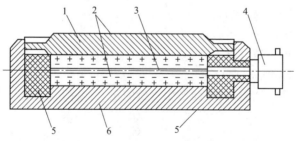

图 2-7　压电式单向测力传感器

1-上盖；2-晶片；3-中心电极；4-引出端；5-绝缘套；6-底座

被测力通过传力上盖使压电元件受压力作用而产生电荷。由于传力上盖的弹性形变部分的厚度很薄,只有 0.1~0.5mm,因此灵敏度非常高。这种力传感器体积小、质量小(为 10g 左右),分辨力可达 10^{-3}g,固有频率为 50~60kHz,主要用于频率变化小于 20kHz 的动态力的测量。其典型应用有在机床动态切削力的测试中做力传感器;在表面粗糙度测量仪中做力传感器;在测轴承支座反力时做传感器。

使用时,压电元件装配时必须施加较大的预紧力,以消除各部件与压电元件之间、压电元件与压电元件之间因加工粗糙造成接触不良而引起的非线性误差,使传感器工作在线性范围。表 2-1 给出了 YDS-78 型压电式力传感器的性能参数。

YDS-78 型压电式力传感器的性能参数表　　　　　表 2-1

测力范围	0~500kg	最小分辨力	0.1g
绝缘电阻	$2\times10^{14}\Omega$	固有频率	50~60kHz
非线性误差	<±1%	重复性误差	<1%
电荷灵敏度	38~44pC/kg	质量	10g

2.2.4　压电传感器的应用

广义地讲,凡是利用压电材料各种物理效应构成的各种传感器,都可称为压电式传感器。它们已被广泛地应用在工业、军事和民用等领域,并可直接利用压电式传感器测量力、压力、加速度、位移等物理量。

2.2.4.1　压电式加速度传感器

压电式加速度传感器结构一般有纵向效应型、横向效应型和剪切效应型 3 种。纵向效应型是一种最常见结构。如图 2-8 所示,压电元件和质量块为环形,通过螺栓对质量块预先加载,使之压紧在压电元件上。测量时将传感器基座与被测对象牢牢地紧固在一起。输出信号由压电元件的电极引出。

当传感器感受振动时,因为质量块相对被测物体质量较小,因此质量块感受与传感器基座相同的振动,并受到与加速度方向相反的惯性力,此力 $F=m\alpha$。同时惯性力作用在压电元件上产生的电荷为

$$q = d_{33}F = d_{33}m\alpha \tag{2-6}$$

式(2-6)表明电荷量直接反映加速度大小。它的灵敏度与压电材料、压电系数和质量块质量有关。为了提高灵敏度,一般选择压电系数大的压电陶瓷片。若增加质量块质量,会影响被测振动,同时会降低振动系统的固有频率,因此,一般不用增加质量的办法来提高传感器的灵敏度。另外,也可采用增加压电片的数目和合理的连接方法提高传感器灵敏度。

2.2.4.2　压电式测力传感器

图 2-9 为压电式单向力传感器的结构,它主要用于变化频率中等的动态力的测量,如车床动态切削力的测试。被测力通过传力上盖使石英晶片在沿电轴方向受压力作用而产生电荷,两块晶体片沿电轴反方向叠起,其间是一个片形电极,它收集负电荷。两压电晶片正电荷侧分别与传感器的传力上盖及底座相连。因此两块压电晶片被并联起来,提高了传感器的灵敏度。片形电极通过电极引出插头将电荷输出。

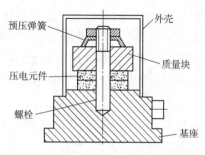
图 2-8 纵向效应型加速度传感器的截面图

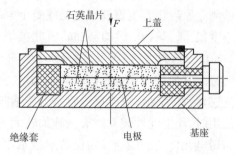
图 2-9 YDS-78I 型压电式单向力传感器结构

2.3 光电传感器

光电式传感器是以光电器件作为转换元件的传感器。它可用于检测直接引起光量变化的非电量,如光强、光照度、辐射测温、气体成分分析等;也可用来检测能转换成光量变化的其他非电量,如零件直径、表面粗糙度、应变、位移、振动、速度、加速度,以及物体的形状、工作状态的识别等。光电式传感器具有非接触、响应快、性能可靠等特点,因此在检测及控制领域中获得广泛应用。

2.3.1 光电效应

光照射到某些物质上,引起物质的电性质发生变化,也就是光能量转换成电能。这类光致电变的现象被人们统称为光电效应(Photoelectric effect)。光电效应一般分为外光电效应和内光电效应。

2.3.1.1 外光电效应

在光线的作用下,物体内的电子逸出物体表面向外发射的现象称为外光电效应。向外发射的电子叫作光电子。基于外光电效应的光电器件有光电管、光电倍增管等。光子是具有能量的粒子,每个光子的能量为

$$E = h\nu \tag{2-7}$$

式中:h——普朗克常数,6.626×10^{-34} J·s;

ν——光的频率,s^{-1}。

根据爱因斯坦假设,一个电子只能接受一个光子的能量,所以要使一个电子从物体表面逸出,必须使光子的能量大于该物体的表面逸出功,超过部分的能量表现为逸出电子的动能。外光电效应多发生于金属和金属氧化物,从光开始照射至金属释放电子所需时间不超过 10^{-9} s。根据能量守恒定理,有

$$h\nu = \frac{1}{2}mv_0^2 + A_0 \tag{2-8}$$

式中:m——电子质量,kg;

v_0——电子逸出速度,km/s;

A_0——电子逸出功,eV。

该方程称为爱因斯坦光电效应方程。光电子能否产生,取决于光电子的能量是否大于该物体的表面电子逸出功 A_0。不同的物质具有不同的逸出功,即每一个物体都有一个对应的光频阈值,称为红限频率或波长限。光线频率低于红限频率,光子能量不足以使物体内的

电子逸出,因而小于红限频率的入射光,光强再大也不会产生光电子发射;反之,入射光频率高于红限频率,即使光线微弱,也会有光电子射出。

当入射光的频谱成分不变时,产生的光电流与光强成正比。即光强越大,意味着入射光子数目越多,逸出的电子数也就越多。

光电子逸出物体表面具有初始动能 $mv_0^2/2$,因此外光电效应器件(如光电管)即使没有加阳极电压,也会有光电子产生。为了使光电流为零,必须加负的截止电压,而且截止电压与入射光的频率成正比。

2.3.1.2 内光电效应

当光照射在物体上,使物体的电阻率 ρ 发生变化,或产生光生电动势的现象叫作内光电效应,它多发生于半导体内。根据工作原理的不同,内光电效应分为光电导效应和光生伏特效应两类。

(1) 光电导效应

在光线作用,电子吸收光子能量从键合状态过渡到自由状态,引起材料电导率的变化,这种现象被称为光电导效应。基于这种效应的光电器件有光敏电阻。

当光照射到半导体材料上时,价带中的电子受到能量大于或等于禁带宽度的光子轰击,并使其由价带越过禁带跃入导带,如图 2-10 所示,使材料中导带内的电子和价带内的空穴浓度增加,从而使电导率变大。

为了实现能级的跃迁,入射光的能量必须大于光电导材料的禁带宽度 E_g,即

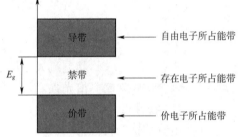

图 2-10 光电导效应图

$$h\nu = \frac{hc}{\lambda} = \frac{1.24}{\lambda} \geq E_g \tag{2-9}$$

式中:ν——入射光的频率,Hz;

λ——入射光波长,nm。

材料的光导性能决定于禁带宽度,对于一种光电导材料,总存在一个照射光波长限 λ_0,只有波长小于 λ_0 的光照射在光电导体上,才能产生电子能级间的跃进,从而使光电导体的电导率增加。

(2) 光生伏特效应

在光线作用下能够使物体产生一定方向的电动势的现象叫作光生伏特效应,基于该效应的光电器件有光电池、光敏二极管和三极管。

① 势垒效应(结光电效应)

接触的半导体和 PN 结中,当光线照射其接触区域时,便引起光电动势,这就是结光电效应。以 PN 结为例,光线照射 PN 结时,设光子能量大于禁带宽度 E_g,使价带中的电子跃迁到导带,而产生电子空穴对,在阻挡层内电场的作用下,被光激发的电子移向 N 区外侧,被光激发的空穴移向 P 区外侧,从而使 P 区带正电,N 区带负电,形成光电动势。

② 侧向光电效应

当半导体光电器件受光照不均匀时,有载流子浓度梯度将会产生侧向光电效应。当光

照部分吸收入射光子的能量产生电子空穴对时,光照部分载流子浓度比未受光照部分的载流子浓度大,就出现了载流子浓度梯度,因而载流子就要扩散。如果电子迁移率比空穴大,那么空穴的扩散不明显,则电子向未被光照部分扩散,就造成光照射的部分带正电,未被光照射部分带负电,光照部分与未被光照部分产生光电动势。基于该效应的光电器件有半导体光电位置敏感器件(Position Sensitive Device,PSD)。

2.3.2 外光电效应器件

基于外光电效应工作原理制成的光电器件,一般都是真空的或充气的光电器件,如光电管和光电倍增管。

2.3.2.1 光电管及其基本特性

(1) 结构与工作原理

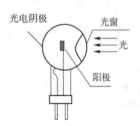

图2-11 光电管的结构示意图

图2-11为真空光电管的结构图。光电管由一个涂有光电材料的阴极和一个阳极构成,并且密封在一只真空玻璃管内。阴极通常是用逸出功小的光敏材料涂在玻璃泡内壁上做成,阳极通常用金属丝弯曲成矩形或圆形置于玻璃管的中央。当光线照射在阴极上时,阴极逸出电子在外加电场作用下到达阳极而形成外电流,其电流大小反映出照射光的强度,通过检测此电流的大小间接测出光强。

(2) 主要特性

① 光电管的伏安特性

在一定的光照下,对光电管阴极所加电压与阳极所产生的电流之间的关系称为光电管的伏安特性。真空光电管和充气光电管的伏安特性分别如图2-12a)、b)所示,它们是光电传感器的主要参数依据,充气光电管的灵敏度更高。

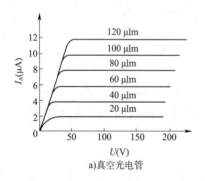
a) 真空光电管

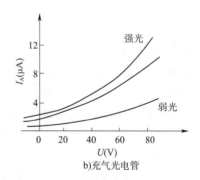
b) 充气光电管

图2-12 光电管的伏安特性

② 光电管的光照特性

通常指当光电管的阳极和阴极之间所加电压一定时,光通量与光电流之间的关系为光电管的光照特性。其特性曲线如图2-13所示。曲线1表示氧铯阴极光电管的光照特性,光电流 I 与光通量呈线性关系。曲线2为锑铯阴极的光电管光照特性,为非线性关系。光照特性曲线的斜率(光电流与入射光光通量之间的比值)称为光电管的灵敏度。

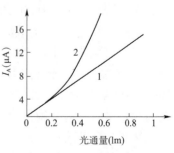

图2-13 光电管的光照特性

③光电管光谱特性

由于光阴极对光谱有选择性,光电管对光谱也有选择性。保持光通量和阴极电压不变,阳极电流与光波长之间的关系叫光电管的光谱特性。一般对于光电阴极材料不同的光电管,它们有不同的红限频率 v_0,因此它们可用于不同的光谱范围。除此之外,即使照射在阴极上的入射光的频率高于红限频率 v_0,并且强度相同,随着入射光频率的不同,阴极发射的光电子的数量还会不同,即同一光电管对于不同频率的光的灵敏度不同,这就是光电管的光谱特性。所以,对各种不同波长区域的光,应选用不同材料的光电阴极。

国产 GD-4 型的光电管,阴极是用锑铯材料制成的。其红限频率 $\lambda_0 = 7000\text{Å}$,它对可见光范围的入射光灵敏度比较高,转换效率为 25%~30%。它适用于白光光源,因而被广泛地应用于各种光电式自动检测仪表中。对红外光源,常用银氧铯阴极,构成红外传感器。对紫外光源,常用锑铯阴极和镁镉阴极。另外,锑钾钠铯阴极的光谱范围较宽,为 3000~8500Å,灵敏度也较高,与人的视觉光谱特性很接近,是一种新型的光电阴极;但也有些光电管的光谱特性和人的视觉光谱特性有很大差异,因而在测量和控制技术中,这些光电管可以担负人眼所不能胜任的工作,如坦克和装甲车的夜视镜等。

一般充气光电管当入射光频率大于 8000Hz 时,光电流将有下降趋势,频率越高,下降得越多。

2.3.2.2　光电倍增管及其基本特性

当入射光很微弱时,普通光电管产生的光电流很小,只有零点几微安,很不容易探测。为提高检测的灵敏度,可以采用光电倍增管对电流进行放大。

(1)结构和工作原理

如图 2-14 所示,由光阴极、次阴极(倍增电极)以及阳极三部分组成。光阴极是由半导体光电材料锑铯做成;次阴极是在镍或铜—铍的衬底上涂上锑铯材料而形成的,次阴极多的可达 30 级;阳极是最后用来收集电子的,收集到的电子数是阴极发射电子数的 $10^5 \sim 10^6$ 倍。即光电倍增管的放大倍数可达几万倍到几百万倍。光电倍增管的灵敏度就比普通光电管高几万倍到几百万倍。因此在很微弱的光照时,它就能产生很大的光电流。

(2)主要参数

①倍增系数 M

倍增系数 M 等于 n 个倍增电极的二次电子发射系数 δ 的乘积。如果 n 个倍增电极的 δ 都相同,则 $M = \delta_i^n$ 因此,阳极电流 I 为

$$I = i \cdot \delta_i^n \tag{2-10}$$

式中:i——光电阴极的光电流,A。

光电倍增管的电流放大倍数 β 为

$$\beta = \frac{I}{i} = \delta_i^n \tag{2-11}$$

M 与所加电压有关,M 在 $10^5 \sim 10^8$ 之间,稳定性为 1% 左右,加速电压稳定性要在 0.1% 以内。如果有波动,倍增系数也要波动,因此 M 具有一定的统计涨落。一般阳极和阴极之间的电压为 1000~2500V,两个相邻的倍增电极的电位差为 50~100V。对所加电压越稳定越好,这样可以减小统计涨落,从而减小测量误差,如图 2-15 所示。

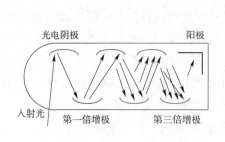

图 2-14　光电倍增管工作原理示意图

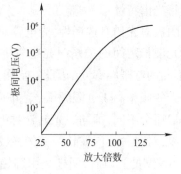

图 2-15　光电倍增管的特性曲线

② 光电阴极灵敏度和光电倍增管总灵敏度

一个光子在阴极上能够打出的平均电子数叫作光电倍增管的阴极灵敏度。而一个光子在阳极上产生的平均电子数叫作光电倍增管的总灵敏度。

光电倍增管的最大灵敏度可达 10A/lm，极间电压越高，灵敏度越高；但极间电压也不能太高，太高反而会使阳极电流不稳。

另外，由于光电倍增管的灵敏度很高，所以不能受强光照射，否则将会损坏。

③ 暗电流和本底脉冲

一般在使用光电倍增管时，必须把管子放在暗室里避光使用，使其只对入射光起作用；但是由于环境温度、热辐射和其他因素的影响，即使没有光信号输入，加上电压后阳极仍有电流，这种电流称为暗电流，这是热发射所致或场致发射造成的，这种暗电流通常可以用补偿电路消除。

如果光电倍增管与闪烁体放在一处，在完全避光情况下，出现的电流称为本底电流，其值大于暗电流。增加的部分是宇宙射线对闪烁体的照射而使其激发，被激发的闪烁体照射在光电倍增管上形成，本底电流具有脉冲形式。

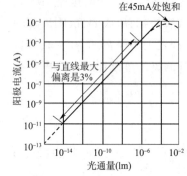

图 2-16　光电倍增管的光照特性

④ 光电倍增管的光谱特性

光谱特性反映了光电倍增管的阳极输出电流与照射在光电阴极上的光通量之间的函数关系。对于较好的管子，在很宽的光通量范围之内，这个关系是线性的，即入射光通量小于 10^{-4}lm 时，有较好的线性关系。光通量增大，开始出现非线性，如图 2-16 所示。

2.3.3　内光电效应器件

利用物质在光的照射下电导性能改变或产生电动势的光电器件称内光电效应器件，常见的有光敏电阻、光敏二极管和光敏三极管等。

2.3.3.1　光敏电阻

光敏电阻又称光导管，为纯电阻元件，其工作原理是基于光电导效应，其阻值随光照增强而减小。具有灵敏度高、光谱响应范围宽、体积小、质量轻、机械强度高、耐冲击、耐振动、抗过载能力强和寿命长等优点，缺点是需要外部电源，有电流时会发热。

(1) 光敏电阻的工作原理和结构

当光照射到光电导体上时，若光电导体为本征半导体材料，而且光辐射能量又足够强，光导材料价带上的电子将激发到导带上去,从而使导带的电子和价带的空穴增加,致使光导体的电导率变大。为实现能级的跃迁,入射光的能量必须大于光导体材料的禁带宽度 E_g,即

$$hv = \frac{h \cdot c}{\lambda} = \frac{1}{\lambda} \geq E_g(eV) \tag{2-12}$$

式中:v、λ——为入射光的频率和波长。

一种光电导体,存在一个照射光的波长限 λ_C,只有波长小于 λ_C 的光照射在光电导体上,才能产生电子在能级间的跃迁,从而使光电导体电导率增加。

光敏电阻的结构如图 2-17 所示。管芯是一块安装在绝缘衬底上带有两个欧姆接触电极的光电导体。光导体吸收光子而产生的光电效应,只限于光照的表面薄层,虽然产生的载流子也有少数扩散到内部去,但扩散深度有限,因此光电导体一般都做成薄层。为了获得高的灵敏度,光敏电阻的电极一般采用梳状图案。

CdS 光敏电阻是在一定的掩模下向光电导薄膜上蒸镀金或铟等金属形成的。这种梳状电极,由于在间距很近的电极之间有可能采用大的灵敏面积,所以提高了光敏电阻的灵敏度。图 2-18c)是光敏电阻的代表符号。

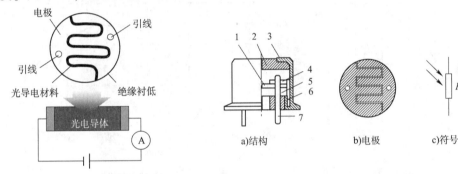

图 2-17 金属封装的硫化镉
光敏电阻结构图

图 2-18 CdS 光敏电阻的结构和符号
1-光导层;2-玻璃窗口;3-金属外壳;4-电极;5-陶瓷基座;6-黑色绝缘玻璃;
7-电阻引线

光敏电阻的灵敏度易受湿度的影响,因此要将导光电导体严密封装在玻璃壳体中。如果把光敏电阻连接到外电路中,在外加电压的作用下,用光照射就能改变电路中电流的大小,其连线电路如图 2-19 所示。

光敏电阻具有很高的灵敏度,很好的光谱特性,光谱响应可从紫外区到红外区范围内。而且体积小、质量轻、性能稳定、价格便宜,因此应用比较广泛。

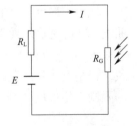

图 2-19 光敏电阻连线
电路图

(2)光敏电阻的主要参数和基本特性

①暗电阻、亮电阻、光电流

暗电流:光敏电阻在室温条件下,全暗(无光照射)后经过一定时间测量的电阻值,称为暗电阻,此时在给定电压下流过的电流为暗电流。

亮电流:光敏电阻在某一光照下的阻值,称为该光照下的亮电阻,此时流过的电流为亮电流。

光电流:亮电流与暗电流之差。

光敏电阻的暗电阻越大、亮电阻越小则性能越好。也就是说,暗电流越小,光电流越大,这样的光敏电阻的灵敏度越高。

实用的光敏电阻的暗电阻往往超过$1M\Omega$,甚至高达$100M\Omega$,而亮电阻则在几$K\Omega$以下,暗电阻与亮电阻之比为$10^2 \sim 10^6$,可见光敏电阻的灵敏度很高。

② 光照特性

在一定外加电压下,光敏电阻的光电流和光通量之间的关系为光照特性。不同类型光敏电阻的光照特性不同,但光照特性曲线均呈非线性。因此它不宜作定量检测元件,这是光敏电阻的不足之处。一般在自动控制系统中用作光电开关,图2-20表示CdS光敏电阻的光照特性。

③ 光谱特性

光谱特性与光敏电阻的材料有关。从图2-21中可知,硫化铅光敏电阻在较宽的光谱范围内均有较高的灵敏度,峰值在红外区域;硫化镉、硒化镉的峰值在可见光区域。因此,在选用光敏电阻时,应把光敏电阻的材料和光源的种类结合起来考虑,才能获得满意的效果。

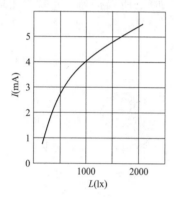

图2-20 CdS光敏电阻的光照特性

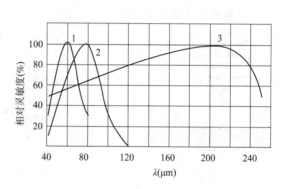

图2-21 CdS光敏电阻的光谱特性
1-硫化镉;2-硒化镉;3-硫化铅

④ 伏安特性

在一定照度下,加在光敏电阻两端的电压与电流之间的关系称为伏安特性。图2-22中曲线1、2分别表示照度为零及照度为某值时的伏安特性。由曲线可知,在给定偏压下,光照度较大,光电流也越大。在一定的光照度下,所加的电压越大,光电流越大,而且无饱和现象。但是电压不能无限地增大,因为任何光敏电阻都受额定功率、最高工作电压和额定电流的限制。超过最高工作电压和最大额定电流,可能导致光敏电阻永久性损坏。

⑤ 频率特性

当光敏电阻受到脉冲光照射时,光电流要经过一段时间才能达到稳定值,而在停止光照后,光电流也不立刻为零,这就是光敏电阻的时延特性。由于不同材料的光敏电阻时延特性不同,它们的频率特性也不同,如图2-23所示。硫化铅的使用频率比硫化镉高得多,但多数光敏电阻的时延都比较大,所以,它们不能用在要求快速响应的场合。

⑥ 稳定性

初制成的光敏电阻,由于体内机构工作不稳定,以及电阻体与其介质的作用还没有达到平衡,所以性能是不够稳定的。但在人为地加温、光照及加负载情况下,经$1 \sim 2$周的老化,性能可达稳定。光敏电阻在开始一段时间的老化过程中,有些样品阻值上升,有些样品阻值下降,但达到一个稳定值后就不再变了,这就是光敏电阻的主要优点。光敏电阻的使用寿命在密封良好、使用合理的情况下,几乎是无限长的。图2-24曲线1、2分别表示两种型号CdS光敏电阻的稳定性。

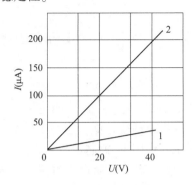

图2-22 光敏电阻的伏安特性

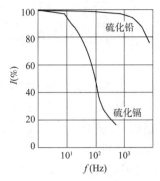

图2-23 光敏电阻的频率特性

⑦温度特性

光敏电阻的性能(灵敏度、暗电阻)受温度的影响较大。随着温度的升高,其暗电阻和灵敏度下降,光谱特性曲线的峰值向波长短的方向移动,如图2-25b)所示。硫化镉的光电流 I 和温度 T 的关系如图2-25a)所示。有时为了提高灵敏度,或为了能够接收较长波段的辐射,会将元件降温使用。例如,可利用制冷器使光敏电阻的温度降低。

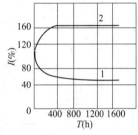

图2-24 光敏电阻的稳定性

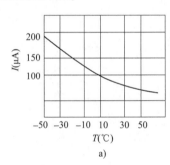

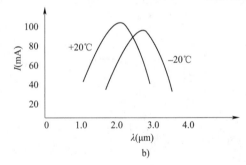

图2-25 光敏电阻的温度特性

2.3.3.2 光敏二极管

光敏二极管其基本结构是一个PN结。它和光敏电阻相比,重要的不同点是PN结面积小,因此它的频率特性特别好,但输出电流普遍比光电池小,一般为几微安到几十微安。按材料分,光敏二极管有硅、砷化镓、锑化铟光敏二极管等许多种。按结构分,有同质结与异质结之分。其中最典型的是同质结硅光敏二极管。

国产硅光敏二极管按衬底材料的导电类型不同,分为2CU和2DU两种系列。2CU系列以N-Si为衬底,2DU系列以P-Si为衬底。2CU系列的光敏二极管只有两条引线,而2DU系列光敏二极管有三条引线。

光敏二极管符号如图2-26所示。锗光敏二极管有A、B、C、D四类;硅光敏二极管有2CU1A~D系列、2DU1~4系列。

光敏二极管的结构与一般二极管相似,它装在透明玻璃外壳中,其PN结装在管顶,可直接受到光照射。光敏二极管在电路中一般处于反向工作状态,如图2-27所示。

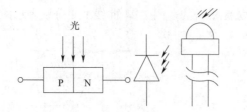 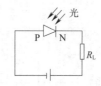

图 2-26　光敏二极管符号　　　　图 2-27　光敏二极管接线图

光敏二极管在没有光照射时,反向电阻很大,反向电流很小。反向电流也叫作暗电流。当光照射时,光敏二极管的工作原理与光电池的工作原理很相似。当光不照射时,光敏二极管处于截止状态,这时只有少数载流子在反向偏压的作用下,渡越阻挡层形成微小的反向电流即暗电流;受光照射时,PN 结附近受光子轰击,吸收其能量而产生电子—空穴对,从而使 P 区和 N 区的少数载流子浓度大大增加,因此在外加反向偏压和内电场的作用下,P 区的少数载流子渡越阻挡层进入 N 区,N 区的少数载流子渡越阻挡层进入 P 区,从而使通过 PN 结的反向电流大为增加,这就形成了光电流。光敏二极管的光电流 I 与照度之间呈线性关系。光敏二极管的光照特性是线性的,适合检测等方面的应用。

2.3.3.3　光敏三极管

光敏三极管有 PNP 型和 NPN 型两种,如图 2-28 所示。

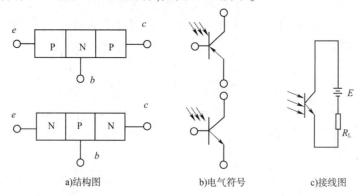

a) 结构图　　　　b) 电气符号　　　　c) 接线图

图 2-28　光敏三极管接线图

其结构与一般三极管很相似,具有电流增益,只是它的发射极一边做得很大,以扩大光的照射面积,且其基极不接引线。当集电极加上正电压,基极开路时,集电极处于反向偏置状态。当光线照射在集电结的基区时,会产生电子—空穴对,在内电场的作用下,光生电子被拉到集电极,基区留下空穴,使基极与发射极间的电压升高,这样便有大量的电子流向集电极,形成输出电流,且集电极电流为光电流的 β 倍。光敏三极管的主要特性如下。

(1) 光谱特性

光敏三极管存在一个最佳灵敏度的峰值波长。当入射光的波长增加时,相对灵敏度要下降。因为光子能量太小,不足以激发电子空穴对。当入射光的波长缩短时,相对灵敏度也下降,这是由于光子在半导体表面附近就被吸收,并且在表面激发的电子空穴对不能到达 PN 结,因而使相对灵敏度下降,如图 2-29 所示。

(2) 伏安特性

光敏三极管的伏安特性曲线如图 2-30 所示。光敏三极管在不同的照度下的伏安特性,就像一般晶体管在不同的基极电流时的输出特性一样。因此,只要将入射光照在发射极 e

与基极b之间的PN结附近,所产生的光电流看作基极电流,就可将光敏三极管看作一般的晶体管。光敏三极管能把光信号变成电信号,而且输出的电信号较大。

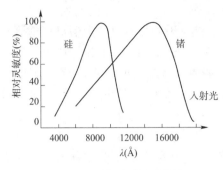

图2-29　光敏三极管光谱特性　　　　图2-30　光敏晶体管的伏安特性

(3) 光照特性

光敏三极管的光照特性如图2-31所示。它给出了光敏三极管的输出电流I和照度之间的关系。它们之间呈现了近似线性关系。当光照足够大(几千lx)时,会出现饱和现象,从而使光敏三极管既可作线性转换元件,也可作开关元件。

(4) 温度特性

光敏三极管的温度特性曲线反映的是光敏三极管的暗电流及光电流与温度的关系。从图2-32特性曲线可以看出,温度变化对光电流的影响很小,而对暗电流的影响很大。所以电子线路中应该对暗电流进行温度补偿,否则将会导致输出误差。

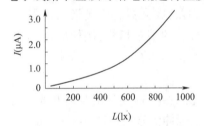 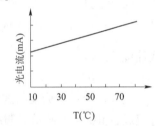

图2-31　光敏晶体管的光照特性　　　　图2-32　光敏晶体管的温度特性

(5) 频率特性

频率特性曲线如图2-33所示。光敏三极管的频率特性受负载电阻的影响,减小负载电阻可以提高频率响应。一般来说,光敏三极管的频率响应比光敏二极管差。对于锗管,入射光的调制频率要求在5kHz以下。硅管的频率响应要比锗管好。

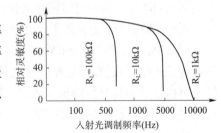

图2-33　光敏晶体管的频率特性

2.3.4　光电式传感器及其应用

2.3.4.1　光电式传感器的类型

光电传感器是非接触式传感器,在非电量测量中应用十分广泛,根据实际应用中输出量的性质可以将光电传感器的应用分为两类:模拟量光电检测系统和开关量光电检测系统。

(1) 模拟量光电检测系统

这种系统可将被测量转换为连续变化的光电流。有下列几种形式:

①用光电元件测量物体温度。如光电比色高温计就是采用光电元件作为敏感元件,将

被测物在高温下辐射的能量转换为光电流。

②用光电元件测量物体的透光能力。如测量液体、气体的透明度、混浊度的光电比色计,预防火警的光电报警器,无损检测中的黑度计等。

③用光电元件测量物体表面的反射能力。光线投射到被测物体上后又反射到光电元件上,而反射光的强度取决于被测物体表面的性质和状态,如测量表面粗糙度等。

④用光电元件检测位移。光源发出的光线被测物体遮挡了一部分,使照射到光电元件上光的强度变化,光电流的大小与遮光多少有关,如检测加工零件的直径、长度、宽度、椭圆度等尺寸。

(2) 开关量光电检测系统

这种系统是将被测量转换为断续变化的光电流;利用光电元件在有光照和无光照时的输出特性,用作开关式光电转换元件,属于这种类型的有电子计算机中的光电输入装置,光电测速传感器等。

2.3.4.2 应用实例

(1) 光电比色计

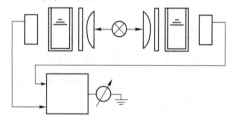

图 2-34 比色计的工作原理

光电比色计是用于化学分析的仪器,其工作原理如图 2-34 所示,光束分为两束强度相等的光线,其中一路光线通过标准样品,另一路光线通过被分析的样品溶液,左右两路光程的终点分别装有两个相同的光电元件,例如光电池等;光电元件给出的电信号同时送给检测放大器,放大器后边接指示仪表,指示值正比于被分析样品的某个指标,例如颜色、浓度或浊度等。

(2) 光电转速计

光电转速计分为反射式和透射式两大类,它们都是由光源、光路系统、调制器和光电元件组成,如图 2-35 所示。调制器的作用是把连续光调制成光脉冲信号,它可以是一个带有均匀分布的多个小孔(缝隙)的圆盘,也可以是一个涂上黑白相间条纹的圆盘。当安装在被测轴上的调制器随被测轴一起旋转时,利用圆盘的透光性或反射性把被测转速调制成相应的光脉冲。光脉冲照射到光电元件上时,即产生相应的电脉冲信号,从而把转速转换成电脉冲信号。

图 2-35a)是透射式光电转速计的原理图。当被测轴旋转时,其上的圆盘调制器将光信号透射至光电元件,转换成相应的电脉冲信号,经放大整形电路输出 TTL 电平的脉冲信号。转速可由该脉冲信号的频率来决定。图 2-35b)是反射式光电转速计的原理图。当被测轴转动时,反光与不反光交替出现,光电元件接收光的反射信号,并转换成电脉冲信号。

频率可用一般的频率表或数字频率计测量。光电元件多采用光电池、光敏二极管或光敏三极管,以提高寿命、减小体积、减小功耗和提高可靠性。被测转轴每分钟转速与脉冲频率的关系如下

$$n = \frac{60f}{N} \tag{2-13}$$

式中:n——被测轴转速,min;

f——电脉冲频率,s^{-1};

N——测量孔数或黑白条纹数。

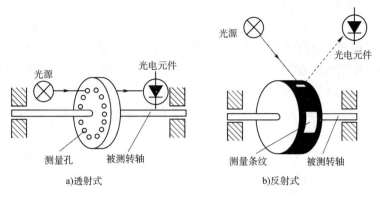

图 2-35 光电转速计

(3) 光电池应用

光电池主要有两大类型的应用:

① 将光电池作光伏器件使用,利用光伏作用直接将太阳能转换成电能,即太阳能电池。这是全世界范围内人们所追求、探索新能源的一个重要研究课题。太阳能电池已在宇宙开发、航空、通信设施、太阳电池地面发电站、日常生活和交通事业中得到广泛应用。目前太阳电池发电成本尚不能与常规能源竞争,但是随着太阳电池技术不断发展,成本会逐渐下降,太阳电池定将获得更广泛的应用。

② 将光电池作光电转换器件应用,需要光电池具有灵敏度高、响应时间短等特性,但不必需要像太阳电池那样的光电转换效率。这一类光电池需要特殊的制造工艺,主要用于光电检测和自动控制系统中。

2.4 超声波传感器

振动在弹性介质内的传播称为波动,简称波。频率在 $16 \sim 2 \times 10^4$ Hz 之间的机械波,能为人耳所闻,称为声波;低于 16Hz 的机械波称为次声波,高于 2×10^4 Hz 的机械波,称为超声波。如图 2-36 所示,频率在 $3 \times 10^8 \sim 3 \times 10^{11}$ Hz 之间的波,称为微波。

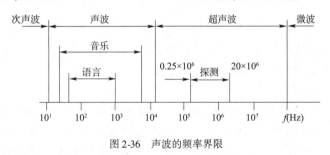

图 2-36 声波的频率界限

2.4.1 超声波及其物理性质

超声波在液体、固体中衰减很小,穿透能力强,特别是对不透光的固体,超声波能穿透几十米的厚度。当超声波从一种介质入射到另一种介质时,由于在两种介质中的传播速度不同,在介质面上会产生反射、折射和波型转换等现象。超声波的这些特性使它在检测技术中获得了广泛的应用,如超声波无损探伤、厚度测量、流速测量、超声显微镜及超声成像等。

2.4.1.1 超声波的波形及其转换

由于声源在介质中施力方向与波在介质中传播方向的不同,声波的波形也不同,通常有:①纵波:质点振动方向与波的传播方向一致的波,称为纵波。它能够在固体、液体及气体中传播;②横波:质点振动方向垂直于传播方向的波,称为横波。它只能在固体中传播;③表面波:质点的振动介于纵波和横波之间,沿着表面传播,振幅随深度增加而迅速衰减的波,称为表面波。表面波质点振动的轨迹是椭圆形,质点位移的长轴垂直于传播方向,质点位移的短轴平行于传播方向。表面波只在固体的表面传播。

当纵波以某一角度入射到第二介质(固体)的界面上时,除有纵波的反射、折射以外,还发生横波的反射及折射。在某种情况下,还能产生表面波。各种波形都符合反射及折射定律。

纵波、横波及表面波的传播速度,取决于介质的弹性常数及介质的密度。由于气体和液体的剪切模量为零,所以超声波在气体和液体中没有横波,只能传播纵波。气体中的声速为344m/s,液体中声速在900~1900m/s。在固体中,纵波、横波和表面波三者的声速有一定的关系,通常可认为横波声速为纵波声速的一半,表面波声速约为横波声速的90%。

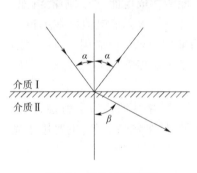

图2-37 波的反射和折射

2.4.1.2 超声波的反射和折射

声波从一种介质传播到另一介质,在两介质的分界面上将发生反射和折射,如图2-37所示。

(1)反射定律。入射角 α 的正弦与反射角 α' 的正弦之比等于波速之比。当入射波和反射波的波形相同、波速相等时,入射角 α 等于反射角 α'。

(2)折射定律。入射角 α 的正弦与折射角 β 的正弦之比等于入射波中介质的波速 C_1 与折射波中介质的速 C_2 之比,即

$$\frac{\sin\alpha}{\sin\beta}=\frac{C_1}{C_2} \qquad (2\text{-}14)$$

2.4.1.3 声波的衰减

声波在介质中传播时,随着传播距离的增加,能量逐渐衰减。其声压和声强的衰减规律如下

$$P_x = P_0 e^{-\alpha x} \qquad (2\text{-}15)$$
$$I_x = I_0 e^{-2\alpha x} \qquad (2\text{-}16)$$

式中:P_x、I_x——平面波在 x 处的声压(Pa)和声强(W/m²);

P_0、I_0——平面波在 $x=0$ 处的声压和声强;

α——衰减系数。

声波在介质中传播时,能量的衰减,决定于声波的扩散、散射和吸收。在理想的介质中,声波的衰减仅来自声波的扩散,即随着声波传播的距离增加,声能在单位面积内将要减弱。散射衰减就是声波在固体介质中颗粒界面上散射,或在流体介质中有悬浮粒子使超声波散射。而声波的吸收是由于介质的导热性、黏滞性及弹性滞后造成的。介质吸收声能并转换为热能。吸收随波频率的升高而增多。α因介质材料的性质而异,但晶粒越粗,频率越高,则衰减越大。最大探测厚度往往受衰减系数的限制。

经常以dB/cm或 10^{-3} dB/mm为单位来表示衰减系数。在一般探测频率上,材料的衰减系数在一到几百之间。例如衰减系数为1dB/mm的材料,则声波穿透1mm衰减1dB;声波穿透20mm时,衰减20dB。

2.4.2 超声波传感器的应用

2.4.2.1 超声波传感器

为了以超声波作为检测手段,必须产生超声波和接收超声波。完成这种功能的装置就是超声波传感器,习惯上称为超声波换能器,或超声波探头。超声波发射探头发出的超声波脉冲在介质中传到相介面经过反射后,再返回到接收探头,这就是超声波测距原理。超声波探头常用的材料是压电晶体和压电陶瓷,这种探头统称为压电式超声波探头。它是利用压电材料的压电效应来工作的。逆压电效应将高频电振动转换成高频机械振动,以产生超声波,可作为发射探头。而利用正压电效应则将接收的超声振动转换成电信号,可作为接收探头。超声波探头的具体结构如图2-38所示。

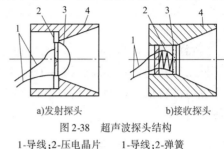

图 2-38 超声波探头结构

a)发射探头　　　　b)接收探头
1-导线;2-压电晶片　　1-导线;2-弹簧
3-音膜;4-锥形罩　　　3-压电晶片;4-锥形罩

压电式超声波探头的敏感元件多为圆板形,超声波频率与其厚度 d 成反比

$$f=\frac{1}{2d}\sqrt{\frac{E_{11}}{\rho}} \tag{2-17}$$

式中:E_{11}、ρ ——晶片沿 x 轴方向的弹簧模量和晶片的密度。

从上式可知,压电晶片在基频作厚度振动时,晶片厚度 d 相当于晶片振动的半波长,我们可依此规律选择晶片厚度。石英晶体的频率常数是 2.87MHz·mm、锆钛酸铅陶瓷频率常数是 1.89MHz·mm。说明石英片厚 1mm 时,其振动频率为 2.87MHz,PZT 片厚 1mm 时,振动频率为 1.89MHz。

2.4.2.2 超声波测厚

超声波测量金属零件的厚度,具有测量精度高、测试仪器轻便、操作安全简单、易于读数及实行连续自动检测等优点。但是对于声衰减很大的材料,以及表面凹凸不平或形状很不规则的零件,利用超声波测厚比较困难。

超声波测厚常用脉冲回波法。图2-39为脉冲回波法检测厚度的工作原理。超声波探头与被测物体表面接触。主控制器产生一定频率的脉冲信号,送往发射电路,经电流放大后激励压电式探头,以产生重复的超声波脉冲。脉冲波传到被测工件另一面被反射回来,被同一探头接收。如果超声波在工件中的声速 c 是已知的,设工件厚度为 δ,脉冲被从发射到接收的时间间隔 t 可以测量,因此可求出工件厚度为

$$\delta=\frac{ct}{2} \tag{2-18}$$

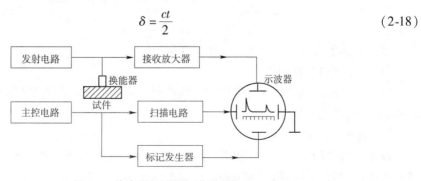

图 2-39 脉冲回波法测厚工作原理图

为测量时间间隔 t,可用图 2-39 的方法,将发射和回波反射脉冲加至示波器垂直偏转板上。标记发生器输出已知时间间隔的脉冲,也加在示波器垂直偏转板上。线性扫描电压加在水平偏转板上。因此可以从显示器上直接观察发射和回波反射脉冲,并求出时间间隔 t。当然也可用稳频晶振产生的时间标准信号来测量时间间隔 t,从而做成厚度数字显示仪表。

2.5 微波传感器

微波是波长为 1mm～1m 的电磁波,既具有电磁波的性质,又与普通的无线电波及光波不同。微波遇到各种障碍物易于反射,具有绕射能力差、传输特性好等特点。微波传感器是根据微波特性来检测一些物理量的器件或装置,它广泛应用于液位、物位、厚度及含水量的测量。

2.5.1 微波传感器的组成、原理及分类

2.5.1.1 微波传感器的组成

微波振荡器和微波天线是微波传感器的重要组成部分。微波振荡器是产生微波的装置。由于微波很短,频率很高(300MHz～300GHz),要求振荡回路有非常小的电感与电容,不能用普通晶体管构成微波振荡器。构成微波振荡器的器件有速调管、磁控管或某些固体器件。

由微波振荡器产生的振荡信号需要用波导管(波长在 10cm 以上可用同轴电缆)传输,并通过天线发射出去。为了使发射的微波具有一致的方向性,天线应具有特殊的结构和形状。常用的天线有喇叭形天线、抛物面天线和介质线等。

2.5.1.2 微波传感器的原理及分类

微波传感器具有检测速度快、灵敏度高、适应环境能力强及非接触测量等优点。其原理是由发射天线发出的微波,遇到被测物体时将被吸收或反射,使功率发生变化。若利用接收天线通过被测物或由被测物反射回来的微波,并将它转换成电信号,再由测量电路处理后,即显示出被测量,就实现了微波检测。

与一般传感器不同,微波传感器的敏感元件可认为是一个微波场,它的其他部分可视为一个转换器和接收器,如图 2-40 所示。图中,MS 是微波源;T 是转换器;R 是接收器。转换器可以是一个微波场的有限空间,被测物即处于其中。如果 MS 与 T 合二为一,称之为有源微波传感器;如果 MS 与 R 合二为一,则称其为自振荡式微波传感器。

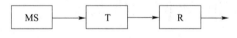

图 2-40 微波传感器构成

微波传感器可分为反射式与遮断式两种。

(1)反射式微波传感器

反射式微波传感器是通过检测被测物反射回来的微波功率或经过的时间间隔来测量被测物的位置、厚度等参数。

(2)遮断式微波传感器

遮断式微波传感器是通过检测接收天线接收到的微波功率的大小,来判断发射天线与接收天线之间有无被测物或被测物的位置与含水率等参数。

2.5.2 微波传感器的应用

2.5.2.1 微波液位计

微波液位计原理如图 2-41 所示。

相距为 S 的发射天线与接收天线间构成一定角度。波长为 λ 的微波从被测液面反射后进入接收天线。接收天线接收到的功率将随着被测液面的高低不同而不同。接收天线接收到的功率 P_r 为

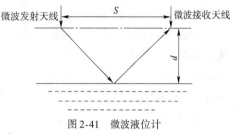

图 2-41 微波液位计

$$P_r = \left(\frac{\lambda}{4\pi}\right)^2 \frac{P_t G_t G_r}{S^2 + 4d^2} \tag{2-19}$$

式中：P_t——发射天线的发射功率，W；
　　　G_t——发射天线的增益，dB；
　　　G_r——接收天线的增益，dB；
　　　S——两天线间的水平距离，m；
　　　d——两天线与被测液面间的垂直距离，m。

由式(2-19)可知，当发射功率、波长、增益均为恒定时，只要测得接收功率 P_r 就可获得被测液面的高度 d。

2.5.2.2 微波物位计

微波物位计原理如图 2-42 所示。当被测物位较低时，发射天线发出的微波束全部由接收天线接收，经检波、放大与定电压比较后，发出正常工作信号。当被测物位升高到天线所在高度时，微波束部分被物体吸收，部分被反射，接收天线接收到的微波功率相应减弱，经检波、放大与定电压比较，低于定电压值，微波计就发出被测物位位置高出设定物位的信号。

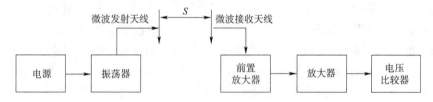

图 2-42 微波开关式物位计

当被测物位低于设定物位时，接收天线接收的功率 P_0 为

$$P_0 = \left(\frac{\lambda}{4\pi S}\right)^2 P_t G_t G_r \tag{2-20}$$

式中：P_t——发射天线的发射功率，W；
　　　G_t——发射天线的增益，dB；
　　　G_r——接收天线的增益，dB；
　　　S——两天线间的水平距离，m；
　　　λ——微波的波长，m。

当被测物位升高到天线所在高度时，接收天线接收的功率为

$$P_r = \eta P_0 \tag{2-21}$$

式中：η——由被测物形状、材料性质、电磁性能及高度所决定的系数。

2.6 CCD 图像传感器

通过视觉,人类可以从自然界获取丰富的信息,而通过传感器也能达到与人眼类似的视觉,也能判断形状、颜色,并得出"它是什么"或"他是谁"。人们已经研制出了各种高质量的图像传感器,它们与计算机系统配合,能识别人的指纹、脸形,甚至能根据视网膜的毛细血管分布,识别被检人的身份。

电耦合器件(Charge Coupled Device,CCD)是 20 世纪 70 年代在 MOS(Metal Oxide Semiconductor)集成电路技术基础上发展起来的新型半导体器件。它具有光电转换、信息存储和传输等功能,具有集成度高、功耗小、分辨率高、动态范围大等优点。CCD 图像传感器被广泛应用于生活、天文、医疗、电视、传真、通信以及工业检测和自动控制系统。本节简单介绍 CCD 图像传感器的原理及其应用。

2.6.1 CCD 图像传感器的工作原理

一个完整的 CCD 器件由光敏元、转移栅、移位寄存器及一些辅助输入、输出电路组成。

CCD 的光敏元实质上是一个 MOS 电容器,可存储电荷。CCD 工作时,在设定的积分时间内,光敏元对光信号进行取样,将光的强弱转化为各光敏元的电荷量。取样结束后,各光敏元的电荷在转移栅信号驱动下,转移到 CCD 内部的移位寄存器相应单元中。移位寄存器在驱动时钟的作用下,将信号电荷顺次转移到输出端。输出信号可接到示波器、图像显示器或其他信号存储、处理设备中,并对信号再现或进行存储处理。

2.6.1.1 CCD 的光敏元结构及存储电荷的原理

MOS 电容器的光敏元结构如图 2-43 所示。其制作过程为:先在 P 型硅衬底上通过氧化工艺,在其表面形成 SiO_2 薄层,然后在 SiO_2 上沉积一层金属作为电极(栅极),形成一种"金属—氧化物—半导体"的 MOS 单元,可将其看成一个以氧化物为介质的 MOS 电容器。当在金属电极上施加一正偏压、在没有光照的情况下,光敏元中的电子数目很少。光敏元受到从衬底方向射来的光照后,产生光生电子—空穴对。电子被栅极上的正电压所吸引,存储在光敏元中,称为"电子包"。光照越强,光敏元收集到的电子越多,所俘获的电子数目与入射到势阱附近的光强成正比,从而实现了光与电子之间的转换。

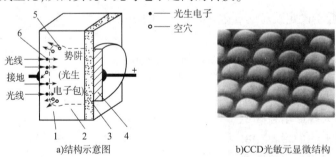

图 2-43 MOS 电容器组成的光敏元结构示意图
1-P 型硅衬底;2-耗尽层边界;3-SiO_2;4-金属电极;5-空穴;6-光生电子

人们称上述的一个光敏元为一个像素,通常在半导体硅片上制有几百万个相互独立、排列规则的光敏元,称为光敏元阵列。如果照射到这个阵列上的是一幅明暗起伏的图像,那么这些光敏元就会产生一幅与光照强度对应的"光生电荷图像",这就是 CCD 摄像器件的光电转换原理。

由于CCD光敏元件可做得很小(约10μm),它的图像分辨率很高。在CCD的每个像素点表面,还制作了用于将光线聚焦于这个像素点感光区的微透镜,这个微透镜大大增加了信号的响应值。

2.6.1.2 CCD光敏元件信号的读出

CCD的光敏元获得的光生电荷图像必须逐位读取,才能分辨每一个像素获取的光强,所以CCD内部制作了与像素数目同一数量级的"读出移位寄存器",该移位寄存器转移的是模拟信号,有别于数字电路中的数码移位寄存器。读出移位寄存器中的电荷是在两相或三相时钟驱动下实现转移及传输的,读出移位寄存器输出串行视频信号。

2.6.2 CCD图像传感器的分类

CCD图像传感器有线阵和面阵之分。所谓线阵是指在一块硅芯片上做了紧密排列的许多光敏元,它们排列成了一条直线,感受一维方向的光强变化;面阵是指光敏元排列成二维平面矩阵,感受二维图像的光强变化,可用于数码照相机。线阵的光敏元件数目从256个到4096个或更多,而在面阵中,光敏元的数目可以是600×500个(30万个),甚至4096×4096个(约1660万个)以上。CCD图像传感器还有单色和彩色之分,彩色CCD可拍摄色彩逼真的图像。下面简单介绍几种不同的图像传感器。

2.6.2.1 线阵CCD

线阵CCD由排列成直线的MOS光敏元阵列、转移栅、读出移位寄存器、视频信号电路和时钟电路等组成,线阵CCD外形及内部原理框图如图2-44所示。转移栅的作用是将光敏元中的电子包"并行"地转移到奇、偶对应的读出移位寄存器中去,然后再合二为一,恢复光生信号在线阵CCD上的原有顺序。

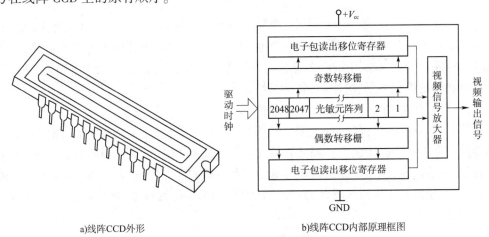

a)线阵CCD外形　　　　b)线阵CCD内部原理框图

图2-44　线阵CCD外形及内部原理框图

2.6.2.2 面阵CCD

线阵CCD只能在一个方向上实现电子自扫描,为了获得二维图像,人们在1/2lin(lin = 2.54cm)或更大尺寸上研制出了能在x、y两个方向上都能实现电子自扫描的面阵CCD。面阵CCD由感光区、信号存储区和输出移位寄存器等组成,根据不同的型号,有多种结构形式的面阵CCD,帧转移面阵CCD的结构示意图如图2-45所示。

为了使帧转移面阵CCD的工作原理易于理解,我们假定它只是一个4×4的面阵。在光敏元曝光(或叫光积分)期间,整个感光区的所有光敏元的金属电极上都施加正电压,使光敏元俘获受光照衬底附近的光生电子。曝光结束时刻,在极短的时间内,将感光区中整帧的光电图像电子信号迅速转移到不受光照的对应编号存储区中。此后,感光区中的光敏元开始第二次光积分,而存储阵列则将它里面存储的电荷信息一位一位地转移到输出移位寄存器。在高速时钟的驱动下,输出移位寄存器将它们按顺序输出,形成时频信号。

2.6.2.3 彩色CCD

单色CCD只能得到具有灰度信号的图像,为了得到彩色图像信号,可将3个像素一组排列成等边三角形或其他方式,如图2-46所示。每一个像素表面分别制作红、绿、蓝(即R、G、B)3种滤色器,形如三色跳棋盘。每个像素点只能记录一种颜色的信息,即红色、绿色或蓝色。在图像还原时,必须通过插值运算处理来生成全色图像。

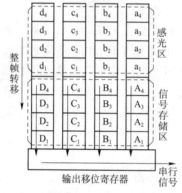

图2-45 帧转移面阵CCD的结构示意图

图2-46 彩色CCD

2.6.3 CCD图像传感器的应用

线阵CCD可用于一维尺寸的测量,增加机械扫描系统,也可用于大面积物体(如钢板、地面等)尺寸的测量和图像扫描,例如,彩色图片扫描仪、卫星用的地形地貌测量等,彩色线阵CCD还可用于彩色印刷中的套色工艺的监控等。面阵CCD除了可用于拍照外,还可用于复杂形状物体的面积测量、图像识别(如指纹识别)等。

2.6.3.1 线阵CCD在钢板宽度测量中的应用

线阵CCD测量钢板宽度的示意图,如图2-47所示。光源置于钢板上方,被照亮的钢板经物镜成像在CCD_1和CCD_2上。用计算机计算两片线阵CCD的亮区宽度,再考虑到安装距离、物镜焦距等因素,就可计算出钢板的宽度L及钢板的左右位置偏移量。将以上设备略微改动,还可用于测量工件或线材的直径。若光源和CCD在钢板上方平移,还可用于测量钢板的面积和形状。

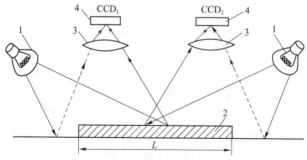

图2-47 线阵CCD测量钢板宽度的示意图
1-泛光源;2-被测钢板;3-成像物镜;4-线阵CCD

2.6.3.2 CCD 数码照相机简介

数码相机(Digital Camera,DC),其实质是一种非胶片相机,它将 CCD 作为光电转换器件,将被摄物体的图像以数字形式记录在存储器中。

利用数码相机的原理,人们还制造出可以拍摄照片的手机;可以通过网络,进行面对面交流的视频摄像头;利用图像识别技术的指纹扫描"门禁系统"等。在工业中,可利用 CCD 摄像机进行画面监控、水位、火焰、炉膛温度采集、过热报警等操作。

现在市场上的视频摄像头多使用有别于 CCD 的互补金属氧化物半导体图像传感器(Complementary Metal Oxide Semiconductor,CMOS)作为光电转换器件。虽然目前的 CMOS 成像质量比 CCD 略低,但 CMOS 具有体积小、耗电量小(不到 CCD 的 1/10)、售价便宜的优点。随着硅晶圆加工技术的进步,CMOS 的各项技术指标有望超过 CCD,它在图像传感器中的应用也将日趋广泛。

2.7 新型传感器

2.7.1 机器人仿生传感器

2.7.1.1 机器人的位置检测传感器

机器人的位置检测传感器主要有微型限位开关、光电断路器和电磁式接近开关等。微型限位开关的实现原理是在移动体上安装一挡块,该物体移至一定位置后,挡块碰上机械开关,引起开关触点的开闭,从而通过控制电路,控制机器人的动作。光电断路器由发光二极管、光电三极管组成,当被测物体移动时,隔断其"光路",引起光电三极管输出电位的变化。电磁式接近开关是利用感应线圈靠近磁性物体,从而产生感应信号控制触点的导通与关闭。

2.7.1.2 机器人的位移检测传感器和角位移检测传感器

机器人的位移检测传感器主要有直线电位器、可调变压器等。机器人的角位移检测传感器除了有旋转式电位器、旋转式可调变压器外,还有鉴相器、光电式编码器等。鉴相器由互相正交的两个线圈组成定子和转子,它们之间的磁耦合在互为平行时最大,垂直时为零,因而产生的电压信号随转子和定子相对角度变化而变化。这种角度检测器的励磁频率为 1~2kHz 时,角分辨精度达 0.12°~0.34°。

2.7.1.3 机器人的速度检测传感器

机器人的速度检测传感器常用的有测速发电机及脉冲发生器两类,它不仅可以测试速度,还可以测试动态响应补偿。测速发电机的输出是与转速成正比的连续信号,而脉冲发生器是一种数字型速度传感器,其结构与光电编码器类似,同时检测输出脉冲数和脉冲频率,以便确定旋转速度。

2.7.1.4 机器人的加速度检测传感器

机器人的加速度检测传感器主要有差动变压器型和应变仪型。差动变压器型加速度传感器由弹簧支撑的铁芯和转轴构成。当速度变化时,由于惯性,铁芯产生位移,因为铁芯处于差动变压器中,所以差动变压器线圈中将产生相应的信号,用来检测加速度。应变仪型加速度传感器是由质量块和粘贴有应变片的弹簧片构成,加速度的变化将引起应变片的直径和长度产生微小变化,因而可得到所需要的加速度信号。

2.7.1.5 听觉传感器

听觉传感器是机器人的耳朵,它是利用语音信息处理技术制成的。具有语音识别功能的传感器称为听觉传感器。若仅要求它对声音产生反应,可选用一个开关量输出形式的听觉传感器。这种传感器比较简单,只需用一个声转换器就能实现。但一个高级的机器人不仅能够听懂人的语言指令,而且能讲出人能听懂的语言,前者为语音识别技术,后者为语音合成技术。

2.7.1.6 光电式接近觉传感器

光电式接近觉传感器是一种比较简单有效的传感器,把它装在机器人手(或足)上能够检测机器人手臂(或腿)运动路线上的各种物体。

2.7.1.7 嗅觉传感器

嗅觉传感器就是仿真人鼻功能的一种传感器。给机器人装上嗅觉传感器,它就能感受各种气味,用来识别其所在环境中的有害气体,并测定有害气体的含量。目前还做不到让机器人有像人一样能闻出多种气味的机器鼻子。常用的嗅觉传感器是半导体气体传感器,它是利用半导体气敏元件同气体接触,造成半导体的物理性质变化,借以测定某种特定的气体成分及其含量。大气中的气味各种各样,而目前研制出的气体传感器只能识别如 H_2、CO_2、CO、NO 等少数气体,因此除特殊需要安装探测特定气体的气体传感器外,一般的机器人基本上没有嗅觉。

2.7.2 陀螺仪

陀螺仪是一种能够精确地确定运动物体方位的仪器,目前性能优异的当属微机电系统(Micro Electro Mechanical System,MEMS)陀螺仪,它能够采集、处理与发送指令,按照所获取的信息自主地或根据外部的指令采取行动,它是利用微电子技术和微加工技术制成的微型传感器,又称微机械陀螺仪。MEMS 陀螺仪的外形和结构分别如图 2-48、图 2-49 所示。在汽车上,偏航陀螺仪可以开启电子稳定控制(Electronic Stability Control,ESC)制动系统,防止汽车急转弯时发生意外事故;当汽车出现翻滚状况时,滚转陀螺仪可以引爆安全气囊;当汽车导航系统无法接收 GPS 卫星信号时,偏航陀螺仪能够测量汽车的方位,使汽车始终沿电子地图的规划路线行驶。

图 2-48 MEMS 陀螺仪的外形

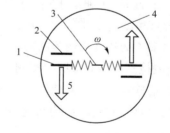

图 2-49 MEMS 陀螺仪的结构
1-运动电极;2-固定电极;3-旋转轴;4-科里奥利力

2.7.3 无线传感器

无线传感器具有体积小、成本低、传感器节点数量大、易失效、自适应性、通信半径小、带宽低的特点,主要应用在军事、环境、医疗、商业等场合。图 2-50 ~ 图 2-52 为无线传感器的网络结构、协议栈示意图及组成框图。

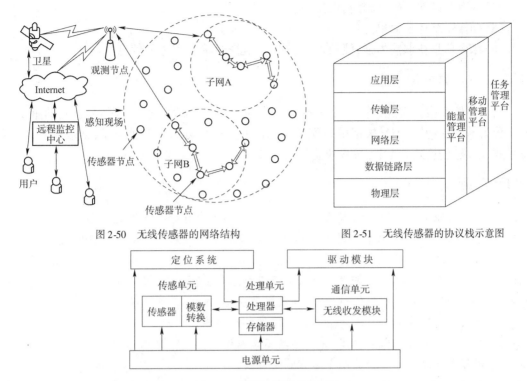

图 2-50　无线传感器的网络结构　　　　图 2-51　无线传感器的协议栈示意图

图 2-52　无线传感器的组成框图

2.7.4　频率传感器

前面介绍的几种传感器中,除绝对编码器能将位移量转换成数字量以外,其余几种都是将位移转换成一系列计数脉冲,再通过计数系统所统计的脉冲个数来反映被测量的值。把能将被测量转换成与之相对应的便于处理的频率信号输出的传感器称为频率传感器,实际上用增量编码器作转速测量时,其编码器的输出是与转速成正比的频率。频率传感器是一种数字式传感器,其输出也是一系列脉冲,被测量是对应脉冲的频率。

频率传感器组成的测量系统,在给定的时间内对脉冲进行计数或是测量脉冲周期。用脉冲计数器构成的测量系统具有很强的噪声抑制能力,它所测量的值实际上是计数周期内输入信号的平均数。

2.7.5　生物传感器

生物传感器是一种对生物物质敏感并将其浓度转换为电信号进行检测的仪器。生物传感器的种类很多,按照生命物质可分为酶传感器、微生物传感器、免疫传感器、组织传感器、细胞传感器、基因传感器等。按照换能器转换原理可分为场效应管生物传感器、光学生物传感器、声波生物传感器、酶电极生物传感器、介体生物传感器等。按照生物敏感物质可分为亲和型和代谢型生物传感器。

生物传感器有如下特点:
(1)采用生物活性物质作催化剂,且试剂可以重复多次使用,使用方便,成本低。
(2)只能对特定的物质起反应,而且不受颜色、浊度的影响。
(3)分析速度快。

(4)具有较高的精确度,相对误差小。
(5)操作系统比较简单。
(6)综合信息获取能力强,能获得许多物理、化学反应过程中的信息。

2.7.6 离子传感器

离子传感器指具有选择性的化学传感器,能将离子的浓度转换为电信号。它的重要组成部分为敏感膜和换能器,根据敏感膜和换能器的不同可分为很多种类型,如玻璃膜式、液态膜式、电极型、场效管型、光导纤维型等离子传感器。

课后习题

2.1 什么是传感器?画出传感器的组成框图,并指出各个部分的作用是什么。
2.2 传感器的静态特性指标有哪些?各种指标都代表什么意义?动态特性常用什么方法来进行描述?
2.3 为什么压电传感器通常都用来测量动态或瞬态参量?
2.4 列举一个压电式传感器的运用,简述其原理。
2.5 光电效应有哪几种?与之对应的光电元件各有哪些?
2.6 列举一个光电传感器的运用,并简述其工作原理。
2.7 利用超声波进行厚度检测的基本方法是什么?
2.8 在脉冲回波法测厚时,利用何种方法测量时间间隔 t 能有利于自动测量?若已知超声波在工件中的声速 $5640m/s$,测得的时间间隔 t 为 $22\mu s$,试求出工件厚度。
2.9 当光源波长为 $0.8 \sim 0.9 \mu m$ 时,宜采用哪种光敏元件做测量元件?为什么?

本章参考文献

[1] 宋宇,朱伟华.传感器及自动检测技术[M].北京:北京理工大学出版社,2013.
[2] 赵玉刚,邱东.传感器基础[M].北京:北京大学出版社,2013.
[3] 海涛,李啸骢,韦善革,陈苏.传感器与检测技术[M].重庆:重庆大学出版社,2016.
[4] 杨福宝.传感器与测试技术[M].武汉:武汉大学出版社,2013.
[5] 强锡富.传感器[M].北京:机械工业出版社,2000.
[6] 王晓鹏.传感器与检测技术[M].北京:北京理工大学出版社,2016.
[7] 刘光定.传感器与检测技术[M].重庆:重庆大学出版社,2016.

第3章 道路交通信息检测技术原理

3.1 磁频检测技术

磁频车辆检测器是基于电磁感应原理的车辆检测器。这类检测器包括环形线圈检测器、地磁检测器、磁成像检测器和摩擦电检测器。

3.1.1 环形线圈检测器

3.1.1.1 环形线圈检测器的组成

环形线圈检测器是目前国内外使用最广泛的车辆检测器,它由3部分组成:埋设在路面下的环形线圈传感器、信号检测处理单元(包括检测信号放大单元、数据处理单元和通信接口)及馈线。

环形线圈检测器的工作原理是检测单元同环形线圈与馈线线路组成一个调谐电路,如图3-1所示。此电路中的电感主要决定于环形线圈,环形线圈是此电路的电感元件;电容则决定于检测单元中的电容器。当电流通过环形线圈时,在其周围形成一个电磁场,当车辆行至环形线圈上方时,金属车体中感应出涡流电流,涡流电流又产生与环路相耦但方向相反的电磁场,即互感,使环形线圈电感量随之降低,因而引起电路谐振频率的上升。只要检测到此频率随时间变化的信号,就可检测出是否有车辆通过。

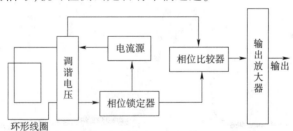

图3-1 环形线圈检测器原理

环形线圈由多匝金属线绕制而成,其长度为2m,宽度通常是覆盖一个车道的50%~60%,一般为2m×1.5m的长方形。环形线圈检测器直接检测的是环形线圈回路的总电感,包括环形线圈的自感和线圈与被检测车辆之间的互感。由电磁场理论可知,任何载流导线周围都将产生磁场,对于匝数为N、长度为l的螺线管形线圈,其内部磁场强度均匀,其自感量为

$$L = \frac{\mu_r \mu_0 N^2 A}{l} \tag{3-1}$$

式中:μ_r——空气的相对磁导率,取值为1;

μ_0——真气磁导率,取值为4×10^{-7} H/m;

A——环形线圈的面积,m^2。

考虑到环形线圈不能完全等同于螺线管,引入磁场的不均匀修正因子F_1,所以环形线圈的自感量L可表示为

$$L = F_1 \frac{\mu_\tau \mu_0 N^2 A}{l} \qquad (3-2)$$

由式(3-2)可知,环形线圈的自感大小取决于线圈的长度、环绕面积、匝数和周围的介质情况。当有车辆通过环形线圈时,车体上的铁金属底板产生自成闭合回路的感应电涡流,此涡流又产生与原有磁场相反的新磁场,导致线圈总电感量变小,使调谐频率偏离原有数值。该频率偏离信号经波形整形为矩形波后作为计数脉冲,在固定的时间窗口采样计数脉冲便可间接得到探测振荡器的频率的变化。如果将无车辆通过时的空载频率用f_0表示(频率本底),将有车辆通过时的实载频率用f_x表示,差值为$\Delta f = f_x - f_0$,对应的脉冲计数差值为Δ。由于不同类车辆其底盘形状、结构和质量等不同,电感量的变化不同,振荡频率也会实时变化。

不同车型通过线圈时的频率变化如图3-2所示。

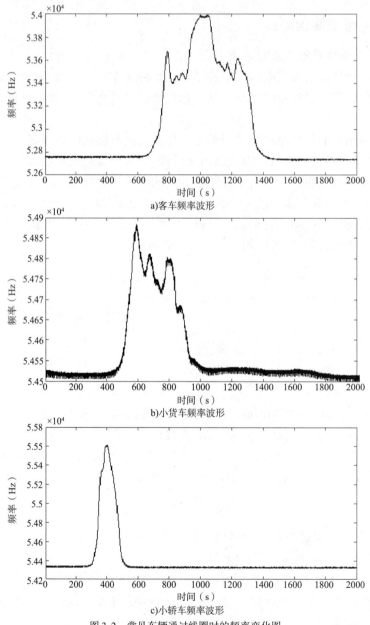

a) 客车频率波形

b) 小货车频率波形

c) 小轿车频率波形

图3-2 常见车辆通过线圈时的频率变化图

如图 3-2a)所示,客车频率波形出现 5~6 个波峰,而且车长较长,采样点数较多,频率变化幅值为 1.5kHz 左右;图 3-2b)为小货车,小货车频率波形出现 2~3 个波峰,车长适中,频率变化幅值为 0.5kHz 左右;如图 3-2c)所示,小轿车波形一般只有 1~2 个波峰,并且车长较短,频率变化幅值为 1kHz 左右。

环形线圈检测器可测参数较多,其感应灵敏度可调,使用的适应性较大,安装不太复杂,所以在国内外得到广泛的应用。缺点是环形线圈跟随路面变形(沉降、裂缝、搓移等),因此,其使用效果及寿命受路面质量的影响甚大,路面质量较差时,一般寿命仅 2 年。另外环境的变化和环形线圈的正常老化对检测器的工作性能有较大的影响,可使检测器材谐振回路失谐而不能判断车辆存在产生的频率变化。因此,人工调谐的环形线圈检测器要定期进行手工调整,以便保持仪器的精度。自调谐检测器可自动进行调整,精度较高,现在已被普遍采用。

3.1.1.2 环形线圈检测器的安装

1)线圈施工规范

在环形线圈车辆检测器的安装过程中,按施工要求进行施工。根据气候等因素,在不同的地区施工时,具体要求不同。

(1)线圈尺寸及材料

线圈的尺寸:线圈的大小取决于检测功能需求和实际道路宽度,一般不小于 0.5m×0.5m,线圈匝数不小于 4 圈。一般情况下,推荐尺寸为 2m 宽,长度(车行方向上)至少为 1m。

环形线圈是埋设于路面之下的,所以要求它应具有良好的耐热、耐寒、耐拉、抗腐蚀和柔韧性能,推荐使用聚氯乙烯尼龙护套线。

(2)线圈形状

根据电磁场理论,在线圈的平面上,磁力线在线圈的拐点附近比较集中,因此,线圈拐点处的灵敏度比较高。线圈有多种切法,常用的有梯形线圈和平行四边形线圈。梯形线圈检测面比较小,平行四边形线圈检测面比较大。

①矩形安装。两条长边与行车方向垂直,两端距道路边缘或分道线约为 0.3~1.0m,线圈宽为 1m,如图 3-3 所示。

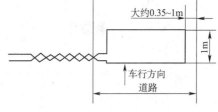

图 3-3 矩形安装示意图

②倾斜 45°安装。长边与行车方向成 45°,两端距道路边缘约为 0.2m,宽为 0.8m,如图 3-4 所示。

③8 字形安装。使用于路面较宽(超过 6m)或滑动门检测的情况,该形状可分散检测点,提高灵敏度,如图 3-5 所示。

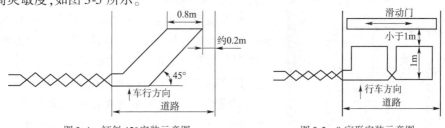

图 3-4 倾斜 45°安装示意图　　图 3-5 8 字形安装示意图

(3)线圈匝数

检测器工作在最佳状态下,线圈的电感量应保持在 100~300μH 之间。线圈周长与线圈匝数的关系如表 3-1 所示。

线圈周长与匝数的关系　　　　　表 3-1

线圈周长(m)	线圈匝数
<3	根据实际情况,保证线圈的电感量保持在 20~2000μH 之间
3~6	5~6 匝
6~10	4~5 匝
20~25	3 匝
>25	2 匝

(4) 输出引线

双绞线的输出引线将会引入干扰,使得线圈的电感值变得不稳定,同时探测线圈的灵敏度会随引线的增长而降低,因此,要求输出引线不能过长,且引出电缆做成紧密双绞的形式,要求最少每米绞合 20 次。

(5) 馈线

馈线是环形线圈的连接端到信号机之间的线缆,用于传输检测信号的线缆。馈线的质量与检测稳定性和灵敏度有直接的关系,因此,不能随意选择线型,要求选用聚氯乙烯绝缘屏蔽电缆。在实际应用时,一般采用带有优质橡胶护套的 2.5mm² 铜芯屏蔽或非屏蔽双绞线电缆(馈线长度为 300~500m) 或 1.5mm² 铜芯屏蔽或非屏蔽双绞线电缆(馈线长度小于 300m),其双绞密度不少于 30 绞/m,在 500V 电压下,电缆本身绝缘电阻大于 100MΩ。

2) 埋设方法及注意事项

环形线圈常在单线圈埋设的情况下工作,但有些场合下,如测速等,则用双线圈埋设,铺设过程和要求大体相同。在双线圈埋设方式中,检测单元是铺设在路面下一前一后的两个线圈,线圈在车辆行驶方向的长度是固定的,宽度可由实际路面决定。两个线圈的放置要有一定的距离,如图 3-6 所示。

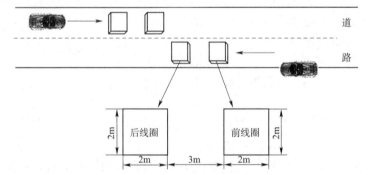

图 3-6　环形双线圈检测器放置距离示意图

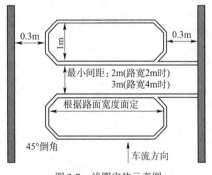

图 3-7　线圈安装示意图

环形线圈车辆检测器必须安装在离探测线圈尽可能近且防水的环境里。环形线圈车辆检测器能否良好工作在很大程度上取决于它所连接的感应线圈。

具体铺设要求如下(图 3-7):

① 按规格,采用切路机在路面切出槽,槽宽一般为 5~15mm,由电缆直径决定,深为 50~150cm。

② 在四个角上进行 45°倒角,防止尖角破坏线圈电缆。

③ 从线圈至路边切一条引线槽。

④绕制线圈。绕线圈时必须将线圈拉直并紧贴槽底,但不要绷得太紧。注意在线圈的绕制过程中,应使用电感测试仪实际测试线圈的电感值,并确保线圈的电感值在 100 ~ 300μH 之间。

⑤沿引线槽将双绞线引至路边。

⑥用沥青或软性树脂将切槽封上。

埋设好的环形线圈都需应用 500V 绝缘电阻表测试其对地的电阻,在 500V 直流电压下其绝缘电阻应不小于 10MΩ,线圈串联电阻小于 10Ω。环形线圈和馈线连接点建议用 TL-JTK-BV5 长形全绝缘(黄色)中间接头,用压接钳压接。接好后,两股接头用防水橡胶带紧裹数匝,并在表面涂上环氧树脂固化。馈线的屏蔽套必须可靠接地。

当环形线圈放置于钢筋混凝土的钢筋之上时,线圈至少在钢筋之上 5cm。安置线圈的槽内除了线圈本身之外不得有其他任何导体。安置的线圈应当离任何可移动的金属物品至少1.4m。

对于多车道并要在不同的车道下分别安装多组检测线圈的情况,在安装时应该防止线圈串扰。所谓线圈串扰就是当两个感应线圈靠得很近时,两个线圈的磁场可能会叠加在一起,相互造成干扰。串扰会导致错误的检测结果和环路检测器的死锁。对于相邻的但属于不同感应器的线圈间可以通过以下措施,消除串扰:

①将相邻的线圈间距加大。必须保证探测线圈之间的间距大于 2m。

②相同的尺寸采用不同的线圈匝数,以改变线圈的工作频率。

③对线圈引出导线进行良好的屏蔽,屏蔽线必须在探测器端接地。线圈电缆和接头最好采用多股铜导线。在电缆和接头之间最好不要有接线端。如果必须有接线端,也要保证连接可靠,用电烙铁将它们焊接起来。导线线径不小于 $0.5mm^2$,最好采用双层防水线,并且置于防水的环境中。

线圈槽的填充物:为了保证线圈的密封性和柔软度,推荐使用环氧树脂、聚酰胺树脂和邻苯二甲酸二丁酯的混合物。当搅拌到 60 ~ 70℃ 时可进行线圈封装。如果路面是沥青路面,建议底层使用环氧树脂的混合物,上层使用沥青。

在实际工程中,由于路面基础不同,埋设线圈的深度有所差异。在混凝土路面上埋设线圈时,严禁一个线圈跨越两块混凝土板面,否则,线圈容易断裂,布设线圈线缆之后应使用环氧树脂或特殊沥青封好路面。

3.1.1.3 环形线圈检测器的交通参数检测原理

环形线圈经过变压器耦合后连接到被恒流源支持的 LC 振荡回路上,选择合适大小的电容 C,使振荡回路有固定的振荡频率,如式(3-3)所示。

$$f = \frac{1}{2\pi\sqrt{LC}} \quad (3\text{-}3)$$

式中:f——检测器振荡回路频率,Hz;

L——电感,H;

C——电容,F。

由公式(3-3)可知,影响检测器振荡回路频率 f 的参数只有 L 和 C,在 C 保持恒定的情况下,车辆底盘介质的均匀度和车辆的行驶速度是影响环形线圈和连接线总电感量的两个重要因素。如果假定车辆底盘介质均匀,且车辆匀速行驶,那么车辆通过环形线圈时引起检测器振荡回路频率随时间的变化如图 3-8 所示。

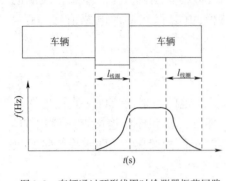

图 3-8 车辆通过环形线圈时检测器振荡回路频率随时间的变化关系图

在环型线圈检测器电路中,环形线圈是此电路的电感元件,电容则决定于检测单元中的电容器。当电流通过环形线圈时,在其周围形成一个电磁场,当车辆通过环形地埋线圈磁通线时,环形线圈回路电感量发生变化,而线圈电感量的变化又引起车辆检测器的 LC 振荡电路的振荡频率和相位也发生相应变化。因此,检测器通过检测该电感变化量就可以检测出车辆的存在。电感量的变化表现为频率的变化和相位的变化,因此检测电感变化量一般来说有两种方式:一种方式是利用相位锁存器和相位比较器,对相位的变化进行检测;另一种方式则是利用由环形地埋线圈构成回路的耦合电路对其振荡频率进行检测。

①第一种方法是采用双振荡器结构与锁相环技术相结合的方案。感应线圈通过馈线与检测器中的变压器相连,再与放大电路一起组成压控振荡器(主振荡器);标准晶振作为从振荡器产生频率稳定的参考信号;压控振荡器、相位比较器和环路滤波器一起组成锁相环。主振荡器产生的信号和参考信号一同送入相位比较器中,当压控振荡器产生的信号与参考信号的频率不同时,相位比较器就会输出控制电压。因此,可以调整压控振荡器的工作频率,使之与参考信号的频率相同,最后锁定在参考频率上。当有车辆通过感应线圈时,电感量发生变化,使压控振荡器的工作频率有变化的趋势,但在锁相环的作用下,压控振荡器的频率仍然保持与参考信号频率一致。此时,相位比较器的输出电压将发生变化,将输出电压与电压比较器的参考电压比较后,就可以判断出有车辆经过环形线圈。

②第二种方法是对整个 LC 回路的振荡频率进行检测。该检测器的工作原理是检测单元和环形线圈与馈线线路组成一个耦合电路,当电流通过环形线圈时,在其周围形成一个电磁场。在正常情况下,机动车辆没有处在环形地埋线圈所在位置的时候,耦合电路振荡频率保持恒定,处理器在单位时间段测得的脉冲个数基本保持不变。当机动车辆经过环形地埋线圈所在位置时,金属车体中感应出涡流电流,涡流电流又产生与环路方向相反的电磁场,即互感,导致耦合电路振荡频率的变化,使得处理器在单位时间段测得的脉冲个数也相应变化,因此只要检测到此变化的信号,就可检测出是否有车辆通过。

3.1.1.4 车辆检测系统的检测和计算方法

环形线圈车辆检测系统对通过环形线圈的车辆信息进行统计,经过计算后提供一个周期内的车流量、平均车速、占有率和交通密度等参数。

(1)车流量

车流量是单位时间通过公路某横断面的车辆总数。单位时间一般为交通信号灯的运行周期或一天;横断面可以是单向单车道、单向多车道或者双向公路横断面,按实际情况选择。以交通信号灯运行周期为单位的车流量信息常用于分析交通状况,并且大多选择单向车道为计算单元。以天为单位的车流量常用于宏观管理。车流量很容易检测,在限定的时间内,对通过特定车道横断面的车辆多少进行统计。假设在采样周期 T 内,有任意型号的 N 辆车通过此车道,那么车流量 Q 与时间 T 的关系式为

$$Q = \frac{N}{T} \tag{3-4}$$

(2) 平均车速

平均车速分为时间平均车速和路段平均车速,车辆检测器处理的是路段平均车速 $\bar{v}_s$。路段平均车速 $\bar{v}_s$ 是指给定时间内通过给定路段的所有车辆的速度平均值。一般很难测出一辆车沿给定路段的速度变化数据,更难测出多辆车的速度数据。目前常用的做法是:把车辆通过给定横断面的瞬时点速度看作是它在全路段的行驶速度,进而算出多辆车的路段平均车速。设路段的长度为 S,那么各辆车以通过检测器瞬时速度 v_i 驶完全程的平均时间为

$$\bar{t} = \frac{1}{N}\sum_{i=1}^{N}\frac{S}{v_i} \tag{3-5}$$

由式(3-5)可得,该观测期内的时间平均速度为

$$\bar{v}_s = \frac{S}{\bar{t}} = \frac{N}{\sum_{i=1}^{N}\frac{1}{v_i}} \tag{3-6}$$

路段平均速度是多辆车通过检测点(道路横断面)时各个车辆瞬时点速度的调和平均速度。

(3) 占有率

占有率是指某一路段内车辆占有的道路长度与路段长度之比,一般很难测量,所以常用时间占有率来替换。在采样间隔 T 内,时间占有率 O 为

$$O = \frac{1}{T}\sum_{j=1}^{N}t_j = \frac{1}{T}\sum_{j=1}^{N}\frac{l_j}{v_j} \tag{3-7}$$

式中:N——采样时间 T 内通过的车辆数;

T——采样时间;

t_j——第 j 辆车通过环形线圈用的时间;

l_j——第 j 辆车的有效车长,即环形线圈的长度和车长之和;

v_j——第 j 辆车的车速。

(4) 交通密度

交通密度是指某一路段区间单位长度内瞬时存在的车辆数,表明该路段车辆的密集程度,大都按车道或者方向以每千米车辆数表示。如果在长度为 S 的监测区间内有 N 辆车,则交通密度为

$$\rho = \frac{N}{S} \tag{3-8}$$

由式(3-4)和式(3-5)可以得出

$$\rho = \frac{N}{S} = \frac{Q \cdot T}{\bar{v}_s \cdot T} = \frac{Q}{\bar{v}_s} \tag{3-9}$$

3.1.1.5 车辆检测器的检测方法

车速是一个反映道路交通状况和交通管理中一个重要的参数,单环形线圈车辆检测系统和双线圈车辆检测系统检测车速的方式存在着很大的区别。

(1) 单环形线圈检测器的速度检测原理

单线圈交通信息采集系统能够直接提供的数据是车流量和占有率,但是无法直接提供车速数据。因此,很多研究人员利用车流量和占有率建立相应的数学模型来研究和估计平

均车速。

定义平均有效车长为

$$L = \frac{1}{N}\sum_{j=1}^{N} l_j \tag{3-10}$$

如果假设车辆的车长都相等,由式(3-4)、式(3-7)和式(3-10)可知

$$O = \frac{1}{T}\sum_{j=1}^{N} t_j = \frac{Q}{N}\sum_{j=1}^{N} t_j = \frac{Q}{N}\sum_{j=1}^{N}\frac{L}{v_j} = \frac{QL}{N}\sum_{j=1}^{N}\frac{1}{v_j} = \frac{QL}{\bar{v}_s} \tag{3-11}$$

由式(3-11)可得,平均速度为

$$\bar{v}_s = \frac{QL}{O} \tag{3-12}$$

平均车速的估计值可以由平均有效车长、车流量和占有率这三个参数计算出来。这些单线圈车速算法中比较常见的有常量 g 因子算法、识别错误源算法、统计滤波算法和模式识别算法等。上述算法都需要一个平均车长的估计值,其中有的依靠历史经验数据来确定一个车长均值,有的则需添加额外的硬件设备,算法的可移植性较差,且准确度也不太高,所以都没有得到广泛应用。

(2)双环形线圈检测器的速度检测原理

当车辆通过环形地埋线圈磁通线时,环形线圈回路电感量发生变化,而线圈电感量的变化又引起车辆检测器的 LC 振荡电路的振荡频率和相位也发生相应变化。因此,检测器通过检测该电感变化量就可以检测出车辆的存在。

根据环形线圈检测器的工作原理,双环形线圈车辆检测器测量车辆速度和长度的原理图如图3-9所示。

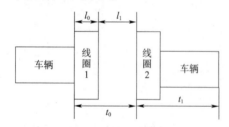

图3-9 测量车速和长度的原理图

如果测出车辆从进入线圈1到进入线圈2的时间间隔 t_0 和进入线圈2到离开线圈2的时间间隔 t_1,并且已知线圈宽度 l_0 和线圈间距 l_1,那么车速为

$$v = \frac{l_0 + l_1}{t_0} \tag{3-13}$$

车长为

$$L = v \cdot (t_0 + t_1) - 2l_0 - l_1 \tag{3-14}$$

3.1.1.6 环形线圈车辆检测器的特点

(1)环形线圈车辆检测器的优点

环形线圈检测技术的发展已很成熟,国内外生产厂家也较多,价格相对合理,被高速公路广泛采用,特别是城市道路中公安交警用于抓拍违章车辆也常用这种方法。目前环形线圈检测器以高准确率、低成本和高可靠性在交通控制中大量使用,是道路监控系统中非常重要的一部分。利用线圈感应来检测交通参数是目前世界上技术较为成熟的检测方法,可以获得当前监控路面的交通量、占有率、速度、车型等数据,并以其检测功能全面、检测精度高、检测数据准确、可靠、灵敏度高、受环境气候影响小等优点,在相当长的时间内仍是国内主流的交通检测产品,并且某些性能是其他检测器所不能比拟的,其优点主要表现在:

①适应性强:可改变线圈形状,以适应不同的检测需要。

②检测精度高:当车辆边缘在线圈外通过时,检出率约为90%。

③抗干扰性好:对气象和交通环境的变化表现出较强的抗干扰能力,自动调谐改善工作

稳定性,能适应全天候工作。

④故障率较低:其可靠性不低于大多数其他类型的车辆检测器。

⑤性价比高:其技术成熟,开发成本低,性能稳定。

由于环形线圈车辆检测器具有上述优点而被大量使用,并且一直是首选的车流量检测手段,具有较强的发展潜力。根据目前的应用情况,选用环形感应线圈检测器作为车辆测速系统的数据采集技术,不仅具有技术成熟、设计灵活、开发成本低以及开发容易等优点,而且对于治理车辆超速、解决交通拥挤和交通安全等问题都具有十分重要的意义和应用价值。

(2)环形线圈车辆检测器的不足

环形线圈车辆检测器虽然具有简单、隐蔽等特点,但也存在着维修不方便、使用寿命短,并且只能进行单车道测量,多车道情况下需要多个传感器等技术缺点,一直面临着其他方法的挑战。主要原因是环形线圈车辆检测器自身的功能单一,始终局限于"有车"或者"无车"的检测,而且一直没有获得重大改进,有时会发生"有车判无车""无车判有车"的错误。另外,车检数据相对而言还不够直观,有时车辆检测器发出警告时消息已滞后,或者监控人员担心是数据错误而犹豫往现场设备发出进一步指示,实际上需要一些可视的监测手段来辅助。

环形线圈由于自身测量原理所限制,当车流拥堵或车间距小于一定距离的时候,其检测精度大幅度降低,甚至无法检测。国内曾采用独立单片机测速的方法,使系统直接接受线圈检测器的输出信号,试图来提高检测精度,但其应用效果不理想。

在车辆速度的检测上,传统线圈检测器大多存在着上述的技术缺陷,致使其测速精度不高,一直以来很少有较大的突破。因此,利用环形线圈检测器进行车辆测速时,要达到提高测速精度的目的,需要解决以下几个方面的主要问题:

①如何减小二值化处理结果的波动。环形线圈的工作频率不仅与检测器的灵敏度设置、线圈匝数和线圈埋设深度等因素有关,还与道路上通过的车辆类型和种类有关。如图3-10所示,经过处理后的二值化结果往往会有较大波动,这样可能会丢失有用的原始数据信息,给车辆测速的数据处理带来困难,很难精确检测出车辆的速度,因此,必须使二值化处理结果的波动降到最小。

②如何消除车辆"误触发"。如图3-11所示,传统线圈检测器都是以独立的单个线圈为研究对象的,当有车辆经过不同线圈边缘时会发生"误触发",这时检测器无法判断该触发是否是由通过同一车道上的同一辆车所引起的,这也给车辆测速的实现带来了困难,也会导致速度检测的不准确性,因此,要想办法消除这种"误触发"的干扰。

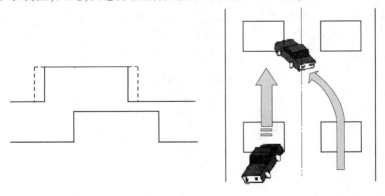

图3-10 二值化处理"波动"示意图　　图3-11 "误触发"示意图

③如何解决环形线圈检测器锁死的问题。由于各种各样的原因(比如干扰)会使车辆

检测出错甚至锁死,为了避免检测器长期被干扰锁死,国外检测器生产厂家曾采用过"定时复位"的方法。这样的效果会导致从锁死开始直到"复位"的一段时间内的流量数据丢失,另外如果确实有车辆停滞在环形线圈上,那么会出现因为被盲目"复位"而失去了车辆停滞信息的现象。因而很难做到准确地统计车流量,更难精确地对车辆速度进行检测。

3.1.1.7 环形线圈车辆检测器在SCOOT信号控制系统中的应用

在现代交通信号控制中,区域控制、自适应控制等信号控制手段已经在快速取代基于传统的单点多时段的信号控制模式;快速增长的交通需求和交通管理的需要,都非常迫切地要求交通管理部门能够根据路面的实时的交通状况,自动调整路面的交通流,提升路口的通行速率。准确、快速的交通流检测是其中关键环节之一,环形线圈车辆检测器作为最成熟、最可靠、成本最低廉的检测手段在信号控制系统中一直被业界广泛采用。

绿信比、周期、相位差优化技术(Split Cycle Offset Optimization Technique,SCOOT),是方案形成式控制方式的典型代表,是一种对交通信号网施行实时协调控制的自适应控制系统。1975年由英国运输与道路研究所(Transport and Road Research Laboratory,TRRL)研制成功,目前全世界超过170个城市正运行着该系统。我国第一套SCOOT系统应用于北京市建国门外地区,所控制的区域包括39个交叉口。目前SCOOT系统在大连、青岛、成都、武汉等城市都有应用。

1) SCOOT系统的构成

SCOOT系统是通过连续检测道路网络中交叉口所有进口交通需求来优化每个交叉口的配时方案,是交叉口的延误和停车次数最小的动态、实时、在线信号控制系统,系统结构框图如图3-12所示。其硬件组成包括3个主要部分:中心计算机及外围设备、数据传输网络和外设装置(包括交通信号控制机、线圈检测器或视频检测器、信号灯等)。

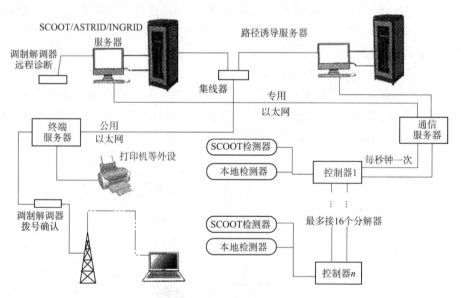

图3-12 SCOOT系统结构框图

软件大体由5个部分组成:
①车辆检测数据的采集和分析。
②交通模型(用于计算延误时间和排队长度等)。

③配时方案参数优化调整。
④信号控制方案的执行。
⑤系统运行状态实时监测。

以上 5 个子系统相互配合、协调工作,共同完成交通控制任务,如图 3-13 所示。

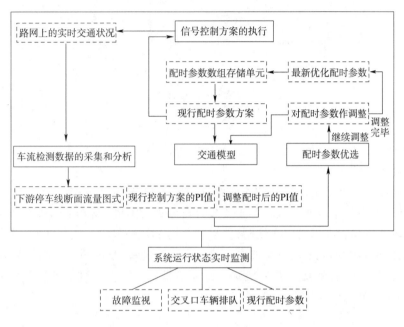

图 3-13　SCOOT 系统的 5 个子系统的相互关系

2)SCOOT 系统交通信息的采集与处理

传统上 SCOOT 系统一般采用环形线圈车辆检测器采集交通信息,目前在北京大多采用的西门子 ST4R/ST4S 环形线圈车辆检测器。随着视频技术的发展和交通控制系统对交通信息需求的丰富,部分地区的 SCOOT 系统已采用了视频车辆检测器用于信息的采集。

(1)环形线圈的布设原则

在 SCOOT 系统中,环形线圈检测器或其他检测器是用来检测某个具体连线(Link,指检测线圈到停车线的有向线段)上的车流的。一个连线可能需要多个检测器采集数据。一个检测器通常覆盖 1 或 2 条车道,所以 3 条车道的道路至少需要 2 个检测器。原则上要保证每一股接受 SCOOT 系统控制的车流的实时动态情况均能被正确地检测,即每一股接受专用信号相位控制的车流都要有一个检测线圈。但是,对于那些不管何时都按一个固定不变的放行时间通过交叉口的车流,可以不设置检测器。同理,非直接由 SCOOT 系统控制的连线上(如按固定相位差与相邻交叉口同步运行的信号灯控制行人过街道)也可以不专设检测器。

一个 SCOOT 系统的环形线圈车辆检测器的线圈宽度为 $2xn$(沿车流方向),这是检测车流最合适的长度。在 SCOOT 系统中,一般要求通向交叉口的进口车道都要设置检测器,环形线圈检测器设置在上游段,距停车线的距离为 80～150m。没有条件配置上游检测器的,可将环形线圈车辆检测器设置在停车线前。

SCOOT 系统环形线圈放置位置示意图如图 3-14 所示。

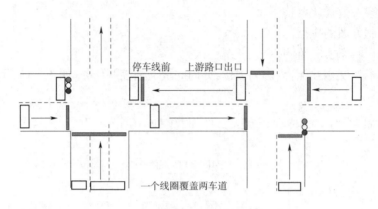

图 3-14 SCOOT 系统环形线圈设置位置示意图

在 SCOOT 系统中,环形线圈车辆检测器的设置还要考虑以下因素:

① 通过环形线圈车辆的行驶速度

为了正确反映路网上车流运动的实时情况,环形线圈的设置位置应在通常无阻滞的地段,即通过环形线圈的车流速度大致等于或接近车流平均速度,偏差不超过 ±20%。如果把检测器的环形线圈设置在下游停车线附近,显然是达不到要求的。但是,若设置得过于靠近上游交叉口,同样也达不到要求的效果。因此,通过实践,一般将环形线圈设置在上面提到的上游路段,距停车线的距离为 80~150m。对于交叉口上游行人过街信号灯杆下的管线来说,环形线圈至少要离行人过街通道 25~30m。

② 受阻滞车队的队尾位置

SCOOT 系统的正常功能之一是控制路网上交通拥挤和堵塞的发生,尤其是要防止受阻滞车队蔓延至上游交叉口乃至堵塞上游交叉口的情况发生。一旦发生上述异常情况,控制系统应能立即察觉,并十分快速地做出反应。为此,环形线圈应尽可能向上游路段设置,要设置在预计可能出现的最大排队长度之外。

③ 支路汇入车流

有些连线(路段)中途有非灯管交叉口,一些从支路上来的车辆随机地汇入该路段,而且车流量较大,其日交通量占主路车流日交通总量的 10% 以上。在这种情况下,环形线圈布设位置也应多加考虑,可把环形线圈设在支路汇入点的下游。若汇入点离下游停车线太近,则应当采取分设环形线圈的方法。

④ 左转车流

对于左转车流的检测有两种情况:一种是在远离停车线的上游方向提前设置左转车道标示,左转车流在上游就和直行车流分道行驶,传感器可以仍按常规设置在上游断面;另一种情况,转车流只是在靠近停车线的渠化段才和直行车分开,这时,检测左转车的环形线圈就只能设置在出口断面处。这种方法虽不及第一种方法好,但也能向系统提供较为满意的左转车流数据,只不过所提供的数据总是滞后于实时交通一个周期时间。

(2) SCOOT 系统中环形线圈车辆检测器的配置

路口每个方向最多设置 4 个环形线圈车辆检测器(右转车道不设置环形线圈车辆检测器),环形线圈车辆检测器的编号规则是路口每一个方向按照环形线圈车辆检测器的设置位置由里向外依次编号,如图 3-15 所示。例如,由南向北方向一车道的检测器由里向外编号依次为 S1V、S2V。

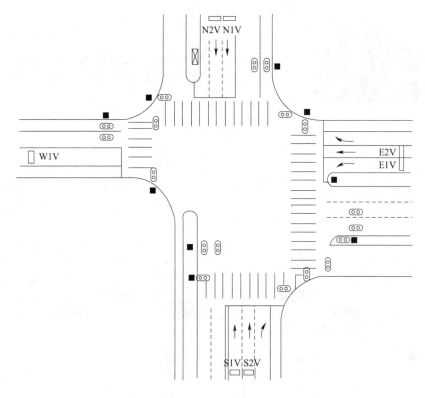

图 3-15 路口环形线圈车辆检测器的设置与编号

3.1.1.8 电子警察系统中环形线圈车辆检测器的设计与改进

电子警察系统,又称闯红灯违章自动监控系统,一般包括数据采集、视频抓拍、违章确认、数据上报、处罚等子系统,主要安装于城市交通路口,24h 全天候对闯红灯的机动车辆进行自动识别与抓拍,并对闯红灯违法车辆进行记录。公安交通管理部门以抓拍的违章照片为依据,对违章者进行处罚和教育,这样可以大大提高机动车驾驶员的自觉性,增强安全意识,保证道路畅通。

(1)闯红灯违章自动监控系统

闯红灯违章自动监控系统由指挥中心管理部分、通信网络部分和路口控制部分组成,通过有线和无线通信相结合的网络数据交换体系进行信息传递。指挥中心管理部分主要实现对路口设备、网络的监控和抓拍的图像、数据进行处理;通信网络部分实现路口控制部分和指挥中心管理部分的数据和图像信息的传输;路口控制部分通过摄像机抓拍机动车辆违章闯红灯的图像信息,并将图片信息传送至指挥中心管理部分,如图 3-16 所示。

(2)检测器的布设

在《闯红灯自动记录系统通用技术条件》(GA/T 496—2014)中规定,不对绿灯、黄灯相位通过停车线的机动车进行记录。同时为了避免红灯相位期间由对向的通行机动车误触发所产生的无效图像,往往要求车辆检测器具有机动车通行方向判断功能。因此,这就要求车辆检测器在同一车道上要有两个检测点,如图 3-17 所示,两个车辆检测点可以位于停车线前后。

(3)闯红灯抓拍工作原理

环形线圈车辆检测器一旦检测到车辆进出线圈,就会给控制器输出相应信号。

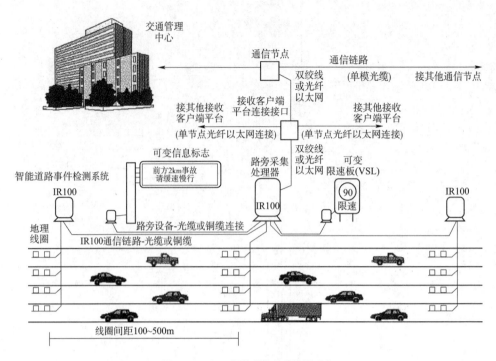

图 3-16 IR100 智能道路事件检测系统

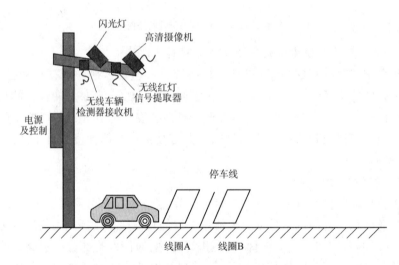

图 3-17 闯红灯违章自动监控系统路口控制部分

控制器同时和车辆检测器、红绿灯信号相连。红、绿灯信号通过光耦隔离转换成标准 TTL 电平输入。控制器时刻监控车辆检测器输出的车辆通过线圈的情况和红绿灯信号的状态,一旦有闯红灯的车辆出现,控制器就会给工控机输出信号,控制违法抓拍和违章图片的上传(图 3-18)。

(4)具体工作流程

在通行状态下(该方向绿灯亮时),系统持续判断是否有车辆通过检测区域,并监测信号灯的状态。

在禁行状态下(该方向红灯亮时),根据以下 4 个阶段来判定违法事件,如图 3-19 ~ 图 3-21 所示。

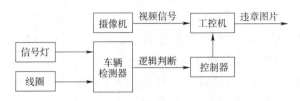

图 3-18　车辆闯红灯抓拍系统原理框图

①车辆进入线圈 A,但未进入线圈 B。系统开始监控,如果在此红灯周期内,此车辆并未继续前进,只是停在线圈 A 上而并未离开,则系统会判定车辆没有违法。

②车辆驶离线圈 A。如果在此红灯周期内该车辆继续前进,当车辆车体离开线圈 A 而车身压在停车线上时,系统判定违章事件发生。发出控制指令拍摄第 1 张过程视频照片,如图 3-19 所示。

③车辆进入线圈 B。当车辆进入线圈 B 时,拍摄第 2 张违法过程照片,抓拍违法细节照片,如图 3-20 所示。系统记录车辆离开时刻,并启动违法过程录像功能,将车辆越过停车线前心 3s、总共 5s 时间段内的视频流进行数字压缩,以录像资料文件形式保存,可以动态完整地再现车辆违法的全过程,进一步减少争议。

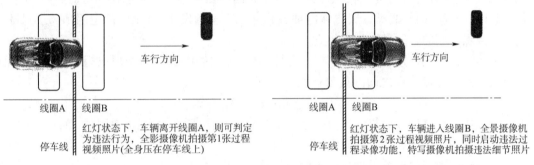

图 3-19　车辆闯红灯违法抓拍工作流程 1　　　　图 3-20　车辆闯红灯违法抓拍工作流程 2

④车辆驶离线圈 B。车辆离开线圈 B 时,摄像机抓拍第 3 张违法过程照片,如图 3-21 所示。至此,形成完整的 3 张过程照片,包括车辆压到停车线、离开停车线、继续前进这 3 个不同位置的状态。至此,电子警察系统获得了关于此次违法事件的所有图像证据。

如果从相邻方向左转车辆和对向车辆触发线圈,由于是先触发线圈 B 再触发线圈 A,系统可以判断不是违法车辆,避免误拍。

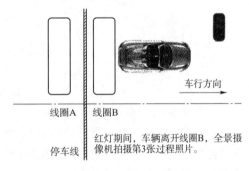

图 3-21　车辆闯红灯违法抓拍工作流程 3

3.1.2　地磁检测器

地磁检测器是把一个具有高导磁率铁芯和线圈装在一个保护套内,里面填满非导电的防水材料,形成一根磁棒。在路上垂直于交通流的方向开一个 0.2~0.6m 的孔,把磁棒埋在路面下,当车辆驶过这个线圈时,通过线圈的磁通量发生变化,在线圈中产生一个电动势,这个电动势经过放大器放大后去推动继电器,发出一个车辆通过的信息。地磁检测器只能检测以相当车速通过的车辆,所以是通过型检测器,不适用于需要检测车辆存在的地方。地磁检测器具有安装容易、不易损坏、价格便宜等优点。缺点是误检率较高,容易受到周围物体的影响,灵敏度会随着检测器组成材料的老化而逐年递减,对于慢速行驶的车辆会发生漏检现象。

3.1.2.1 地磁车辆检测器的组成

地磁传感器其基本构成是以铁镍合金片为基本材料的异向磁阻效应(Anisotropic Magneto Resistive,AMR)的磁敏电阻,通常铁镍合金片以短宽条带形式沉积在硅基底上,这是为了尽量避免霍尔电动势对磁敏电阻灵敏度的影响,同时使得传感器具备较大的感知磁场变化的面积。铁镍合金的最大特点是具有很高的弱磁场磁导率。它们的饱和磁感应强度一般在0.6~1.0T之间。当磁敏电阻元件放置于磁场的环境中时,元件内部磁化矢量与电流之间的夹角θ会改变,从而磁敏电阻阻值也随着改变,引起电阻相应的输出电发生变化,这就是磁信号转变成电信号的过程。

3.1.2.2 磁阻效应原理

(1)原理介绍

磁阻效应(Magnetoresistance Effects)是指当物质外所施加的磁场发生大小或者方向变化时,物质的电阻值也随之发生变化的现象。对于具有强磁性的金属,比如铁、镍或者其合金,当外加磁场方向与此类金属磁体内部磁化方向平行时,金属的电阻值几乎不会发生变化;当外加磁场方向与此类金属磁体内部磁化方向有偏离发生时,金属的电阻值将会减小,这就是强磁金属的各向异性磁阻效应。

如图3-22所示,异向磁阻效应有方向性,具有异向磁阻效应的金属电阻值的大小与偏置电流I和磁场M方向之间的夹角有关

$$R(\theta) = R_1\sin^2\theta + R_2\cos^2\theta \tag{3-15}$$

式中:R_1、R_2——磁场方向与电流方向相互平行和相互垂直时的金属的电阻值,Ω;

θ——磁场和电流方向之间的夹角。

根据磁阻效应原理可以很方便地检测到磁场的变化。

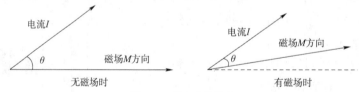

图3-22 异向磁阻效应

(2)异向性磁阻(AMR)传感器

磁传感器可以用来测量地球磁场、永磁铁、车辆的扰动、脑电波以及电流产生的磁场。磁传感器检测到磁场的变化,通过信号调理电路,将信号调节成可以被检测的参数值。磁传感器因所感测的磁场范围不同分为低磁场传感器、地球磁场传感器和高磁场传感器3类。异向性磁阻传感器(AMR)最适合工作在地球磁场范围(1~10mG)内,属于中磁场传感器。因此,在量程适合的范围内,AMR传感器能准确检测出因铁磁性物质引起的地球磁场扰动的同时,获取磁场的强度和方向的变化,也可以检测直流静态磁场的变化情况。

传感器的制作过程是将铁镍合金(Permalloy)薄膜沉积在硅片上,铁镍合金构成惠斯通电桥的四个电阻条,电桥的输出部分接信号放大器,连接原理如图3-23所示。某一轴线上的磁场强度发生变化的时候,R_1~R_4的电阻值发生变化,输出电压就会以ΔR的变化而在某一个范围内产生线性变化,线性误差最小可达0.1%,从而获得从磁场的变化到可靠、易检测的电压输出。

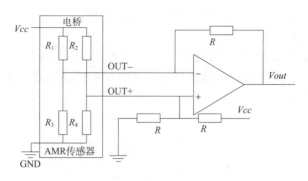

图 3-23　AMR 传感器的工作原理图

3.1.2.3　地磁车辆检测原理

(1) 车辆的磁场模型

地球的磁场分布在很广阔的区域。对于某一个大约几公里的区域来说,磁场是稳定的,偏差不会太大。有铁磁性的物质会形成类似于具有双极性的磁铁,在一定范围内,当铁磁性物质放在或者经过稳定的磁场时就会形成不规则磁场,稳定磁场的强度也会因此变化。从畸变的磁场提取出信息,根据一定的算法,就可以用于车辆的检测及判定。磁场发生畸变过程如图 3-24 所示。

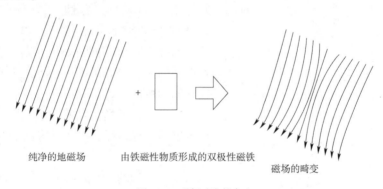

图 3-24　磁场畸变的产生

一辆汽车本质上是一个大铁磁性物质模型,该模型可以分解为由许多极化方向为南—北的双极性磁铁组成。通过上面的分析,可以知道汽车可以引起地球磁场的扰动。图 3-25 表示了汽车通过某一个磁阻传感器的时候对地球磁场造成的扰动。该图说明了无论车处于何种状态,在传感器的感知区域范围内,车辆内部铁磁性物质的存在会导致该区域磁场分布不均匀。不同车辆由于内部铁磁性物质分布的不同,将会有不同的扰动结果,尤其在车轮以及发动机处对磁场的扰动特别明显。因此,可以通过分析磁场的扰动来判断有无车辆经过,也可以通过这一判断来进一步获取各项交通参数。

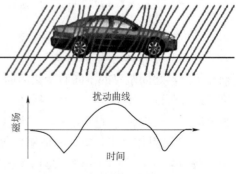

图 3-25　车辆对磁场的扰动曲线

AMR 磁阻传感器可以用于检测车辆的存在与通过,还可以通过对车辆特征参数的提取对车辆进行识别。这种硬件构架可以通过软件算法的设计来实现不同的检测方式。总之,AMR 磁阻传感器的输出信号通过信号调理电路,可以被微处理器分析处理用于判断车辆的存在与否,也可以获取到车辆的行驶方向及车辆类型等信息。

(2) 车辆存在的检测方式

检测车辆存在的时候,把传感器放在车辆的正下方,传感器的三个轴方向 X,Y,Z 定义如图 3-26 所示。由 AMR 传感器将地球磁场扰动的变化转换为微处理器可以处理、分析的信号,从而检测出车辆是否存在。

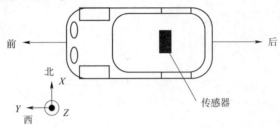

图 3-26　车辆和 AMR 传感器的方向初始化

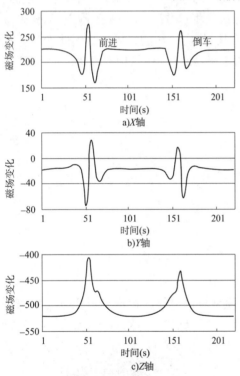

图 3-27　单磁阻传感器检测方向

车辆检测原理是通过磁场的变化来对车辆存在进行检测。在这个实验中,第一次车辆按东到西的方向行驶,第二次为倒车方式行驶,当汽车从传感器上经过的时候,得到曲线如图 3-27 所示。通过分析,可以得出特性:当车辆与传感器平行时,X 轴和 Z 轴都会出现显著尖峰。尽管每一个轴的响应不完全相同,依然可以通过这个特性对采集到的曲线进行处理,还原出车辆的存在及其他车辆参数信息。

通过计算磁场变化的大小来检测车辆的存在与否也是一种可靠且简单的方法。其依据的关系式为

$$磁场的大小 = (X^2 + Y^2 + Z^2)^{1/2} \quad (3-16)$$

磁场干扰的程度的大小可以用数值变化的大小来表示。当某一类型的汽车在离传感器为 1 英尺[①]、5 英尺、10 英尺和 21 英尺时,通过传感器时产生的曲线如图 3-28 所示。这 4 幅图除了信号强度不一样外,曲线都是相似的。在不同的距离下,信号强度的衰减是不同的。磁场强度随着车辆与传感器之间距离的不同而变化的曲线如图 3-29 所示。可见,传感器在离车在 1~4 英尺的地方可以工作得很好。综上所述,只要对采样曲线进行分析,就可以得出车辆存在、行驶方向等交通参数。

AMR 磁阻传感器采集到的地磁信号强度随着距离的增加而衰减的这个特点在其只是用来检测某一个车道的车辆信息而忽略其他车道经过车辆所产生的影响时显得非常有用,其他车道行驶的车辆与检测车道传感器之间的距离比较远,基本上不能对其周围的磁场产生影响,这样可以减少采集数据的干扰,提高车辆检测的准确度。

---

① 1 英尺 = 0.3048m

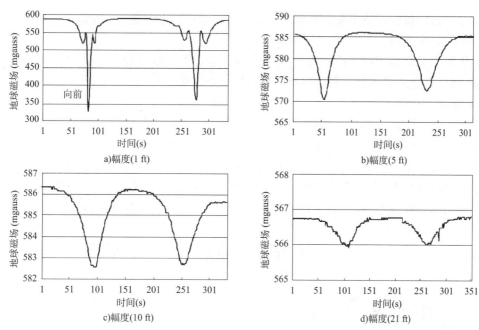

图 3-28 不同距离下磁场扰动曲线

经过对上述车辆检测原理的分析,当车辆经过时,AMR 磁阻传感器采集到的数据具有一定的规律,只要对其采集的地磁强度信号曲线进行处理分析,就可以很方便的检测车辆的存在和方向等交通参数。因此,AMR 磁阻传感器技术的应用为车辆检测提供了一种低成本的解决方案。

3.1.2.4 地磁检测器的安装

(1) 道路侧边安装高度要求

一般要求 0~2m,要与车辆铁磁性材料最集中的地方等高。

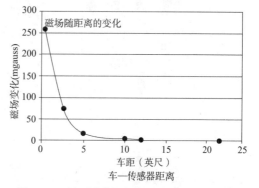

图 3-29 磁场随着车辆与传感器距离变化的曲线

(2) 对检测器安装的基础物要求

①必须有合适的基础结构适合用来固定地磁检测器,如水泥墙、立杆、箱体等。

②地磁检测器安装基础物要尽量不使用钢铁类磁性材料,不能是较大钢铁制品,如钢管、钢板、钢筋网。木材、塑料、铝制材料(铝型材)是允许的,水泥墙面(要保证墙面内附近没有钢筋等钢铁物质或较少,且远离墙面)也是允许的。

③地磁检测器要尽量远离钢铁类磁性物质。如非要安装在某些带钢铁类结构上,应该用非金属或铝制材料隔离,且要保证距离 10cm 以上,越远越好。

(3) 地磁检测器安装的外部机械、电气等条件要求

①地磁检测器在基础物上安装,必须保证安装后牢固、不松动、不晃动,螺栓要加弹簧垫圈。

②地磁检测器安装基础件(如立杆、横杆等)本身必须保证有足够的刚度,并且要固定牢靠,要长期位置稳定,要评估其随气候发生意外变化的可能。

③对地磁检测器要注意增加防水措施。

④要安装在不容易被人接触到的地方。

⑤不要把地磁检测器安装在具有大电流且电流经常变化的地方。要远离大容量电力设备,如变压器、配电箱。

⑥不要安装在靠近电力输电线处,特别是地下埋设的输电线处。

⑦安装后,地磁检测器本身电缆也要远离电气干扰源。

(4)地磁检测器参数调试

与埋入路面下的安装方式的参数调试方法类似。

3.1.2.5 地磁车辆检测器在停车场管理系统中的应用

停车场车位引导系统,是通过地磁控制器采集安装在停车场内各个停车位地磁检测器状态,来判断该区域车辆的进出情况的。数据通过 RS-485 通信传送到区域中央。区域中央则负责通过 RS-485 通信收集各个地磁控制器的信息,并对车辆进出数据进行信息处理,从而得到各停车区域的空车位数信息,并且将该信息通过设置在停车场总入口及各个停车区域入口处的 LED 引导屏显示出来,来引导车主快速停车,其系统结构如图 3-30 所示。

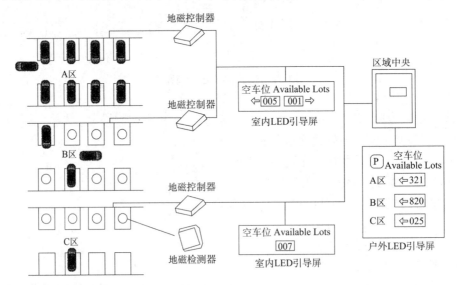

图 3-30 基于地磁车辆检测器的停车场车位引导系统结构

1)检测器布设方式

检测停车位上车辆是否存在,可用一个 HMC1021(单轴)和一个 HMC1222(双轴)组成一个三轴检测器,将传感器放置在停车位中间(图 3-31),检测器将磁场分成 B_x、B_y、B_z 矢量分量。一个各向异性的地磁车辆检测器能够检测到一个轴向上的变化,三轴的检测器就能够在检测范围边缘上更加可靠地检测车辆,为检测提供更可靠的保障。通过对 AMR 检测器简单的设置,可以有效、可靠地检测车辆是否存在。8 个地磁检测器接一个地磁控制器,30 个车位连接一个节点控制器。

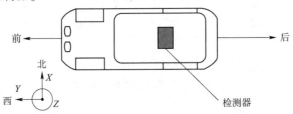

图 3-31 车辆和检测器的相对位置和方向

2)系统硬件构成

(1)地磁检测器

当车辆在检测器附近出现时,周围的地磁力线会发生弯曲和密度的变化,地磁检测器感知这种微小的变化,并通过一定的判断准则来确定是否有车辆存在。

当车头离检测器有一定距离时,检测器的各输出轴几乎不会发生变化。车辆渐渐靠近检测器时,车辆的附近的地磁场朝车子方向发生了偏移,此时 X 轴为检测器灵敏轴,X 轴的输出有了较明显变化;当车辆的前轮轴通过检测器上方时,车辆的车轮(含有铁镍合金)对地磁场有较大的影响,此时 Y 轴为灵敏轴,Y 轴的输出变化最大;车辆继续前行,当检测器的位置位于车辆的发动机下方时,由于发动机对附近地磁场有较大影响,此时 X 轴、Z 轴为检测器灵敏轴,X、Z 轴输出变化最大;当车辆的后轮到达检测器位置时,Y 轴输出又有了较大变化,当车辆远离检测器上方时,各轴输出回复到初始状态,如图3-32所示。

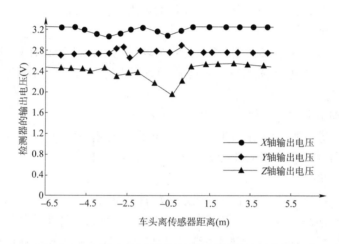

图3-32 车辆经过地磁检测器时的位置与各轴输出关系曲线

(2)节点控制器

节点控制器用于连接中央控制器和地磁检测器、显示屏、引导箭头显示屏等,是停车场引导系统三层网络总线的中间层。节点控制器主要解决长距离引起的通信不可靠问题、网络节点数扩展问题、分组管理问题等,对保证系统的安全、可靠与高效有重要作用。

(3)中央控制器

中央控制器是整个系统的核心,主要负责整个停车场引导系统的采集与控制,实现各种引导功能。停车场引导系统的核心功能是进行车位引导,该功能主要由中央控制器完成。

(4)入口车位信息显示屏

入口车位信息显示屏用于显示停车场内车位信息。显示屏由高亮度LED模块、驱动电路、控制电路、支架等部分组成。它接收中心控制器的输出信息,用数字和文字形式实时显示停车场空闲车位数量,提示准备入场的车辆。

(5)车位引导显示屏

设置于车场岔路口位置,用于标识各个区是否有空车位,如有空车位,则指示箭头亮,并且显示剩余的车位数量;若无空车位,则指示箭头灭。显示屏由高亮度LED模块、驱动电路、控制电路、支架等部分组成。它接收中央控制器的输出信息,用数字、箭头和文字等形式显示车位方位,引导驾驶员快速找到系统分配的空车位。

3)系统软件功能

系统中应嵌入车位电子地图,可以直观地实时反映停车场车位使用情况,操作员可直接根据电子地图来监控车场状况,对于错停车位的车辆,支持手动改写其停车位,以调整车位实际占用情况。系统软件功能包括以下几项。

(1)车位自动引导功能

车辆入场后,车位引导系统自动检测车位占用或空闲的状态,并将检测到的车位状况变化由车位引导控制器实时送至车位引导显示屏显示,车位引导显示屏指引车辆最佳停车位置,引导驾驶员快速地找到系统分配的空车位。

(2)电子地图功能

在系统软件中,可以直观地显示整个停车场的使用情况,软件中可以加载整个停车场的平面图,实时、动态地显示出停车场内每个车位的占用、空闲信息。

(3)车位自动统计功能

通过车辆感应功能,系统对进出停车场的车辆进行自动统计和计算,根据统计计算结果,系统实时地将车位信息传送给车位显示屏,在车位显示屏和软件界面上自动显示停车场内剩余的空车位信息。

(4)车位管理功能

系统可对车位进行实时控制管理,管理人员可以查看相关情况,停车入位后的车辆可以进行停车时间监测,在控制室可随时了解各车位的停车时间。

(5)数据共享功能

车位引导管理系统软件与停车场管理系统软件之间可共用同一个数据库,数据信息相互共享,实现系统间的相互联动。当车辆验证入场后,停车场管理系统软件就会把相应的信息传至服务器数据库,车位引导管理系统软件与停车场管理系统软件共用同一台服务器和数据库,因此车位引导管理系统可以实时获得相关的信息,进行车辆的引导。

(6)报表功能

系统可以根据要求,进行各种统计、自动生成相关报表,能够统计停车场每天和每月的使用率、分时段使用率等。

(7)系统自检功能

引导系统可定时进行自检,发生故障后自动报警,便于及时进行维护。

3.1.2.6 基于无线地磁的交叉口信号控制策略研究

本节提出基于无线地磁检测器的感应控制方法,通过无线地磁检测器采集道路交叉口车辆信息数据;无线地磁检测器主要埋于地下,有车辆通过时,发生金属切割磁感应线反应,导致磁通量发生变化,即判断有车辆通过;埋于地下的检测器检测到该车道车辆通过的编码信号后,以无线方式发射到路旁的接收机,接收机会分辨出哪个车道有车通过。无线地磁检测器相比现有其他检测设备而言,具有检测精度高、安装简单、稳定持久、抗干扰好的优点。将无线地磁检测器采集到的数据,及时传输到接收主机,以便数据能够及时处理并反馈给用户,从而达到优化交叉控制接口、缓解道路交通压力的目的。

1)系统搭建

以合肥市黄山路—天智路交叉口信号控制为例,详细说明基于无线地磁的交叉口信号控制系统建设及应用。

（1）无线地磁检测器的布设

在交叉口每个直行和左转车道安装一个地磁检测器，安装位置是距离停车线 20m 左右的车道中央，目的是为了检测车辆通过路口的状态。同时在距离交叉口 90m 处，每个方向选择直行车道和左转车道，再安装一个地磁检测器，目的是为了检测车辆的排队情况。

由于天智路车辆流量较少，在考虑工程成本的基础上，只在黄山路方向距离交叉口 90m 处每个直行和左转车道安装了地磁检测器，用来检测车辆的排队长度。总共安装了 18 个地磁检测器，其中装在距离交叉口停车线 20m 处的传感器有 11 个，装在距离交叉口停车线 90m 处的传感器有 7 个。此外还安装了 1 个信号控制接收基站，3 个数据中继基站。黄山路与天智路交叉口地磁检测器设备布设示意图如图 3-33 所示。

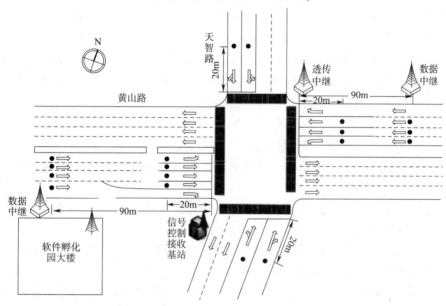

图 3-33　黄山路与天智路交叉口地磁检测器设备布设示意图

（2）系统搭建

通过地磁检测器采集到的车辆信息通过无线传感网络发送至与之配套使用的接收基站、中继基站（中继基站用于将远端的地磁检测数据转发至接收主机），接收基站对前端采集到的数据进行融合处理后，再将相关信息传送给交叉口信号控制主机，信号控制主机通过获取的车辆光纤把数据实时传输回后台，通过后台软件能实时观测到交叉口信号灯运行情况。其系统结构如图 3-34 所示。

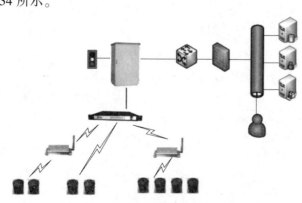

图 3-34　交叉口信号智能控制系统结构图

2）信号控制方案

（1）交叉口信号控制要素

①控制参数的确定。为保证交叉口红绿灯智能、高效、有序地运行，主要确定以下几个控制参数：a.最小绿灯时间，该时间一般不小于15s。b.最大绿灯时间，一般不大于60s。c.单位绿灯延长时间，一般设置为3s。d.车辆排队长度，在红灯时间内，在交叉口等待绿灯的车辆的排队长度；根据排队长度，从而决定是否及时放行绿灯。

②自动控制（感应控制）的实现。当一个方向的绿灯启亮时，根据本方向地磁检测器检测到的车辆通过数与下一个方向检测器检测到的排队车辆数的对比结果，来制定相应的智能信号控制策略。具体控制原理如下：

a.当前绿灯亮，下一方向无车。当一个方向启亮绿灯时，该方向先放行一个最小绿灯时间，当最小绿灯时间将要结束时，安装在该方向距离停车线20m左右的地磁检测器检测此时是否有车辆通过，若有车辆通过，且下一个方向的检测器没有检测到车辆，则每过一辆车，延长一个单位绿灯时间，直到该方向没有后续来车或者是该方向已经放行到最大绿灯时间时，结束当前的绿灯时间，开始放行下一个方向的绿灯。

b.某方向一直无车通过。若该方向传感器一直没有检测到有车辆通过，则可以跳过这个方向，不放行这个方向的绿灯，而直接放行下一个方向的绿灯。

c.当前绿灯亮，下一方向驶入排队区域的车辆小于当前方向通过车辆数的30%，遵循a条件下所规定的灯控策略。

d.当前绿灯亮，下一方向驶入排队区域的车辆大于当前方向通过车辆数的30%，则停止该方向的绿灯时间，开始放行下一个方向的绿灯。

e.当前绿灯亮，某一方向有长排队的情况。当一个方向最小绿灯时间将要结束时，某一方向90m处的检测器检测到已经有车辆停留超过了30s，确定有长排队情况，则不管当前绿灯方向是否后续还有车辆通过，也马上结束当前绿灯时间，直接跳到排队过长的方向放行绿灯。

f.同时检测到有多个方向出现排队过长的情况。当一个方向最小绿灯时间将要结束时，有多个方向的90m检测器检测到了排队过长的情况，则放行最先检测到排队过长方向的绿灯，放行至该方向排队长度小于最大排队长度的50%后，马上停止该方向的绿灯，继续放行下一个检测到排队过长的方向，依此类推。

g.根据历史经验的智能控制。交通信号灯感应控制方法流程图如图3-35所示。

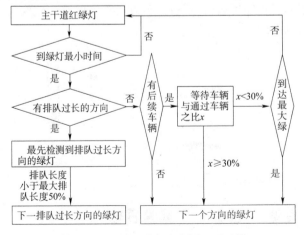

图3-35　交通信号灯感应控制方法流程图

（2）交叉口信号控制方案

通过调研黄山路与天智路交叉口的实际交通流量情况,得知目前黄山路的交通流量较大,而天智路的交通流量相对较少,分别制定了3相位定周期信号控制方案和智能交通信号灯控制方案。

①定周期信号控制方案

东西方向的直行绿灯为第1个相位,绿灯时间为48s。

东西方向的左转绿灯为第2个相位,绿灯时间为24s。

南北方向的直行和左转绿灯合为第3个相位,绿灯时间为38s。

②交通信号灯感应控制方案

东西方向的直行绿灯为第1个相位,最小绿灯时间为15s,最大绿灯时间为48s。

东西方向的左转绿灯为第2个相位,最小绿灯时间为12s,最大绿灯时间为30s。该相位若没有车辆通过,是可以跳过不放行绿灯。

南北方向的直行和左转绿灯合为第3个相位,最小绿灯时间为12s,最大绿灯时间为38s。

黄山路与天智路交叉口信号控制机通过地磁接收基站传来的车辆流量数据,根据设计好的红绿灯智能控制方案进行智能控制实验,记录每个绿灯方向的车辆通过数量、绿灯放行时间及车辆通过交叉口的等待时间,并与定周期方案的数据进行对比,以验证该方法是否满足控制要求,是否能对红绿灯实施感应控制,单位时间内的车辆通过数和车辆通过交叉口的等待时间各优化了多少。

3）应用成果

按照上文控制方案,通过几天的连续调查,可得出如表3-2、表3-3的测试数据。

黄山路—天智路交叉口信号灯定周期控制测试数据　　　　　表3-2

序号	信号周期(s)	相对时间(s)	通过的车数	平均等待时间(s)	序号	信号周期(s)	相对时间(s)	通过的车数	平均等待时间(s)
1	110	48 24 38	19 3 11	22 10 20	6	110	48 24 38	27 0 14	33 0 17
2	110	48 24 38	21 5 18	28 17 23	7	110	48 24 38	29 0 14	24 0 17
3	110	48 24 38	24 4 15	26 16 21	8	110	48 24 38	24 6 16	33 18 22
4	110	48 24 38	23 0 14	29 0 18	9	110	48 24 38	17 0 14	27 0 14
5	110	48 24 38	29 5 15	32 18 21	10	110	48 24 38	26 3 13	34 10 15

黄山路—天智路交叉口信号灯智能控制测试数据　　　　　表 3-3

序号	信号周期(s)	相对时间(s)	通过的车数	平均等待时间(s)	备注	序号	信号周期(s)	相对时间(s)	通过的车数	平均等待时间(s)	备注
1	71	35 0 27	18 0 14	17 0 15	无车	6	110	48 24 38	27 0 14	33 0 17	最大绿无车
2	110	48 0 38	24 0 16	21 0 18	最大绿无车最大绿	7	110	48 24 38	29 0 14	24 0 17	无车
3	110	48 15 33	24 5 13	22 15 14	最大绿	8	110	48 24 38	24 6 16	33 18 22	长排队
4	110	48 24 38	23 0 14	29 0 18	长排队	9	110	48 24 38	17 0 14	27 0 14	无车
5	110	48 18 30	26 6 14	15 14 16	最大绿	10	110	48 24 38	26 3 13	34 10 15	最大绿无车

注:"最大绿"指该方向已经放行到最大绿灯时间;"无车"指下一方向无车通过;"长排队"指当前方向放行到最大绿灯时间仍出现排队过长现象。

由表 3-2 与 3-3 对比可见,使用感应控制之后,单位时间内通过交叉口的车辆数为 0.43 辆/s,在 10 个信号周期内车辆通过交叉口的平均等待时间为 14.5s,而在使用定周期信号控制方案时,单位时间内通过交叉口的车辆数为 0.37 辆/s,在 10 个信号周期内车辆通过交叉口的平均等待时间为 19.6s,如表 3-4 所示。

定周期与智能控制数据对比表　　　　　表 3-4

项目	测试总时间(s)	通过的车辆数	平均等待时间(s)	车辆通过率(辆/s)
定周期控制	1100(10 周期)	409	19.6	0.37
智能控制	921(10 周期)	391	14.5	0.43

通过定周期与感应控制方案的对比,可以得到,在感应控制策略的优化下,车辆通过交叉口的平均时间降低了 35%,交叉口的通行效率提高了 16.2%,如图 3-36 所示。

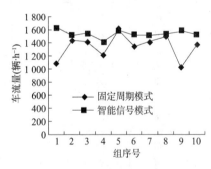

图 3-36　固定周期模式与智能信号控制模式下小时车流量对比图

由图 3-36 可以看出,在固定周期模式下小时交通流量呈现不规则的上下波动趋势,而且变化幅度较大,而在感应控制模式下,小时交通流量基本处于稳定平衡的状态,由此可以看出,在智能信号控制模式下,信号设置与车流状态相互协调,不但提高了交通信号灯的利用效率,而且还能起到合理分配交叉口空间资源、减少污染的作用。

要结合地磁检测器的应用,充分利用无线地磁检测器检测到的数据,根据交叉口信号灯的自动控制原理,构建道路交叉口信号智能控制系统,确定信号控制方案,并通过对固定信号周期内与感应控制周期内的各参数进行对比,得出在流量相对较少的情况下,道路交叉口智能信号控制优越于传统的固定周期信号控制,提高了单位时间的车辆通过率,缩减了车辆在交叉口的平均等待时间,也保证了小时交通量的稳定,优化了道路利用率,同时也在一定程度上控制了环境污染。但鉴于感应控制的应用范围,当交通量到一定程度时,感应控制将不再适合,因此本书的研究具有一定的局限性,在应用的时候可以将自适应控制和定时控制结合起来。

3.1.3 摩擦电检测器

摩擦电检测器的探头部分是封装在一块人造橡胶中的屏蔽电缆内,橡胶块永久地固定在路面的切槽中。其工作原理是车辆通过时,电缆上的压力使电缆芯和屏蔽之间产生低电压,该电压可用适当的放大电路来检测并输出信号。摩擦电检测器响应快、恢复时间短,因此可用来精确地测量车轴数。当它与环形线圈检测器一起使用时,还可以测量车型、车速和车距等交通参数。

3.1.4 WSN 无线传感器

3.1.4.1 无线传感网络介绍

无线传感器网络(Wireless Sensor Networks,WSN)由在检测区域内部署的大量传感器节点组成,多跳的自组织网以无线通信的方式形成,目的是能够在网络覆盖范围内感知、采集、处理和发送信息。传感器节点由传感器模块、数据处理单元、通信模块和能量供应模块组成,传感器节点能够进行数据采集并通过自组织的方式构成网络系统。无线传感器网络是一种全新的信息获取平台,能够实时监测和采集网络分布区域内的各种检测对象的信息,并将这些信息发送到网关节点,以实现复杂的指定范围内目标检测与跟踪,具有快速展开、抗毁性强等特点。无线传感器网络相较于传统无线网络,具有以下明显特征:

(1)无线传感器网络和传统无线网络相比,有显著的优势:传感器节点数量多、部署密集、单位面积内的节点密度十分可观。

(2)传感器节点体积小、数量众多、分布广、所处环境较复杂,甚至分布至无人到达的区域,供电由电池来实现,但电池能量有限且更换不便。

(3)网络节点间之间的通信方式为自组织通信。各个传感器节点能够自动进行配置和管理,能够自动组网并实现相互通信机制。

(4)传感器网络的拓扑结构可能因环境因素、传感器节点能量有限、传感器节点出现故障、有新节点加入等因素而改变,而无线传感器网络能感知这一系列的动态变化,并且实现快速重构。

(5)传感器网络有一定的容错能力。一般传感器节点所处的环境相对恶劣,容易使节点受干扰、发生错误。因此无线传感器网络应有一定的容错能力。

WSN 的工作原理如图 3-37 所示,RFD 和 FFD 是 ZigBee/IEEE802.15.4 定义的两种设备:RFD(Reduced Function Device)定义为精减功能设备。FFD(Full Function Device)定义为全功能设备。其中,RFD 是普通传感器节点,它自身采集的信息只能通过 FFD 发送出去;FFD 可以是一个普通传感器节点或作为网络协调器,作为普通节点它能够与任何其他进行设备通信,作为网络协调器,它充当路由,将 RFD 发送过来的数据传送给其他设备。FFD 最终通过 Interent 或其他网络把采集到的数据信息传递给终端设备。

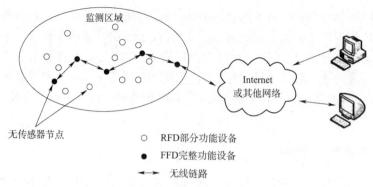

图 3-37 WSN 工作原理图

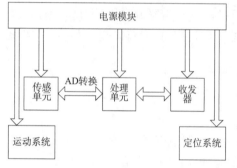

图 3-38 传感器节点结构示意图

1) 无线传感器节点与网络协议

一般传感器网络节点的组成和功能包括如下四个基本单元:传感单元(由传感器和模数转换功能模块组成)、处理单元(由嵌入式系统构成,包括 CPU、存储器、嵌入式操作系统等)、通信单元(由无线通信模块组成),以及电源部分。此外,可以选择的其他功能单元包括:定位系统、运动系统以及发电装置等,一般的系统结构如图 3-38 所示。

传感器网络的主要功能是负责监测区域内信息的采集,传感器单元是它最基本的组成单位。无线传感器节点通过各种方式大量部署在被感知对象内部或者附近。当传感器采集到信息后,就经过模数转换将模拟信号转换成数字信号供处理器处理。处理器包括运算单元和存储单元,可以对数据进行运算和存储。处理后的数据将通过无线通信单元直接或者间接传送给汇聚节点或基站。因此,这些节点通过自组织方式构成无线网络,以协作的方式感知、采集和处理网络覆盖区域中特定的信息,可以实现对任意地点信息在任意时间的采集、处理和分析。

一般传感节点之间可以相互通信,自己组织成网并通过多跳的方式连接至 Sink(基站节点),Sink 节点收到数据后,通过网关(Gateway)完成和公用 Internet 网络的连接。整个系统通过任务管理器来管理和控制。传感器网络的特性使得其有着非常广泛的应用前景,其无处不在的特点使其在不远的未来成为我们生活中不可缺少的一部分。

本书中的车辆检测系统单个节点的结构如图 3-39 所示,主要有四个部分:磁阻传感器数据采集模块,单片机控制模块,无线模块,供电模块。简要工作过程如下:首先,磁阻传感器 HMC1021Z 采集车辆信号,经调理电路进行放大,然后 STC12C4052AD 对该模拟信号进行模数转换,最后通过 nRF401 无线模块将转换后的数字信号发送给主节点。

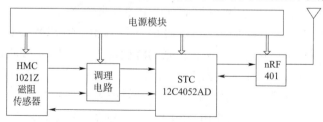

图 3-39 传感器节点结构设计图

传感器的协议栈结构如图 3-40 所示,由物理层、数据链路层、网络层、传输层、应用层以及能源管理模板、移动性管理模板和任务管理模板组成。无线传感器网络的拓扑结构不同于一般的网络,它的拓扑结构不是一成不变的。在节点部署结束后,仍然可以通过调整功率等来进行拓扑优化。部分节点失效后也需要进行拓扑结构的调整。物理层需要满足简单且鲁棒性好的调制、发送和接收技术。在数据链路层负责媒体访问和接入控制信道分配和调度机制研究,节省能耗的节点休眠机制研究和多指标折中的分布式 MAC 协议研究。网络层解决从传输层得到数据的路由问题,这一层协议主要分为平面路由协议(如 FLOODING 算法)和分层路由协议。

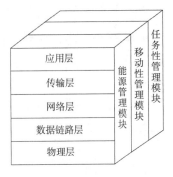

图 3-40 无线传感网络协议层

2) 无线传感器网络的特点

无线传感器网络可以广泛应用于军事、空间探索、农业、工业、环境检测、交通控制、智能家居等领域。正是由于其广泛的应用性,与传统的无线局域网、移动通信网络或是蓝牙、红外、Wi-Fi 等技术相比较有许多特有的特征。

(1) 硬件资源的有限性。传感器节点体积小、功耗小、成本低等特点决定了传感器节点在可用存储资源、处理器能力等方面有极大的限制性。

(2) 节点能量的有限性。传感器节点的通常是由两节微型电池进行供电的,由于传感器节点通常是布置在人工难于直接操作的地方,无法对传感器节点电池经常进行更换,这一特性决定了传感器节点的使用寿命。

(3) 网络结构具有自组织能力。传感器节点位置的布设通常是无法预知的,典型的无线传感器网络一般都需要作为协调者的一个网关,其他的传感器节点按照多级父子继承的方式进行自组织,从而构成整个网络拓扑结构。

(4) 传感器节点间形成的多跳路由。由于网络中传感器节点的发射功率、天线覆盖范围的有限性,使得传感器节点只能够和它相邻近的传感器节点进行通信,与网关节点或其他远端的传感器节点之间的通信都需要由其他传感器节点进行多跳路由实现转发。

(5) 传感器节点数量众多、分布密度高。在一个采集范围较小的区域,自组织形成无线传感器网络中通常包含的传感器节点就有几十、上百个。在范围较大的采集区域,无线传感器网络通常由多个相对较小的无线传感器网络组成。

(6) 静态、动态拓扑结构。网络中传感器节点的运动状态因传感器网络应用情况不同而各不相同。在一般的光强、压力、温度等传感数据的采集过程中,节点的状态通常是静止的,而对于病人的脉搏、血压、体温、汽车环境等方面的传感数据采集的过程中,节点的状态通常是运动的,因此整个网络的拓扑状态也是动态变化的。

3) 无线传感器网络在交通上应用的现状

根据无线传感器的不同安装方式,可以将无线传感器检测分为插入型技术和非插入型技术两类。插入型传感器检测技术是指将传感器安放在路面下的检测技术,其种类及优缺点如表 3-5 所示。

非插入型传感器检测技术是指将传感器安放在道路旁,不需要破坏路面。其主要是通过悬挂或焊接在路边的柱子上,或安装在横跨路面架设的横梁上。其优点是在检测到路面的车辆的信息的同时还能够观测到道路的整体的车流情况,其种类及优缺点如表 3-6 所示。

基于插入检测技术的传感器优缺点 表3-5

插入型传感器	优　点	缺　点
磁感线圈	检测准确度高,可达97%	因为要安装在路面下,安装和修复会破坏路面;而且容易受路而压力和温度的干扰
气动管	安装简单;耗能低;可以通过检测轮距和轮数,对车辆进行简单分类;使用方便	当大型车辆较多时检测误差大;受气温变化影响大;需要长期维护
压电式传感器	可通过检测轮距,轮数,以及车重对车进行分类	安装和修复会破坏路面;同样会受到路面压力,车速和温度的影响

基于非插入技术的传感器的优缺点 表3-6

非插入型传感器	优　点	缺　点
微波雷达	利用雷达波进行检测,安置方便不受环境影响	利用雷达波相对速度产生波长变化进行检测。不能检测静止的物体
红外线	可通过测量成像对车辆进行分类,一个检测单元可以检测多个区域	气候影响大比如日光干扰,以及空气中微粒减弱和发散射线
视频检测	准确度高	受环境影响大
超声波检测	测速	需要部署多个,受环境影响大;硬件价格较高
被动声音测量	通过声音的模式匹配可以区分类型	受环境温度影响;车辆速度慢时,测量精确度降低

总的来说,无线传感器检测技术的优点是检测面广,通过多种传感器的综合应用可以检测出车辆的类型、流量等交通信息,但是缺点是铺设相对复杂、需要设备种类多、出现故障修理麻烦等。

随着技术的不断发展,WSN交通数据采集技术的交通数据检测准确率已经提高很多,尤其是在车辆检测方面,而且相对于感应线圈和微波检测等,可以精确的检测低速车辆,而且,由于采用无线通信方式,避免了过高的布设成本,适合在城市内大范围安装与应用。

4)无线传感器网络应用前景

无线传感器网络在传统的工业、农业、交通、军事、安全、医疗、空间探测等众多领域都有着广泛的应用,其研究、开发和应用关系到国家安全、经济发展等许多重要方面。因无线传感器网络广阔的应用前景和巨大的应用价值,近年来在国际上引起了广泛的重视,并投入了大量资金。例如,美国自然科学基金委员会在2003年就制订了无线传感器网络研究计划,并投资3400万美元用于支持无线传感器网络方面的基础研究。国际上各机构组织对无线传感器网络技术及相关研究的高度重视,也大大促进了无线传感器网络的发展,使无线传感器网络在许多应用领域都开始发挥着其独特的作用。此外在新兴应用领域,比如家庭家用、企业管理、交通等领域其应用前景更是诱人。比如家庭采用无线传感器网络负责安全、调控、节电、保健等;企业和社区采用无线传感器网络负责保卫与安全、供应监测、人员流动与车辆进出等;服务业采用无线传感器网络负责商品流通、服务环境秩序、金融流通安全等。各种社会活动中,无线传感器网络的应用更是举不胜举。可以预计,将来无线传感器网络将无处不在。

3.1.4.2 基于WSN的车辆识别原理

(1)基于WSN的车辆识别原理

对交通流数据的采集,主要是基于对行驶车辆的检测。目前,基于对行驶车辆的检测,主要是利用磁敏传感器(例如双轴磁性传感或声音传感器)。虽然利用声音传感器对行驶车辆识别具有较高的精度,但是在识别过程中需要对声音信号进行处理,要求较高的计算资源而且能耗过大。而 WSN 节点由于能耗的限制,往往处理器采用具有低功耗的单片机(例如 MSP430)。因此,利用 WSN 对车辆检测主要是利用磁敏传感器。

磁敏传感器对大地磁场变化具有较高的灵敏度。任何铁质金属材质的物体都会对其周围的大地磁场产生一定扰动。磁敏传感器就是根据该扰动信号,对其检测范围内的物体进行识别,如图3-41所示。几乎所有的车辆都由一定数量铁质材料制造的,因而当车辆,无论行驶还是停止,所对大地产生的磁场扰动都可以利用磁敏传感器识别出来。这也从根本上解决了磁感应线圈对于低速行驶车辆的识别率过低的问题。

当车辆通过被检测区域时,磁敏传感器产生的扰动电信号,如图3-42所示。t_{up},t_{down}分别为车辆进入检测区和离开检测区的相应时间。

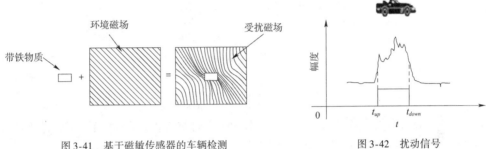

图 3-41　基于磁敏传感器的车辆检测　　　　图 3-42　扰动信号

(2)车辆识别算法

根据信号处理的一般过程,目前基于磁敏传感器的车辆检测过程主要包含信号预处理和识别两部分。其中,信号预处理主要包括连续信号的离散化、信号平滑等操作识别,主要是对处理后的数据进行判断,当被确定为有车辆时,输出识别信号,以便进一步计算车流量、速度等。

目前,最典型的基于磁敏传感器的检测算法是由 UC Berkeley 提出的自适应阈值检测算法(Adaptive Threshold Detection Algorithm,ATDA),该算法的识别精度达到97%,且识别时间小于0.1s,实时性较高。ATDA 算法的车辆识别过程如图3-43所示,该算法主要由信号平滑、阈值自调整以及识别三部分组成。

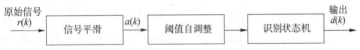

图 3-43　基于 ATDA 算法的车辆检测过程

信号的平滑过程主要是对磁敏传感器产生的原始离散信号 $r(k)$,利用 M 时间窗滤波进行平滑,生成平滑后信号 $a(k)$,其公式如下

$$a(k) = \begin{cases} \dfrac{r(k) + r(k-1) + \cdots + r(1)}{k}, & k < M \\ \dfrac{r(k) + r(k-1) + \cdots + r(k-M+1)}{M}, & k \geq M \end{cases} \tag{3-17}$$

阈值自调整是根据当前算法运行状态对阈值 $B(k)$ 进行实时在线调整,其目的主要是矫正由传感器温度漂移、环境干扰等因素造成的阈值漂移问题,以提高检测精度。具体公式如下

$$B(k) = \begin{cases} B(k-1) \times (1-\alpha) + \alpha(k) \times \alpha, & s(\tau) = 0, \forall \tau \in [(k-s_{buf}) \cdots (k-1)] \\ B(k-1), & 其他 \end{cases} \tag{3-18}$$

式中：α——遗忘因子；

$s(\tau)$——识别状态机的状态。

对车辆的识别是该算法的核心，主要是由识别状态机构成，其功能是判断是否有车在检测范围内，具体工作状态如图3-44所示。

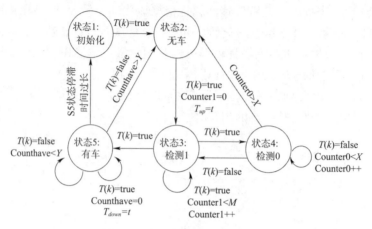

图3-44 基于ATDA算法的车辆识别

状态1：初始化相关系数。进入条件是：当算法重启时进入，或在状态的持续时间过长时进入。当初始化结束，退出并进入下一个状态。

状态2：确定无车，表示当前无车通过。进入条件是：当状态结束或状态检测结束，进入；退出条件是 $T(k) = $ true，即当前检测周期结束。

状态3：检测状态1。满足以下三种情况其中之一即进入该状态。情况一，在状态2中，当 $T(k) = $ true 时进入；情况二，在当前状态下，当 $T(k) = $ true 的持续时间小于阈值 M 时进入；情况三，在状态4时，当 $T(k) = $ true 时进入。该状态的退出条件是当 $T(k) = $ false 时，退出；或当 $T(k) = $ true 的持续时间大于阈值 M。

状态4：检测状态0。其进入条件是：在状态3中，若 $T(k) = $ false 时进入；或在当前状态中，$T(k) = $ false 的持续时间小于阈值 X 时进入。该状态的退出条件是：当 $T(k) = $ true，退出；或当 $T(k) = $ false 的持续时间大于阈值 X 时退出。

状态5：最终判断并输出是否有车，当有车通过时输出1，无车通过时输出0。进入条件是：在当前状态中 $T(k) = $ false 的持续时间小于阈值 Y 时进入；或在状态3，当 $T(k) = $ true 的持续时间大于阈值 M 时进入。退出条件是：当 $T(k) = $ false 的持续时间大于阈值 Y 时输出0并退出；或 $T(k) = $ true 的持续大于 Y 时输出1并退出。

3.1.4.3 无线传感器的公路覆盖方法

在无线传感器网络中，每个传感器的传感范围（即传感器所能感知的最大物理空间）有限，为保证整个区域都在监测范围之内，需要按照一定的规则在目标区域布置传感器，即覆盖问题。覆盖是无线传感器网络研究中的基础问题，指通过网络中传感器节点的空间位置分布合理实现对被监测区域或目标对象物理信息的全面感知，充分体现了网络对物理世界的感知能力。

覆盖按照具体的应用可以分为区域（面）覆盖、目标（点）覆盖、和栅栏（线）覆盖，如图3-45所示。图中虚线圆代表节点的感知范围，黑色圆表示工作节点，空心圆为休眠节点，矩形框表示被监测目标。

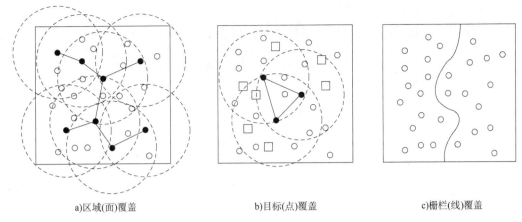

a) 区域(面)覆盖　　　　　b) 目标(点)覆盖　　　　　c) 栅栏(线)覆盖

图 3-45　覆盖类型

将无线传感器网络布置在道路上监测交通工具属于典型的栅栏覆盖,我们称之为公路栅栏覆盖,如图 3-46 所示,节点沿车辆行驶的方向布置,R_i^j 表示位于第 j 个车道的第 i 个节点的通信半径,S_i^j 则表示这个节点的感知半径。栅栏覆盖是指,当移动物体沿一定的轨道穿越区域时,工作节点的传感范围要能够覆盖移动物体的全程移动轨迹。它考察了目标穿越监测区域时被检测的情况,反映了给定无线传感器网络所能提供的感知、监测能力。考虑到实际的使用环境,目标只会沿着车道穿过覆盖区域,因此只要节点沿着车道布置节点,形成栅栏覆盖,即可满足对目标的感知要求。

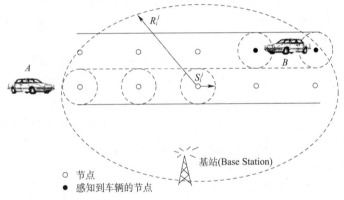

○　节点
●　感知到车辆的节点

图 3-46　无线传感器网络公路栅栏覆盖示意图

3.1.4.4　单交叉口信号控制研究

城市道路交叉口的交通控制是一个具有随机性、模糊性和不确定性的复杂系统,运用传统的交通信号灯控制方法难以收到理想的效果。在交通控制系统中,城市平面单交叉口信号优化控制既是交通控制的基础,也是 ITS 研究中的重点与难点。在单交叉口控制领域,希腊学者 Pappis 率先将模糊控制应用于单交叉口两相位控制中;我国学者陈闻杰等则对无线传感器网络环境下的感应控制方法做了初步研究。但是,目前 WSN 下的信号控制方法仅对绿灯时限内的通行车流进行控制,并未考虑到各车道绿灯时限外的车队的通行需求。

1) 单交叉口交通信息采集

为了检测车辆实际到达量和延误情况,本节设计的单交叉口信号模糊控制模型采用无线传感器网络在交通领域的静态组网模式,在各车道进口处安装一组无线传感器检测器,检测车流量和车辆排队长度,如图 3-47 所示。典型的交叉口有东、南、西、北四个入口(或出口),每个方向均有右行、直行和左行三车道。四个路口处均设立地下通道,不考虑行人和非机动车对模型的影响,因此,实际受控制的车流为直行车流与左行车流。

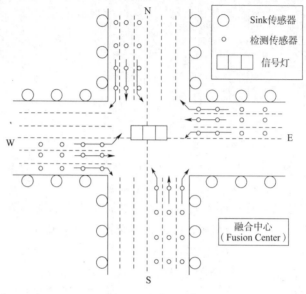

图 3-47 交叉口示意图

2) 穿越交叉口的车辆轨迹分析

车辆通过交叉口的轨迹是交叉口相位设计方案的重要决定因素,以下就南进口车辆直行通过交叉口、车辆左转通过交叉口以及车辆右转通过交叉口这三种情况进行分析。

(1) 车辆直行穿过交叉口的情况

当车辆需要直行通过交叉口的时候,有六股车流与其存在着冲突:一是西进口直行车辆、东进口左转车辆、东进口直行车辆、北进口左转车辆与其存在着碰撞冲突点;二是西进口的左转车辆、东进口的右转车辆与其存在的交织冲突点。为了使车辆不受其他车辆的影响顺利通过交叉口时,也就是说让车辆无延迟的驶离交叉口,需要在车辆将要进入交叉口时,让控制其他六股车流的信号灯变为红色,禁止这六个方向的车辆进入交叉口。

(2) 车辆左转通过交叉口的情况

当车辆需要左转通过交叉口的时候,有三股车流与其存在着冲突:一是西进口直行车辆;二是东进口左转车辆;三是北进口直行车辆。为了使车辆穿过交叉口时,无延迟驶离交叉口,需要在车辆即将进入交叉口时,让控制其他三股车流的信号灯变为红色,禁止这三个方向的车辆进入交叉口。

(3) 车辆右转通过交叉口的情况

当车辆需要右转通过交叉口的时候,有两股车流与其存在着冲突:一是西进口直行车辆;二是北进口左转车辆。为了使车辆顺利穿过交叉口时,不受其他车辆的影响,需要在车辆即将进入交叉口时,让控制其他两股车流的信号灯变为红色,禁止这两个方向的车辆进入交叉口。

3) 动态组网模式下的单交叉口公交信号优先

公交优先源于 20 世纪 60 年代初的法国巴黎,从政策、规划、意识、技术等方面加以体现公共交通的优先性,使其能以畅通的道路、良好的车况、纵横密集的线网站点,为公众出行提供更多、更好、更快的服务。公交信号优先指的是在交叉口为公交车辆(优先车辆)提供优先通行信号,通过调整交叉口信号配时方案,降低公交车辆的路线行程时间,提高公交准点率和公交车辆的运行效率。

本节采用的是无线传感器网络的动态组网模式,在原有静态组网模型的基础上添加了车载节点用于采集公交车流信息,修改了普通交叉口的渠化方案,采用公交专用道渠化方案作为交叉口交通流原型,模型仿真过程选择了标准遗传算法作为确定交叉口的信号配时方法的优化方法,针对采用公交专用道和使用普通车道两种方式,建立信号配时优化模型。

(1)公交信号优先控制方法

①公交信号优先系统框架

公交信号优先系统(图3-48)所要提供的功能包括公交检测系统,优先信号请求,交通状态评估,信号状态评估,交通信号优选(即公交信号优先算法,包括性能指标模型和优先策略优选模型),优先信号服务,信号状态调整以及对整个优先信号系统的运行状态进行实时的监控。

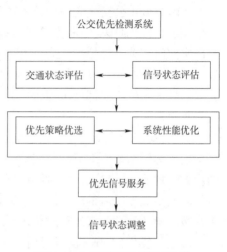

图3-48 公交信号优先系统架构图

车辆检测系统:主要负责检测公交信息,获取车辆的车牌标识、车辆类型、优先等级、位置信息、到达时间、行驶路线、公交到站时刻表和公交乘客数等尽可能全面的信息,而与公交车辆权衡竞争信号的普通车流信息由交通信号控制系统提供。

优先信号请求:对接收的数据信息进行有效性检验,确保公交信息的真实性和可靠性。并根据系统或用户定义的标准(如公交偏离时刻表的时间、车辆的满载率、车辆优先等级等)对公交信息进行预处理,判断是否提交该优先请求信息,从而将车辆信息及请求的状态信息按标准格式进行封装,通过优先请求发生器(Priority request generator)将数据包发送到下一个功能单元。

交通状态估计:系统接收到优先请求后,根据交通信号控制系统提供的车辆信息,对交叉口或路网的当前排队长度、实施优先期间到达的车辆数以及这一期间驶离的车辆数进行估计。

信号状态评估:检测当前信号控制交叉口的路口绿灯状态、相位相序、预测车辆到达时通行方向的信号状态,同时获取信号控制交叉口的最短约束与最大绿灯时间约束。

优先策略优选是指综合车辆到达信息以及交叉口信号状态信息,选择合适的优先信号控制策略。同时与系统性能指标模块进行信息交互,对优先策略进行策略优选。

系统性能指标根据获取的交通状态信息、信号状态信息、公交车辆信息,根据公交优先算法,负责系统性能指标函数计算,根据所采用的信号实施策略,预测并计算公交车辆延误及停车次数、公交车辆延误及停车、交叉口饱和度、公交时刻表偏移度等,确定各性能指标的权重,计算综合性能指标(Performance Index,PI)函数。

优先信号服务根据综合性能指标的计算结果,结合用户自定义的可接受范围或系统的容许度、单位时间内允许的优先次数等,决定是否给予提供优先服务以及何时给予优先服务、如何服务以及何时撤销服务。

②公交信号优先控制策略

通过应用智能交通技术提高公共交通服务水平已成为世界各国追求的目标。先进公交系统已在多个ITS中得到应用并取得了良好的效果,如欧洲的PROMRT(Priority and Informatics in pubic transport,公交信号优先控制)系统、意大利的UTOPR(Urban Traffic Optimization by Integrated Automation,基于集成自动化的城市交通优化)系统、美国的OPAC(Optimized Policies for Adaptive Control,自适应控制的最优策略)系统和RHODES(Real-time,Hierarchical,Optimized,Distributed and Effective system,实时、递阶、最优化的、分布式且可实施的系统)等。

我国对城市公交优先通行技术的研究起步比较晚。到目前为止,国内专家学者从宏观上研究公交优先政策、空间优先通行技术及其影响和评价方法的比较多。但是从技术层面上研究如何实施公交信号优先的却比较少,吉林大学的杨兆升教授、同济大学的杨晓光教授、东南大学的张卫华教授等对交叉口公交信号优先控制策略和控制算法进行了研究,但对公交信号优先的研究都处于理论研究和探讨阶段,信号优先系统理论研究与技术实施有待进一步深入。

目前,我国对公交信号优先系统的研究还没有形成一个体系,也未形成一个比较完整的公交信号优先系统。本节就公交信号优先的控制形式和实现原理进行讨论。按信号优先的响应方式划分,公交信号优先控制可分为以下三类:

a. 被动优先(Passive priority):在不设车辆检测器的情况下,根据历史数据(公交线路、乘客数、公交需求、公交运行时刻表、线路旅行时间等),预先进行交叉口的信号配时。

b. 主动优先(Active priority):当检测到公交车辆即将到达交叉口,采取延长、提前、增加或跳跃相位以使公交车辆顺利通过交叉口。主动优先可分为无条件优先(Unconditional priority)和有条件优先(Conditional priority)。

无条件公交优先指对所有到达交叉口的公交车辆提供优先通行信号,当公交车辆到达交叉口上游时,向信号控制器发出一个"check-in"信号,当公交车辆顺利通过交叉口时,再向信号控制器发出一个"check-out"信号,以便控制器切断对公交车辆所提供的优先信号。

有条件公交优先则根据更为先进的公交信息检测系统来确定公交车辆的当前运行状态(提前、延误或准时等)信息,并与此来决定是否为该车辆提供优先信号。

c. 实时优先(Adaptive/Real time priority):通过GPS或无线传感器车载节点等先进的信息检测装置估计路网车辆的运行现状,既考虑路网上所有的机动车,同时获取公交车的运行状(位置、乘客数、时刻表等)。本书通过无线传感器网络获取实时交通信息,在一定的性能指标函数指导下优化、调整交叉口或干线的信号配时,为公交车辆提供优先信号。

(2)公交信号优先配时策略

公交优先信号配时策略使用目前研究的比较成熟的公交车"无条件优先"策略,即指仅考虑公交车的请求,而不考虑交叉口其他社会车辆的需求,在最大绿灯时间内尽量使公交车不必因信号阻碍而停车等候,顺利通过交叉口。常见的公交优先信号配时方法包括延长绿灯时间、提前终止红灯时间与插入绿灯相位三种。

a. 延长绿灯时间(Green extension):也称为延长优先通行(Priority extension),对具有通行权的公交车,将绿灯时间作为固定时长的延长,或将绿灯时间的延长设定以极限值,主要适用于车辆在绿灯未结束时到达停车线的情况,当车辆通过交叉口后,控制系统恢复原有信号配时。

b. 提前终止红灯时间(Red interruption):当检测到公交车时,如果预测其将在该相位红灯期间到达,则停止红灯显示,转换为绿灯信号。在这种情况下要注意绿灯时间的设置,否则绿灯时间过短容易影响交通安全。

c. 插入绿相位：如果公交车在信号灯为红灯时到达交叉口，并且在下一个相位仍然不允许车辆优先放行，这时要实现车辆信号优先必须在目前相位和下一个相位之间插入一个优先专用绿相位，以确保公交车辆顺利通过交叉口。

3.2 波频检测技术

波频车辆检测器是以微波、超声波和红外线等对车辆发射电磁波而产生感应的检测器。

3.2.1 超声波检测器

3.2.1.1 超声波及其特点与性质

1）超声波及其波形

超声波是一种频率高于20000Hz的声波，它的方向性好，穿透能力强，易于获得较集中的声能，在水中传播距离远，可用于测距、测速、清洗、焊接、碎石、杀菌消毒等。在医学、军事、工业、农业上有很多的应用。超声波因其频率下限大于人的听觉上限而得名。科学家们将每秒振动的次数称为声音的频率，它的单位是赫兹（Hz）。我们人类耳朵能听到的声波频率为20Hz～20000Hz。因此，我们把频率高于20000Hz的声波称为超声波。

声源在介质中施力方向与波在介质中传播方向不同，声的波形也不同。一般有以下几种。

(1) 纵波：质点的振动方向与传播方向同轴。

(2) 横波：质点的振动方向与波的传播方向垂直。

(3) 表面波：当固体介质表面受到交替变化的表面张力作用时，质点做相应的纵横向复合振动；此时，质点振动所引起的波动传播只在固体介质表面进行，故称表面波。表面波是横波的一个特例。

2）超声波性质

(1) 超声波的传播速度。超声波可以在气体、液体及固体中传播，并有各自的传播速度，横波、纵波及表面波的传播速度与介质密度和弹性特性有关；在固体中，横波、纵波及表面波三者的声速有一定的关系，一般横波声速为纵波的50%，表面波声速为横波声速的90%，超声波在气体和液体中传播时，由于不存在剪切应力，所以仅有纵波的传播，其传播速度 c 为

$$c = \sqrt{\frac{1}{\rho B_a}} \tag{3-19}$$

式中：ρ——介质的密度；

B_a——绝对压缩系数。

(2) 超声波的反射与折射。声波从一种介质传播到另一种介质，在两个介质的分界面上一部分被反射回原介质的波称为反射波；另一部分透射过界面，在另一种介质内部继续传播的波为折射波，如图3-49所示。

(3) 超声波的衰减。超声波在介质中传播时因吸收而衰减，气体吸收最强而衰减最大，液体次之，固体最小。另外声波在介质中传播时衰减的程度还与声波的频率有关，

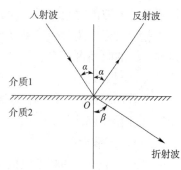

图3-49 声波的反射与折射

频率越高,声波衰减越大。

3)超声波特点

(1)超声波在传播时,方向性强,能量易于集中。

(2)超声波能在各种不同媒质中传播,且可传播足够远的距离。

(3)超声波与传声媒质的相互作用适中,易于携带有关传声媒质状态的信息诊断或对传声媒质产生效用及治疗。

(4)超声波可在气体、液体、固体、固熔体等介质中有效传播。

(5)超声波可传递很强的能量。

(6)超声波会产生反射、干涉、叠加和共振现象。

超声波是一种波动形式,它可以作为探测与负载信息的载体或媒介(如B超等),用作诊断;超声波同时又是一种能量形式,当其强度超过一定值时,它就可以通过与传播超声波的媒质的相互作用,去影响、改变以致破坏后者的状态,性质及结构用作治疗。

3.2.1.2 检测原理

超声波车辆检测器是根据声波的传播和反射原理,通过对发射波和反射波的时差测量实现位移测量的设备。声波在空气中的传播速度为340m/s,由此可根据反射波和发射波的时差计算出反射物与超声波传感器的距离。超声波车辆检测器的工作原理是:由超声波发生器(探头)发射一束超声波,然后接收从车辆或地面的反射波,超声波接收器接收到反射波信号,测量发射波与回波之间的时间差t,并且可根据时间差计算出车高h和车长,从而对车型进行分类。超声波检测分类技术在高速公路上应用比较多,属于非接触式主动检测技术,例如,超声波发射器悬挂于上方,车辆经过时对其进行检测(图3-50)。

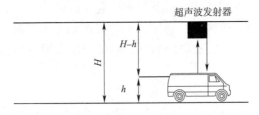

图3-50 超声波检测原理

3.2.1.3 超声波车辆检测器分类

(1)脉冲式

悬挂在车道上方,向车道发射超声波能脉冲,并接受回波。超声波探头与地面距离是一定的,探头发出超声波的时间也是固定的。当有车辆通过时,由于车辆本身的高度,使探头接收到反射波的时间缩短,表明车辆通过或存在。

脉冲式超声波车辆检测器可以检测车辆的存在和通过,同时还可以检测车辆高度、车流量和车辆的时间占有率。

(2)谐振波型

车道两侧安装发射和接收器,发射谐振型超声波,波横越车道被接收,车辆通过时会截断波束,检测出车辆。

(3)连续波型

发射一个连续的超声波能束射向驶近的车辆,由多普勒效应引起的来车发射波能频率发生变化,从而检测到车辆的存在。

3.2.1.4 超声波车辆检测器的优缺点

(1)优点

①安装简易方便,不破坏路面,维修时不需要封闭车道。

②价格低、体积小、可移动、使用寿命长,易于维护。

③方向性好。

④不收车辆遮挡影响,对密集车流适应性好。

⑤超声波检测通过检测车辆高度分车型,与人工调查分型方式相近,因此得出分型的结果最接近人工调查。

(2)缺点

①仪器反应时间长、误差大、波束发散角大、分辨率低、衰减快,有效测量距离小。

②性能会受到温度以及气流的影响。

3.2.1.5 超声波车检器系统结构及技术参数

非接触交通流量数据分析采集仪(超声波)由探头、主机、服务器三部分组成,设备工作时,探头连续采集路面信息,将信号传送到主机进行预处理,初步判别后,再将相关数据上传至服务器,最后由服务器完成数据分析、汇总、上报、发布、管理等功能(表3-7)。

技术参数　　　　　　　　　　　　　　　　表3-7

检测类型	非接触式检测
计数精度	>99%
分型精度	>95%(8种)
安装方式	安装在情报板或分离立交上,无须另备立柱
防护等级	IP67
传输方式	光纤传输(RS232)、RS422、3G/GPRS/CDMA
平均无故障时间	>20000h
数据通信接口	1个RS232、1个RS422或RS485(1.92Kbps)
工作温度范围	-55℃ ~ +85℃
工作湿度范围	0% ~95%
检测车道数量	单向4车道(双向4车道以上需安装2台设备)
适应环境	全天候
电源适应范围	150~260V AC 50Hz
整机功耗	80W(2车道)、120W(4车道)
安装高度	5.5~10m
车道宽度	2.5~5m
数据存储	>3个月
数据处理周期	单车显示、10秒、30秒、1分钟、5分钟、15分钟、30分钟、1小时

(1)探头

探头分三部分(图3-51),分别是:

①超声波主探头:以每秒10~50次的频率连续检测路面高度。当车辆从探头下方(检测范围)驶过后,一个完整的车顶轮廓曲线即在主机中计算出来。

②超声波从探头：功能同超声波主探头，为防止车辆在两车道中间跨道行驶出现漏检，特设此探头。当一个车辆同时被两个探头检测到时，由主机进行判别和处理。

(2) 主机

主机的功能是收集所有探头的原始数据，进行判别和预处理以后，将结果通过光纤上传至服务器（图3-52）。

图3-51 探头

图3-52 主机

①集线器单元：将来自各探头的数据通过八个线缆以接插件的形式汇集在一起，具有2000V隔离保护、FIFO缓存和驱动探头的作用。集线器可接2~4个车道的探头。

②主控单元：它具有识别车辆、检测速度、统计数据、驱动通信设备等功能。并具有一定的保护和自恢复机制。

③电源：提供宽达150V~240V的电压适应范围。

④交流电源防雷组：SPD3防雷器件组，位于供电箱内。

⑤数据接口：两路RS232/422隔离通信接口，波特率19200(19.2k)。

3.2.1.6 检测器架设

(1) 超声传感器悬挂地点的选择

超声传感器悬挂地点的选择是超声检测方案必须要解决的一个问题，传感器必须正挂，根据实地考察，公路上有许多天桥、立交桥和龙门架，这些都是适合悬挂超声传感器的地点，如图3-53所示。

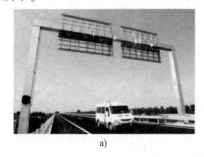
图3-53 检测器安装地点

(2) 超声传感器探测方向角的设置

一组超声传感器负责检测一个车道的交通流，为了保证不漏检本车道的车辆，同时也不会将其他车道的车辆误检为本车道的车辆，超声传感器的检测范围必须覆盖整个车道，而且不会受到相邻其他车道的影响，因此对传感器的探测方向角必须有所约束。下边以覆盖单车道的实验系统为例来说明检测方向角要满足的条件，设超声传感器距地面的距离为H，单车道的宽度为L，传感器探测方向角为θ，则

$$\theta = 2 \cdot \arctan\left(\frac{L}{2H}\right) \tag{3-20}$$

可见传感器探测方向角 θ 和传感器距地面高度 H 以及车道宽度 L 有关。实际架设时,为了使一个传感器的检测区域覆盖整条车道,要根据传感器架设的高度和单车道的宽度调整传感器探测方向角,以适应不同的架设要求。

(3) 超声传感器采样频率的要求

为了满足交通流参数获取的精度需要,对传感器的采样频率也有一定的要求。为了计算车流量,每辆车至少需要被采到 3 个点才行,否则该车辆波形将会与噪声无法区分,从而无法准确对流量进行计数。而若要进行较为精确的车型分类,每辆车的采样点个数需大于或等于 5 个点才行。下面就根据这个要求来具体分析传感器必须达到的采样频率。

设采样频率为 f,车长为 Lc,车速为 V,车道宽为 Lr,车辆经过传感器覆盖区域所需时间为 t,车辆在两次采样间隔内行驶的距离为 $Interval\ Span$,所需采样点个数为 N,如图 3-54 所示。

图 3-54 采样频率分析

根据采样的原理得其关系式为

$$Interval\ Span = \frac{V}{f} \tag{3-21}$$

$$\frac{Lr + Lc}{Interval\ Span} > N \tag{3-22}$$

由上式可得采样频率 f 的取值范围为:

$$f > \frac{N \cdot V}{Lr + Lc}$$

以我们此前考察的高速公路的车道宽度为例,车道宽大约为 4 米,根据《中华人民共和国道路交通安全法实施条例》第七十八条规定,高速公路应当标明车道的行驶速度,最高车速不得超过每小时 120 公里,最低车速不得低于每小时 60 公里。现以一辆长度约为 5 米的车以最高限制时速 120 公里进入探测区域为例,将以上数据代入上式可得,为了得到 5 个采样点,采样频率必须大于等于 30 次,这样才有利于后续步骤地顺利进行。

3.2.1.7 应用及案例

1) 车高获取

车高可直接由超声测距传感器获取。如图 3-53 所示,超声波从传感器发出,经空气传播到车子的顶部,并经车子的顶部反射后又传到传感器,则车辆的高度为

$$h = H - \frac{C \cdot T}{2} \tag{3-23}$$

式中:C——空气中的声速;

T——传感器自发射脉冲的时间。

2) 车速获取

车速的获取需要两个传感器的同步配合。如图 3-55 所示,设有一辆车以速度 v 驶来,当其经过前置传感器时记下其传感器数据中的同步时钟数,记为 clk_1,然后当其经过后置传感器时再记录下其传感器数据中的同步时钟数,记为 clk_2,由于两传感器的架设距离一般不超过 20 米,故可认为一辆车在两传感器间的速度近似保持不变,利用超声传感器的脉冲频率 f、两传感器的距离 L、车辆经过两传感器的同步时钟数之差、同步时钟周期等参数即可计算出车辆在两传感器间行驶的平均速度。公式如下

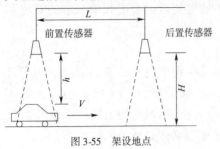

图 3-55 架设地点

$$V = \frac{L \cdot f}{clk_2 - clk_1} \tag{3-24}$$

3) 车长获取

车长的获取与车速是密切相关的,利用上式求得的车速 v,结合车辆通过一个传感器检测区域的时间,即可求出车长 $L_车$。公式为:

$$L_车 = \frac{V \cdot (clk_2 - clk_1)}{f} \tag{3-25}$$

4) 车型分类

车型分类就是在模式识别理论的指导下通过已经获取的交通流参数将该车辆分入特定类别,这里的交通流参数指的是车高、车长、车速以及超声传感器获取的车辆波形曲线,需要对这些特征进行恰当的提取。

交通运输部于 2019 年 5 月 30 日颁布了交通行业标准《收费公路车辆通行费车型分类》(JT/T 489—2019),表 3-8 和表 3-9 即为该标准部分内容,它通过客货车的座(吨)数以及长度来区分车型。

收费公路车辆客车通行费车型分类　　　　　表 3-8

类别	车辆类型	核定载人数	说　　明
1	微型 小型	≤9	车长小于 6000mm,且核定载人数不大于 9 人的载客汽车
2	中型	10~19	车长小于 6000mm,且核定载人数为 10~19 人的载客汽车
	乘用车列车	—	—
3		≤39	车长不小于 6000mm,且核定载人数不大于 39 人的载客汽车
4		≤40	车长不小于 6000mm,且核定载人数不少于 40 人的载客汽车

收费公路货车收费车型分类见表 3-9 所示。

收费公路货车收费车型　　　　　表 3-9

类别	总轴数(含悬浮轴)	车长和最大允许总质量
1	2	车长小于 6000mm,且最大允许总质量小于 4500kg
2	2	车长不小于 6000mm,或最大允许总质量不小于 4500kg
3	3	
4	4	—
5	5	
6	6	

5）检测实例

表3-10中车流量为每5min经过探头下方车辆的个数。可看出,从8:00到8:30的时间段正是上班高峰,车流量不断地增大。到了8:30达到最高峰,之后车流量开始降低。

现场试验动态数据　　　　　　　　　　　　　　　表3-10

序号	时间	检测车流量	实际车流量	检测平均速度	实际平均速度	检测大型车	实际大型车	检测中型车	实际中型车	检测小型车	实际小型车
1	8:00~8:05	87	87	52.3	50.5	5	5	15	15	67	67
2	8:05~8:10	94	94	51.6	52.6	7	7	13	13	74	74
3	8:10~8:15	101	100	48.7	46.3	14	14	15	15	72	71
4	8:15~8:20	123	124	40.9	38.0	13	13	18	17	92	94
5	8:20~8:25	115	115	41.6	40.4	9	9	7	7	99	99
6	8:25~8:30	126	127	35.2	36.3	7	7	25	24	94	96
7	8:30~8:35	113	113	43.5	43.9	11	11	15	15	97	97
8	8:35~8:40	95	95	46.9	42.3	9	9	10	9	76	76
9	8:40~8:45	81	81	56.4	57.0	18	18	14	14	49	48
10	8:45~8:50	83	83	63.7	63.1	16	16	19	18	48	48

在表3-10中平均速度定义为5min之内经过某一车道所有车辆的平均速度。由表3-10可看出,在8:00到8:30的时间段,虽然车流量不断增加,但平均车速却在不断地下降。过了8:30后,车流量下降后,平均车速也开始回升。由于系统测量的为平均速度,所以和实际测量的平均速度相差比较大,但准确率在90%以上。

在表3-10中分为三类车型:大型车、中型车和小型车。根据表3-10中数据可以看出,大型车高度比较高,探头发射的超声波信号更容易被反射,因此,大型车的检测准确率很高,达到100%,中型车的高度和小型车高度相差很近,所以有些中型车被误判断为小型车。总体来说,车型判别的准确率达到94%以上。

3.2.2　雷达检测器

雷达检测技术实质上是一种高频电磁波发射与接收技术。雷达波由自身激振产生,直接向路面路基发射射频电磁波,通过波的反射与接收获得路面路基的采样信号,再经过硬件、软件及图文显示系统得到检测结果。雷达所用的采样频率一般为数兆赫(MHz),而发射与接收的射频频率有的要达到吉赫(GHz)以上。

3.2.2.1　雷达检测器发展状况

世界发达国家的测速装备比较完善,针对不同的地区、地势及环境,都配有相应的测速产品。无论固定测量还是移动测量、手动测量还是自动测量,都有一定的普及度。例如在高速公路上,既有固定地点进行速度监测,也有许多巡逻车穿梭于公路间进行移动测量。再如在学校附近的路段,大多数都安装了速度显示牌,时时对过往车辆进行监测并对其提醒,从而保证学生的安全。

随着新型微波元器件的出现和数字信号处理技术的飞速发展,新型的测速雷达在性能显著提高的同时成本下降。固态发射机与真空管相比有使用寿命长、工作电压低、效率高、平均无故障时间长和体积小等一系列优点,逐步取代了真空管发射机高增益、低噪声的放大电路的出现使雷达接收机的信噪比得到提高,提高了雷达检测性能,通用数字信号处理芯片在近几年有了很大发展,一些运算速度快,功能齐全,成本低廉,可靠性高的通用 DSP 芯片出现,如 AD 公司的 ADSP21XX 系列和 T1 公司的 TMS320 系列,这些芯片能进行复杂的数学运算,它们的出现使一些较为复杂的数字处理算法能在测速雷达上实现,提高了雷达的性能。

3.2.2.2 雷达测速原理

雷达测速的基本原理是多普勒效应,通过目标的多普勒频移计算目标的速度。

1) 多普勒效应

多普勒效应是指当发射源和接收者之间有相对径向运动时接收到的信号频率将发生变化。下面以连续波雷达为例,研究当测速雷达与目标间存在相对运动时,产生的多普勒效应的情况。假设目标为理想"点"目标,即目标尺寸远小于雷达分辨单元。

这时发射信号可表示为

$$s(t) = A\cos(\omega_0 + \varphi) \tag{3-26}$$

式中:ω_0——发射角频率;
　　φ——初相;
　　A——振幅。

雷达接收到的目标回波信号 $s_r(t)$ 为

$$s_r(t) = ks(t - t_r) = kA\cos[\omega_0(t - t_r) + \varphi] \tag{3-27}$$

当目标与雷达之间存在相对运动时,它们之间的距离 R 是随时间变化的。假设目标以匀速相对雷达运动,则在时间 t 时刻,目标与雷达间的距离 $R(t)$ 为

$$R(t) = R_0 - v_r t \tag{3-28}$$

式中:R_0——$t = 0$ 时的距离;
　　v_r——目标相对雷达的径向运动速度。

式(3-27)说明,在时刻接收到的回波 $s_r(t)$ 上的某点,是 $t - t_r$ 在时刻发射的。由于通常雷达和目标间的相对运动速度远小于电磁波传播速度 c,故时延可以近似为

$$t_r = \frac{2R(t)}{c} = \frac{2}{c}(R_0 - v_r t) \tag{3-29}$$

回波信号与发射信号相比,高频相位差为

$$\varphi = -\omega_0 t_r = -2\pi \frac{2}{\lambda}(R_0 - v_r t) \tag{3-30}$$

是时间 t 的函数,在径向速度为常数时,产生的频差为

$$f_d = \frac{1}{2\pi} \frac{d\varphi}{dt} = \frac{2}{\lambda} v_r \tag{3-31}$$

这就是运动目标的多普勒频率,如图 3-56 所示,它可以直观地解释为:如果目标相对雷达是不动的,则目标回波信号的频率和雷达发射波频率相等。如果目标和雷达之间有相对接近运动,则目标回波信号频率大于雷达发射波频率;如果目标和雷达做相对远离运动,则目标回波信号频率小于雷达发射波频率。

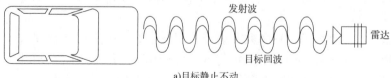

a) 目标静止不动

图 3-56

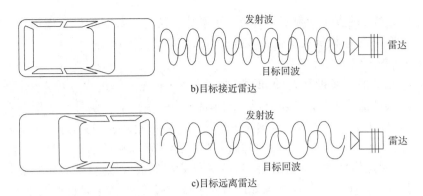

b) 目标接近雷达

c) 目标远离雷达

图 3-56 多普勒频移示意图

引起多普勒频移的是目标在雷达发射波束方向的径向速度 v_r，而通常目标运动方向和这一方向并不一致。设目标运动速度为 v，其运动方向与雷达发射波束的夹角为 α，则其径向速度 v_r 为

$$v_r = v\cos\alpha \tag{3-32}$$

此时，多普勒频率可以表示为

$$f_d = \frac{2}{\lambda}v_r = \frac{2}{\lambda}v\cos\alpha \tag{3-33}$$

2) 目标信息获取

由式(3-33)可知，在雷达工作波长 λ 和目标运动方向与雷达发射波束的夹角 α 为固定的情况下，目标运动速度 v 可以由目标的多普勒频率 f_d 求得，而 f_d 可以采用差拍的方法从目标回波信号中获得，即设法求出雷达发射频率 f_0 和目标回波信号 f_r 之间的差值 f_d。

图 3-57 显示了连续波多普勒雷达的原理性组成框图、获取多普勒频率的差拍矢量图及各主要点的频谱图。图中多普勒滤波器对相位检波器输出信号进行低通滤波得到目标多普勒信号 f_d，再传送给信号处理单元。多普勒滤波器的通带为 Δf 到 f_{damx}，高频端 f_{damx} 用来消除高频噪声，应当不小于目标可能产生的最大多普勒频率；其低频端 Δf 用来消除固定目标杂波，应当小于目标可能产生的最小多普勒频率。

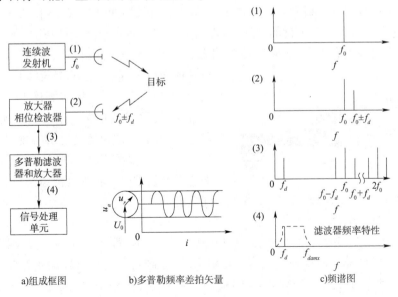

a) 组成框图　　b) 多普勒频率差拍矢量　　c) 频谱图

图 3-57 连续波多普勒雷达原理图

f_d 就是需要测量的多普勒频率。当通过频谱分析法进行数字信号处理得到目标的多普勒频率f_d的值后,就可以根据关系式(3-33)求得目标的运动速度v。

3.2.2.3 测速雷达硬件实现

测速雷达系统的总体设计框图如图 3-58 所示。系统工作过程为:通过振荡源产生的 35.1GHz 的连续波信号传到定向耦合器,定向耦合器的主路输出信号经环形器由微带天线发射出去,副路输出信号提供给混频器作本地信号,微带天线接收的目标回波信号经环形器输入到混频器,混频器输出的零中频信号就是目标的多普勒频移信号。为了滤除杂波提取有用信号,需要对此信号进行滤波处理,然后进行适当的放大以适应 A/D 转换器件的输入电压,再经过 A/D 转换后输入 DSP 到处理单元进行信号处理,确定目标的判别准则,最后计算出目标的行驶速度,通过通信接口向拍照取证单元输出结果,如果车辆超速,拍照取证单元就拍下超速车辆的图像并记录相应信息。

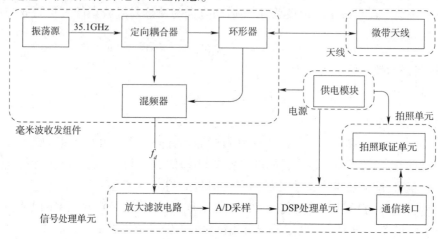

图 3-58 测速雷达系统总体设计框图

1)天线设计

天线是测速雷达的重要组成单元,其主要功能就是收发电磁波,一方面将电磁波发射出去,另一方面,接收目标反射回来的电磁波。部分雷达采用两部天线,将接收天线与发射天线隔离开,这样做有利于对干扰的屏蔽,但也增加了结构的复杂度,增加成本。

常见的天线种类有很多,如喇叭天线、相控阵天线、波导裂缝阵列天线以及微带天线等。

(浅色:窄波;深色:普通雷达波)

图 3-59 窄波与普通雷达

与其他微波天线相比,微带天线具有体积小、重量轻、方向性强、易于集成等优点。本系统采用微带天线,发射波束窄,如图 3-59 所示,与普通雷达波相比,窄波束雷达能够实现对车辆的精确测速,不容易受到其他车辆的干扰,同时窄波束雷达不容易被电子狗等反测速装置侦测到,抗干扰能力强。

2)毫米波收发组件设计

如图 3-60 所示,系统毫米波收发组件由振荡源、定向耦合器、环行器、混频器等组成。通过振荡源产生的 35.1GHz 连续波信号传到定向耦合器,定向耦合器的主路输出信号经环形器由微带天线发射出去,副路输出信号提供给混频器作本地信号,微带天线的回波信号经环形器输入到混频器,混频器输出的零中频信号就是目标的多普勒频移信号。

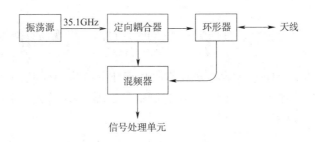

图 3-60 毫米波收发组件

微波振荡源是毫米波测速雷达的微波源,是整个雷达的核心部分,为满足系统低功耗和小体积的要求。主要的特点是稳定性好、相位噪声小、功耗低。工作时,通常在谐振腔的适当位置上装上耿氏二极管,在耿氏二极管两端加上一定的偏执电压,便可构成微波负阻振荡器,在谐振腔内产生微波谐振信号,微波的振荡频率主要由耿氏二极管的特性决定,并受谐振腔影响。

对于耿氏二极管两端的偏置电压控制,由于本课题采用的是连续波雷达体制,只需要给耿氏二极管两端加上一个稳定的 5V 偏置电压即可。为了保证偏置电压的稳定性,本书在电压的输入端添加一个如图 3-61 所示的稳压保护电路,以保证电源电压不受高频干扰的影响。

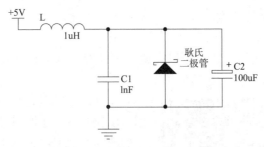

图 3-61 耿氏二极管稳压保护电路

定向耦合器是一种用途广泛的微波器件,在本系统中的作用就是对振荡器产生的微波信号进行耦合,其中主路功率提供给环行器经微带天线发射出去,副路功率提供给混频器作为本振信号。

环行器是一种微波铁氧体器件,在雷达系统中主要有两种作用,一种是作为隔离器用于稳定传输信号,另一种是作为双工器用于收发控制转接。常用的环行器有结环行器、差相移式环行器、双模变极化环行器等,本书中采用结环行器,其体积小、结构简单、连接方便,其技术指标如表 3-11 所示。

结环行器技术指标　　表 3-11

工作频带	35.3GHz ± 250MHz
插入损耗	≤0.3dB
隔离度	≥23dB
电压驻波比	≤1.2

混频器是雷达传感器中必不可少的关键部件,其基本功能就是对信号的频率进行变换,在本书的测速雷达中,混频器起到作用是对发射信号的频率和接收信号的频率进行差频,得到运动车辆的多普勒信号。

3)拍照取证单元

利用智能交通高清摄像机进行拍照取证,同时通过网络将现场数据传输至服务器。

4)信号处理电路

信号处理电路的主要任务是学习分析芯片及其外围芯片的性能特点,整合各个器件之间的接口、逻辑关系、时序等如何匹配,然后进行信号处理,逐步开始电路的集成工作。

3.2.2.4 雷达检测器特点

(1)优点

①在恶劣气候下性能出色,可以全天候工作。

②可以侧向方式检测多车道。

③测速精度高。

④设备成本适中。

⑤安装维护方便。

⑥对周边环境没有辐射污染。

(2)缺点

①不可检测静止车辆。

②雷达检测器要求车辆速度至少在 5km/h 以上,只有这样才能可靠地检测到车辆的存在。

3.2.2.5 雷达检测器的应用

1)HV300 手持测速仪

HV300 手持测速仪可以手持也可以安放在三脚架上,如图 3-62 所示,照片清晰度达高清 300 万,可以选择手动和自动超速抓拍。

图 3-62 HV300 手持测速仪

HV300 手持测速仪非目前市场上的手持超速自动抓拍可以比拟,其他手持超速自动抓拍都是标清的,显示屏 320×240,只有 7.6 万像素左右,抓拍的图片尺寸也只有 768×576,像素只有 40 万。而 HV300 手持测速仪的屏幕分辨率是 1280×720,抓拍图片尺寸是 1920×1080,200 万高清或者 2048×1152,300 万高清,图片每张大小 200K 左右,超远距离抓拍,最远可以拍到 150 米左右。

(1)HV300 手持测速仪配置组成和特点

HV300 手持测速仪由专用测速雷达模块、摄像模块、高清视网膜显示屏、固态存储模块、双核处理系统高度集成。可以实时设置限速值和抓拍地点等信息,显示屏可显示违章车辆的实时视频图像和实时预览抓拍的图片。

抓拍到的照片上自动叠加有日期、时间、规定限制速度、目标速度、超速比率等信息,可以完全满足当前道路交通管理的应用需要。

同时,可以采用无线传输的方式将抓拍的图片传送到打印机或电脑,进行打印和管理,更加方便操作者进行现场管理。

(2)HV300 手持测速仪主要功能

①可以随时随地对当前路面同或反方向车辆的速度和图像进行手动或自动抓拍;预想

抓拍车道可选择。

②可抓拍超速车辆的彩色图像,图片上自动叠加违法时间、地点、限速值、实测速度值、超速百分比等彩色图片信息。

③传输方式:可通过 USB 或者是蓝牙和 Wi-Fi 方式无线传送到电脑或者是打印机,可以无线打印。

④测速精确、系统响应时间短,仅为 20ms,抓拍速度快,反应时间为 1/100000s。

⑤测速仪抓拍准确,画面清晰,允许现场随时更改路段名称和限速值。

(3) HV300 手持测速仪主要技术参数(表 3-12)

HV300 手持测速仪技术参数　　　　　　　　表 3-12

工作波段	K 波段
波束宽度	±5°
测速范围	5~321km/h
测速精度	±1km/h
工作模式	同向、反向、双向
存储接口	USB 内置 16G 固态硬盘
显示区域	4.8″视网膜显示屏
图像显示分辨率	1280×720
拍摄图片分辨率	2048×1152,300 万高清
工作温度	-40℃ ~ +65℃
电池容量	12V2800mha
质量	1.1kg 防爆箱包装

2)雷达测速枪

美国 BUSHNELL 最新推出了性能优越的雷达测速枪。以其外形轻巧、操作简便、迅速受到广大测速爱好者的欢迎。超大清晰的液晶显示屏(Liquid Crystal Display,LCD),读数清晰方便。

沿物体运动方向瞄准物体并按下操作键,即时,运动物体的速度便会实时显示在显示屏上面。单位转换,有 KPH(公里/小时)、MPH(英里/小时)两种单位(表 3-13)。

雷达测速机技术参数　　　　　　　　表 3-13

测速单位	KPH(公里/小时);MPH(英里/小时)
测速精度	+/-2KPH(公里/小时); +/-1 MPH(英里/小时)
测速范围	球类:16-177 公里/小时(需从 27 米处开始测量)
测速范围	车类:16-322 公里/小时(需从 457 米处开始测量)
仪器重量	539 克
仪器大小	109×213×15 毫米
电池类型	C(2)
工作时间	每天 20 小时以上
工作温度	0~40 摄氏度

3.2.3 微波检测器

3.2.3.1 微波及其性质

微波是指频率为 300MHz~300GHz 的电磁波,是无线电波中一个有限频带的简称,即波长在 1mm~1m 之间的电磁波,是分米波、厘米波、毫米波的统称。微波频率比一般的无线电波频率高,通常也称为"超高频电磁波"。微波作为一种电磁波也具有波粒二象性。

微波的基本性质通常呈现为穿透、反射、吸收三个特性。对于玻璃、塑料和瓷器,微波几乎是穿越而不被吸收。对于水和食物等就会吸收微波而使自身发热。而对金属类东西,则会反射微波。

(1) 穿透性

微波比其他用于辐射加热的电磁波,如红外线、远红外线等波长更长,因此具有更好的穿透性。微波透入介质时,由于微波能与介质发生一定的相互作用,以微波频率 2450MHz,使介质的分子每秒产生 24 亿 5000 万次的震动,介质的分子间互相产生摩擦,引起介质温度的升高,使介质材料内部、外部几乎同时加热升温,形成体热源状态,大大缩短了常规加热中的热传导时间,且在条件为介质损耗因数与介质温度呈负相关关系时,物料内外加热均匀一致。

(2) 选择性加热

物质吸收微波的能力,主要由其介质损耗因数来决定。介质损耗因数大的物质对微波的吸收能力强,相反,介质损耗因数小的物质吸收微波的能力也弱。由于各物质的损耗因数存在差异,微波加热就表现出选择性加热的特点。物质不同,产生的热效果也不同。水分子属极性分子,介电常数较大,其介质损耗因数也很大,对微波具有强吸收能力。而蛋白质、碳水化合物等的介电常数相对较小,其对微波的吸收能力比水小得多。因此,对于食品来说,含水量的多少对微波加热效果影响很大。

(3) 热惯性小

微波对介质材料是瞬时加热升温,升温速度快。另一方面,微波的输出功率随时可调,介质温升可无惰性的随之改变,不存在"余热"现象,极有利于自动控制和连续化生产的需要。

(4) 似光性和似声性

微波波长很短,比地球上的一般物体(如飞机,舰船,汽车建筑物等)尺寸相对要小得多,或在同一量级上,使得微波的特点与几何光学相似,即所谓的似光性。因此使用微波工作,能使电路元件尺寸减小;使系统更加紧凑;可以制成体积小,波束窄方向性很强,增益很高的天线系统,接受来自地面或空间各种物体反射回来的微弱信号,从而确定物体方位和距离,分析目标特征。

由于微波波长与物体(实验室中无线设备)的尺寸有相同的量级,微波的特点与声波相似,即所谓的似声性。例如微波波导类似于声学中的传声筒;喇叭天线和缝隙天线类似与声学喇叭,箫与笛;微波谐振腔类似于声学共鸣腔。

(5) 非电离性

微波的量子能量还不够大,不足以改变物质分子的内部结构或破坏分子之间的键(部分物质除外,如微波可对废弃橡胶进行再生,就是通过微波改变废弃橡胶的分子键)。再有物理学之道,分子原子核在外加电磁场的周期力作用下所呈现的许多共振现象都发生在微波范围,因而微波为探索物质的内部结构和基本特性提供了有效的研究手段。另一方面,利用这一特性,还可以制作许多微波器件。

(6)信息性

微波频率很高,所以在不大的相对带宽下,其可用的频带很宽,可达数百甚至上千兆赫兹,这是低频无线电波无法比拟的。这意味着微波的信息容量大,所以现代多路通信系统,包括卫星通信系统,几乎无例外都是工作在微波波段。另外,微波信号还可以提供相位信息、极化信息、多普勒频率信息。这在目标检测、遥感目标特征分析等应用中十分重要。

3.2.3.2 检测原理

微波检测从根本上来讲是应用多普勒效应进行检测。多普勒效应是指当发射源和接收者之间有相对径向运动时,接收到的信号将发生变化。这一物理现象首先由奥地利物理学家多普勒于1842年发现的。多普勒效应不仅仅适用于声波,它也适用于所有类型的波,包括光波、电磁波。

当无线电波在行进的过程中碰到物体时,该无线电波会反弹,而且反弹回来的波的频率以及振幅会随着碰撞物体的运动状态而变化。若无线电波是固定不动的,那么反弹回来的电波频率是不会发生改变的,然而,若物体是朝着无线电发射的方向前进,此时所反弹回来的电波会被压缩,因此该电波的频率也会随之增加。反之,若远离波源运动时,接收到的频率较波源的实际频率降低。频率升高或者降低的数值为多普勒频率,多普勒效应的数学推理如下:

设某一波源的频率为 f,波长为 λ,它们与波的传播速度的关系为

$$f = \frac{v}{\lambda} \tag{3-34}$$

若波源以速度 w 向静止的接收物体运动时,在接收物体处所接收到的频率为

$$f' = \frac{v}{\lambda'} = \frac{v}{v-w} f \tag{3-35}$$

若波源以速度 w 背向静止的接收物体运动时,在接收物体处所接收到的频率为

$$f'' = \frac{v}{\lambda''} = \frac{v}{v+w} f \tag{3-36}$$

同理,当波源不动时,若物体以速度 w 向波源运动时,在接收物体处所接收到的频率为

$$f' = \frac{v}{\lambda'} = \frac{v+w}{v} f \tag{3-37}$$

当波源不动时,若物体以速度 w 背向波源运动时,在接收物体处所接收到的频率为

$$f'' = \frac{v}{\lambda''} = \frac{v-w}{v} f \tag{3-38}$$

由上述的数学分析可知,若波源与接收物体之间存在相对运动时,接收的频率就不同于发射的频率。即两者之间的距离缩短(相向运动)时,接收频率高于发射频率;两者之间的距离增大时(反向运动),接收频率低于发射频率。这种由相对运动引起的频率变化,称为多普勒效应。

其测速原理为:假若有一个运动目标,利用多普勒效应,在天线场的有效范围内,如图 3-63 所示。

天线 1 发射电磁波到运动物体上,发射频率为 f_0,速

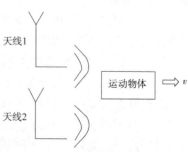

图 3-63 多普勒测速原理

度为光速 c,运动物体的速度为 v,则运动物体实际接收到的频率为

$$f_1 = \frac{c-v}{v}f_0 \tag{3-39}$$

同理,由多普勒效应知,电磁波从运动物体反射回来,天线 2 所接收到的频率为

$$f_2 = \frac{v}{c+v}f_1 \tag{3-40}$$

所以,天线 2 接收到的频率与发射频率之间的关系如下

$$f_2 = \frac{v}{c+v} \cdot \frac{c-v}{v}f_0 = \frac{c-v}{c+v}f_0 \tag{3-41}$$

上式说明:由发射天线 1 发射的频率为 f_0 的电磁波,相对天线以径向速度 v 做离向运动,由于多普勒效应,接收天线 2 接收到的电磁波的频率将是发生两次多普勒效应后的频率,即变为 f_2。将相对运动所引起的接收频率与发射频率之间的差频称为多普勒频率,用 f_d 表示,则

$$f_d = f_0 - f_2 \approx \frac{2v}{\lambda} = \frac{2v}{c}f_0 \tag{3-42}$$

由上式分析得知,多普勒频率与相对天线的径向速度 v 成正比,只要能测出 f_d,就可以求出 v,这就是多普勒测速雷达测速的基本原理。

根据前面的分析与推导,可以对多普勒频率作出这样的定义

$$f_d = \frac{2v_r}{c}f_0 \tag{3-43}$$

式中:f_d——多普勒频率;

v_r——运动目标的速度;

c——光速;

f_0——反射波频率。

所以

$$v_r = \frac{f_d c}{2f_0} \tag{3-44}$$

可以看到其他变量都是已知的,只要测出了 f_d,就可以计算出被测目标的速度。

3.2.3.3 微波车辆检测器的优缺点

微波车辆检测器具有以下优势:

(1)易于安装与维护:安装在路边立柱上,安装、维护时对路面没有破坏,也不影响正常交通,并且可以根据实际需要通过远程通信实时地改变车检器的参数,从而满足不同情况下的检测要求。

(2)检测能力强:在路侧安装方式下,微波波束可覆盖 8 到 10 条车道,获得每车道上的交通信息,具备多车道检测能力;此外微波具有绕射和衍射特性,可跨越中央隔离带的防眩板、树丛及金属护栏等障碍物,检测到被遮挡的车辆。

(3)全天候工作:微波车辆检测器发射的微波波长可达厘米甚至毫米级别,不受雨雪、浓雾、冰雹等天气变化的影响,可昼夜、全天候地进行检测。

(4)良好的稳定性和防震性:与其他交通信息采集装置不同,微波车检器具有很高的距离分辨力,因此安装立柱的晃动不会对它造成较大误差,可达到较高的检测精确度。

微波车辆检测器虽然有较高的车速检测精度,但一般只能正向安装,用于单车道的交通

信息检测。

3.2.3.4 微波车辆检测器的主要功能

微波车辆检测器的主要功能可分为三个层面：一是单点(即某一断面)交通信息的采集与处理；二是路段交通信息的采集与处理；三是路网交通信息的采集与处理。

(1) 单点交通信息的采集与处理

检测器通过发射调频微波，反射波发生偏移来判断车辆的有无，识别路上的车辆。主要采集的信息包括：

①经过某一断面的车流量，需要体现自然车流量和折算车流量。通过采集这些数据，可以统计出在不同的时间段内经过某一断面的车流量，进而得到如图3-64所示的关于时间的流量变化曲线，然后通过分析得到在一天、一个月以及一个季度等时间段的高峰车流量，以便交通管理部门的相关管理人员更好地掌握所辖高速公路的车流量规律。

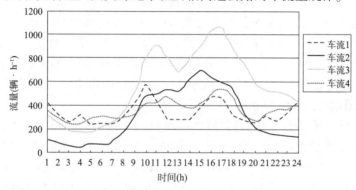

图3-64 某一断面的车流量随时间的变化曲线

②经过某一断面的平均速度。在单位时间内测得通过道路某断面各车辆的地点车速，这些地点速度的算术平均值即为该断面的平均车速，用V_{avg}表示，表达式为：

$$V_{avg} = \frac{\sum V_i}{n} \quad (3-45)$$

式中：V_{avg}——某一断面的平均速度；

n——一段时间内经过某一断面的车辆数；

V_i——经过某一断面每辆车的瞬时速度。

③按照小型车、中型车和大型车进行车辆分类，并按照车辆类型来分别统计车流量和速度等信息，进而得到关于各类车型的统计报表和曲线图。图3-65为一个时间段内的车流量的变化图。各类车型随时间的车流量变化曲线图如图3-66所示。这些数据可方便管理者更清楚地掌握所辖路段的车流量信息。

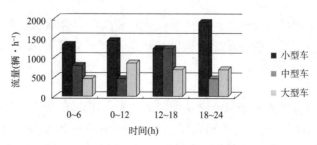

图3-65 某一断面不同时间段内的各类车流量分布图

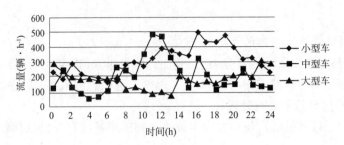

图 3-66 某一断面各类车型随时间的车流量变化曲线

通过以上三类信息,再根据数学模型折算就可以得到车道占有率、车头时距和车间距等信息。

(2) 路段交通信息的采集与处理

在路段上安装多个微波车辆检测器,通过这些检测器可以不断地获取大量连续的动态交通数据,这些数据可为研究高速公路交通状态的时空变化规律奠定重要基础。在某一路段发生交通事故时,对采集的交通数据进行特征提取,并对道路交通流状态进行分析研究,便可确定瓶颈位置并得到瓶颈处拥挤的开始时间、结束时间和拥挤的持续时间。及时准确地预测道路交通流的状态,进而掌握路段瓶颈处交通拥挤的规律。

(3) 路网交通信息的采集与处理

多个路段车辆检测器所采集的信息可以反映整个路网的交通状况。通过对采集得到的路网历史动态交通数据的统计和分析,得到高速路网交通状态的时空变化规律。通过分析历史交通事故,可对当时所采集的数据进行分析,得到交通事故对交通状态的影响规律。通过建立符合本地区路网特点的交通变化预测模型和事故影响预测模型,就能根据高速路网历史数据的预测得到准确的交通状态变化趋势,并可估计实时交通事故的时空影响。

3.2.3.5 微波交通检测器的设置规程

1) 侧向安装

(1) 安装位置

侧向安装的微波交通检测器必须设置在第一探测区外,后置距离需保证波束的投影可以覆盖所有需要检测的车道,同时保证其椭圆形的波束投影与道路上的车道夹角为 90°。为达到理想检测效果,推荐微波交通检测器后置距离为 3~5m。

微波交通检测器和检测车道之间不应有高大树木、铁门架、建筑物等的遮挡。检测车道中间普通的隔离栏杆不影响检测效果;若检测车道中间有高大护栏,需要做处理,或双向安装以避免其对微波交通检测器检测效果的影响。

(2) 设置高度

根据微波交通检测器需要检测距离选择合适安装高度和合理的后置距离(图 3-67),以确保车辆侧面的反射信号的接收质量。微波交通检测器设备安装高度、后置距离与检测车道数的建议值如表 3-14 所示。

(3) 设置角度

角度设置对微波交通检测器的检测精度影响较大。用户可以根据厂家建议来确定安装角度,亦可根据图 3-67 的公式,计算出角度。制约安装角度的因素有:波束宽度 α、后置距离 L_1、高度 H、探测距离 L。根据微波交通检测器常用的安装高度、后置距离、检测车道数,且 E 面波瓣宽度 $\alpha \geq 45°$ 时,给出角度设置建议如表 3-15 所示。

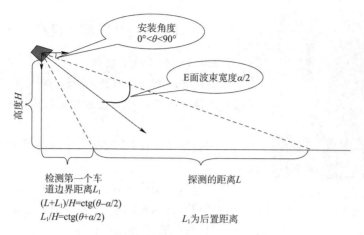

图 3-67 侧向安装

微波检测器安装建议值　　　　　　　　　　　　　　　　　　表 3-14

检测车道数(条)	L_1 后置距离(m)	H 建议安装高度(m)
2~3	3.0~4.0	4.5
4	4.0~4.5	5
6	4.5~5.0	5.5
8	5.0~7.0	7

微波检测器角度建议值　　　　　　　　　　　　　　　　　　表 3-15

检测车道数(条)	L_1 后置距离(m)	H 建议安装高度(m)	安装角度(°)
2~3	3.0~4.0	4.5	42~55
4	4.0~4.5	5	50~60
6	4.5~5.0	5.5	55~65
8	5.0~7.0	7	58~65

2)正向安装

(1)安装位置

用于正向设置的微波交通检测器必须位于车道正上方。

(2)设置高度

为保证检测效果,安装高度为 5.5~7m。

(3)设置角度

在安装支架允许的固定范围内,使微波交通检测器尽量瞄准路面。尽可能地避免临近车道上的干扰(图 3-68)。

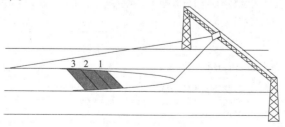

图 3-68　正向安装示意图

3.2.4 HD 和 AD 波频车辆检测器介绍

3.2.4.1 相关技术指标

以美国 SmartSensor 125 微波车辆检测器为例,大体介绍微波车辆检测器的相关技术指标(图 3-69)。

(1)主要特点

①车流量精确度:任何单一车道流量>95% 总流量>98%。

图 3-69　SmartSensor 125 微波车辆检测器

②单车车速精度误差:>97%,10~250km/h。

③平均车速精度误差:>97%,10~250km/h。

④车道占有率精度误差:小于±5%,即使是在交通拥堵时段。

⑤4 种按车辆长度分类的车型。

⑥适用于任何天气,包括雨、雾、雪、大风、冰、灰尘等。

⑦精确的识别能力,即使车辆有多达 50% 的部分被障碍物遮挡亦可被识别。

(2)技术指标(表 3-16)

技　术　指　标　　　　　　　　　　　　　表 3-16

设备颜色	酷白
外形尺寸	13.17cm×10.58cm×3.25cm(长宽高)
质量(净重)	2.27kg
外壳标准	通过 NEMA250,TYPE4X 外壳标准(防水、冰冻、防锈)
功率消耗	8W 9~28VDC
工作频率	24.125GHz(K-波段)
雷达波发射周期	2.5ms
最大传输功率标准 (由 FCC 规定)	104.6dBuV/m(在 3m 远处) 131.4dBuV/m(在 3m 远处)
传输信号带宽	245MHz
波束方位角	7°
波束射角	65°
通信接口	RS-485,RS-232,选装的内置 CDPDmodem 调制解调器,支持外接的 RS-232 调制解调器,可编址的 TCP/IP
操作温度	-40°~+75°
数据存储时间	以 20s 为周期,则可存储 4.9 天数据;60s 为周期,则可存储 14.8 天;15min 为周期,则可存储 222 天数据;如果通信中断,一旦恢复后,可由通信端口上传历史数据到便携电脑或控制中心,保存数据完整
FLASH 内存容量	16M
数据处理周期	最小 10s,可由用户自行设定
检测车道	双向 10 车道(两个隔离带)
检测范围	1.8~76.2m
侧置距离	1.8m

续上表

流量检测精度	单一车道流量>95% 总流量>98%
单车车速检测精度	>97%,车辆速度检测范围10~255公里/小时
平均车速检测精度	>97%
车型分类及定义	4种车型可以根据车长任意定义
车辆压线行驶	车辆不在划定的车道行驶时,可以通过逻辑判断这一辆车的交通数据,而不会判断为两辆车或检测不出这辆车
内置时钟	内置实时时钟,不依赖来自网络时钟,检测器独立工作。在多次断电的情况下资料也会有时间显示
交通观测	可视化的交通数据的实时观测(包括车道运行方向,车道范围,车辆速度,车辆长度等)
系统设置	可视化窗口的系统设置
车道划分	自动车道划分,无须手动调节
多种通信方式	RS-485,RS-232,选装的内置CDPD modem调制解调器,支持外接的RS-232调制解调器,可编址的TCP/IP,支持无线传输(GPRS,CDMA)

3.2.4.2 HD波频车辆检测器

Wavetronix SmartSensor HD 流量传感器利用最新技术收集和提供流量统计数据。SmartSensor HD 通过使用24.125 GHz(K-波段)操作无线电频率来收集信息,并能够测量交通量和分类,平均车速,单个车辆速度,车道占用率和在线状态。SmartSensor HD 使用被归类为频率调制连续波(Frequency Modulated Continuous Wave,FMCW)雷达;它可以同时检测和报告多达22个车道的交通状况。该检测器包括硬件和软件部分,硬件主要是设备的安装,软件则为相应软件的安装和设置以及参数的提取。

1)安装 SmartSensor HD

(1)选择安装位置

选择安装位置时请考虑以下准则(图3-70)。

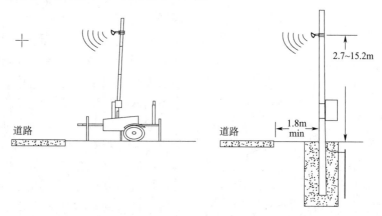

图3-70 便携式(左)和永久(右)传感器站

①车道覆盖率:应该选择传感器安装位置,使所有监测的车道在传感器的1.8~76.2m之间,并且相互平行。如果需要同时监测10多条车道,则应考虑多个传感器。如果不需要同时监测车道,则可以配置多达22个车道,以便通过一个传感器进行收集。

②平行车道:当传感器用于采集主线和斜坡数据时,应选择极点位置,以使开启和关闭

斜坡车道与主线平行。如果车道不平行,则应考虑安装多台 SmartSensor HD 设备。

③同一极上的传感器:当多个传感器安装在同一个极上时,如果它们被配置为使用不同的 RF 车道并且垂直分开几米,则它们将不会受到干扰。较高的传感器通常用于远离杆的车道,以使堵塞最小化。

④相反极点上的传感器:如果可能的话在相对的两极上相互面对的 SmartSensor HD 单元应在不同的 RF 信道上运行,并有 21.3m 横向偏移。

⑤视线:SmartSensor HD 被设计为在存在障碍的情况下能够准确地工作,但是一般而言,如果存在可避免任何类型的结构阻塞的替代安装位置,则这是优选的。避免被树木、标志和其他路边结构堵塞。

⑥相邻结构和平行墙:为了消除性能下降的风险,传感器的位置应该有一个 9.1m 的高架标志、天桥、隧道、平行墙和平行停放车辆的横向分离,以避免来自单个车辆的多个反射路径。这种分离将物体从传感器的天线图案中移除。在实践中,传感器已经安装得更接近反射物体,而对传感器性能影响最小。例如,安装在门架上的传感器在使用 5.4m 的延伸臂将传感器从结构横向分离时已成功地满足了客户的要求。

⑦安装高度:安装高度应基于感兴趣的车道的偏移。一般来说,建议高度范围在 2.7 ~ 15.2m 之间。

⑧安装偏移量:建议的最小偏移量(从传感器到第一个感兴趣的车道边缘的距离)为 1.8m。

⑨一级公路位置:在带有受控停车线的一级道路或其他车道段上的传感器应安装在中间区段位置,以避免车辆经常停在传感器前方的位置,从而提高准确度。

⑩高速公路位置:SmartSensor HD 常用于永久性自动行驶记录仪(Automatic Traffic Recorder,ATR)车站。应该选择沿单一道路的车站数量和车站之间的距离,以达到足够的统计可信度。用于覆盖州际,主要干线以及其他国家和州级公路的永久性 ATR 站,被用来为临时收集站点的计数数据建立季节性调整因子。

⑪电缆长度:确保足够的传感器电缆。如果使用 24V 直流电和 RS-485 通信,则电缆长度可达 182.9m;对于更长的连接,应考虑备用的有线和无线选项。

⑫信号延迟:在车辆通过前方传感器之后,传感器发送该车辆的数据将稍微延迟。在对时间敏感的应用中,例如,为每个车辆发出警告信息提供一个动态消息标志,有必要确保传感器距信号足够远,以便系统有时间收集数据,处理数据,并在车辆到达问题区域时将其发送到标志。

SmartSensor HD 设备安装流程图如图 3-71 所示,其中推荐安装高度(图 3-72)根据偏移量进行选择,详见表 3-17。

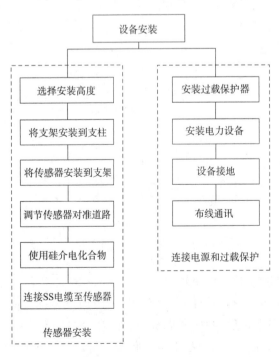

图 3-71 设备安装流程图

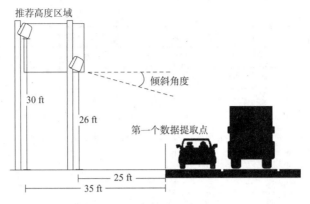

图 3-72 推荐安装高度

安装高度指南(ft/m)　　　　　　　　　　　　　表 3-17

与第1个检测车道的后置距离	推荐的安装高度	最大安装高度	推荐后置距离
6/1.8	12/3.7	9/2.7	19/5.8*
7/2.1	12/3.7	9/2.7	19/5.8*
8/2.4	12/3.7	9/2.7	20/6.1*
9/2.7	12/3.7	9/2.7	21/6.4
10/3	12/3.7	9/2.7	22/6.7
11/3.4	12/3.7	9/2.7	23/7
12/3.7	13/4	10/3	24/7.3
13/4	13/4	11/3.4	25/7.6
14/4.3	14/4.3	11/3.4	26/7.9
15/4.6	15/4.6	12/3.7	26/7.9
16/4.9	15/4.6	12/3.7	27/8.2
17/15.2	16/4.9	13/4	28/8.5
18/5.5	17/5.2	14/4.3	29/8.8
19/5.8	17/5.2	14/4.3	30/9.1
20/6.1	18/5.5	15/4.6	30/9.1
21/6.4	19/5.8	15/4.6	31/9.4
22/6.7	20/6.1	16/4.9	31/9.4
23/7	22/6.7	16/4.9	32/9.8
24/7.3	24/7.3	16/4.9	33/10.1
建议偏移量 25/7.6	26/7.9	17/5.2	33/10.1
26/7.9	26/7.9	17/5.2	34/10.4
27/8.2	27/8.2	18/5.5	35/10.7
28/8.5	27/8.2	18/5.5	35/10.7
29/8.8	27/8.2	18/5.5	36/11
30/9.1	29/8.8	19/5.8	37/11.3
31/9.4	29/8.8	19/5.8	37/11.3
32/9.8	29/8.8	19/5.8	38/11.6
33/10.1	30/9.1	19/5.8	39/11.9
34/10.4	30/9.1	19/5.8	39/11.9
35/10.7	30/9.1	20/6.1	40/12.2

续上表

与第1个检测车道的后置距离	推荐的安装高度	最大安装高度	推荐后置距离
36/11	30/9.1	20/6.1	41/12.5
37/11.3	31/9.4	20/6.1	41/12.5
38/11.6	31/9.4	21/6.4	42/12.8
39/11.9	33/10.1	21/6.4	43/13.1
40/12.2	33/10.1	22/6.7	43/13.1
41/12.5	34/10.4	22/6.7	44/13.4
42/12.8	34/10.4	22/6.7	44/13.4
43/13.1	35/10.7	22/6.7	45/13.7
44/13.4	35/10.7	23/7	46/14
45/13.7	36/11	23/7	46/14
46/14	36/11	23/7	47/14.3
47/14.3	36/11	24/7.3	48/14.6
48/14.6	38/11.6	24/7.3	48/14.6
49/14.9	38/11.6	24/7.3	49/14.9
50 – 230/15.2 – 70.1	39/11.9	25/7.6	Must be < offset

(2) 将传感器对准道路

使用以下步骤正确安装和校准 SmartSensor HD：

① 向下倾斜传感器，使前部对准检测区域的中心（图3-73）。

图3-73　上下定位

② 调整左右角度，使其尽可能垂直于交通流量（图3-74）。

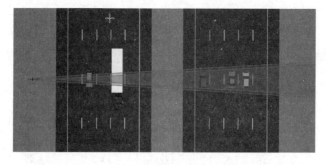

图3-74　左右调节

(3) 连接电源和过载保护

有2种方法可以设置传感器：

① 两部件安装，如图3-75所示，部件在两个地方。首先，在路上的一根电线杆架设传感

器和一个带有电涌保护器的电线盒。其次,在一个交通机柜内设置提供电力和通信设备。机柜和电线杆通过地下电缆连接。

②单部件安装,如图3-76所示,所有部件位于同一电线杆上:这个电线杆带有传感器。电力和通信设备(最有可能是无线的)是在一个立柱式的箱子里,或者在立柱的底部有一个交通柜子;无论哪种方式都不需要地下电缆连接。电源来自电线杆本身或来自电池或电线杆上的太阳能电池板,或两者兼有。

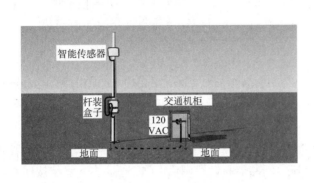

图3-75 两部件安装　　　　　图3-76 单部件安装

(4)连接过载保护

传感器应至少连接一个过载保护装置。Click 200及其等效设备旨在防止电缆上的电涌损坏传感器、机柜。这也是连接传感器的电缆地方,因为它有所有电线的终端。

Click 200 在模块的顶部和底部都包含三个端口连接器(图3-77)。终端连接器是可拆卸的并且是红色的,允许每个连接器只插入一个特定的插孔。这既简化了布线过程,又减少了接线错误的可能性。

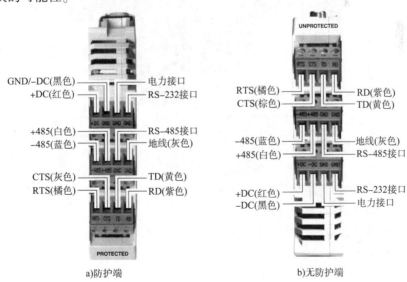

a)防护端　　　　　　b)无防护端

图3-77　Click 200终端连接器

(5)安装电力设备

使用 Click 电力设备为您的设备供电。这套模块包括以下内容:

①Click 201/202 交流到直流转换器。

②Click 210 断路器和开关。
③Click 230 交流电涌模块。

Click 201 提供 1A 的电力,并且能够为单个传感器供电,而 Click 202 提供 2A 并且可以为两个传感器供电(也有一个 Click 204 提供了 4A 的功率,但是在下面列出的安装中这通常不是必需的)。Click 230 有助于限制电源线上的电流过载。Click 210 会在过载情况下中断电源,并提供打开和关闭电源的便捷方式。

发电厂要么是在一个立柱式的箱子里,要么是在一个主要的交通柜子里。如果在交通柜内,电力将通过地下电缆线传送到电线杆。本节的其余部分将介绍如何安装发电站,然后连接到 Click 200。

(6)交流接线

第一步是将交流电源接入机箱。如果使用的是主交通机柜,需使用电源线;如果使用的是立杆式安装盒,则电源线或电缆可以通过左下方的导管进入。

(7)连接 Click 210

如图 3-78 所示,电力设备中的第一台设备是 Click 210。这是一种紧凑型断路器 DIN 导轨设备,用于在过载情况下中断电流。断路器自动跳闸后,可以通过按下复位按钮在电流中断后轻松复位。

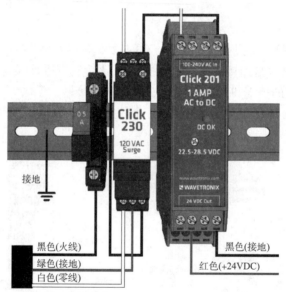

图 3-78 交流电涌保护器

添加一个 Click 210 断路器和开关(图 3-78 的左侧):
①将 Click 210 安装到 DIN 导轨上。
②将交流接线板或电源线的导线(通常为黑色)连接到模块的任一侧。
③从另一边引出线。

(8)连接 Click 230

电力设备的下一个设备是 Click 230,它是交流过载保护器(图 3-78)。安装如下:
①将 Click 230 安装到 Click 210 旁边的 DIN 导轨上。
②将 Click 210 的线路导线(黑色)连接到 Click 230 的 IN 侧的端口 5。
③将交流电端口用零线(通常是白色)连接到 Click 230 上标记为 1 的端口。

④将交流电端口用接地线连接到 Click 230 上标记为 3 的端口。
⑤将输出和受保护的导线连接到 Click 230 上标记为 2 的端口。导线应为黑色。
⑥将输出和受保护的零线连接到 Click 230 上标记为 6 的端口。零线应为白色。
端口 3 和 4 通过基座的金属安装脚直接连接到 DIN 导轨上。端口 3 和 4 与 DIN 导轨之间不需要任何额外接地。

(9) 连接 Click201/202

电力设备的最终设备应该是 Click 201 或者 202 (图 3-79)。这些交流到直流转换器,也偶尔被称为电源。如上所述,两者之间的区别在于,Click 201 输出 1A 和 Click 202 输出 2A (Click 204 输出 4A,但可能不需要用于 HD 安装)。选择最适合的设备,然后按照以下步骤进行安装(图 3-79)。

①将 Click 201/202 安装到 Click 230 旁边的 DIN 导轨上。
②将 Click 230 的导线(黑色)连接到 Click 201/202 顶部的 L 螺丝端口。
③将 Click 230 的零线(白色)连接到 Click 201/202 的顶部 N 螺丝端口。
将新转换直流电源连接到 Click 201/202:
①将直流正极导体(通常为红色导线)连接到 Click 201/202 底部的螺丝端口(图 3-80)。
②将直流负极导体(通常为黑色导线)连接到 Click 201/202 底部的任意一个螺丝端口。

图 3-79　将交流电源接入 Click 201/202

图 3-80　将直流电源接到 Click 201/202

(10) 将电力连接到设备

现在电力设备已经完成,下一步是将电力连接到设备的其余部分。

如果电力设备是在一个立柱式的箱子里,则电源需接到 T-bus 上即将为任何可能在其上的通信设备供电。其还将为 Click 200 提供动力,Click 200 会将必要的 10~30V 直流电与通信一起发送到传感器。

如果电力设备位于主交通柜内(包括从电力设备经 T 总线获得的直流电),其将为该总线上的任何通信设备供电。它还将为 Click 200 提供电力,Click 200 将沿着基本线将该电力连同通信一起发送到杆安装盒中的 Click 200。Click 200 将把电源(和通信)放到 T 总线上,为任何可能在其上的通信设备供电。它还会将必要的 10~30V 直流电以及通信发送到传感器。

要在 T 总线上通电,首先需要将一个 5 螺丝端口模块连接到 T 总线的末端,然后按照以下步骤将 DC 与其连接(图 3-81):

①将 Click 201/202 的直流正极(红色)连接到模块顶部的螺丝端口。
②将直流负极(黑色)连接到第二个螺丝端口。

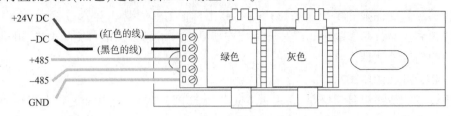

图 3-81　直接连接点遇到总线

也可以将直流电连接到 Click 200 本身,其将把电源放在 T 总线上(图 3-82)。

①将 Click 201/202 的直流正极(红色)连接到直流正极螺丝端口。

②将直流负极(黑色)连接到 GND 螺丝端口。

(11)布线通讯

如果传感器连接到杆式安装盒中的 Click 200,并且想从主交通柜或交通运营中心访问该传感器,则需要在两个点之间进行某种通信:可以同时承载 RS-232 和 RS-485 通信的本垒线电缆,或者使用 Wavetronix Click 通信设备。

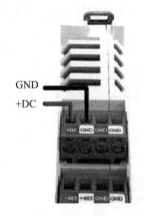

图 3-82　连接直流电至 Click 200

Wavetronix 拥有多种有线和无线通信设备,例如 Click 301 串口转以太网转换器,可通过以太网与传感器进行通信,或者使用 Click 400,即可与其他无线设备进行无线通信的 900 MHz 收音机。

Click 200 有用于其他通信方式的几个端口。面板上有一个可连接到 RS-232 通信的 DB-9 端口,还有几个 RS-485 连接器:

T 总线背板:将 RS-485T 放置总线上。由于 Click 200 连接到传感器,因此这样 T 总线连接意味着传感器、Click 200 以及 T 总线上的任何其他设备都可以相互通信。

如果需要,面板上的 RJ-11 连接器用于连接触点闭合装置。

2)安装 SmartSensor Manager HD(SSMHD)

SSMHD 安装与设备配置如图 3-83 所示。

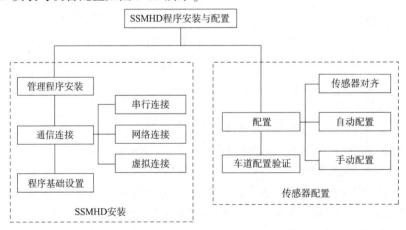

图 3-83　SSMHD 程序安装与设备配置流程图

(1)设置

单击主菜单上的 Settings(设置)链接,更改并保存传感器上的设置。"设置"窗口包含"常规""端口"和"输出"选项。

(2)常规选项

"常规"选项包含以下字段(图 3-84):

序列号:包含传感器序列号,不能编辑。

子网/ID:输入传感器的子网和 ID。一个子网可以用来创建传感器分组;子网默认值是 000,ID 默认值是传感器序列号的最后五位数。ID 可以改变,但是没有两个传感器具有相同的 ID。多点总线上的所有传感器的 ID 必须是唯一的。

说明:输入每个传感器的说明。限制为 32 个字符。

位置:输入传感器的位置。限制为 32 个字符。

方向:输入传感器指向的方向。

日期和时间:要将传感器日期和时间与计算机同步,请单击同步到此计算机复选框。传感器本身存储时间的协调世界时(Coordinated Universal Time,UTC),以前称为格林尼治标准时间(Greenwich Mean Time,GMT),并没有考虑夏令时。SSMHD 使用正在运行的计算机的本地设置,以本地单位显示日期和时间。

(3)端口选项

端口选项包含以下设置(图 3-85)。

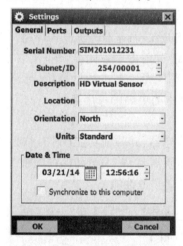
图 3-84　常规选项

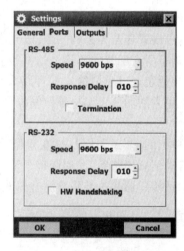
图 3-85　端口选项

绿色高亮显示:表示 SSMHD 所连接的通信链路(端口)。

RS-485:RS-485 通信的波特率。响应延迟设置用于配置传感器在收到消息之前等待的时间。这对于某些无法快速改变传输方向的通信设备很有用。默认值是 10ms。

终止复选框允许以电子方式打开或关闭 RS-485 通讯总线终端。只有 RS-485 总线上的终端设备应该被终止。一般情况下,终端可以不被检查,直到多点总线过载。

RS-232:RS-232 通讯的波特率。响应延迟设置与 RS-485 部分相同。

如果要将传感器连接到 RS-232 设备(如某些调制解调器),则应选择硬件交握复选框。这些设备有时需要流量控制交握,因为它们无法跟上个人计算机和 SmartSensor HD 等高性能设备的数据速率。SmartSensor Manager HD 和 SmartSensor HD 内置了对 RS-232 流量控制

· 105 ·

硬件交握的支持；这种支持使 SmartSensor HD 和 SmartSensor Manager HD 能够与这些较慢的调制解调器连接，一起工作。表 3-18 给出了每个 RS-232 线路的简要说明。

RS-232 线路　　　　　　　　　　　　　　　　　　　表 3-18

线	说　明
TX	数据传输线
RX	数据接收线
RTS	请求发送流控制硬件交换线
CTS	清除发送流控制硬件交换线

为了使用硬件交握，传感器的 RTS 和 CTS 信号必须正确连接。如果串行连接界面下的流量控制选项设置为硬件，则如果先前关闭了传感器的硬件交握设置，将无法连接，原因是传感器的 RTS 线没有声明；由于该线路连接到计算机的 CTS 线路，因此计算机不会转发由 SmartSensor Manager HD 提供的数据消息。要成功连接，只需将"流量控制"设置更改为"无"。

（4）输出选项

"输出"选项包含以下设置（图 3-86）：

来源：允许您确定报告的信息。有两种选择：天线报告在传感器中检测到的数据，Diagnotic 创建用于测试和训练目的的检测事件。

射频车道：显示传感器正在传输的射频车道。使用靠近的多个传感器需要将每个传感器设置为不同的射频车道。

环路仿真：可设置环路大小和间距，以允许 SmartSensor HD 模拟双环路。在此界面上更改的设置将应用于所有配置的车道。这些设置通过单击触点闭合设备读取并使用，以便触点闭合可以适当地定时以模拟给定的环路大小和间距。在占用计算中，环路大小也被传感器使用。例如，更大的循环大小将导致间隔数据中的更高的占用数量。

（5）车道

单击主菜单上的"车道"选项，校准和配置传感器，并验证功能（图 3-87）。

配置：可自动配置传感器，手动调整车道（如果需要）并编辑和保存配置。

验证：可验证传感器是否准确检测并修改单个车道性能。

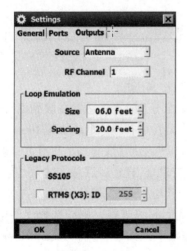

图 3-86　输出选项

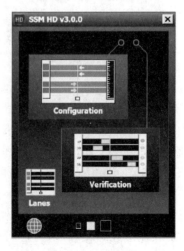

图 3-87　车道界面

（6）配置

"配置"界面可用于自动或手动配置车道，验证车道设置。

传感器在开始车道配置之前应该正确对准，所以 SSMHD 包括一个对准功能，当传感器的垂直对准正确时，可以进行视觉确认（图 3-88）。SSMHD 提供了三种不同的方式来检查传感器对齐方式：从传感器出来的箭头、检测到的车辆颜色、侧边栏。

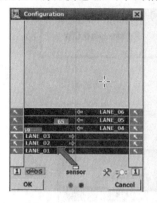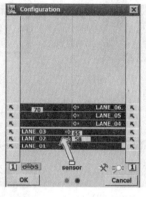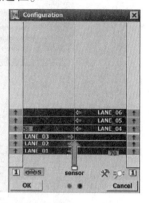

图 3-88　传感器校准

一旦打开配置界面，应该看到对齐箭头。如果没有对齐箭头，请单击放大镜图标，然后选择"显示对齐"。

根据"配置"窗口中显示的箭头调整传感器。绿色箭头表示传感器正确定位以获得最佳性能；黄色或红色的箭头表示传感器未正确对准道路。

如果有不平行的交通车道，则可能难以对准传感器。在这种情况下，在车道配置界面中将非平行车道标记为"不活动"或"排除"，传感器校准工具将忽略在这些车道中行驶的车辆。

（7）自动配置

SmartSensor HD 的优点之一就是快速简单的车道自动配置功能，传感器根据通过量自动配置车道并设置车道。

按照以下步骤自动配置 SmartSensor HD（图 3-89）：

①出现配置窗口后，单击工具图标并选择清除编辑区域。

②再次单击工具图标，然后单击重新启动自动配置。

根据传感器的安装位置和通信量的不同，配置过程可能需要几分钟的时间。也可以自动定义部分车道，可按照以下步骤操作：

①单击配置界面中的任意位置。

②选中"隐藏自动车道"框，自动配置的车道将消失。

③单击侧栏中所需的自动车道（当侧栏设置为1），自动车道窗口将出现（图 3-90）。这个窗口允许选择想要在道路上出现的车道。要在道路上显示所有车道，请单击"复制侧栏"按钮；要在道路上显示单个车道，单击"复制车道"按钮。也可以复制整个侧栏，然后通过单击它们并选择删除，来删除不需要的车道。

（8）手动配置

配置界面也可以用来手动配置和调整车道（图 3-91）。配置界面上提供以下功能和工具。

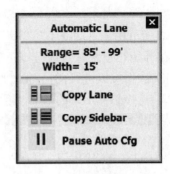

图 3-89　自动车道配置中使用的按钮　　　图 3-90　自动车道窗口

侧边栏"配置"界面两侧的侧边栏按钮控制边栏显示。单击并按住该按钮可查看以下不同显示模式的列表(图 3-92)。

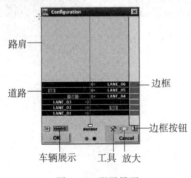
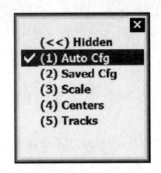

图 3-91　配置界面　　　图 3-92　车道配置侧栏选项

自动配置：显示传感器自动配置的车道。
保存配置：显示保存在传感器上的车道。
比例：显示 SmartSensor HD 到每个车道的距离。
中央：显示相关事件发生。较大的箭头表示给定范围内的车辆数量更多。
轨道：显示每个检测到的车辆的轨迹；在每辆车的中心画一条线。此边栏对于手动添加车道非常有用。单击轨道边栏清除所有轨道，然后重新开始。

(9) 车辆显示

单击车辆显示按钮 ![car] ，打开一个菜单，可以配置如何绘制车辆以及显示哪些信息。

在范围模式下，无论车道定义如何，车辆都在正确的范围内进行绘制。在车道模式下，只显示配置车道中检测到的车辆。

SSMHD 能够显示检测到的速度、长度、长度等级，或者不显示每辆车的信息(图 3-93)。

(10) 车道窗口

单击一个车道上的任意位置，车道窗口就会出现，允许你改变车道的名称，方向和活动(图 3-94)。SSMHD 使用"LANE_xx"作为默认车道名称，其中"xx"是范围内的车道编号，以"LANE_01"开始。当添加新车道时，所有默认车道名称格式的车道将自动更名。

方向按钮可设置车道的方向——左、右或双向。选择的方向决定了显示的数据：如果右侧是车道的设置方向，则只会检测到右侧的车辆；如果左侧是车道的设置方向，则仅检测到左侧的交通(方向保护打开时)；如果车道设置为双向，则会报告双向通行的数据。

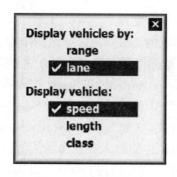

图 3-93　车辆显示选项　　　　图 3-94　车道调整窗口

单击"排除"按钮以排除车道(一旦车道被排除,车道将变为红色)或单击"删除"按钮删除车道。排除的车道将不会配置,并且 SSMHD 将停止在这些特定车道中显示事件。单击排除的车道,然后单击"包含区域"按钮以包含车道。

"车道"窗口还可将车道设置为激活或不激活。当车道被正确地配置和调整时,非活动车道是有用的,但不需要输出车道的检测数据情况。通过使车道不活动而不是删除车道,车道可以在任何时候打开,并保持适当的配置和调整。

(11) 验证

要验证车道是否配置正确,请关闭"配置"界面,然后从"车道"菜单中选择"验证"。

验证界面可监控车道检测精度并调整车道属性以便更好地检测。

(12) 侧边栏

单击并保持车道验证窗口两侧的 >> << 侧边栏按钮来查看下列选项(图 3-95):

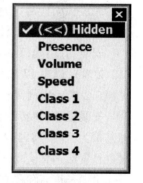

图 3-95　包含四个类别的车道验证侧边栏

存在:当车辆被检测到时,每个车道侧面显示的按钮会点亮。

规模:显示每个车道的事件数量。

速度:显示每个单独车道的平均速度。

类别 1~8:显示每个基于长度的类别的计数,可以使用类别定义功能创建。出现在此窗口中的类别数量将与创建的类别数量相同。

3.2.4.3　AD 波频车辆检测器

Wavetronix SmartSensor Advance 和 Wavetronix SmartSensor Advance Extended Range 可以检测并持续监测移动交通的进度,最大范围分别为 600 英尺(182.9 米)和 900 英尺(274.3 米)。

这两个交通传感器都是专门用于信号交叉口的进口道。它们用于根据进入的范围,速度和每个检测到的车辆的预计到达时间来警告交通控制器车辆到达,以用于诸如高速困境区域保护和排队减少的应用。此外,SmartSensor Advance Extended Range 可根据卡车和客车的发现范围优先考虑困境区域保护。

SmartSensor Advance 和 SmartSensor Advance Extended Range 通过使用 10.525GHz(X 频段)工作无线电频率监测车辆的交通流量。两款传感器均采用数字波雷达技术,提供可靠的调频连续波。SmartSensor Advance Extended Range 使用一种新的调频形式来实现其扩展范围。

选择这两种交通传感器安装位置时请考虑以下准则：

检测范围：放置传感器，使其能够监视所有指定的高级检测区域。同样考虑到传感器跟踪驶入和驶出期望的检测区的车辆，如果将检测范围设置为跟踪车辆在达到第一个区域之前几英尺，则传感器通常会更好地工作。SmartSensor Advance 和 Smart-Sensor Advance Extended Range 提供的最近检测区域距传感器位置 50 英尺(15.2 米)。SmartSensor Advance Extended Range 提供的最远检测区域为 900 英尺(274.3 米)。SmartSensor Advance 提供的最远的检测区域是 600 英尺(182.9 米)。传感器可以检测驶入或驶出的流量，并过滤出相反方向的流量。通常情况下，传感器用于检测传入的流量。通过 SmartSensor Advance Extended Range，进入的大型车辆通常可以发现约 750 英尺(228.6 米)，小型车辆通常距离传感器约 600 英尺(182.9 米)。通过 SmartSensor Advance，大多数驶入的大型车辆可以在大约 500 英尺(152.4 米)处被发现，大多数小型车辆距离传感器大约 400 英尺(121.9 米)。

视线：将传感器放置在与观测区域相距一定距离的位置。避免包括树木、标志和其他路边结构的阻挡。

最近的路边：如果将传感器安装在道路的一侧(而不是头顶上)，则应选择距离检测的车道最近的位置，这可防止交通堵塞影响检测。

通过移动检测：如果只需要通过移动检测，则放置传感器以避免检测回转车道。考虑使用速度过滤器来消除转向车辆的影响。

安装高度：建议尽可能高的安装传感器，以减少相同的车道堵塞。建议最长 40 英尺(12.2 米)，最短 17 英尺(5.2 米)。如果传感器高于 30 英尺(9.1 米)，偏移应该小于 50 英尺(15.2 米)，以提高精度。

安装偏移：将传感器安装在距检测的车道更近的地方通常会提高检测精度。建议最大偏移量为 50 英尺(152.4 米)，但更多偏移量的传感器仍能可靠地跟踪车辆。用较小的偏移量进行安装通常会增加视线。

电缆长度：确保有足够的本垒打和传感器电缆。使用较新的型号，使用 24VDC 操作和 RS-485 通信，电缆长达 1500 英尺(457.2 米)。旧型号支持长达 600 英尺(182.9 米)。

悬挂电缆：传感器设计用于悬挂电源线和其他电缆的情况下工作，但这些电缆应安装在离传感器正面至少 10 英尺(30.48 米)的位置。

相邻结构和平行墙：为获得最佳性能，最好不要将直接安装在传感器安装在其后的标牌或其他平坦表面上。这将有助于减少单个车辆的多个反射路径。

SmartSensor Advance 应使用以下选项之一进行安装(图 3-96)。

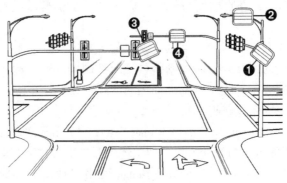

图 3-96　安装位置

①在立柱上:SmartSensor Advance 或 SmartSensor Advance Extended Range 的首选安装位置通常是靠近停车线的垂直杆。垂直杆通常安装在靠近进口道停止线的路边,以支撑桅杆臂、跨度线或灯具。这些杆通常延伸到高达 30 英尺(9.1 米)或更高,从而使传感器有足够的安装高度减少阻挡。安装位置通常非常安全。

②在灯具上:此安装位置通常会减少偏移并增加安装高度(建议最大为 40 英尺,即 12.2 米)。确保灯具可以支持传感器的负载。安装位置通常非常安全。

③相对的桅杆臂的背面:通过安装在桅杆臂的背面,与相反方向的信号灯相对,传感器可以放置在带观测的车道附近。最小安装高度为 17 英尺(5.2 米),但建议使用更高的安装,以尽量减少阻挡。适当时,可以使用垂直延伸;扩展应该能够自由旋转传感器进行对齐。传感器应该尽可能远地安装在桅杆臂上,以避免在左转相位中停车的潜在阻挡问题。

④桅杆臂的正面:传感器可以和带观测进口道的信号一起安装在桅杆臂上。在此安装位置建议使用 SmartSensor Advance Extended Range,因为通常使用 100 英尺(30.5 米)或更多的传感器范围来跨越交叉点的宽度。对于 SmartSensor Advance Extended Range,在此安装位置,传感器的有效最大范围仍然距离停车线 800 英尺(244 米)。这种安装位置也建议在有动态红色扩展将与绿色扩展一起使用的进口道。如果最小绿灯时间太短,以至于在最小绿灯计时器结束之前,队列清理区内的车辆不能开始移动,则此安装位置可能会有所帮助。

SmartSensor Advance 或 SmartSensor Advance Extended Range 也可以安装在现有灯具或定制灯杆上的困境区的后面,如果灯具已经存在,电源可用,并且可以使用无线通信链路来避免挖沟。Wavetronix 集成了适用于此类安装的无线解决方案。

1)安装 SmartSensor Advance

SmartSensor Advance 设备安装流程与 SmartSensor HD 基本一致(图 3-97)。

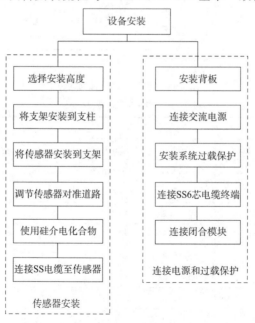

图 3-97 设备安装流程图

(1)选择安装高度

从观测的车道中心的推荐偏移范围内选择一个安装位置。建议在所需车道中心两侧的距离小于 50 英尺(15.2 米)处进行偏置。

推荐的最小安装高度为 17 英尺(5.2 米),推荐的最大安装高度为 40 英尺(12.2 米)。高于 30 英尺(9.1 米)的安装高度是可以接受的,如果传感器在 50 英尺(15.2 米)的路程内。根据交通的地点和类型,有些车辆可能会被其他车辆暂时遮挡。基于车辆的遮挡有利于检测大型车辆,这对于困境区域保护应用可能是可接受的。可能需要增加传感器的高度以减少阻挡,或者使用控制器通过时间来弥补阻挡导致的间隙。

(2)将传感器对准道路

在大多数应用中,目标是沿着道路定位梁的椭圆足迹。

这是通过将传感器的光束(传感器的中间部分)的热点指向目标位置,然后滚动传感器,使光束的足迹与道路对齐。

标准的传感器支架有三个旋转轴:绕杆的带子,垂直和水平旋转点。需确保传感器安装座的自由度可调,直到完成对齐。

按照以下步骤正确对齐传感器:

①通过向下倾斜传感器并根据需要向左或向右平移传感器,将传感器指向道路上的目标(图 3-98)。目标位置通常位于目标车道中心的传感器上游 30 到 80 英尺(9.1~24.4 米)之间。表 3-19 给出了适当的目标距离。

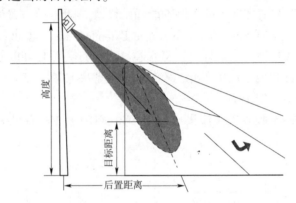

图 3-98 传感器指向目标示意图

目 标 距 离(ft/m)　　　　　　　　　　　表 3-19

		高度					
		17/5.2	20/6.1	25/7.6	30/9.1	35/10.7	40/12.2
	0/0	40/12.2	45/13.7	55/16.8	60/18.3	70/21.3	75/22.9
	5/1.5	45/13.7	45/13.7	60/18.3	65/19.8	70/21.3	80/24.4
	10/3	50/15.2	50/15.2	60/18.3	65/19.8	75/22.9	80/24.4
	15/4.6	50/15.2	55/16.8	65/19.8	70/21.3	75/22.9	80/24.4
后置距离	20/6.1	55/16.8	55/16.8	65/19.8	75/22.9	80/24.4	90/27.4
	25/7.6	60/18.3	65/19.8	65/19.8	75/22.9	80/24.4	90/27.4
	30/9.1	65/19.8	70/21.3	75/22.9	80/24.4	85/25.9	95/28.9
	35/10.7	70/21.3	75/22.9	85/25.9	85/25.9	95/28.9	95/28.9
	40/12.2	80/24.4	90/27.4	90/27.4	95/28.9	95/28.9	100/30.4
	45/13.7	95/28.9	100/30.4	100/30.4	100/30.4	100/30.4	105/32
	50/15.2	100/30.4	100/30.4	105/32	110/33.5	115/35	120/36.6

为了验证指向,可从传感器后面看向道路。如果从这个有利位置看不到目标位置,则传感器指向正确的大致方向。

②使用背板滚动传感器,同时使其指向目标位置,以对齐椭圆光束。如果传感器直接安装在检测车道上方,则不需要转动传感器。

③将传感器的顶部和底部中心标志与检测车道中心对齐。使用直角器的90°边缘或其他框架设备来正确对准传感器。将框架装置的平行边缘放在传感器的顶部或底部,然后将垂直边缘与车道对齐(图3-99)。

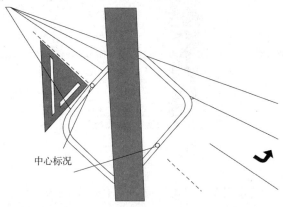

图3-99 将传感器与道路对齐

④连接器应指向检测车道的中心。如果在弯道上使用传感器,则可以对准传感器,使其平分道路曲线,并仍然碰到最近和最远的检测区域。如果将传感器安装在弯曲道路的外侧边缘附近,则可以用少量或不使用滚轮来平分曲线。如果道路弯曲剧烈,则可能需要减小传感器的向下倾斜度,以便在远距离处发出更多的波束。

2)安装 SmartSensor Manager Advance

安装 SmartSensor Advance 之后,使用 SmartSensor Manager Advance(SSMA)将传感器配置到道路并更改传感器设置。其流程图如图3-100所示。

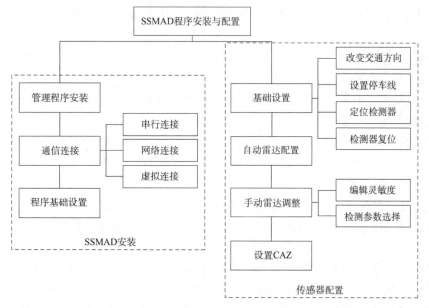

图3-100 流程图

传感器配置屏幕主要包含基础设置、自动配置功能和手动配置工具。

(1) 基础设置

基础设置信息屏幕可设置传感器与停车线相对位置,并确定要监控的交通方向(图3-101)。

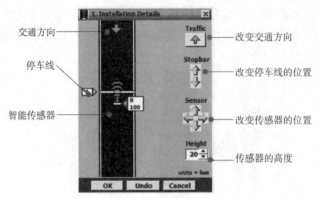

图3-101 安装细节屏幕

① 改变交通方向

SmartSensor Advance 可配置为检测朝向或远离传感器的流量,但不会检测静止的车辆。

在道路上显示的箭头表示由传感器检测到的交通流的方向。单击交通按钮,改变监控的交通方向。

② 定位停车线

在显示屏上上、下移动停车线的能力增加了传感器相对于停车线的位置和交通流向的灵活性。停车线的位置始终表示为零距离(传感器范围相对于停车线)。

通过单击停车线或其标签并将其拖动到道路上的任何位置,或单击停车线向上、向下箭头来定位停车线。

③ 定位传感器

通过单击传感器或其标签并将其拖动到道路上的任何位置,或单击传感器箭头按钮来定位传感器。

传感器位置显示(在蓝色三角形旁边)中显示的顶部编号表示传感器在被监控车道(笛卡尔 x 坐标)中心右侧或左侧的位置;底部数字表示传感器在停止条(笛卡儿坐标系 y)前后的位置,一起形成笛卡尔坐标系对(x,y)。传感器的高度通过设置高度值并反映传感器的安装高度道路(笛卡尔 z 坐标)。

所得到的(x,y,z)坐标描述传感器相对于道路的位置,并用于将传感器的本地测距转换为相对于道路的参考系的测距。传感器位置也用于光束对准工具。

④ 传感器重置后复位区域

当传感器位置改变时,现有的区域可能不再位于传感器的检测范围内。建议首先放置传感器,然后配置检测区域。但是,如果在配置区域后修改了传感器位置,则可以执行以下操作之一:

a. 根据需要手动检查所有检测区域并修改区域(推荐)。所有区域仍然可用,并且相对于传感器的位置将被保留。如果位置不正确,区域可能不再执行所需的检测功能。

b. 仅从现有配置创建的备份文件重新加载车道配置(范围区域将被删除,并且所需的检测功能可能会受到影响)。

c. 重新加载当前配置中使用的单个车道模板文件(超出范围的区域将被删除,并且所需的检测功能可能会受到影响)。

(2) 自动雷达配置

单击自动雷达配置按钮,将出现自动雷达配置屏幕(图3-102)。

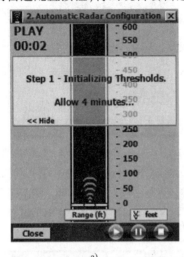 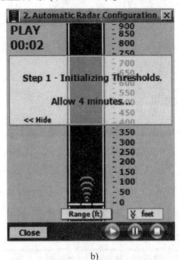

a) 　　　　　　　　　　　　　　b)

图3-102　高级(左)和高级扩展范围(右)的自动雷达配置屏幕

单击播放按钮开始自动配置过程。播放时间将显示在屏幕的左上角。大约三分钟后,跟踪器(传感器检测)将开始出现在道路上,接着进行调整阈值。暂停按钮暂停自动配置过程;停止按钮将终止自动配置。

通过单击道路底部的范围(英尺)显示条可以查看的跟踪器显示的以下数据列表:

范围:显示距停车线的距离。

速度:显示速度。

预计到达时间:显示抵达停车线所需的预计时间。

追踪器ID:显示每个追踪器的ID号码。

空白:不显示跟踪数据。

禁用:不显示跟踪器。

(3) 手动雷达调整

手动雷达调整屏幕用于微调自动雷达配置过程的结果(图3-103)。

①编辑灵敏度

如果一直注意到错过的检测结果,则可以调整传感器的灵敏度。降低跟踪器开始消失的区域的检测阈值水平将减少错过检测的次数。为了提高传感器的灵敏度,须降低检测阈值。降低传感器的灵敏度,提高检测阈值。

如果幻象检测始终可见,应增加传感器在这些区域的检测阈值。如果传感器视场中的大物体移动速度超过1mile/h[①],则可能会发生幻象检测。如果阈值太低,传感器可能会采集强风中的树木或快速移动的行人。

---

① 1mile/h=1.6km/h

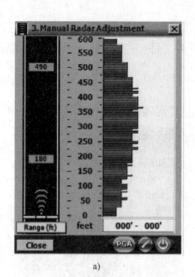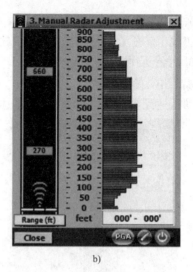

图3-103 高级(左)和高级扩展范围(右)的手动雷达调整屏幕

诸如大型拖车之类的车辆的双重检测应不被视为错误的检测。传感器通常基于这两个检测来发信号通知被激励的交通控制器。在双重检测的情况下,阈值不需要增加(图3-104)。

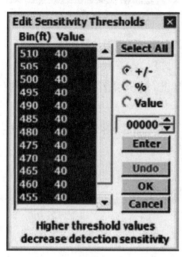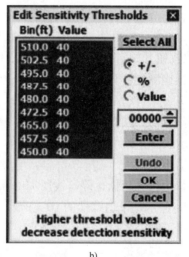

图3-104 编辑高级(左)和高级扩展范围(右)的灵敏度阈值屏幕

以下三种编辑模式可用于修改灵敏度值:

a. +/-模式:将指定的数字与现有的灵敏度级别相加或相减。

b. %模式:将灵敏度级别设置为现有值的指定百分比。

c. Value 值模式:将灵敏度级别设置为指定值。

②车道警戒区域

车道警戒区域(CAZ)屏幕允许您设置和验证车道,警戒和区域;建立输出通讯;并导入/创建一个模板(图3-105)。

CAZ 设置屏幕提供对所有 CAZ 元素的配置访问。

③车道

车道是最高级别的检测单位。用户定义的车道名称用于区分每一个车道,可以由八个

ASCII 字符组成。

第一次选择 CAZ 作业时,将从传感器读取车道配置。根据配置中表示的信息量,取决于连接的速度和质量,检索可能需要 5 秒或更长时间。

单击启用复选框,所有车道功能将可用。启用车道时,设置屏幕的车道部分及其关联的选项卡将变为黄色;禁用车道时,车道部分变为灰色。

④ 简单车道

一个简单车道由一个专用区域组成,这是一个低级检测单元。简单车道提供了一个简单快捷的方式来设置区域(图3-106)。

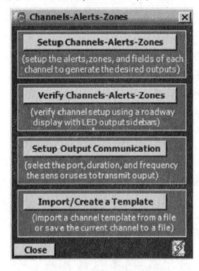
图 3-105 车道警戒区域屏幕

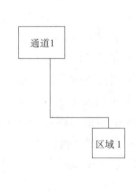
图 3-106 简单的车道层次结构

要创建一个简单的车道,从类型下拉菜单中选择简单,将出现下面的屏幕(图3-107)。

一个简单的车道允许配置最基本的区域设置。可以通过单击并拖动道路上任何位置的区域箭头或使用"范围(英尺):"字段中的向上、向下箭头来更改区域的大小。

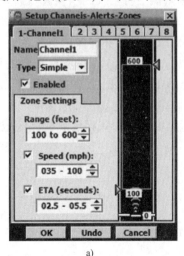
a)

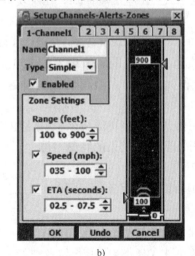
b)

图 3-107 前进(左)和前进扩展范围(右)的简单车道

SmartSensor Advance 是最常用的信号交叉口预先检测。提前检测的一个非常强大的方法是使用两个简单的车道:高级和 QReduce。

高级车道提供高速绿色扩展,以确保安全性和高效率。当初始队列正在消失时,QReduce 车道提供低速绿色扩展。

按照以下步骤配置高级车道:

a. 在主菜单上单击 Channels-Alerts-Zones。

b. 单击设置车道—警戒—区域按钮。

c. 通过选中启用复选框来启用车道。

d. 从类型下拉列表中选择简单。

e. 通过使用范围(英尺):向上、向下箭头或通过手动抓取区域的蓝色箭头并将其拖动到道路上的任何位置来调整区域的大小。

f. 单击速度和 ETA 复选框以激活速度和 ETA 参数。

g. 将速度从低速 35mile/h 设置到高速 100mile/h。

h. 将车道命名为"高级",然后单击确定保存车道设置。

按照以下步骤配置 QReduce 车道:

a. 单击设置车道—警戒—区域屏幕顶部的第二个选项卡。

b. 通过单击启用复选框启用车道。

c. 从"类型"下拉列表中选择"简单"。

d. 将区域的大小调整到离停车线 100~150 英尺(30.48~45.72 米)处。

e. 单击速度复选框激活此过滤器,并选择 1~35mile/h 的速度。

f. 将车道命名为"QReduce",然后单击确定保存车道设置。

⑤优先车道

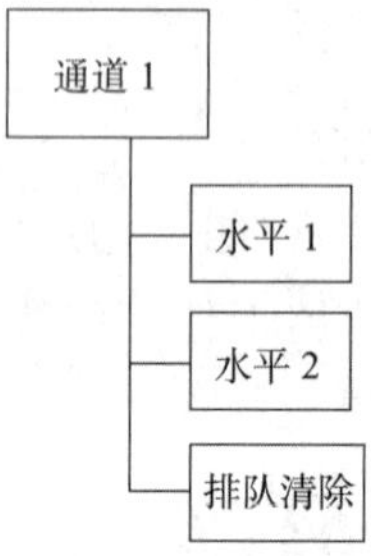

优先车道由三个区域组成,每个区域都有一个互补的角色(图 3-108)。当三个区域中的任何一个处于活动状态时,车道输出处于活动状态(相当于三个区域输出为布尔逻辑的 OR)。

前两个区域协同工作,可以根据每辆车的发现范围提供不同级别的困境区域保护。在发现范围阈值上游发现的车辆被归类为一级优先级,并被赋予最高级别的保护。在发现范围阈值的下游发现的车辆被分类为二级优先级,并被给予较低级但是足够的保护水平。

图 3-108 优先车道区域

默认情况下,发现范围阈值设置为 750 英尺(21.3 米)。如果有必要的话,调整发现范围阈值,以便大多数的大型车辆在超过这个阈值被发现,大多数小型车辆在阈值内被发现。

通过为一级优先级困境区域保护、二级困境区域保护和队列清除提供区域,优先级车道提供从绿色开始到绿色结束的特殊检测。

⑥正常车道

正常车道由以下几部分(图 3-109)组成:

a. 8 个车道。

b. 每个车道 4 条警戒(共 32 条)。

c. 每个警戒 4 个区域(共 128 个)。

下面的 CAZ 设置屏幕显示了每个检测车道及其相关警戒和区域的标签视图(图 3-110)。屏幕顶部的八个选项卡代表传感器的八个车道,选定的选项卡显示车道号和车道名称;屏幕的中间部分包含警戒配置参数;屏幕的下半部分包含区域配置参数。

正常车道由四个警戒组成,每个警戒包含四个区域。正常车道的输出是车道的警戒,区域,延迟和扩展设置的逻辑组合。当相关的警戒和区域逻辑,车道延迟或车道延伸得到满足时,正常车道的输出变为活动状态。

每个启用的正常车道必须至少有一个启用的警戒。

⑦锁存车道

锁存车道由两个警戒(ON 和 OFF)组成,每个警戒最多包含四个区域(图 3-111)。根据定义,锁存车道恰好具有两个不能禁用的已启用警戒。

锁存车道与正常车道的不同之处在于,锁存车道输出保持在给定状态,直到完全激活相互矛盾的警戒,或者超过最大锁存时间(图 3-112)。

⑧警戒

警戒是中级检测单元,用于定义相应车道的输出(图 3-113)。

⑨启用警戒

当启用警戒时,设置屏幕的警戒部分为白色;当警戒被禁用时,警戒部分变成深灰色。正常车道包含警戒 1～4,锁存车道包含无法禁用的 ON 警戒和 OFF 警戒。

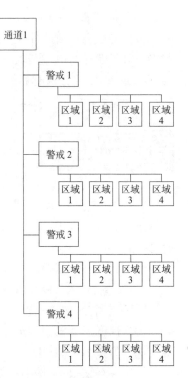

图 3-109 正常车道层次结构

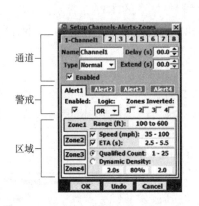

图 3-110 设置车道—警戒—区域屏幕

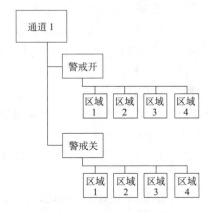

图 3-111 锁存车道层次结构

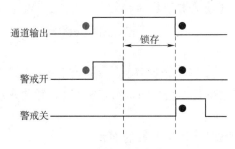

图 3-112 锁存车道

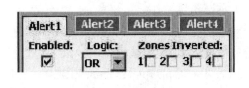

图 3-113 警戒配置

每个启用的警戒必须至少有一个启用的区域。如果尝试保存无效的警戒配置,则会出现提示,要求为每个启用的警戒激活一个区域。

⑩逻辑(OR/AND)

警戒的逻辑设置指定应用于警戒的区域输出的布尔逻辑操作。可用的选项是 OR 和 AND。如果选择"OR"逻辑,则当一个或多个区域具有有效输出时,警戒将打开;如果选择"AND"逻辑,则仅当所有启用的区域都具有活动输出时,警戒才会打开。

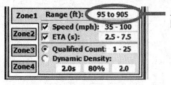

图 3-114 区域配置

⑪区域

区域是最低级别的检测单元。区域的输出用于定义相应的警戒输出。

CAZ 设置屏幕区域部分中每个参数的说明如图 3-114 所示。

a. 范围(英尺)

定义范围时启用区域。启用区域时,设置屏幕的区域部分变为黄色;当一个区域被禁用时,区域部分变成浅灰色。检测必须在一个区域的范围内才能激活该区域的输出。给定警戒中的所有区域范围都配置在单个屏幕中,并且可能不会重叠。

b. 速度(mile/h)和 ETA(s)

除了范围,区域检测也可以按照速度和到达停止条的估计时间进行过滤。

编辑速度过滤器中的最小值和最大值以设置合格速度的范围。最小速度值是 1mile/h,最大速度值是 100mile/h。

在上一个窗口中,选中速度标签左侧的框以启用速度过滤器(只有范围内的速度将激活区域输出)。取消选中该框禁用速度过滤器(所有速度将激活区域输出)。

编辑 ETA 过滤器中的最小值和最大值以设置合格的 ETA 的范围。最小 ETA 值是 0.1s,最大 ETA 值是 25.4s。如果尝试将最大 ETA 值提高到 25.4 以上,过滤器将被设置为 INF,这将接受任何估计到达时间大于最小值的车辆。

c. 合格计数

合格的检测是在符合指定范围、速度和 ETA 过滤器的区域中进行检测。SmartSensor Advance 提供了两个非常强大的检测限定过滤器:合格计数和动态密度。这些过滤器是相互排斥的(一次只能有一个活动)。

合格计数过滤器用于将某个区域的输出限制为一次在区域中存在一定数量的合格检测的时间。

单击合格计数范围,将出现编辑合格计数过滤器。编辑最小值和最大值以设置合格的计数范围(图3-115)。只有设定范围内合格的检测才会激活区域输出。最小合格计数值为1,最大合格计数值为25。

图 3-115 合格计数过滤器

d. 动态密度

动态密度(Dynamic Density)是一种车辆排检测,当一个区域内合格检测的次数等于或超过密度要求时,激活区域输出。以下等式解释密度要求公式,称为动态密度计数要求(Dynamic Density Count Requirement, DDCR)。

首先,交通密度被定义为一个区域内的车辆数量除以该区域的面积。

$$密度 = \frac{区域中的车辆数量}{区域大小(英尺) \times 车道调整系数} \quad (3\text{-}46)$$

为了保持给定的效率水平,所需密度随着速度降低而增加;类似地,所需密度随着速度增加而降低。因此,要达到要求的流量,交通密度将随车辆的速度而动态变化。

$$密度 = \frac{所需的流量}{速度} \tag{3-47}$$

此外,所需流量等于理想流量乘以所需利用率。由于理想的流量与车辆之间的理想时间成反比,所以可以写成式(3-48)。

$$所需流量 = 理想流量 \times 利用率 = \frac{利用率}{时间进展} \tag{3-48}$$

因此,由动态密度滤波器计算的动态密度计数要求(DDCR)计算。

$$动态密度计数要求(DDCR) = 回合\left(\frac{利用率 \times 车道调整系数 \times 区域大小}{时间进展 \times 区域中的瞬时平均速度}\right) \tag{3-49}$$

如果合格计数等于或大于 DDCR,则动态密度要求已满足,并且区域输出将被激活。

表 3-20 回顾了动态密度过滤器的组成部分。传感器检测合格计数及其平均速度。然后,根据用户输入的区域大小,利用率,调整系数和车头时距参数的值,计算 DDCR 并确定区域输出。

动态密度方程的描述　　　　　　　　　　　　　　　　　表 3-20

	组　成	描　述
传感器检测	合格的流量	在检测区满足设定的速度和 ETA 过滤的车辆数
	车速	由传感器计算的满足条件的车辆的速度均值(ft/s)
用户输入	区域尺寸	设定区域的长度(ft)
	利用率(%)	用户规定
	协调因子	用户规定
	车头时距	用户规定

单击动态密度标签下方的显示区域,编辑动态密度过滤器(图 3-116)。

动态密度允许 SS200 根据流量效率生成输出。将三个过滤器元素(Headway, Utilization 和 Tuning Factor)与区域的大小以及合格检测的平均速度相结合,以创建随检测到的流量波动而变化的检测密度阈值。

车头时距是指在给定车道上行驶的两辆连续车辆的前缘时间分离。车头时距度量与给定车道的流量成反比,并被广泛用作衡量交通在给定车道中流动的效率。

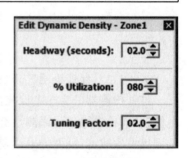

图 3-116　动态密度滤波器

对于严重行驶的车道来说,典型的车头时间值是两秒,这对应于每小时 1800 辆车的流量。在"动态密度"设置中,最小车头值为 0.1 秒,最大车头值为 10.0 秒。

利用率是指观察到的流量与理想流量的比率。这是一种用理想效率来描述交通效率的措施。在 Dynamic Density(动态密度)设置中,最小利用率值为 1%,最大利用率值为 100%。

调谐因子是一个通用的比例因子,用于调整观测结果以表示实际道路状况。调谐因子驻留在动态密度方程的分子中。对调谐因子值的初始建议是将其设置为等于传感器观察到的车道数量。最小调谐值为 0.1,最大调谐值为 10.0。

3.2.5 红外检测器

3.2.5.1 红外及其分类

1800年,英国天文学家 Mr. William Herschel 用分光棱镜将太阳光分解成从红色到紫色的单色光,依次测量不同颜色光的热效应。当水银温度计移到红色光边界以外,人眼看不到任何光线的黑暗区的时候,温度反而比红光区更高。反复试验证明,在红光外侧,存在一种人眼看不到的"热线",后称为红外线。

红外是红外线的简称,它是一种电磁波,其波长大于红色光线波长 0.75μm,小于 1000μm。

根据红外线的波长,可将红外线分为四类:①近红外线,波长在 0.75~3μm;②中红外线,波长在 3~6μm;③远红外线,波长在 6~15μm;④极远红外线,波长在 15~1000μm。

3.2.5.2 检测原理

红外检测器一般采用反射式或阻断式检测技术。例如反射式检测探头,它包括一个红外发光管和一个接收管。无车时,接收管不接收光;有车时,接受车体反射的红外线。

工作原理是由调制脉冲发生器产生调制脉冲,经红外探头向道路上辐射,当由车辆通过时,红外线脉冲从车体反射回来,被探头的接收管接收。经红外调解器调解,再通过选通、放大、整流和滤波后触发驱动器输出一个检测信号,如图 3-117 所示。

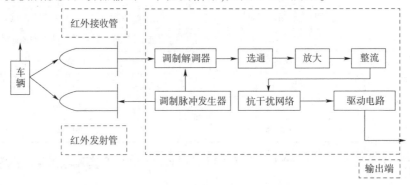

图 3-117 红外检测器工作原理图

3.2.5.3 红外检测器的分类及特点

红外检测器分为热电检测器和光检测器两类。热电检测器是将红外的辐射热能转化为电能,从而检测电信号来测量红外线的强弱。光检测器则是利用红外线的热能使得检测器的温度发生改变,从而导电性发生变化,此时通过测量电阻来衡量红外信号的强弱。

光检测器有:MCT(汞铬碲)、InTe(锑化铟)等。

热电检测器有:DTGS(氘化硫三肽)、$LiTaPO_3$(钽酸锂)等。

优点: 红外检测作为非破坏检测众多方法中的一个,它们的功能在相比之下各有特色,但红外检测却有其独到之处,形成了它的检测优势,可完成 X 射线、超音波、声发射及激光全息检测等技术无法担任的检测。

(1)非接触性:红外检测的实施是不需要接触被检目标的,被检物体可静可动,可以是具有高达数千摄氏度的热体,也可以是温度很低的冷体。所以,红外检测的应用范围极为宽广,且便于在生产现场进行对设备、材料和产品的检验和测量。

(2)安全性极强:由于红外检测本身是探测自然界无处不在的红外辐射,所以它的检测过程对人员和设备材料都不会构成任何危害;而它的检测方式又是不接触被检目标,因而被检目标即使是有害于人类健康的物体,也将由于红外技术的遥控检测而避免了危险。

(3)检测准确:红外检测的温度分辨率和空间分辨率都可以达到相当高的水平,检测结果准确率很高。

(4)操作便捷:由于红外检测设备与其他相比是比较简单的,但其检测速度却很高,如红外探测系统的响应时间都是以 μs 或 ms 计,扫描一个物体只需要数秒或数分钟即可完成,特别是在红外设备诊断技术的应用中,往往是在设备的运行当中就已进行完了红外检测,对其他方面很少带来麻烦,而检测结果的控制和处理保存也相当简便。

缺点:工作现场的灰尘、冰雾会影响系统的正常工作。

3.3 其他检测方式

3.3.1 FCD 车辆检测模式

基于 GPS 的浮动车信息采集技术利用卫星定位技术、无线通信技术和信息处理技术,实现对道路上行驶车辆的瞬时车速、位置、路段旅行时间等交通数据的采集,经过汇总、处理后形成反映道路实时状况的交通信息,能够为交通管理部门和公众提供动态、准确的交通控制、诱导信息。其突出优点是能够通过少量装有基于卫星定位的车载设备的浮动车获得准确实时的动态交通信息,利用现有 GPS 和移动通信网络资源,成本低且效率高,具有实时性强、覆盖范围大的特点。

该技术能全天候 24h 地进行数据采集;利用无线实时传输、中心式处理,大大提高信息采集效率;通过测量的车辆瞬时状态数据,能够准确反映交通流变化;还可以实现多参数(包括天气、道路状况、车辆安全等参数)的测量。

其基本原理为根据 GPS 浮动车在其行驶过程中定期记录的车辆位置、方向和速度信息,应用地图匹配、路径推测等相关的计算模型和算法进行处理,使浮动车位置数据和城市道路在时间和空间上关联起来,最终得到浮动车所经过道路的车辆行驶速度及道路的行车旅行时间等交通拥堵信息。如果在城市中部署足够数量的浮动车,并将这些浮动车的位置数据通过无线通信系统定期、实时地传输到一个信息处理中心,由信息处理中心综合处理,就可以获得整个城市动态、实时的交通拥堵信息。

3.3.1.1 GPS 浮动车技术的发展

目前浮动车技术在欧洲主要是英国、德国、美国、日本等都在积极研发和推广应用,典型的应用系统包括英国、德国、美国、日本的试验系统、韩国 KORTIC 等。

(1)英国浮动车数据系统 FVD(Floating Vehicle Date System)

ITIS Holding Plc 公司运营着 13 万辆商用车构成的浮动车系统,每辆浮动车装载着数据处理单元 DCU,可以存储 350 小时的数据车辆位置、速度,定期向数据中心传输,实现道路信息采集。FVD 系统主要用于交通信息的采集与分析,从而预测道路的行程时间及时向用户发布。

(2)德国浮动车数据系统 FCD(Floating Car Data)

德国汉堡于 2005 年建成了浮动车 FCD 系统,使用 700 辆浮动车覆盖了整个城市的路网。浮动车装配有 GPS 接收机和无线通信装置,浮动车系统提供数据的质量和路网的覆盖率对于用户来说比较满意。浮动车数据系统于2007年增加了1500~2000辆浮动车来采集道路上的浮动车的位置、速度、时间及状态等信息,从而提高路网中浮动车数据的覆盖率。通过对浮动车技术采集的道路交通信息分析,判断出道路上的交通状态通过公众信息网发布出去,有利于出行者快速得到相关的道路信息为自己出行做出规划,同时也给道路管理者提供最准确的交通信息,为道路管理做出相关规划。

(3) 美国 ADVANCE(Advice Driver And Vehicle Advisory Navigation Concept)

ADVANCE 系统包括3000辆配有车载计算机和通信设备的浮动车。该系统利用浮动车技术并融合了环形检测器采集的数据及历史事故检测报告识别交通事故、预测旅行时间,从而为驾驶员提供实时的动态路线诱导信息。AVDANCE 系统研究表明,要得到在未来15min的比较准确的行程时间预测,至少要有3辆浮动车在15min内通过。在行程时间估计方面,基于浮动车技术比环形线圈更精确,在50000个检测报告中,99.4%是可靠的。

(4) 日本新一代 VICS(Vehicle Information Communication System)

VICS 车辆信息和通信系统于1996年4月开始应用,截止到2006年3月已经有1800万辆汽车使用系统。目前该系统已覆盖日本全国80%的地区,所有高速公路及主干道均能收到 VICS 信息。该系统能够提供多种信息包括实时路况、旅行时间预测、停车场信息、交通事件和天气状况。而且 VICS 系统在改善交通安全、通畅和环境等方面作出了巨大的贡献。

(5) 我国浮动车技术

我国浮动车技术发展比较晚,但是在浮动车技术用于车辆定位、出租车调度等方面有了一定的研究。目前国内的科研机构、高等院校也先后开始开展浮动车交通信息采集与处理技术的国际合作或自主研发工作。而且北京、上海、杭州、宁波等城市利用现有的浮动车,实现实时采集路网的交通信息,实现交通事件的检测并信息发布等功能。

北京交通发展研究中心自2003年开始与国外知名科研机构、企业进行交流与合作,开始了浮动车交通信息采集系统的项目研究。北京已经建立起1.2万辆浮动车的浮动车系统。目前取得成果包括确定不同覆盖率要求条件下的浮动车数量规模;开发了基于改进的最优路径选择的浮动车数量实时地图匹配算法;建立了适合不同数据采集间隔的路段速度估计算法。该项目利用现有的调度系统数据,建立了集浮动车实时处理和历史应用分析功能于一体的浮动车交通信息采集示范系统。此外,自主研发了基于 RTS-TMC、GPRS-TMC 的交通信息发布实验系统。该项目的成果应用于实时路网运行状态显示与分析、交通决策支持分析、疏堵方案制定、交通拥堵评价、交通政策措施影响分析、路网可靠性分析等。

杭州已经开展了"杭州市道路和交通管理浮动车技术应用示范工程",通过杭州市出租车与公交车中心,实时采集城市路网动态交通数据,建立路网动态交通数据库和软件信息平台。截至2015年,杭州已经拥有8000多辆浮动车组成的浮动车系统。上海、宁波等城市也在积极开发基于浮动车技术建立实时交通信息发布系统平台。此外我国高校的学者在理论算法方面也取得了较为卓越的成就。董敬欣等人将浮动车数据用于检测矩阵、划分路网层次等,提出采用载有设备的浮动车,结合路网数据对路网层次进行分析的方法,给出了浮动车与运营车辆比例随时间变化的估算模型,并建立了求解该问题的算法,建立了求解估算矩阵可靠性的方法,并介绍了算法在北京的应用实例。韩舒结合出行者对实时动态交通信息精度的要求,在已有固定分段的基础上提出了合并路段的方法,利用中环路浮动车采集数据对合并方法进行实证,表明该分段方法能提高发布信息的精度。郭继孚等人介绍了一种基于浮动车数据的城市路网功能评价的研究思路和研究方法,利用浮动车数据对北京现有路网功能层次进行了分析,较好地解决了路网功能分析基础数据获取难度大、成本高的问题。

3.3.1.2 GPS浮动车动态交通信息检测技术系统结构

浮动车系统主要由车载GPS定位设备、无线通信模块和交通信息中心三个部分组成。其中,GPS定位模块接收由GPS卫星传输过来的卫星定位信号,并计算出车辆的经纬度坐标以及瞬时行驶方向;无线通信模块负责将车辆经纬度坐标、车辆行驶方向和瞬时速度等数据,通过通信运营商提供的通信基站传送到交通信息中心,并接收交通信息中心发送过来的处理好的数据和指令;交通信息中心对浮动车上传的数据进行存储、筛选和预处理,结合地图信息并利用相应的计算模型对道路交通参数如路段平均速度、平均行程时间等进行估计和预测,从而得到整个路网的实时动态交通信息(图3-118)。

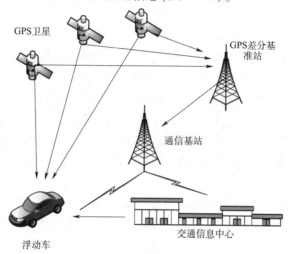

图3-118 GPS浮动车技术系统结构

3.3.1.3 GPS浮动车动态交通检测流程

(1)数据处理

GPS接收机采集记录的是GPS接收机天线至卫星的伪距、载波相位和卫星星历等数据。观测值中有对4颗以上卫星的观测数据以及地面气象观测数据等。GPS数据处理要从原始的观测值出发得到最终的测量定位结果,其数据处理过程大致分为GPS测量数据的基线向量解算、GPS基线向量网平差或与地面网联合平差等几个阶段。数据处理的基本流程如图3-119所示。

图3-119 GPS数据处理基本流程图

图3-119中的数据采集指的是GPS接收机观测记录的原始观测数据,观测记录的同时用随机软件解算出测站点的位置和运动速度,提供导航服务。数据传输至基线解算一般是用随机软件将接收机记录的数据传输到计算机。数据处理主要分为以下几步:

①解析:从个人助理智能终端(PDA)传到计算机客户端(PC)的GPS数据是未被加工的格式。为了对这些数据进行算,以及适当地现实结果,有必要对这些GPS数据格式化。解析函数如下转换数据:GPS接收器记录的坐标系跟地图坐标系不相同的情况下,需要对GPS坐标系进行适当的转换。GPS记录的速度单位要转换为km/h。车辆的方位通过GPS的参数

"Course over ground"计算。GPS中日期和时间是以字符串的格式存在的,需要将它们转换为适当的日期格式。

②密合:处理过程的一个更加基本的部分是将GPS数据匹配到GIS地图上,将GPS数据和地图上的特征属性相综合,最后通过一些交通分析工具提供给终端使用者。这个综合是通过GIS中一种叫作密合的数据滤波技术来实现的,它将GPS数据点移到最相邻的地图特征上,在设定的密合距离之外的GPS点被排除。因此,通过使用这些密合以后的GPS点而不是原始的GPS点,可以从数据库表中提取出一些特征属性,用来做一些交通分析。

(2)地图匹配:地图匹配是一种基于软件技术的定位修正方法,基本思想是将车辆位置和轨迹与数字地图中的道路网联系在一起,来提高车辆定位和显示的精度。它既不完全与组合导航相同,也不同于单纯GPS定位。应用地图匹配有两个前提:

①用于匹配的数字地图精度较高。

②假设车辆行驶在道路上。

当上述条件满足时,可以把定位数据同数字地图的道路网数据比较,通过适当程序,判定车辆最有可能所在的路段以及车辆在该路段中最有可能的位置,由于车辆使用时绝大多数时间都位于道路网中,因此这种方法是可行的。在车辆定位系统中,通常需要将定位结果在地图上显示出来,以实现定位数据与数字地图的匹配。目前,我国地图绘制采取的是BJ-54坐标系,而GPS定位信息通常是WGS-84坐标系下的坐标,因此,首先需要对定位信息进行坐标转换,再将转换后的坐标与地图坐标进行匹配,完成对车辆的跟踪和定位。

(3)交通特征参数抽取

①平均速度:平均时间是指两点间旅行路程和行程时间之比。当路网某段接近或者超过其容量时,v会降低。如果距离单位用m,时间单位用s,则速度单位为m/s。

$$\bar{v} = \Delta x/\Delta t \tag{3-50}$$

②旅行时间:旅行时间T_L是指通过路网中长度为L路程所要的时间。

③延误:延误d是指某一路段的旅行时间T和其最小旅行时间T_0之差。延误的增加表示平均速度降低。

$$d = T - T_0 \tag{3-51}$$

④拥挤指标:延误不能用来比较不同的路段,因为延误依赖于路段的长度和几何形状。然而,拥挤指标,一个无量纲的参数,可以定义为总延误$(T-T_0)$和最小旅行时间T_0之比。

$$CI = (T - T_0)/T_0 \tag{3-52}$$

⑤停车时间比例:停车时间比例也能用来在不同路段和节点之间做比较。它定义为停车时间T_s和总旅行时间T之比。

$$PST = T_s/T \tag{3-53}$$

停车时间是指车辆以低于某一固定速度时行驶的时间。PST可以作为衡量某一路段队列长度的指标。

3.3.1.4 GPS浮动车检测技术应用分析

一般来说,GPS浮动车的原始数据包括:错误数据(或可疑数据)、丢失数据和正常数据。如图3-120所示,北京市区石景山2005年11月18日11时至12时的部分GPS浮动车速度—时间曲线。其中点1为错误数据,点2为丢失数据点,其他的(如点3)为正常数据点。因此,分析实时测得的浮动车数据时首先需要对错误数据和可疑数据进行过滤,对丢失数据进行补偿。

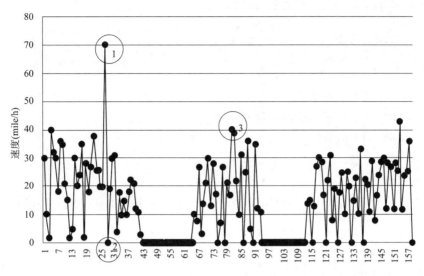

图 3-120　GPS 浮动车原始数据

1) 数据过滤

数据过滤指通过对原始交通流数据的合理性和一致性进行检验、识别,进而提出由于不合理驾驶行为而导致的错误数据或者在数据采集和传输过程中发生错误的原始数据。根据相关实际经验 GPS 浮动车数据的数据过滤条件包括如下几项,其中各模型参数需要根据不同的道路和交通条件进行标定:

(1) GPS 浮动车数据的合理性检验条件

①车辆瞬时速度 v_p

$$0 \leqslant v_p \leqslant f_v v_m \tag{3-54}$$

式中:v_m——路段规定车速;

f_v——不同道路类型的修正参数。

②道路拥挤长度 l_c

道路拥挤长度为浮动车以低于拥挤状态的临界速度连续行驶过的距离。一般情况下,拥挤长度不应超过路段的长度,但由于在路段长度测量中存在误差,其合理范围为

$$0 \leqslant l_c \leqslant l + \varepsilon_1 \tag{3-55}$$

式中:l——路段长度;

ε_1——路段长度测量所产生的最大误差。

③路段旅行时间 t_p

路段旅行时间是浮动车行驶过特定路段所用的时间,在城市主干道其合理范围为

$$\frac{l}{f_v v_m} \leqslant t_p \leqslant \frac{l}{l_q c} + \tau_{max} \tag{3-56}$$

式中:l_q——排队中车辆的平均长度;

c——主干道的道路通行能力;

τ_{max}——红灯信号时间,对于无信号控制路段可根据实地观测车辆在交叉口的延误时间来确定。

(2) GPS 浮动车数据的一致性检验条件

$$\frac{l}{a_1\frac{N_1}{c}\frac{l_c}{c}+a_2\frac{l-l_c}{v_m}+a_3}-k\sigma \leqslant \frac{l}{l_q} \leqslant \frac{l}{a_1\frac{N_1}{c}\frac{l_c}{c}+a_2\frac{l-l_c}{v_m}+a_3}+k\sigma \quad (3\text{-}57)$$

式中：N_1——主干道上的车道数；

σ——主干道上浮动车数据的标准偏差；

k——便准偏差的修正系数；

a_1,a_2,a_3——模型参数。

2) 数据补偿

由于浮动车数据具有很强的时间和空间连续性，宜用移动加权平均法补偿数据：

$$Y_t = \frac{1}{N}\sum_{j=1}^{N}(\lambda_{t-j}y_{t-j}) \quad (3\text{-}58)$$

式中：Y_t——补偿数据值；

y_{t-j}——前 j 时刻的实测数据值；

λ_{t-j}——前 j 时刻的实测数据值权值；

N——进行移动平均计算的最大数据时刻，距当前时刻越近的数据，其权值越大。

3.3.1.5 应用案例简介

北京交通发展研究中心自主研发的路网运行智能化分析系统，充分应用了 GPS 浮动车信息采集技术，建立了反映宏观路网动态运行的拥堵评价指标体系，能够实现路网整体动态拥堵检测评价，从拥堵强度、拥堵范围、拥堵时间、发生频率、稳定性"五维"特征，全方位、定量地反映城市交通拥堵的状况和演变规律。

系统依据我国大城市路网特点和交通特点，以低成本、高效率、易实施为重点，建立了以海量出租车（约 4 万辆）调度数据为基础的路段层次拥堵状况检测技术，实现了交通信息采集从人工到自动，从点、线到面的跨越，解决了大范围、高覆盖、实时动态获取路段拥堵状况数据，并采用自主研发的、适应于我国大城市复杂路网特征的基于智能最优路径选择的浮动车地图匹配算法，既满足了路网实时检测系统实时计算的速度性能要求，满足了当时浮动车数量下 170 个点每秒的要求（4 万辆车高峰时间 5min 约上传数据 20 万条），也达到了理想的匹配准确率（95%以上），解决了 GPS 数据采集间隔大，在立交遍布、主辅路交错的现代发达城市路网的地图匹配难的问题。

系统实现了城市交通管控运行实时路况发布、重大节日（活动）的决策管控、交通运行态势等宏观交通决策系统，为政府出台重大交通政策提供全面、科学、有效的技术支持，为城市交通宏观调控提供有力工具，为交通出行者提供全面准确的交通运行实况。

另外，在很多城市应用了基于浮动车的实时交通信息服务系统（Real Time Information Service System,RTISS），该系统可对浮动车采集的大规模数据进行高效、准确的处理，生成能够覆盖城市的大多数、反映城市道路交通流的路况信息及较长道路分段的实时交通流信息。系统将实时的城市路网路况信息通过网页,数据广播、无线移动通信等多种方式进行实时发布。公众可以通过以下方式获取动态交通信息服务：

(1) 通过互联网查询城市实时交通路况网站，查看全市路况，查询路段路况。

(2) 通过手机以短信或无线应用协议（WAP）方式查询路况，并获取路径规划服务。

(3)通过个人助理(PDA)等智能终端实时接受和显示城市交通路况信息,获得动态当行服务。

(4)车载终端通过调频(FM)副载波接受实时交通路况信息,为驾驶员提供全市路况信息和动态当行服务。

3.3.2 视频检测技术

3.3.2.1 概述

视频检测技术是指利用计算机技术、模式识别技术、视频图像处理技术以及人工智能技术,对所获视频的图像序列进行自动分析与处理,从而来检测、识别与跟踪相关的运动目标,并对该目标的状态做出描述和判断,可以确保在产生异常状况时及时有力地采取应对措施的智能监控技术。在如今的交通系统中,基于视频的车辆检测系统所占比例相当之高,预示着交通系统的下一步发展方向,其应用前景非常广阔。

基于视频的车辆检测方法的一般过程为:首先通过各类道路上方所装摄像头完成对交通视频的采集,继而利用计算机视觉和图像处理技术对所获交通视频进行处理,得到一系列交通流信息,最终来达到控制交通或发布信息等目的。其基本原理是:在很短时间间隔内,由半导体电荷耦合器件(CCD)摄像机连续拍摄两幅图像,而这种图像本身就是数字图像,很容易对这两幅图像的全部或部分区域进行比较,有差异说明有运动物体。视频检测系统的核心是视频处理器,它由以 CPU 为基础的处理器、多个电路模块和用于分析视频图像的软件等设备构成,可以接收多台由路边摄像机传来的视频信号。简单的视频车辆检测器仍是记录车辆的图像,可以与其他类型的检测器(如雷达检测器)相连以检测超速行驶的车辆。当发现超速行驶的车辆时,摄像机拍摄到该车的图像,上传到视频处理器处理后,就可以得到该车的车牌号,然后在前面的可变情报标志版上得到该车的牌照号和速度,并给该车超速警告。先进的视频车辆检测器在检测区域内借助全天候摄像机,可以记录该区域内的车辆数量、排队规模和车速等,将以上信息反馈到控制中心进行处理以确定交通信号周期和控制方式,并利用可变情报报给上游车辆提供有关阻塞和事故的建议信息,以完成交通的自适应控制、车辆诱导等功能。基于视频的车辆检测方法的主要优点是:①视频检测不但可以对图像进行监控,还可以同时完成对交通信息的采集。②基于视频的车辆检测系统与感应线圈相比更为方便,是由于图像中检测区域在设定时更为方便快捷,可满足各种数据的采集要求。而且,用于视频检测的装置还可以安装到其他地方来使用,并且可对多车道同时进行检测。③视频检测系统的摄像机在道路上方,安装过程不会损坏道路,系统安装和维护时不必封锁道路,影响交通。

一般情况下,对于视频车辆检测技术而言,主要考虑以下几个方面的因素:

①实时性,这是车辆检测过程中一个最基本的要求,但是,对图像处理来讲,存在数据量大,处理困难等特点,因此需要选择适当的算法来满足其实时性的要求。

②精确度,精确度是评价一个车辆检测算法是否具有实际应用价值的重要指标。如果精确度不符合一定的要求,那么是没有任何实际意义的。

③鲁棒性,即算法本身的抗干扰能力,对于交通环境,情况复杂多变,尤其是各种原因所引起的光线变化,会直接影响最终的检测效果,所以需要算法本身具有一定的抗干扰能力,从而适应不断变化的外界环境。

3.3.2.2 图像处理

1)数字图像处理的主要特点

(1)目前数字图像处理的信息大多是二维信息,处理信息量很大,因此对计算机的计算速度、存储容量等要求较高。

(2)数字图像处理占用的频带较宽,与语言信息相比,占用的频带要大几个数量级。所以在成像、传输、存储、处理、显示等各个环节的实现上,技术难度较大,成本也高,对频带压缩技术提出了更高的要求。

(3)数字图像中各个像素是不独立的,其相关性大。因此,图像处理中信息压缩的潜力很大。

(4)由于图像是三维景物的二维投影,一幅图像本身不具备复现三维景物的全部几何信息的能力,很显然三维景物背后部分信息在二维图像画面上是反映不出来的。因此,要分析和理解三维景物必须作合适的假定或附加新的测量。在理解三维景物时需要知识导引,这也是人工智能中正在致力解决的知识工程问题。

(5)数字图像处理后的图像一般是给人观察和评价的,受人的因素影响较大。由于人的视觉系统很复杂,受环境条件、视觉性能、人的情绪爱好以及知识状况影响很大,作为图像质量的评价还有待进一步深入的研究。另一方面,计算机视觉是模仿人的视觉,人的感知机理必然影响着计算机视觉的研究,这些都是心理学和神经心理学正在着力研究的课题。

2)数字图像处理的优点

(1)再现性好。数字图像处理与模拟图像处理的根本不同在于,它不会因图像的存储、传输或复制等一系列变换操作而导致图像质量的退化,只要图像在数字化时准确地表现了原稿,则数字图像处理过程始终能保持图像的再现。

(2)处理精度高。按目前的技术,几乎可将一幅模拟图像数字化为任意大小的二维数组,现代扫描仪可以把每个像素的灰度等级量化为 16 位甚至更高,这意味着图像的数字化精度可以满足任一应用需求。

(3)适用面宽。图像可以来自多种信息源,从图像反映的客观实体尺度看,可以小到电子显微镜图像,大到航空照片、遥感图像甚至天文望远镜图像。这些来自不同信息源的图像只要被变换为数字编码形式后,均是用二维数组表示的灰度图像组合而成,因而均可用计算机来处理。

(4)灵活性高。数字图像处理不仅能完成线性运算,而且能实现非线性处理,即凡是可以用数学公式或逻辑关系来表达的一切运算均可用数字图像处理实现。

3)图像数字化的对象

(1)模拟图像:空间上连续、不分割、信号值不分等级的图像。

(2)数字图像:空间上被分割成离散像素,信号值分为有限个等级、用数码 0 和 1 表示的图像。

4)图像数字化的意义

图像数字化是将模拟图像转换为数字图像。图像数字化是进行数字图像处理的前提。图像数字化必须以图像的电子化作为基础,把模拟图像转变成电子信号,随后才将其转换成数字图像信号。

5)图像数字化的方法

将图像信息采集技术,运用的主要方法是扫描技术,该技术已非常成熟。另外的方法是直接运用数字摄影技术。

(1)图像的模拟、数字转换:将模拟图像信号转换为数字图像信号的过程和技术。

(2)过程:模拟、数字转换(A/D)分为三步,模拟信号采样、量化、编码。

(3)采样:按照某种时间间隔或空间间隔,采集模拟信号的过程(空间离散化)。

(4)量化:将采集到的模拟信号归到有限个信号等级上(信号值等级有限化)。

(5)编码:将量化的离散信号转换成用二进制数码0/1表示的形式。

(6)采样频率:单位时间或单位长度内的采样次数。

(7)量化位数:模拟信号值划分的等级数。一般按二进制位数衡量。量化位数决定了图像阶调层次级数的多少。

6)图像数字化过程

要在计算机中处理图像,必须先把真实的图像(照片、画报、图书、图纸等)通过数字化转变成计算机能够接受的显示和存储格式,然后再用计算机进行分析处理。图像的数字化过程主要分采样、量化与编码三个步骤。

(1)采样

采样的实质就是要用多少像素点来描述一幅图像,采样结果质量的高低就是用前面所说的图像分辨率来衡量。简单来讲,对二维空间上连续的图像在水平和垂直方向上等间距地分割成矩形网状结构,所形成的微小方格称为像素点。一副图像就被采样成有限个像素点构成的集合。例如:一副640×480分辨率的图像,表示这幅图像是由640×480 = 307200个像素点组成。

如图3-121所示,a)是要采样的物体,b)是采样后的图像,每个小格即为一个像素点。

采样频率是指一秒钟内采样的次数,它反映了采样点之间的间隔大小。采样频率越高,得到的图像样本越逼真,图像的质量越高,但要求的存储量也越大。

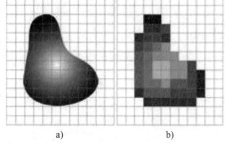

图3-121 采样

在进行采样时,采样点间隔大小的选取很重要,它决定了采样后的图像能真实地反映原图像的程度。一般来说,原图像中的画面越复杂,色彩越丰富,则采样间隔应越小。由于二维图像的采样是一维的推广,根据信号的采样定理,要从取样样本中精确地复原图像,要满足图像采样的奈奎斯特(Nyquist)定理:图像采样的频率必须大于或等于源图像最高频率分量的两倍。

(2)量化

量化是指要使用多大范围的数值来表示图像采样之后的每一个点。量化的结果是图像能够容纳的颜色总数,它反映了采样的质量。

例如:如果以4位存储一个点,就表示图像只能有16种颜色;若采用16位存储一个点,则有$2^{16} = 65536$种颜色。所以,量化位数越来越大,表示图像可以拥有更多的颜色,自然可以产生更为细致的图像效果。但是,也会占用更大的存储空间。两者的基本问题是视觉效果和存储空间的取舍。

假设有一幅黑白灰度的照片,因为它在水平、垂直方向上的灰度变化都是连续的,都可认为有无数个像素,而且任一点上灰度的取值都是从黑到白,可以有无限个可能值。通过沿水平和垂直方向的等间隔采样可将这幅模拟图像分解为近似的有限个像素,每个像素的取值代表该像素的灰度(亮度)。对灰度进行量化,使其取值变为有限个可能值(图3-122)。

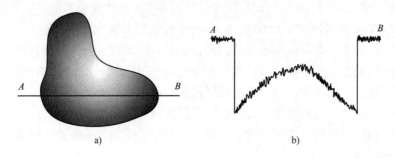

图 3-122 量化

经过采样和量化得到的一幅空间上表现为离散分布的有限个像素,灰度取值上表现为有限个离散的可能值的图像称为数字图像。只要水平和垂直方向采样点数足够多,量化比特数足够大,数字图像的质量与原始模拟图像相比,毫不逊色。

在量化时所确定的离散取值个数称为量化级数。为表示量化的色彩值(或亮度值)所需的二进制位数称为量化字长,一般可用 8 位、16 位、24 位或更高的量化字长来表示图像的颜色;量化字长越大,则越能真实地反映原有的图像的颜色,但得到的数字图像的容量也越大。

例如:如图 3-123 所示,沿线段 AB[3-123a)]的连续图像灰度值的曲线[3-123b)],取白色值最大,黑色值最小。

先采样:沿线段 AB 等间隔进行采样,取样值在灰度值上是连续分布的,如图 3-123a)所示。

再量化:连续的灰度值再进行数字化(8 个级别的灰度级标尺),如图 3-123b)所示。

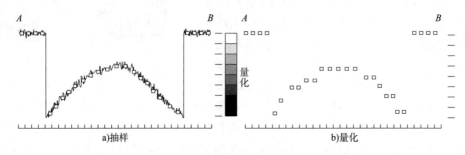

图 3-123 线段 AB(量化)

(3)压缩编码

数字化后得到的图像数据量十分巨大,必须采用编码技术来压缩其信息量。在一定意义上讲,编码压缩技术是实现图像传输与储存的关键。已有许多成熟的编码算法应用于图像压缩。常见的有图像的预测编码、变换编码、分形编码、小波变换图像压缩编码等。

当需要对所传输或存储的图像信息进行高比率压缩时,必须采取复杂的图像编码技术。但是,如果没有一个共同的标准做基础,不同系统间不能兼容,除非每一编码方法的各个细节完全相同,否则各系统间的连接十分困难。

为了使图像压缩标准化,20 世纪 90 年代后,国际电信联盟(ITU)、国际标准化组织(ISO)和国际电工委员会(IEC)已经制定并继续制定一系列静止和活动图像编码的国际标准,已批准的标准主要有 JPEG 标准、MPEG 标准、H.261 等。

7) 数字图像类型

(1) 灰度图像

灰度图像是每个像素只有一个采样颜色的图像。这类图像通常显示为从最暗的黑色到最亮的白色的灰度,尽管理论上这个采样可以是任何颜色的不同深浅,甚至可以是不同亮度上的不同颜色。灰度图像与黑白图像不同,在计算机图像领域中黑白图像只有黑白两种颜色,灰度图像在黑色与白色之间还有许多级的颜色深度。

灰度图像是一种具有从黑到白 256 级灰度色域或等级的单色图像。该图像中的每个像素用 8 位数据表示,因此像素点值介于黑白间的 256 种灰度中的一种。该图像只有灰度等级,而没有颜色的变化。

(2) 二值图像

二值图像也叫黑白图像,二值图像是指每个像素不是黑就是白,其灰度值没有中间过渡的图像。二值图像一般用来描述文字或者图形,其优点是占用空间少;缺点是,当表示人物、风景的图像时,二值图像只能描述其轮廓,不能描述细节。这时候要用更高的灰度级。

二值图像是每个像素只有两个可能值的数字图像。人们经常用黑白、B&W、单色图像表示二值图像,但是也可以用来表示每个像素只有一个采样值的任何图像,例如灰度图像等。

二值图像中所有的像素只能从 0 和 1 这两个值中取,因此在 MATLAB 中,二值图像用一个由 0 和 1 组成的二维矩阵表示。这两个可取的值分别对应关闭和打开,关闭表征该像素处于背景,而打开表征该像素处于前景。以这种方式来操作图像可以更容易识别出图像的结构特征。二值图像操作只返回与二值图像的形式或结构有关的信息,如果希望对其他类型的图像进行同样的操作,则首先要将其转换为二进制的图像格式,可以通过调用 MATLAB 提供的 im2bw 函数来实现。二值图像经常出现在数字图像处理中作为图像掩码或者在图像分割、二值化和抖动显示(Dithering)的结果中出现。一些输入输出设备,如激光打印机、传真机、单色计算机显示器等都可以处理二值图像。

8) 图像变换技术

图像变换技术一直是数字图像处理研究的重要组成部分,是研究其他技术的基本手段和工具。图像变换技术是指通过一种数学映射的方法,将图像从某一类域变换到另一类域。变换的目的是根据图像在变化后的域的某些性质对其进行加工处理。最常用的变换有傅立叶变换和小波变换等。

傅立叶变换是一种分析信号的方法,它可分析信号的成分,也可用这些成分合成信号。许多波形可作为信号的成分,比如正弦波、方波、锯齿波等,傅立叶变换常用正弦波作为信号的成分。

定义如下:$f(t)$ 是 t 的周期函数,如果 t 满足狄里赫莱条件,即在一个以 $2T$ 为周期内 $f(X)$ 连续或只有有限个第一类间断点,附 $f(x)$ 单调或可划分成有限个单调区间,则 $F(x)$ 以 $2T$ 为周期的傅立叶级数收敛,和函数 $S(x)$ 也是以 $2T$ 为周期的周期函数,且在这些间断点上,函数是有限值;在一个周期内具有有限个极值点;绝对可积。则有式(3-59)成立,称为积分运算 $f(t)$ 的傅立叶变换,式(3-60)的积分运算叫作 $F(\omega)$ 的傅立叶逆变换。$F(\omega)$ 叫作 $f(t)$ 的像函数,$f(t)$ 叫作 $F(\omega)$ 的像原函数。$F(\omega)$ 是 $f(t)$ 的像。$f(t)$ 是 $F(\omega)$ 原像。

$$F(\omega) = F[f(t)] = \int_{-\infty}^{\infty} f(t) e^{-iwt} dt \tag{3-59}$$

$$f(t) = F^{-1}[F(\omega)] = \frac{1}{2\pi}\int_{-\infty}^{\infty} F(\omega) e^{i\omega t} d\omega \tag{3-60}$$

9) 图像增强技术

增强图像中的有用信息,其目的是要改善图像的视觉效果,针对给定图像的应用场合,有目的地强调图像的整体或局部特性,将原来不清晰的图像变得清晰或强调某些感兴趣的特征,扩大图像中不同物体特征之间的差别,缩减不感兴趣的特征,使之改善图像质量、丰富信息量,加强图像判读和识别效果,满足某些特殊分析的需要。

图像增强可分成两大类:频率域法和空间域法。前者把图像看成一种二维信号,对其进行基于二维傅立叶变换的信号增强。采用低通滤波(即只让低频信号通过)法,可去掉图中的噪声;采用高通滤波法,则可增强边缘等高频信号,使模糊的图片变得清晰。后者空间域法中具有代表性的算法有局部求平均值法和中值滤波法(取局部邻域中的中间像素值)等,它们可用于去除或减弱噪声。

频率域法的大体步骤为:原图像首先经过傅立叶变换,再经过频率域滤波处理,最后再进行傅立叶逆变换就得到了增强后的图像。这里简单说明一下滤波处理步骤。

①用$(-1)x+y$乘以输入图像来进行中心变换。

②计算经过第①步中心化处理后图像的离散傅立叶变换(Discrete Fourier Transform,DFT),即$F(u,v)$。

③把$F(u,v)$与滤波器传递函数$H(u,v)$相乘。

④对第③步的结果计算逆DFT。

⑤取第④步结果的全部。

⑥用$(-1)x+y$第⑤步的结果以还原滤波后图像的中心点到左上角。

基于空域的算法分为点运算算法和邻域去噪算法。点运算算法即灰度级校正、灰度变换和直方图修正等,目的或使图像成像均匀,或扩大图像动态范围,扩展对比度。邻域增强算法分为图像平滑和锐化两种。平滑一般用于消除图像噪声,但是也容易引起边缘的模糊。常用算法有均值滤波、中值滤波。锐化的目的在于突出物体的边缘轮廓,便于目标识别。常用算法有梯度法、算子、高通滤波、掩模匹配法、统计差值法等。

10) 图像平滑技术

图像平滑是指用于突出图像的宽大区域、低频成分、主干部分或抑制图像噪声和干扰高频成分的图像处理方法,目的是使图像亮度平缓渐变,减小突变梯度,改善图像质量。主要处理方法有移动平均法和中值滤波法。

(1) 移动平均法

移动平均法是根据时间序列,逐项推移,依次计算包含一定项数的序时平均数,以此进行预测的方法。移动平均法包括简单移动平均法、加权移动平均法。

①简单移动平均法

简单移动平均的各元素的权重都相等。简单的移动平均的计算公式如下。

$$Ft = (At-1 + At-2 + At-3 + \cdots + At-n)/n \tag{3-61}$$

式中:$At-2$,$At-3$ 和 $At-n$——表示前两期、前三期直至前 n 期的实际值;

Ft——对下一期的预测值;

n——移动平均的时期个数;

$At-1$——前期实际值。

②加权移动平均法

加权移动平均给固定跨越期限内的每个变量值以不相等的权重。其原理是:历史各期产品需求的数据信息对预测未来期内的需求量的作用是不一样的。除了以 n 为周期的周期性变化外,远离目标期的变量值的影响力相对较低,故应给予较低的权重。

加权移动平均法的计算公式如下

$$Ft = (w_1At-1 + w_2At-2 + w_3At-3 + \cdots + w_nAt-n)/n \tag{3-62}$$

式中:w_1——第 $t-1$ 期实际销售额的权重;

w_2——第 $t-2$ 期实际销售额的权重;

w_n——第 $t-n$ 期实际销售额的权重;

n——预测的时期数;且,$w_1 + w_2 + \cdots + w_n = n$。

(2)中值滤波法

中值滤波是基于排序统计理论的一种能有效抑制噪声的非线性信号处理技术,中值滤波的基本原理是把数字图像或数字序列中一点的值用该点的一个邻域中各点值的中值代替,让周围的像素值接近真实值,从而消除孤立的噪声点。方法是用某种结构的二维滑动模板,将板内像素按照像素值的大小进行排序,生成单调上升(或下降)的为二维数据序列。二维中值滤波输出为 $g(x,y) = \text{med}\{f(x-k,y-1),(k,1\in W)\}$,其中,$f(x,y),g(x,y)$ 分别为原始图像和处理后图像。W 为二维模板,通常为 $3\times3,5\times5$ 区域,也可以是不同的形状,如线状,圆形,十字形,圆环形等。

①通过从图像中的某个采样窗口取出奇数个数据进行排序。

②用排序后的中值取代要处理的数据即可。

11)边缘锐化技术

边缘是图像最基本的特征。所谓边缘是指图像周围像素灰度有阶跃变化或屋顶状变化的像素的集合,它存在于目标与背景、目标与目标、区域与区域、基元与基元。

边缘锐化技术是增强图像边缘,使目标物体的边缘更加鲜明,以便于进行提取目标物体的边界,对图像进行分割,对目标区域进行识别,对区域形状进行提取的操作。图像边缘锐化的基本方法有三种:微分运算,梯度锐化和边缘检测。微分运算应用在图像上,可使图像轮廓清晰。梯度锐化主要解决图像平滑处理后图像中的边界、轮廓变模糊的情况。

12)图像分割技术

图像分割就是把图像分成若干个特定的、具有独特性质的区域并提出感兴趣目标的技术和过程。它是由图像处理到图像分析的关键步骤。现有的图像分割方法主要分以下几类:基于阈值的分割方法、基于区域的分割方法、基于边缘的分割方法以及基于特定理论的分割方法等。

(1)阈值分割

灰度阈值分割法是一种最常用的并行区域技术,它是图像分割中应用数量最多的一类。阈值分割方法实际上是输入图像 f 到输出图像 g 的如下变换。

$$g(i,j) = \begin{cases} 1 & f(i,j) \geq T \\ 0 & f(i,j) < T \end{cases} \tag{3-63}$$

式中:T——阈值;

$g(i,j)$——对于物体的图像元素 $g(i,j)=1$,对于背景的图像元素 $g(i,j)=0$。

由此可见,阈值分割算法的关键是确定阈值,如果能确定一个合适的阈值就可准确地将图像分割开来。阈值确定后,将阈值与像素点的灰度值逐个进行比较,而且像素分割可对各像素并行地进行,分割的结果直接给出图像区域。

阈值分割的优点是计算简单、运算效率较高、速度快。在重视运算效率的应用场合(如用于硬件实现),它得到了广泛应用。

人们发展了各种各样的阈值处理技术,包括全局阈值、自适应阈值、最佳阈值等。

全局阈值是指整幅图像使用同一个阈值做分割处理,适用于背景和前景有明显对比的图像。它是根据整幅图像确定的:$T=T(f)$。但是这种方法只考虑像素本身的灰度值,一般不考虑空间特征,因而对噪声很敏感。常用的全局阈值选取方法有利用图像灰度直方图的峰谷法、最小误差法、最大类间方差法、最大熵自动阈值法以及其他一些方法。

在许多情况下,物体和背景的对比度在图像中的各处不是一样的,很难用一个统一的阈值将物体与背景分开。这时可以根据图像的局部特征分别采用不同的阈值进行分割。实际处理时,需要按照具体问题将图像分成若干区域分别选择阈值,或者动态地根据一定的邻域范围选择每点处的阈值,进行图像分割。这时的阈值为自适应阈值。

阈值的选择需要根据具体问题来确定,一般通过实验来确定。对于给定的图像,可以通过分析直方图的方法确定最佳的阈值,例如当直方图明显呈现双峰情况时,可以选择两个峰值的中点作为最佳阈值。

(2)区域分割

区域生长和分裂合并法是两种典型的串行区域技术,其分割过程后续步骤的处理要根据前面步骤的结果进行判断而确定。

区域生长的基本思想是将具有相似性质的像素集合起来构成区域。具体先对每个需要分割的区域找一个种子像素作为生长的起点,然后将种子像素周围邻域中与种子像素有相同或相似性质的像素(根据某种事先确定的生长或相似准则来判定)合并到种子像素所在的区域中。将这些新像素当作新的种子像素继续进行上面的过程,直到再没有满足条件的像素可被包括进来。这样一个区域就长成了(图3-124)。

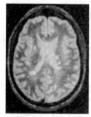
a)

b)

图3-124 区域生长

区域生长需要选择一组能正确代表所需区域的种子像素,确定在生长过程中的相似性准则,制定让生长停止的条件或准则。相似性准则可以是灰度级、彩色、纹理、梯度等特性。选取的种子像素可以是单个像素,也可以是包含若干个像素的小区域。大部分区域生长准则使用图像的局部性质。生长准则可根据不同原则制定,而使用不同的生长准则会影响区域生长的过程。

区域生长法的优点是计算简单,对于较均匀的连通目标有较好的分割效果。它的缺点是需要人为确定种子点,对噪声敏感,可能导致区域内有空洞。另外,它是一种串行算法,当目标较大时,分割速度较慢,因此在设计算法时,要尽量提高效率。

区域生长是从某个或者某些像素点出发,最后得到整个区域,进而实现目标提取。分裂合并差不多是区域生长的逆过程:从整个图像出发,不断分裂得到各个子区域,然后再把前景区域合并,实现目标提取。分裂合并的假设是对于一幅图像,前景区域由一些相互连通的像素组成的,因此,如果把一幅图像分裂到像素级,那么就可以判定该像素是否为前景像素。当所有像素点或者子区域完成判断以后,把前景区域或者像素合并就可得到前景目标。

在这类方法中,最常用的方法是四叉树分解法。设 R 代表整个正方形图像区域,P 代表逻辑谓词。基本分裂合并算法步骤如下:

(1)对任何一个区域,如果 $H(Ri)$ = FALSE 就将其分裂成不重叠的四等份。

(2)对相邻的两个区域 Ri 和 Rj,它们也可以大小不同(即不在同一层),如果条件 $H(Ri \cup Rj)$ = TRUE 满足,就将它们合并起来。

(3)如果进一步的分裂或合并都不可能,则结束。

分裂合并法的关键是分裂合并准则的设计。这种方法对复杂图像的分割效果较好,但算法较复杂,计算量大,分裂还可能破坏区域的边界。

13)图像编码技术

(1)传统编码方法

传统的编码方法可以分成两大类,预测编码方法(对应空域方法)和变换编码方法(对应频域编码方法)。预测编码方法的优点是:算法一般较简单,易于用硬件实现;缺点是:压缩比不够大,承受误码的能力较差。由于它采用的最小均方误差准则不能反映人眼的视觉心理特性,近年来已较少单独采用,而是与其他方法混合使用。另外,由于差分脉冲编码调制(Differential Pulse Coding Modulation,DPCM)编码系统会引起斜率过载、界线繁忙、颗粒噪声和轮廓噪声,在使用中应加以考虑。变换编码方法的优点是:压缩比高、承受误码能力强;缺点是:算法较复杂。

(2)第二代图像编码方法

第二代图像编码方法是针对传统编码方法中没有考虑人眼对轮廓、边缘的特殊敏感性和方向感知特性而提出的。它认为传统的第一代编码技术以信息论和数字信号处理技术为理论基础,出发点是消除图像数据的统计冗余信息,包括信息熵冗余、空间冗余和时间冗余。其编码压缩图像数据的能力已接近极限,压缩比难以提高。第二代图像编码方法充分利用人眼视觉系统的生理和心理视觉冗余特性以及信源的各种性质以期获得高压缩比,这类方法一般要对图像进行预处理,将图像数据根据视觉敏感性进行分割。

按处理方法的不同,第二代图像编码方法可分为两种典型的编码技术:一种是基于分裂合并的方法,先将图像分为纹理和边缘轮廓,然后各自采用不同的方法编码;另一种是基于各向异性滤波器的方法,先对图像进行方向性滤波,得到不同方向的图像信息,再根据人眼的方向敏感性对各个通道采用特定的方法单独编码。

①分形图像编码

分形图像编码是在分形几何理论的基础上发展起来的一种编码方法。分形理论是欧氏几何相关理论的扩展,是研究不规则图形和混沌运动的一门新科学。它描述了自然界物体的自相似性,这种自相似性可以是确定的,也可以是统计意义上的。这一理论基础决定了它只有对具备明显自相似性或统计自相似性的图像,例如海岸线、云彩、大树等才有较高的编码效率。而一般图像不具有这一特性,因此编码效率与图像性质学特性有关,而且分形图像编码方法实质上是通过消除图像的几何冗余来压缩数据的,根本没有考虑人眼视觉特性的作用。

②基于模型的图像编码

基于模型的图像编码技术是近几年发展起来的一种很有前途的编码方法。它利用了计算机视觉和计算机图形学中的方法和理论,其基本出发点是在编、解码两端分别建立起相同的模型,针对输入的图像提取模型参数,或根据模型参数重建图像。模型编码方法的核心是建模和提取模型参数,其中模型的选取、描述和建立是决定模型编码质量的关键因素。为了对图像数据建模,一般要求对输入图像要有某些先验知识。基于模型的图像编码方法是利用先验模型来抽取图像中的主要信息,并以模型参数的形式表示它们,因此可以获得很高的压缩比。然而在模型编码方法的研究中还存在很多问题,例如:a.模型法需要先验知识,不适合一般的应用;b.对不同的应用所建模型是不一样的;c.在线框模型中控制点的个数不易确定,还未找到有效的方法能根据图像内容来选取;d.由于利用模型法压缩后复原图像的大部分是用图形学的方法产生的,因此看起来不够自然;e.传统的误差评估准则不适合用于对模型编码的评价。

14) 图像识别技术

图像识别技术的研究目标是根据观测到的图像,对其中的物体分辨其类别,做出有意义的判断。即利用现代信息处理与计算技术来模拟和完成人类的认识、理解过程。一般而言,一个图像识别系统主要由三个部分组成,分别是图像分割、图像特征提取以及分类器的识别分类。

图像识别的发展经历了三个阶段:文字识别、数字图像处理与识别、物体识别。文字识别的研究是从1950年开始的,一般是识别字母、数字和符号,从印刷文字识别到手写文字识别,应用非常广泛,并且已经研制了许多专用设备。数字图像处理和识别的研究开始于1965年,数字图像与模拟图像相比具有存储、传输方便可压缩、传输过程中不易失真、处理方便等巨大优势,这些都为图像识别技术的发展提供了强大的动力。物体的识别主要指的是对三维世界的客体及环境的感知和认识,属于高级的计算机视觉范畴。它是以数字图像处理与识别为基础的,结合人工智能、系统学等学科的研究方向,其研究成果被广泛应用在各种工业及探测机器人上。现代图像识别技术的一个不足就是自适应性能差,一旦目标图像被较强的噪声污染或是目标图像有较大残缺往往就得不出理想的结果。

图像识别问题的数学本质属于模式空间到类别空间的映射问题。目前,在图像识别的发展中,主要有三种识别方法:统计模式识别、结构模式识别、模糊模式识别。

3.3.2.3 视频检测技术主要方法

1) 虚拟线圈检测法

所谓虚拟线圈是从传统的地埋式电磁感应线圈(物理线圈)延伸而来,它的原理也与之相类似,通过在所获取的交通路口图像中设置一个感兴趣区域,并将其作为主要的待测区域来进行研究。而之所以需要设置虚拟检测区域,是因为在识别到运动目标之后,为了减少程序的运算量,提高系统的实时性,只对设置的虚拟区域内的图像变化特征进行研究和处理来获取车流量,而并不需要对整个图像都进行研究。

通常情况下,虚拟线圈的设置主要有两种,检测线与检测线圈(图3-125)。

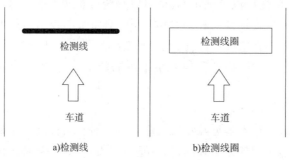

图3-125 虚拟线圈示意图

(1)虚拟检测线

检测线是在交通图像中设置一条直线,此直线与车辆行驶方向垂直,与车道宽度相同,高度一般为 3 个像素,如图 3-125a)所示。利用检测线进行车流量统计的原理是:不断对检测线上的像素点进行扫描,如果检测到该像素点上出现了连续的目标像素(在二值图像中表现为白色部分)时,说明该时刻有车辆正在通过虚拟检测线,如果该像素点上又变为非目标像素(在二值图像中表现为黑色部分)时,说明车辆已经完全通过虚拟检测线,这时车辆计数器加一。对于虚拟检测线的设置既可以在每个车道内各设置一条,也可以用一条检测线横跨全部车道。

利用虚拟检测线来统计车辆的好处是:程序的运算量较小,实现较为容易,系统的实时性也比较好。如果是所有车道使用一条公共检测线的话,能够避免由车辆变道所引起的重复测量或者漏检问题。但是它也存在比较多的缺点:因为它的宽度只有若干个像素,导致其抗干扰的能力比较差,即噪声对最终检测结果的影响是比较大的。此外,如果运动目标的内部出现空洞和断层现象时,就会造成将一个车辆目标错误的检测为两辆甚至多辆。另外还容易因为车辆之间的互相遮挡问题引起漏检,所以在实际车辆检测过程中,虚拟检测线应用的并不是很多。

(2)虚拟线圈

虚拟检测线圈则是通过在视频图像中的车道内设置一个矩形框来进行检测,一般情况下,虚拟线圈的宽度略小于单个车道,而高度小于或等于一辆普通车辆的长度,如图 3-125b)所示。虚拟线圈是目前在视频车流量检测中运用的最多的方法,这种方法主要是对图像中虚拟线圈区域内的像素进行扫描,通过判断该区域内部是否存在运动目标来确定虚拟线圈的状态,进而根据虚拟线圈的状态变化来确定当前帧图像中车辆的进入与离开,由此来获取车辆计数。

$$S = \begin{cases} 0 & M_p = 0 \\ 1 & M_p > 0 \end{cases} \tag{3-64}$$

式中:M_p——处于虚拟线圈中的运动目标像素数;

S——当前虚拟线圈的状态,其中,当线圈状态 S 为 0 时,代表当前图像的线圈内没有车辆经过,当线圈状态 S 为 1 时,代表当前图像的线圈内有车辆经过。

在第 m 帧时,线圈状态由连续的"0"值变为"1"值,说明有车辆进入虚拟线圈;在 n 帧时,线圈状态 S 由连续的"1"值变为"0"值,说明该车辆已经离开虚拟线圈,这时,对车辆数目进行加一。

虚拟线圈在应用过程中的优点主要有:对于其设置的位置是比较灵活的,因此对摄像机在安装过程中的位置要求也相对较低,可依据交通视频中道路的实际环境对线圈的位置进行调整,尽可能地避免由于车辆粘连问题所引起的误检;另外,虚拟检测线圈的抗干扰能力也要比虚拟检测线要强,能够有效地减少运动车辆目标内部出现孔洞的现象发生。但是也存在其缺点:对于所设置的虚拟线圈位置一定的情况下,如果车辆在行驶过程中出现变道的情况时往往会导致计数的错误,此外因为虚拟线圈存在一定的高度,那么就会在前后车辆靠得很近(也就是产生粘连现象)的情况下,误将经过线圈的几个粘连的目标车辆当作一个目标车辆来处理,从而引起漏检。

2)目标跟踪检测法

基于目标跟踪方法的车流量统计算法的整体思路是:根据交通视频中相邻的前后帧之

间存在的强相关性,通过对当前帧图像中运动目标的特征包括大小、形状、位置等信息进行提取,再将该特征与相邻帧图像进行比对和匹配,从而对该目标进行识别和锁定,进而对后续的车辆跟踪提供保障,最终得到该车辆目标的运行轨迹。图3-126为基于目标跟踪的车流量统计算法的效果图。

图3-126 目标跟踪法示意图

目标跟踪检测法通过在整个图像中对运动车辆目标的特征进行识别检测,进而进行跟踪,得到该运动车辆目标从进入视场直至离开的全部运行轨迹,通过其在视频图像中运行轨迹的完整性实现对车辆数目的统计。在检测运动目标之前,还需要对图像做一系列的处理,才能获得尽可能多的运动车辆特征,从而更好地将运动目标提取出来,其提取效果的好坏直接决定着该目标跟踪检测方法的优劣。当运动车辆目标被成功地提取之后,标记出该运动目标的连通区域,并用其最小外接矩形将其框出。进而对运动车辆目标进行跟踪,主要是通过一系列特定的算法将之前提取到的车辆特征与下一帧图像进行比对和匹配,得到与该特征最为符合的车辆目标,进行锁定,并记录其当前的信息,直至在下一帧图像中找不到该目标,从而判断该目标已经驶出视场,这时将车辆数目加一。基于目标跟踪方法的车流量统计算法具体流程如图3-127所示。

对两种车辆检测技术进行分析,可得出以下结论:

从算法的时间复杂度方面来讲,目标跟踪检测法不仅需要对车辆进行检测,而且之后还要根据所提取到的车辆特征来对该车辆进行更进一步的目标跟踪,所以时间复杂度会相对高一些,实时性也不是很强;而虚拟线圈检测法只需要对视频图像中所设置的虚拟检测区域内像素变化特征进行检测和处理,算法方面比较简单,实现起来也较为容易,因此在时间复杂度方面具有更大的优势,也就是实时性会比较好一些。

从对车辆数目统计的准确性方面来讲,目标跟踪检测法由于是通过车辆特征匹配来检测运动目标,所以对于那些比较小的干扰目标(如行人、非机动车等)的影响是非常小的,因此与虚拟线圈检测法相比,对于

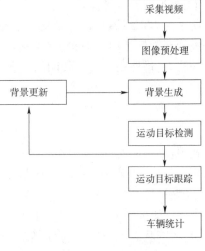

图3-127 检测算法流程图

车辆数目的统计会更加准确,同时,利用目标跟踪检测法在对目标进行跟踪的过程中还能得到车辆目标的具体运行轨迹以及其位置信息等,可以为进一步的车辆测速以及车型识别等研究工作提供一定的支持。而相比之下,虚拟线圈检测法对车辆目标具体信息的采集就显得比较单一了,另外,虚拟线圈检测法还易受交通场景中复杂环境的各种干扰,从而降低在车辆数目统计方面的准确性。

3.3.2.4 常用的目标检测算法

只有正确地检测出运动目标才可以进行后续的工作,不然则会产生较大的偏差甚至错误从而影响到后面工作的正常进行。因此,对于运动目标的检测来讲,其检测效果的好与坏决定了整个系统的好与坏。通常,对于一个好的运动目标检测算法,不仅需要准确地检测出运动目标,还要能够迅速地适应外界环境的各种变化,也即抗干扰能力强、处理速度快且实

时性好。具体而言,一个运动目标检测算法的好坏与否主要从以下几个方面来看:

①可以用在各种天气条件下,包括刮风下雨或下雪等恶劣天气。

②可以适应该场景中光线的不断变化,即不受光线变化的影响。

③可以避免图像中背景物体或非车辆目标的干扰,如风吹引起的树枝晃动以及过往的行人。

④能够处理各种大面积的随机运动。

但是,对于同一个算法来讲,如果希望其同时符合以上的所有条件是非常困难的,这是因为实际的监控环境往往要复杂得多,而且有些条件之间本身就存在矛盾。因此,只能对实际应用环境和最终的需求做出一个整体的考量,得出相对最均衡的条件,来使得整个系统的性能达到最优。

现如今使用最多的运动目标检测算法有三类:帧间差分法、光流法与背景差分法。

(1) 帧间差分法

对运动目标进行检测时,在背景静止的这种情况下,背景本身不会随时间而变化,因此变化的也就只有运动目标,即运动目标随时间变化产生了位移。而位移表现在图像帧间就是运动目标处的灰度值发生了比较大的变化,那么,只要能够检测出这种变化就能对目标的运动情况进行分析了。而这种变化可以通过对相邻帧图像进行差分来检测。

$$D_k(x,y) = |f_k(x,y) - f_{k-1}(x,y)| \tag{3-65}$$

采用式(3-65)通过计算相邻帧之差来获得差分图像,进而选择合适的阈值对差分图像做二值化处理,得到前景目标,亦即运动目标,再进行图像去噪等处理就可以使之满足后续工作的要求。

图像的二值化处理是依靠图像的灰度来进行的。对于一个给定的阈值,图像中灰度值大于该阈值为白色,否则即为黑色。这样,将图像进行处理后就变成了非黑即白的二值图像。自适应阈值比手动设定固定阈值的检测效果更好,因为自适应阈值可以更好地表达出任一交通视频在不同时间,不同光照度时的灰度信息,并根据灰度信息的变化,来自动调整阈值。如果设某图像的宽和高分别为 l 和 h,该图像在像素点 (x,y) 处的灰度值为 $f(x,y)$,那么常使用下面的公式来计算自适应阈值

$$T = \frac{\sum_l \sum_h f(x,y)}{l \times h} \tag{3-66}$$

设 $g(x,y)$ 为灰度图像 $f(x,y)$ 经过二值化处理后的图像,则

$$g(x,y) = \begin{cases} 255, f(x,y) \geq T \\ 0, f(x,y) < T \end{cases} \tag{3-67}$$

利用帧间差分法来检测运动目标有以下优点:算法实现起来比较简单;设计程序时也比较容易;系统的实时性比较好;对于相邻帧的帧间差分法,因为两帧之间的间隔时间太短,所以这种方法对于环境中光线的变化影响较小。

利用帧间差分法能够检测到图像中的变化,从而将运动目标提取出来。但是在实际交通应用中,通过这种方法所获得的检测结果精度并不是太高,不能很好地描述所获得的目标区域。而后续的识别与跟踪要求在之前检测出的运动目标的轮廓与其真实轮廓尽量保持一致,获得比较准确的信息从而提升系统的性能。但事实上,此方法在实际应用时经常会出现两个难题:第一个是两帧图像之间运动目标所存在的重叠部分检测不到,也就是只检测到了该运动目标的一小部分或者会产生一些较大的空洞,这主要是因为相邻两帧间的间隔时间

较短,在对相邻帧进行差分后,得到的只是两帧之间发生相对变化的那一部分,所以对于两帧间运动目标发生重叠的部分检测起来就比较困难;第二个则是所检测到的运动目标在两帧中存在变化的信息,使得出现很多伪目标点,导致所检测到的运动目标会比实际目标稍微大一些,这主要是因为实际目标的颜色(在这里反映出的是灰度)在一定的区域范围内比较接近。

(2) 光流法

光流法检测运动目标是根据位移矢量场也就是光流场的变化来进行的。其基本原理为:假定在光流场中图像的相邻点的亮度是相近的,如果出现大范围的运动,那么就导致在图像中会产生一个均匀的速度矢量区域,不同的对象运动速度就会不同,通过光流计算实现对不同运动物体的检测。因此,对光流场进行分析就能确定摄像机和运动目标间的相对运动以及该环境的三维结构。当视场中不存在运动的物体时,光流在整个视场中是连续变化的;但是只要视场中存在运动的物体时,其产生的速度矢量与邻近背景的速度矢量就会出现差异,进而来检测出运动目标的位置。

假设图像中某像素点 m 在 (x,y) 处以及在时刻 t 的灰度值为 $I(x,y,t)$,并设点 m 的速度为 $V_m = (v_x, v_y)^T$,假设在很短的时间间隔 $\mathrm{d}t$ 内,点 m 的灰度值是不变的,那么有

$$I(x + v_x \mathrm{d}t, y + v_y \mathrm{d}t, t + \mathrm{d}t) = I(x,y,t) \tag{3-68}$$

如果灰度随 x,y,t 值的变化而缓慢变化,将上式的左边进行泰勒展开,得到

$$I(x,y,t) + \frac{\partial I}{\partial x} v_x + \frac{\partial I}{\partial t} v_y + \frac{\partial I}{\partial t} + o(\mathrm{d}t^2) = I(x,y,t) \tag{3-69}$$

在上式中,$o(\mathrm{d}t^2)$ 表示的是 2 阶或 2 阶以上的微小项,两边都消去相同的项 $I(x,y,t)$,并忽略 $o(\mathrm{d}t^2)$ 项,得到:

$$\nabla I \cdot \nabla V_m + \frac{\partial I}{\partial t} = 0 \tag{3-70}$$

式中:∇I——$\nabla I = \left[\frac{\partial I}{\partial x}, \frac{\partial I}{\partial y}\right]^T$ 是图像在点 m 处的梯度;

∇V_m——$\nabla V_m = \left[\frac{\partial V_m}{\partial x}, \frac{\partial V_m}{\partial y}\right]^T$ 是图像在点 m 处速度的梯度;

$\nabla I \cdot \nabla V_m$——表示的是向量的点积,这就是光流约束方程。

使用光流法的优点是在摄像机位置发生相对运动时也可以将运动目标检测出来。但是,大部分采用光流法来获取运动目标时,其计算过程是非常复杂的,运算量也相当大,而且抗干扰的能力也较差,因此不适合被应用在实时性要求较强的交通视频系统中。

(3) 背景差分法

背景差分法与帧间差分法类似,同样也只适合用在摄像机静止的情况下。当存在运动目标的时候,当前帧图像的亮度会产生变化,通过对当前帧的图像和背景帧图像相比较,来得到亮度值发生了较大变化的区域,那么也就将该区域作为运动目标的区域。利用这种方法,不仅在计算速度方面要快一些,而且还能够完整而又精确地描述出所得到的运动目标区域。但是对于车流量较大且经常处于忙碌状态的交通环境来讲,要想得到一个初始的背景模型是比较困难的。同时,由于交通环境中诸如光照变化或者别的一些干扰因素的影响,背景差分法在实际运用过程中还需要通过特定算法对背景模型进行实时更新,从而满足不断变化的外界环境。

因此,背景差分法主要包括两个部分:一个是选用合适的算法来进行背景模型的建立,

另外一个就是通过算法来进行背景的更新,使之能够适应不断变化的交通场景。

3.3.3 基于手机定位的检测方式

3.3.3.1 手机定位概述

随着移动通信技术的发展,通信网络不断扩展完善,移动电话的普及率越来越高,其功能也从最初单一的语音功能向短消息、上网、定位等多方向发展。近年来,移动电话定位技术以及该技术的应用在国内外已经成为研究的热点。1996 年美国联邦通信委员会(Federal Communications Commission,FCC)公布了 E-911(Emergency call"911")定位需求:到 2005 年底,95% 的手机终端都将具有可定位的功能;1999 年 12 月 FCC99-245 对网络设备和手机生产厂商、网络运营商等对定位技术在网络设备和手机中的实施和支持提出了明确要求和日程安排。随后各国对移动电话的定位功能都提出了相应的要求,定位服务将成为今后移动通信网络必备的功能。

手机定位技术是利用移动通信网络和移动通信设备进行手机定位的,只要能够实现双向通信的移动通信系统都可作为这种定位系统的通信基础,如国内移动运营商较多采用的 GSM 系统、CDMA 系统等。现阶段,国内三大主要移动运营商移动、联通、电信均已推出了手机定位服务。可见,国内移动通信网络的发展情况为将手机定位技术作为实时交通信息的主要检测手段提供了基础。无线定位系统中将手机定位方式分为:基于网络方式即利用移动网络的基站获得手机位置信息,该方法不需要对现有手机设备进行任何改进;基于手机终端的方式,该方法需要对现有手机设备进行一定的改进;以及两者的混合式定位方式。可见,将手机定位数据作为交通检测信息不需要过多的基础设施投资,能够实现低成本、实时的交通参数检测。

根据定位方法和定位过程的不同,手机定位主要有以下几种类型:

①起源蜂窝定位(Cell of Origin,COO):根据移动电话所处的小区 ID 号来确定用户的位置,把用户定位到其所在的蜂窝小区。该方法简单实用,定位响应快,但定位精度很低。

②到达时间定位(Time of Arrival,TOA):信号传输速度一定,通过测量信号从手机到达基站的传输时间获得二者之间的距离。手机的位置处于以基站为圆心,这一距离为半径的圆周上。通过测量手机信号到达两个或多个基站的时间,做出多个这种位置圆,手机就处在这些圆的交点处,从而获得手机位置。

③到达角度定位(Angle of Arrival ,AOA):移动电话的信号总是以一定的角度传送到基站,手机位置处在从移动电话到基站的径向连线,即测位线上。通过测量信号从移动电话到达两个基站的角度,做出两条测位线的交点,获得移动电话的二维位置坐标。

④到达时间差定位(Time Difference of Arrival,TDOA):TDOA 是通过测量信号到达两个基站的时间差,将移动电话的位置定在以这两个基站为焦点的双曲线上。建立两个以上双曲线方程,两双曲线的交点即为发射机的位置坐标。该方法不要求移动终端和基站之间的时间同步,因此定位精度相对较高、较容易实现,是最常用的手机定位方法。

以上几种移动电话定位方法中,AOA 定位法精度不高,接收设备较复杂;TOA 定位法精度较高,但对时间同步有较高要求;TDOA 定位法能够消除对时间基准的依赖性、降低成本并保证一定的定位精度。实际应用中,为了提高定位精度,减小定位误差,可以同时利用这几种方法进行混合定位。

3.3.3.2 基于手机定位的交通参数估计

手机定位功能已应用于多个领域,如紧急情况下的呼叫定位、ITS 中的车辆定位等。Astarita 和 Michae 研究了手机定位数据与交通参数估计的关系,分析表明,定位信息的采样频率、定位精度和手机覆盖率达到一定要求时,可以将手机定位数据用于实时动态交通参数的估计,并可以取得较高的估计精度。

①定位频率

伯克利的仿真实验研究了手机定位频率与交通参数估计的关系,研究结果表明,使用采样频率为 30s 的手机定位数据可以实现实时交通参数估计。

②定位精度

美国 CAPITAL 运行测试研究了定位精度与交通参数估计的关系,该测试发现,手机定位的误差可以达到 100m 之内;并随着基站提供信息的增加,定位精度将进一步提高。目前,GPS 混合定位的 gpsOne 的定位精度已经达到 5～50m。

③手机覆盖率

法国 INRETS 使用交通流离散事件仿真,以决定实时交通参数估计对最小车载手机样本量的要求。仿真结果表明,若车辆的定位误差为 150m,在简单路网环境下,当高速公路上的交通流中拥有车载手机的车辆的覆盖率为 5% 以上时,行程时间的估计误差可以达到 10% 之内。装配手机定位系统的车辆越多,采样数量就越大,参数估计精度也更高。随着我国移动通信网络覆盖率的增加、手机定位技术的发展,移动网络运营商提供的手机定位精度、定位频率将有所提高,可以达到高速公路管理所需的精确性和实时性要求。在此条件下,使用先进的计算机技术和数据处理技术可以实现采集信息的快速处理,从而实现交通参数的实时估计。与道路断面检测法相比,手机定位技术检测法的优点在于:可以利用现有蜂窝网络的设备基础实现全天候、较大范围的道路交通参数检测,而不必在道路上安装昂贵的交通信息检测装置,可大大降低检测成本。与 GPS 自动车辆定位技术相比,手机定位技术拥有其自身的特点和优势,手机定位误差较大,但普及率高,获取高速公路上车载手机的定位数据相对较容易。目前,手机定位误差为 40～100m,随着移动通信技术的发展,定位的精度在不断提高,因此,利用手机定位技术估计道路交通参数具有一定的优势。

基于手机定位技术的交通流状态估计方法是:将具有车载手机的车辆作为交通信息检测单元,应用无线定位技术结合地图匹配技术,在信息中心实现这些车辆的实时定位,同时监测车辆在路网上的行驶状态。然后运用信息融和技术将其转化成信息检测单元所在路段的交通流量、速度和密度等参数,得到整个交通网络状态的分析,进而为有效进行高速公路管理提供决策依据。早在 20 世纪 80 年代,发达国家就开始了利用无线技术进行信息检测的研究和试验,典型的如欧洲 Euro Scout,美国芝加哥地区的 ADVANCE 和韩国的 KORTIC 等,但是这些工作限于无线定位及通信技术方面的不够成熟而没有得到很好的结果。直到 20 世纪 90 年代,随着无线通信技术的长足发展,国际上这方面的工作才逐渐丰富。例如,美国华盛顿开展了 CAPITAL 项目,澳大利亚悉尼科技大学将手机车辆定位与 GPS 车辆定位进行了比较研究,法国交通研究机构 INRETS 也在 2000 年利用手机定位技术进行了交通流离散事件研究,新加坡道路交通局则利用 1000 辆出租车作为信息检测车以获得简单的实时交通信息。然而,将手机定位技术作为主要手段进行实时交通信息检测的尝试尚不多见。

3.3.4 基于蓝牙的交通检测

3.3.4.1 蓝牙概述

蓝牙(Bluetooth)一词源于公元十世纪统一了丹麦的国王哈拉得二世的绰号"蓝牙",它含有将四分五裂的局面统一起来之意。

蓝牙是一种短距离无线传输技术,它起始于1994年。当时总部设在瑞典的爱立信移动通信公司试图寻找一种短距离的无线通信方式,旨在去掉连接移动电话、耳机、个人电脑以及其他设备之间的线缆。

1998年5月,东芝、爱立信、IBM、Intel和诺基亚共同提出了近距离无线数字通信技术标准,标志着蓝牙标准化的开始。随后,康柏、戴尔等大公司相继加入,并达成知识产权共享的协议以推广此项技术。次年7月 BluetoothSIG 推出 Bluetooth1.0 标准。

蓝牙是取代数据电缆的短距离无线通信技术,支持物体与物体之间的数据和语音通信,工作频段为全球开放的2.4GHz频段,最高传输速率可达到10Mps,使得各种信息化设备都能实现无线资源共享。

目前,蓝牙产品的年增长率在360%左右。主要应用在以下方面:
①移动通信:手机,无绳电话等。
②代替电缆:连接计算机,PDA,笔记本,键盘鼠标,打印机等。
③数字娱乐:mp3,PDA,音乐无线下载、打印机等。
④现代化家庭:家庭影院,冰箱,空调,智能照明等。
⑤商业领域:电子钱包,信用卡,智能提款机,交易机等。
⑥交通:智能收费,监控,汽车电话,全球定位,汽车安全帽等。
⑦其他:蓝牙医院,无线点菜器,军事上的间谍活动等。

3.3.4.2 蓝牙技术通信协议体系

蓝牙SIG(蓝牙国际组织)所颁布的蓝牙规范(Specification of the Bluetooth System)就是蓝牙无线通信协议标准。蓝牙规范包括核心协议(Core)与应用框架(Profiles)两部分。协议规范部分定义了蓝牙的各层通信协议,应用框架指出了如何采用这些协议实现具体的应用产品。

按照蓝牙协议的逻辑功能,协议堆栈由下至上分为三个部分:传输层协议、中介层协议和应用层协议。其功能简介如下:

(1)传输层协议

传输层协议负责蓝牙设备间相互确认对方的位置,以及建立和管理蓝牙开发设备间的物理和逻辑链路。这部分又分为低层传输协议和高层传输协议两部分。低层传输协议包括蓝牙的射频部分、基带与链路控制和链路管理协议。低层传输协议侧重于语音与数据无线传输的物理实现以及蓝牙设备间的连接与组网。高层传输协议包括逻辑链路控制与适配协议和主机控制器接口协议。这部分屏蔽了诸如调频序列选择等低层传输操作,并为高层应用程序提供了更加有效和更有利于实现的数据分组格式。

(2)中介层协议

中介层协议为高层应用协议或程序在蓝牙逻辑链路上工作提供了必要的支持,为应用层提供了各种不同的标准接口。这部分协议包括以下几部分:

①串口仿真协议(RFCOMM)

用于模拟串行接口环境,使得基于串口的传统应用仅做少量的修改或者不做任何修改就可以直接在该层上运行。

②服务发现协议(SDP)

为实现蓝牙设备之间相互查询及访问对方提供的服务。

③Ir DA 互操作协议

蓝牙规范采用了 Ir DA（Infrared Data Association，红外数据协会）的对象交换协议(OBEX)，使得传统的基于红外技术的对象交换应用同样可以运行在蓝牙无线接口之上。

④网络访问协议

该部分协议包括点对点协议(PPP)、网际协议(IP)、传输控制协议(TCP)和用户数据报协议(UDP)等，用于实现蓝牙设备的拨号上网，或通过网络接入点访问 Internet 和本地局域网。

⑤电话控制协议

该协议包括电话控制协议 TCS(Telephone Control Protocol Specification)、AT 指令集和音频。蓝牙直接在基带上处理音频信号（主要是数字语音信号），采用 SCO 链路传输语音，可以直接实现头戴式耳机和无绳电话等的应用。

(3)应用层协议

应用层协议是指位于蓝牙协议堆栈之上的应用软件和其中所涉及的协议，包括开发各种诸如拨号上网和语音通信等功能的蓝牙应用程序。

3.3.4.3 蓝牙检测系统整体框架

蓝牙 SIG 为各种应用蓝牙技术的产品制定了相应的应用框架。应用框架主要定义了实现具体的蓝牙产品或某些通用功能所用到的协议栈、各个蓝牙协议的互操作性要求和各种功能的实现过程等。一个应用框架往往建立在另一个应用框架的基础上，这种关系称为依附性(dependency)。图 3-128 给出了蓝牙应用框架间的依附关系。

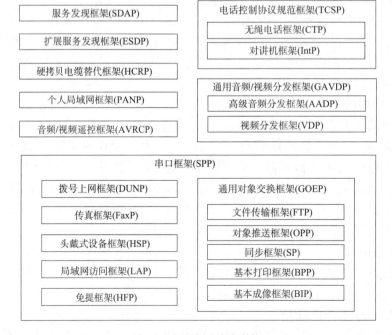

图 3-128　蓝牙应用框架结构

3.3.4.4 蓝牙4.0技术优点

2010年7月蓝牙技术联盟正式将低功耗蓝牙无线通信协议纳入其蓝牙协议标准规范中,即Bluetooth4.0。在继承了传统蓝牙低功耗、组网简单、通信稳定等特点的基础之上,其协议栈得到了进一步简化。支持该标准协议的蓝牙设备厂商所推出的蓝牙芯片功耗得到了很大程度的降低,一节纽扣电池即可供低功耗蓝牙智能设备正常工作数月甚至数年之久。该技术被广泛地应用于医疗保健、健身体育、安全管控、智能家居以及无线传感等诸多领域。

低功耗蓝牙技术特点有如下几点:
(1)超低峰值。
(2)低功耗,一节纽扣电池即可维持设备正常工作数年之久。
(3)低成本、传输速率高(最高可达2Mbit/s)。
(4)支持不同厂商设备间的互操作。
(5)传输范围进一步增强。

3.3.5 基于RFID的交通检测原理

3.3.5.1 RFID系统组成

射频识别(Radio Frequency Identification,RFID)技术是无线通信技术中的一种,利用无线电信号和空间耦合(有电感耦合与电磁耦合之分)识别特定目标并读写相关数据,识别系统不需要与所要检测的目标建立光学或者机械接触,典型的RFID系统通常由电子标签、读写器和后台应用管理系统组成,具体结构如图3-129所示。

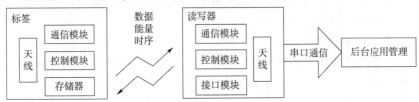

图3-129 RFID系统组成

(1)电子标签

电子标签主要用于存储被识别物品的相关信息,又被称射频标签、数据载体或应答器。电子标签一般是贴附在被测物体上的,标签中存储的信息则是通过非接触方式被读写器读取或写入。

(2)读写器

读写器主要通过射频技术读取标签信息或向标签中写入信息,又被称为读头、通信器、查询器、编程器、扫描器或读出设备等,读写器固定于道路两侧或上方,并与后台进行数据通信。

(3)应用管理系统

应用管理系统包含中间件及应用软件,主要用于数据的管理并完成数据的通信传输功能。可以通过接口或无线网络的方式将读写器与应用管理系统连接。

3.3.5.2 RFID工作原理

RFID的原理是利用发射无线电波信号来传送资料,以进行无接触式的资料辨识与存取,达到身份及物品内容识别的功能,RFID的工作原理如图3-130所示。

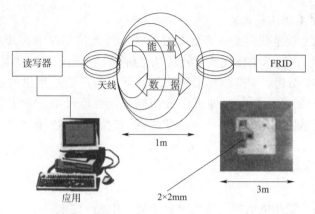

图 3-130 RFID 的工作原理

其中,电子标签又称为射频标签、应答器、数据载体;阅读器又称为读出装置、扫描器、通信器、读写器(取决于电子标签是否可以无限改写数据)。电子标签与阅读器之间通过耦合元件实现射频信号的空间(无接触)耦合。在耦合通道内,根据时序关系,实现能量的传递、数据的交换。

上位机管理、控制计算机发送指令使读写器工作,读写器通过天线发送射频信号,待电子标签接收到射频信号后,转化为电流,供芯片工作,读出内部所储存的数据,经调制后发送出去;天线接收标签反馈的信息并送至读写器。经解调后还原出标签数据,发送给上位机进行处理。发生在阅读器和电子标签之间的射频信号的耦合类型有两种。

(1)电感耦合:变压器模型,通过空间高频交变磁场实现耦合,依据的是电子感应定律。

(2)电磁反响散射耦合:雷达原理模型,发射出去的电磁波,碰到目标后反射,同时携带回目标信息,依据的是电磁波的空间传播规律。

电感耦合方式一般适合于中、低频工作的近距离射频识别系统。典型的工作频率有:125kHz、225kHz、和13.56MHz。识别作用距离小于1m,典型作用距离为10~20cm。

电磁反向散射耦合方式一般适合于高频、微波工作的远距离射频识别系统。典型的工作频率有:433MHz,915MHz,2.45GHz,5.8GHz。识别作用距离大于1m,典型作用距离为3~10m。

3.3.5.3 RFID 技术分类及应用

射频识别技术利用了无线电波来传递数据,自动对贴有标签的物体进行识别,是一种非接触式的自动识别技术,识别过程不需要人工进行干预,工作环境的要求低,通过天线的耦合,实现数据的传输是操作中的一个关键过程。根据电子标签和读写器之间不同的能量感应方式以及通信方式,RFID通常被分为电磁反向散射耦合(Backscatter Coupling)系统和电感耦合(Inductive Coupling)系统两大类。依据的是电磁波空间传播规律,电磁反向散射耦合系统是通过发射电磁波,当电磁波碰到目标之后会被反射,并带回目标带有的信息;依据电磁感应定律,电感耦合系统是通过空间中的高频交变磁场实现耦合。与传统的识别技术相比,RFID技术不仅实现了数据之间传输的无接触,而且还具有防冲撞机制,能同时识别多个标签而不至于产生冲突,解决了传统的光学和接触式识别在技术上的很多缺陷,例如RFID电子标签具有防水、防磁、耐高温、数据可加密、读取距离大、存储容量大、存储信息易更改等特点。正是由于RFID技术在这些方面的独特优势,使RFID技术在交通运输控制管理、商业自动化和工业生产自动化等领域得到越来越广泛的应用。

3.3.5.4 RFID 数据

在信号控制时,每个基站监测点每隔一定时间上传一次检测数据。通过对上传数据的解析，可以获得检测点车流量、监测点之间的车辆路段平均车速及检测点异常数据检测、路段拥堵等交通事件检测数据，同时可以获得车辆的行驶轨迹等。下面是重庆市一些区域的原始 RFID 数据，如图 3-131 所示。

```
2608663662,1,,渝南大道（巴南大道路口）,,,3,2016-04-21 09:18:54,02,渝AHB×××,2,0,0,0,小型轿车,,,,,,渝南大道（巴南大道路口）—九公里轻轨站,,2016-04-21 09:30:30,2016-04-21 09:30:30,0020417500000000000000,502807360,,,,,null,10.10.82.125
2608663663,1,,渝南大道（巴南大道路口）,,,3,2016-04-21 09:18:50,02,渝B2T×××,2,0,0,0,小型轿车,,,,,,渝南大道（巴南大道路口）—九公里轻轨站,,2016-04-21 09:30:30,2016-04-21 09:30:30,0021017500000000000000,501713719,,,,,null,10.10.82.125
2608663665,1,,渝南大道（巴南大道路口）,,,3,2016-04-21 09:18:54,02,渝BXV×××,2,0,0,0,小型普通客车,,,,,,渝南大道（巴南大道路口）—九公里轻轨站,,2016-04-21 09:30:30,2016-04-21 09:30:30,0020417300000000000000,502862828,,,,,null,10.10.82.125
2608663666,1,,渝澳大桥北桥头,,,3,2016-04-21 09:18:59,02,渝BLE×××,2,0,0,0,小型普通客车,,,,,,渝澳大桥北桥头—渝中区,,2016-04-21 09:30:30,2016-04-21 09:30:30,0020417300000000000000,502705974,,,,,null,10.10.11.23
2608663667,1,,渝澳大桥北桥头,,,1,2016-04-21 09:18:25,02,渝BRR×××,2,0,0,0,小型轿车,,,,,,渝澳大桥北桥头—渝中区,,2016-04-21 09:30:30,2016-04-21 09:30:30,0020417500000000000000,503479563,,,,,null,10.10.11.23
2608663668,1,,渝澳大桥北桥头,,,3,2016-04-21 09:18:59,02,渝BBW×××,2,0,0,0,小型轿车,,,,,,渝澳大桥北桥头—渝中区,,2016-04-21 09:30:30,2016-04-21 09:30:30,0020417500000000000000,502824560,,,,,null,10.10.11.23
2608663669,1,,渝澳大桥北桥头,,,1,2016-04-21 09:18:17,02,渝A00×××,2,0,0,0,小型普通客车,,,,,,渝澳大桥北桥头—渝中区,,2016-04-21 09:30:30,2016-04-21 09:30:30,0020417300000000000000,502672572,,,,,null,10.10.11.23
2608663670,1,,巴南至南环,,,2,2016-04-21 09:18:45,02,渝A0T×××,2,0,0,0,小型轿车,,,,,,巴南至南环—巴南至南环,,2016-04-21 09:30:30,2016-04-21 09:30:30,0021017500000000000000,501759451,,,,,null,11.11.11.39
2608663671,1,,大佛寺至五桂,,,4,2016-04-21 09:18:50,02,渝AJ5×××,2,0,0,0,小型轿车,,,,,,大佛寺至五桂—大佛寺至五桂,,2016-04-21
```

图 3-131　重庆市原始 RFID 数据

3.3.5.5　基于 RFID 的交通信息采集

智能交通系统（ITS）中，车辆信息和道路信息在众多的交通参数信息中显得最为重要，是交通控制、交通诱导、交通信息服务、交通指挥等交通系统的信息源和数据基础。基于 RFID 技术的交通信息采集主要是针对车辆信息和道路交通参数的采集。

基于 RFID 技术的交通信息采集系统一般包括以下三部分：RFID 读写器、贴有电子标签的车辆、应该管理系统（即交通信息中心）。带有标签的车辆经过路段上安装的 RFID 读写器时，车辆的车牌、车辆长度、车辆类型、到达读写器的时间等到达信息都会被记录，并利用光纤、同轴电缆或者无线传输的方式将记录的信息传回到交通信息中心，形成车辆的到达信息表；交通信息中心通过对这些到达信息数据进行分析、统计，实时掌握道路交通的流量、道路交通单位时间的流速、车辆行程所耗费的时间、交通道路占有率、道路交通密度等第一手的交通数据信息。对于车辆的到达信息，在数据库中的数据结构如表 3-21 所示。

车辆信息数据结构　　　　　　　　　　表 3-21

表名	路段编号 + 读写器编号（区分上下游）				
数据项	到达时间	车辆编号	车牌	车型	车长	标记
数据类型	日期型	字符型	字符型	字符型	整型	浮点型

（1）截面流量

交通流量指的是在确定的周期时间内车辆通过道路的某一地点、某一路段或者某一车道的数目。本书以每分钟为计数周期，对每分钟内到达截面的车辆进行统计，通过表 3-21 所示的数据结构，比较车辆到达时间和系统时间，当到达时间大于时刻 T，小于时刻 $T+1$

时,则增加这一分钟的车辆数目,具体流程如下:

以零时为初始时刻,即判断时间 $T=00:00$,将车辆到达时间 t 与 T 和 $T+1$ 进行比较,当 $T<t<T+1$ 时,则表示该车辆是在 T 时刻开始时的一分钟内到达的,计入该分钟内交通量,标记数据项 f 置为 1,循环判断每辆车的到达时刻,当 $t \geq T+1$,统计当前分钟内的车辆数,进入下一分钟的交通量计算,同时置 $T=T+1$,直到 $T=24:00$ 时停止。用流程图表示为图 3-132。

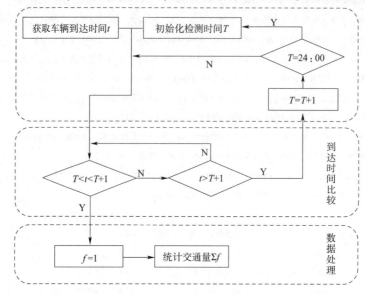

图 3-132 交通流量计算流程

由于符合时间判断的车辆中的标记数据项 f 被置为 1,因此分钟内的交通量计算公式 (3-76) 如下

$$Q_i = \Sigma f \tag{3-71}$$

式中:f——取值 $0(t<T$ 或 $t>T+1)$ 或 $1(T<t<T+1)$。

(2) 路段交通流流速

路段的交通流流速可以通过车辆行程速度的平均值来表示,一般其值是确定的行驶路段长度除以车辆通过这段路程所耗费的平均行程时间所得到的商,由于考虑到了车辆在道路上的停车延误,使用平均行程速度,车辆在路段上的行驶情况能够得到更好的体现。交通流流速需要计算车辆的行程时间,在路段上下游分别放置 RFID 读写器,能准确记录车辆通过段上下游的时间点。本书以每分钟为计数周期,通过表 3-21 所示的数据结构,获取下游读写器分钟内车辆的到达时间,并和路段上游读写器读取的相应车辆到达时间进行运算,从而得到车辆的行程时间,进一步计算出路段交通流流速,具体流程如下:

以零时为初始时刻,即判断时间 $T=00:00$,将下游检测器读取到的车辆到达时间 t_1 与 T 和 $T+1$ 进行比较,当 $T<t_1<T+1$ 时,则表示该车辆是在 T 时刻开始时的一分钟内到达下游道路对应处的检测器,记录该分钟内行程时间计算车辆,将数据项中的 f 设置为 1,同时准确记录下该车所对应的车辆编号,然后回访上游道路中检测器同一车辆编号的到达时间 t_2,得到该车的行程时间,循环获取每辆车的行程时间,当 $t \geq T+1$,统计当前分钟内的车辆数及各车的行程时间,计算出当前分钟内交通流流速,进入下一分钟的流速计算,同时置 $T=T+1$,直到 $T=24:00$ 时停止。用流程图表示为图 3-133。

由于符合时间判断的车辆中的标记数据项被置为 1,因此分钟内的交通流流速计算公式

如下

$$V_i = \frac{S}{\overline{T}} = \frac{S\Sigma f}{\Sigma(t_1 - t_2)f} \tag{3-72}$$

式中：f——取值为 $0(t<T$ 或 $t>T+1)$ 或 $1(T<t<T+1)$；
　　　S——该路段的长度；
　　　t_1——车辆到达下游读写器时间；
　　　t_2——与下游读写器对应车辆经过上游读写器时间；
　　　$\overline{T}$——检测周期内所有经过路段车辆的平均行程时间，即道路的形成时间。

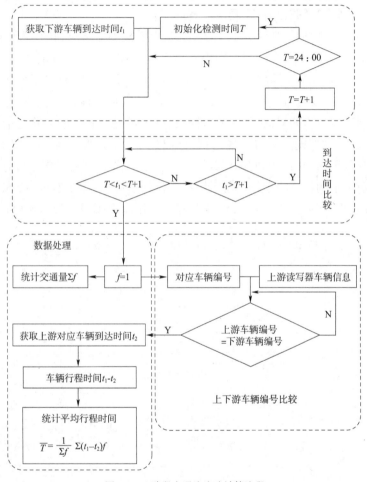

图 3-133　路段交通流流速计算流程

(3) 交通密度

交通流密度是指在某一时间点上，道路的单位长度上车辆的数目，即 $K=N/S$，其中 N 表示所检测的路段上车辆的数目，S 表示路段的长度。在连续交通流中，速度 V、流量 Q 及密度 K 之间存在着如下关系：$Q=VK$，因此通过空间平均速度和流量数据也可得到交通密度，计算方法如下

$$K_i = \frac{Q_i}{V_i} \tag{3-73}$$

式中：Q_i——分钟内交通流量；
　　　V_i——分钟内交通流速。

（4）道路占有率

道路占有率分为空间占有率和时间占有率，由于 RFID 能够读取到车辆的长度数据，因此本书采用空间占有率，即道路上所有车辆的长度之和与路段总长度之比，能直接反映道路上车辆密度的高低，表明道路的实际占用情况。占有率的计算需要清楚在路段上车辆数目及其相应的车长，而 RFID 读写器可以读到车辆的车长，同时在任一段时间内，流动于该路段的车辆数也可以通过车辆的上下游到达时间统计出来。本书以每分钟为计数周期，通过表 3-21 所示的数据结构，下游读写器获取分钟内车辆的到达时间，查找路段上游读写器读取的相应车辆，结合上游读写器读取的车辆信息，得到分钟内在该路段上的车辆，并根据记录的车辆长度信息计算出道路占有率，具体流程如下：

以零时为初始时刻，即判断时间 $T=00:00$，将上游检测器读取到的车辆到达时间 t_1 与 T 和 $T+1$ 进行比较，当 $T<t_1<T+1$ 时，则表示该车辆是在 T 时刻开始时的一分钟内到达上游道路中检测器，并行驶到该路段，将数据项中参数 f 设置为 1，同时将下游检测器读取到的车辆到达时间 t_2 与 T 和 $T+1$ 进行比较，当 $T<t_2<T+1$ 时，则表示该车辆是在 T 时刻开始时的一分钟内到达下游检测器的，并离开该路段，标记数据项 f 置为 1，并记录该车的车辆编号，然后访问上游检测器同一编号车辆，将其标记数据项 f 置为 0，循环查找上游读写器，将上游读取到并在下游离开的车辆的标记数据项 f 置为 0，当 $t \geq T+1$，统计当前分钟内的离开和进入的车辆数和车辆相应的车长信息，计算出当前分钟内道路占有率，进入下一分钟的占有率计算，同时置 $T=T+1$，直到 $T=24:00$ 时停止。用流程图表示为图 3-134。

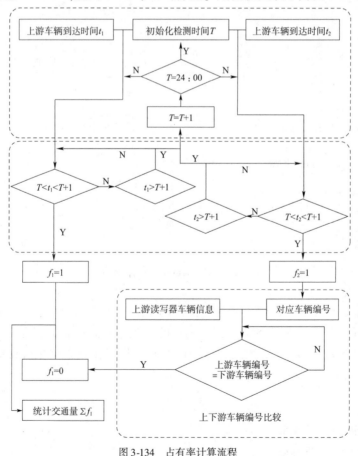

图 3-134　占有率计算流程

上游进入车辆的标记数据项被置为 1,同时通过下游判断,将从下游离开的相应上游车辆(标记已被置为 1)的标记数据项重置为 0,因此分钟内的道路占有率计算公式如下

$$p = \frac{\sum l f_i}{s} \tag{3-74}$$

式中：f_i——取值为 0(数据项 $id_1 = id_2$)或取值为 1(数据项 $id_1 \neq id_2$);

　　l——车辆的长度；

　　s——该路段的长度。

(5)路段延误

车辆在道路上行驶难免会受到阻塞或信号控制等因素的影响而使行驶时间延长。道路的延误时长的计算一般是每辆车在某一路段上,检测周期内实际行程时间与理想行程时间之间的差值,并求出所有差值的平均值。与交通流流速的计算类似,路段的交通延误同样需要计算车辆的行程时间。本书以每分钟为计数周期,通过表 3-21 所示的数据结构,获取下游读写器分钟内车辆的到达时间,并和路段上游读写器读取的相应车辆到达时间进行运算,以得到车辆的行程时间,与理想行程时间进行对比,从而计算出路段延误时间,具体流程如下:以零时为初始时刻,即判断时间 $T = 00:00$,将下游检测器读取到的车辆到达时间 t_1 与 T 和 $T+1$ 进行比较,当 $T < t_1 < T+1$ 时,则表示该车辆是在 T 时刻开始时的一分钟内到达下游道路对应位置检测器,统计该分钟内车辆行程时间对应的计算车辆,将数据项参数 f 设置为 1,同时准确登记该车所拥有的车辆编号,此后访问上游道路所对应的检测器同一车辆编号的到达时间 t_2,得到该车的行程时间,循环获取每辆车的行程时间,当 $t_1 \geq T+1$,统计当前分钟内的车辆数及各车的行程时间、延误时间,计算出当前分钟内车辆延误时间的平均值即为该分钟内的路段延误,进入下一分钟的交通延误的计算,同时置 $T = T+1$,直到 $T = 24:00$ 时停止。用流程图表示为图 3-135。

由于符合时间判断的车辆中的标记数据项被置为 1,因此分钟内的交通延误计算公式如下

$$T_{Di} = \frac{1}{\sum f} \sum \left[(t_1 - t_2) - T_0 \right] f \tag{3-75}$$

式中：f——取值为 0($t < T$ 或 $t > T+1$)或取值为 1($T < t < T+1$);

　　t_1——车辆到达下游读写器时间；

　　t_2——与下游读写器对应车辆经过上游读写器的时间；

　　T_0——该道路的理想通行时间；

　　T_{Di}——分钟内道路的延误时间。

3.3.6　基于 IC 卡的动态交通检测技术

3.3.6.1　IC 卡简介

IC 卡是集成电路卡(Integrated Circuit Card)的英文简称,截止到 2005 年底,我国实施城市公交卡收费系统的城市已超过一百二十多个,我国总共发出的公交卡超过七千万张。

在有些国家和地区也称之为聪明卡、智能卡、灵巧卡(Smart card)、智慧卡(Intelligent card),甚至微电路卡(Microcircuit card)、微芯片。它由一个或者多个集成电路芯片嵌在塑料基片中,再封装成卡的形状而成。IC 卡集成电路芯片具有写入并存储资料信息的能力,存储的资料信息,根据需要在满足一定条件下,让外部设备读取或者供内部信息处理及判断所

用。嵌在塑料基片中的集成电路芯片不同,其功能也不同。

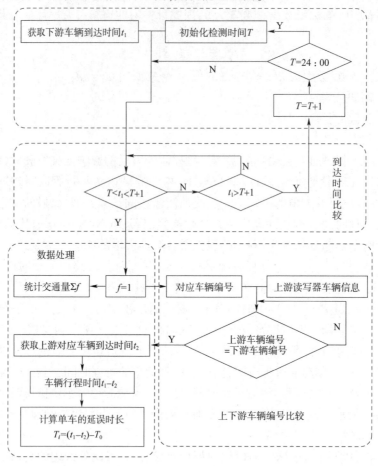

图 3-135　延误计算流程

IC 卡技术最早可以追溯到 1968 年——德国的两名发明家 Jiirgen Dethloff 和 Helmut GrStmpp 首次提出可以使用塑料卡片作为集成电路的载体。1970 年,Kunitaka Arimura 在日本也提出了一项类似的专利。但是由于造价相对较高,相应的发明并未能够实现应用。直到 1974 年,法国人 Roland Moreno 的 IC 卡专利才使得半导体行业能够以合理的价格生产和供应所需的集成电路。自 1976 年法国布尔公司研制出第一枚 IC 卡以来,IC 卡技术飞速发展,已经形成涉及全球众多著名电子巨头的新兴技术产业。国际标准化组织(International Standardization Organization,ISO)与国际电工委员会(International Electrotechnical Commission,IEC)的联合技术委员会为之制定了一系列国际标准、规范,极大地推动了 IC 卡的研究和发展。下面将从不同的角度对 IC 卡进行简单的分类介绍。

3.3.6.2　我国公交 IC 卡的发展

杭州市 2001 年开始使用城市通卡,截至 2010 年共发行了 250 万张,日刷卡量在 100 万人次左右,公交日客运量中卡的比率约为 70%。城市通卡可用于地面公交、出租车、路面停车、水上巴士。刷卡采用一票制、上车一次刷卡方式,记录内容仅有上车时间,没有上车位置、下车时间、下车位置等信息。除了用于结算,卡的交易数据主要用于 24 小时登量的统计。

截至 2012 年,南京市的公交卡——金穗卡日刷卡数据 180 万人次左右。目前可用于地面公交、地铁和轮渡。刷卡采用一票制,即上车刷卡一次,仅记录上车刷卡时间。刷卡数据用于统计线路和车辆的日客运量、24小时登量分布,通过线路的总登量辅助线路调整。

广州市的公交卡——羊城通已发售600万张卡,日刷卡量300万人次,约占日客运量的35%~40%。能够用于地铁、公交、便利店、菜市场、电影院、出租车、停车场等的缴费,已经覆盖了佛山、顺德。刷卡采用一票制,仅上车刷一次,记录上车刷卡时间。目前,正在筹建羊城通数据分析系统,即利用羊城通的刷卡数据服务公交运营和政府决策。

香港的公交卡——八达通卡已有十多年的使用历史,90%以上的公交出行均使用八达通卡。八达通卡普遍应用在地铁、公交、便利店、菜市场、电影院、出租车、停车场、打电话等日常生活活动中,成为居民的重要支付工具。刷卡采用一票制,仅上车刷一次,记录上车刷卡时间。刷卡数据主要应用于运输署对各公司运营收入情况的监督,以及校核公交调查的数据。

3.3.6.3 芯片的划分

1)根据镶嵌的芯片划分

(1)存储卡

IC卡内芯片为电可擦除可编程只读存储器(electrically erasable programmable read-only memory,EEPROM),以及地址译码电路和指令译码电路。为了能把它封装在0.76mm的塑料卡基中,特制成0.3mm的薄型结构。存储卡属于被动型IC卡,通常采用同步通信方式。这种IC卡存储方便、使用简单、价格便宜,在很多场合可以替代磁卡。但该类IC卡不具备保密功能,因而一般用于存放不需要保密的信息,例如医疗上用的急救卡、餐饮业用的客户菜单卡。常见的存储卡有ATMEL公司的AT24C16、AT24C64等。

(2)逻辑加密卡

该类IC卡除了具有存储卡的EEPROM外,还带有加密逻辑,每次读/写卡之前要先进行密码验证。如果连续几次密码验证错误,IC卡将会自锁,成为死卡。从数据管理、密码校验和识别方面来说,逻辑加密卡也是一种被动型IC卡,采用同步方式进行通信。该类IC卡存储量相对较小,价格相对便宜,适用于有一定保密要求的场合,如食堂就餐卡、电话卡、公共事业收费卡。常见的逻辑加密卡有SIEMENS公司的SLE4442、SLE4428,ATMEL公司的AT88SC1608等。

(3)CPU卡

该类IC卡芯片内部包含微处理器单元(CPU)、存储单元(RAM、ROM和EEPROM)和输入/输出接口单元。其中,RAM用于存放运算过程中的中间数据,ROM中固化有片内操作系统(Chip Operating System,COS),而EEPROM用于存放持卡人的个人信息以及发行单位的有关信息。CPU管理信息的加/解密和传输,严格防范非法访问卡内信息,发现数次非法访问,将锁死相应的信息区(也可用高一级命令解锁)。CPU卡的容量有大有小,价格比逻辑加密卡要高。但CPU卡的良好的处理能力和上佳的保密性能,使其成为IC卡发展的主要方向。CPU卡适用于保密性要求特别高的场合,如金融卡、军事密令传递卡等。国际上比较著名的CPU卡提供商有Gemplus、G&D、Schlumberger等。

(4)超级智能卡

在CPU卡的基础上增加键盘、液晶显示器、电源,即成为超级智能卡,有的卡上还具有指纹识别装置。VISA国际信用卡组织试验的一种超级卡即带有20个键,可显示16个字符,除有计时、计算机汇率换算功能外,还存储有个人信息、医疗、旅行用数据和电话号码等。

2）根据与外界数据交换的界面划分

（1）接触式 IC 卡

该类 IC 卡是通过 IC 卡读写设备的触点与 IC 卡的触点接触后进行数据的读\写。国际标准 ISO7816 对此类卡的机械特性、电气特性等进行了严格的规定。

（2）非接触式 IC 卡

该类 IC 卡与 IC 卡设备无电路接触，而是通过非接触式的读写技术进行读写（如光或无线技术）。其内嵌芯片除了 CPU、逻辑单元、存储单元外，还增加了射频收发电路。国际标准 ISO10536 系列阐述了对非接触式 IC 卡的规定。该类 IC 卡一般用在使用频繁、信息量相对较少、可靠性要求较高的场合。

（3）双界面卡

将接触式 IC 卡与非接触式 IC 卡组合到一张卡片中，操作独立，但可以共用 CPU 和存储空间。

3）根据与外界数据交换的传输方式划分

（1）串行 IC 卡

IC 卡与外界进行数据交换时，数据流按照串行方式输入输出，电极触点较少，一般为 6 个或者 8 个。由于串行 IC 卡接口简单、使用方便，目前使用量最大。国际标准 ISO7816 所定义的 IC 卡就是此种卡。

（2）并行 IC 卡

IC 卡与外界进行数据交换时以并行方式进行，有较多的电极触点，一般为 28～68 个。主要具有两方面的好处，一是数据交换速度提高，二是现有条件下存储容量可以显著增加。

4）根据应用领域划分

（1）金融 IC 卡

也称为银行卡，又可以分为信用卡和现金卡两种。前者用于消费支付时，可按预先设定额度透支资金；后者可作为电子钱包或者电子存折，但不能透支。

（2）非金融 IC 卡

也称为非银行卡，涉及范围十分广泛，实际包含金融卡之外的所有领域，诸如电信、旅游、教育、公交和社保卡等。

目前，IC 卡技术已经渗透到各个领域，在交通领域的运用已经十分广泛。IC 卡具有方便小巧、保密性强、数据存储的特点，现代交通追求高效、安全、舒适，将 IC 卡引入交通领域是时代发展的必然，也是现代交通追求高效、安全、舒适的必然。IC 卡可运用于交通设施的各个方面，例如：公交收费、出租车收费、高速公路收费、加油站收费、各种交通违章的罚款等。不仅如此，IC 卡本身可以记录大量的交通使用者及交通设施的使用信息，这些信息可以作为我们分析交通使用情况，预测交通发展趋势，对交通设施做远期规划的重要依据。

3.3.6.4 公交 IC 卡收费

1）IC 卡收费系统构成

在国内外，IC 卡已经被广泛应用于公交、超市、轮渡、酒店等各个领域。基本的 IC 卡收费系统包括用户层、用户与 IC 卡管理中心接口、IC 卡管理中心、资金结算中心和数据库五大部分，如图 3-136 所示。其中，IC 卡管理中心、资金结算中心和数据库是 IC 卡收费系统的核心部分，它们在系统后台运行，进行资金结算、数据读取和保存、IC 卡管理等操作。用户层主要负责乘客买卡、充值、消费、挂失和查询等业务。

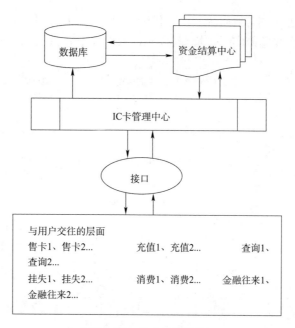

图 3-136　IC 卡系统框图

在 IC 卡收费系统内,数据的基本流向是:用户层完成各项基本业务后,通过数据接口把数据传送到 IC 卡管理中心,IC 卡管理中心对收集到的数据进行管理,在资金结算中心进行充值交易、消费交易和卡及卡账户的清算,数据库存储和管理各项数据。

2)公交 IC 卡收费系统构成

公交 IC 卡收费系统与一般的 IC 卡收费系统具有相同的系统构成,但公交 IC 卡收费系统有其自己的特点。根据此特点可将其分成充值网点系统、消费网点系统和中心系统三个子系统。

充值网点系统(开放型系统):主要完成售卡、充值、挂失、退卡等业务,完成卡内数据及现金之间的转化。

消费网点系统(封闭式系统):每一个行业相对于其他行业都是封闭的,如公交的数据只对公交行业有效,仅在本系统内传播,主要作用是完成商品与卡的交易,由中心系统统一管理。

中心系统:主要完成卡的初始化、数据的管理、结算、协调等服务,完成充值交易、消费交易和卡及卡账户的清算和管理。

图 3-137 为公交 IC 卡收费系统各部分关系图。

3)公交 IC 卡数据采集流程

公交 IC 卡数据采集的基本流程主要包括以下三个部分。

(1)数据记录产生

在持卡乘客上车刷卡同时,车载收费终端对公交 IC 卡进行识别和读写操作,并记录公交卡卡号、上车日期和时间。乘客每刷一次卡,车载收费终端便相应记录一条刷卡数据,存储在车载终端的数据存储设备中。

(2)数据传输

目前,国内的公交 IC 卡收费系统多采用离线式的车载收费终端。在每天公交车运营结束之后,工作人员通过专用数据采集设备统一采集各车载收费终端的交易记录,再将其导出到数据采集中心的计算机中,最后统一汇总传输到公交 IC 卡管理中心。对于在线式的车载收费终端,则是利用无线通信实时传输至公交 IC 卡管理中心,省去了人工采集的过程。

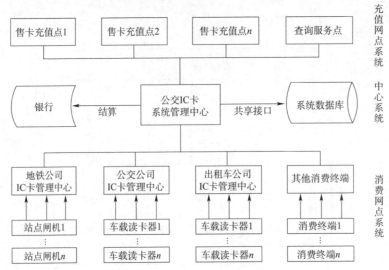

图 3-137　公交 IC 卡收费系统结构框图

(3) 数据接收处理

公交 IC 卡管理中心在接收数据之后,会进行相应的操作,验证交易的有效性和可靠性,并进行资金结算。同时,公交 IC 卡管理中心会向车载收费终端传送"禁止交易清单",即黑卡名单。

公交 IC 数据在系统中的流动路径如图 3-138 所示。

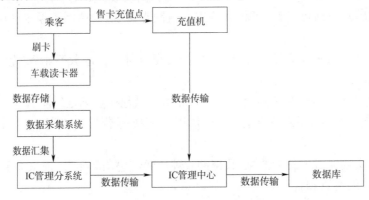

图 3-138　公交 IC 卡数据流动示意图

3.3.6.5　公交 IC 卡数据结构

要从公交 IC 卡数据中获得相关信息,首先必须了解公交 IC 卡到底记录了哪些信息。由于公交 IC 卡收费系统的建设初衷是实现公交收费的自动化,因此公交 IC 卡收费系统更加侧重于交易数据的全面性和安全性,其原始数据缺乏直接服务于客流分析的信息。在下面的介绍过程中,主要介绍客流分析相关的内容。

(1) 一票制模式下的卡数据结构

国内的公共交通(尤其是常规公交)多采用"一票制"的收费模式,即按次收费。在该收费模式下,仅需确定公交乘客的上车刷卡日期、刷卡时间和刷卡完成终端(车辆)即可完成交易,因此其记录的数据一般仅包括卡编号、数据类型、消费日期、消费时间、汽车编号、线路编号、单位编号和交易流水号等,各数据项的含义详见表3-22。

"一票制"收费模式下的公交IC数据项(部分)　　　表3-22

编　号	数　据　项	备　注
1	卡编号	公交IC卡编号,一张公交IC卡对应一个卡编号
2	卡余额	公交IC卡上的余额
3	消费金额	乘车小费的金额
4	消费日期	刷卡消费日期,即乘车日期
5	消费时间	刷卡消费时间,即乘车时间,一般格式:hh:mm:ss
6	数据类型	用以表征持卡者分类信息,如员工、老年人、学生、残障人士,有时包括持卡者居住地信息,如苏州的公交IC卡数据
7	收费终端号	车载IC卡收费终端编号
8	汽车编号	公交车辆的编号
9	线路编号	公交线路的编号
10	单位编号	车辆所属公交企业的编号
11	消费流水号	消费记录的唯一识别码

表3-23为常州市的公交IC卡数据记录示例表。

常州市公交IC数据记录表(部分)　　　表3-23

KBH (卡编号)	XFRQ (消费日期)	XFSJ (消费时间)	SJLX (数据类型)	SFJH (收费号)	QCBH (汽车编号)	XLBH (线路编号)	DWBH (单位编号)	LISTNO (记录号)
00102642	01-Dec-04	00:03:07	01	039656	018069	000003	0100	151013703079
00049115	01-Dec-04	00:03:09	A3	039656	018069	000003	0100	151013703080
00040855	01-Dec-04	06:51:04	B3	040863	010178	000003	0100	151013703050
…	…	…	…	…	…	…	…	…
00084005	01-Dec-04	06:54:35	01	040863	010178	000003	0100	151013750361

(2)分段计费模式下的卡数据结构

除了"一票制"的收费模式之外,部分城市常规公交还采用分段计费的收费模式,如北京市的常规公交就是实行分段计费和一票制两种票制。在北京市的600多条公交线路中,一票制线路占53%,分段计费线路占47%。

除了常规公交之外,国内很多城市(如北京、上海、南京等)已经建成了各自轨道交通网络。而轨道交通由于线路相对较长,且运营成本较高,也常采用按站点分段计费的收费模式(或按照里程收费)。

对于分段计费(或按照里程收费)的收费模式,公交IC卡收费系统需要准确掌握乘客的上下车站点方能完成一次交易。因此,对于采用分段计费的公交IC卡收费系统,其IC卡数据中会额外增加上车站点、下车时间和下车站点等信息。

需要注意的是,上文所讨论的收费模式和数据结构之间的关系是基于公交IC卡系统自动收费的前提。当常规公交车辆上配置了乘务员和手持式收费终端,通过乘务员的人工判断和操作也能实现分段收费,该情况下公交IC卡收费系统不会记录乘客下车站点。

· 159 ·

3.3.6.6 基于公交 IC 卡数据的上/下客站点推导方法

1) 公交 IC 卡数据

目前我国城市的公交收费模式主要以一票制和分段计费为主,两种不同收费模式的差异在公交 IC 卡数据上的体现是:分段计费对应的公交 IC 卡数据中包含了公交乘客的下车站点信息。一般而言,要进行公交客流 OD 分析,所使用的公交 IC 卡数据应至少包含以下 5 项内容:卡编号、消费日期、消费时间、车辆编号和线路编号。表 3-24 为常州市的公交 IC 数据记录表。

常州市公交 IC 卡数据记录表(部分)　　　　　　　　　表 3-24

卡编号	卡余额	消费金额	消费日期	消费时间	数据类型	汽车编号	线路编号	记录号
00102642	42.20	1.80	2004-09-01	00:03:07	01	018069	000003	151013703079
00049115	98.00	2.00	2004-09-01	00:03:09	A3	018069	000003	151013703080
00040855	99.00	1.00	2004-09-01	06:51:04	B3	010178	000003	151013750350
60026746	44.50	0.90	2004-09-01	06:51:33	01	010178	000003	151013750351
60007211	75.40	0.90	2004-09-01	06:51:45	01	010178	000003	151013750353
00200989	99.00	1.00	2004-09-01	06:51:47	A4	010178	000003	151013750354
00097724	104.40	0.90	2004-09-01	06:51:49	01	010178	000003	151013750355
00059346	99.00	1.00	2004-09-01	06:52:05	A4	010178	00G003	151013750356
00040862	99.00	1.00	2004-09-01	06:54:26	B3	010178	000003	151013750359

2) 公交出行过程分析

在介绍公交乘客上下车站点的判断方法之前,首先介绍一下公交出行过程。所谓公交出行过程,即公交乘客为完成某种出行目的,以公共交通为主要交通方式,从出发地到目的地的全过程。公交出行过程涉及出行起点、乘车线路、中途站点、换乘站点、换乘线路、出行终点等。

图 3-139 表示了一个完整的公交出行过程:乘客从出行起点 O 步行至公交站点 O_1 刷卡上车,乘坐线路 L_1 到达站点 D_1 下车,然后步行至站点 O_2 换乘线路 L_2 继续出行;经过 $n-1$ 次换乘,最终在站点 O_n 上车乘坐线路 L_n,到达站点 D_n 下车,并步行至出行终点 D。

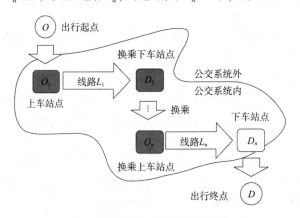

图 3-139　乘客公交出行过程示意图

图中公交乘客从线路 L_k 上的站点 D_k 下车,到线路 L_{k+1} 上的站点 O_{k+1} 上车的过程即为公交换乘过程。即公交换乘是公交乘客为完成一次出行,在到达目的地之前改乘另一辆公交车的行为。在公交换乘过程中,换乘站点 O_k 与站点 O_{k+1} 可以是同一站点,也可以是在空间距离上较为接近的两个站点,或者可以说站点 O_{k+1} 为线路 L_{k+1} 上最接近站点的站点。

从理论上讲,公交乘客在一次公交出行中,可以有若干次换乘也可以不换乘。但是通常情况下,公交乘客更愿意选择直达线路,在无直达线路的情况下往往选择换乘最少的路线,因此公交乘客在一次出行中的换乘次数通常为 1 次,换乘 2 次的很少,3 次或 3 次以上换乘的情况几乎没有。根据对南京市 352 名公交乘客进行的调查,有 317 名乘客不需要换乘,直接到达目的地;剩下只有 35 位乘客需要转车,仅占调查人数的 10%。

在公交乘客整个公交出行过程中,有公交 IC 刷卡数据的站点是乘客上车站点(其中包括一般上车站点和换乘上车站点)。乘客下车站点可以根据线路信息、换乘行为和出行规律等进行推断。上车站点识别、换乘行为识别和下车站点的判断是本节的重点。

对于采用"一票制"收费模式的公交 IC 卡收费系统,一般并没有直接记录乘客的上车站点,而是记录了公交乘客的上车日期、上车时间、乘坐车辆和乘坐线路,需要结合公交乘客的刷卡特点和公交系统的运营特点来进行上车站点的识别。

3)公交运营时间和乘客刷卡时间特征

(1)公交车辆运营时间特征

公交车辆运营时间是从起点站发车时间与终点站的到达时间的时间段。其中包括运行过程中在各个站点的停靠时间和相邻站点间的运行时间,如图 3-140 所示。

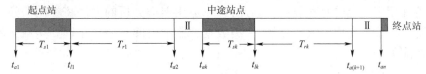

图 3-140 公交运行时间特征

根据图 3-140 中参数定义,则有公交车辆运营一趟的总时间

$$T = t_{an} - t_{a1} = \sum_{k=1}^{n-1}(T_{sk} + T_{rk}) \tag{3-76}$$

公交车辆到达第 k 个站点的时间

$$t_{ak} = t_{a1} + \sum_{i=1}^{k-1}(T_{si} + T_{ri}) \tag{3-77}$$

车辆离开第 k 个站点的时间

$$t_{lk} = t_{a1} + \sum_{i=1}^{k-1}(T_{si} + T_{ri}) + T_{sk} \tag{3-78}$$

综上,公交车辆在第 k 个站点的停留时间区间为

$$[t_{ak}, t_{lk}] = \left[t_{a1} + \sum_{i=1}^{k-1}(T_{si} + T_{ri}), t_{a1} + \sum_{i=1}^{k-1}(T_{si} + T_{ri}) + T_{sk}\right] \tag{3-79}$$

式中:k——站点号;

t_{a1}——起点站发车时间;

t_{l1}——起点站离开时间;

t_{ak}——到达第 k 个站点的时间;

t_{lk}——离开第 k 个站点的时间;

T_{s1}——起点站发车时间与离开时间间隔;

T_{r1}——车辆离开起点站(第一个站)到达下一个站的运行时间;

T_{sk}——车辆在第 k 个站的停留时间；

T_{rk}——车辆离开第 k 个站到达下一个站(终点站)的运行时间。

根据公交调度表中发车时间和到达时间,结合线路的平均运营速度,即可推断车辆到达沿途所有公交站点的时刻。但仅仅依赖于发车时刻表及平均运营速度来推测公交车辆的到站时刻的可靠性及准确度均有待验证。在只有公交 IC 卡数据的基础上,可以根据 IC 卡中推测出的换乘信息进行校验。例如,根据运营时刻信息推算得到公交车辆 B 在 8：00 到达站点 S,但通过换乘行为分析显示,有若干乘客在 7：50 从其他线路由该站点换乘到了该线路上,则表示车辆 B 到达到站点 S 实际时间应比推测的时间提前 10 分钟,该车辆到达后续站点的时间也需要调整 10 分钟。通过这种方式,将线路的运营时刻表与线路的换乘信息相结合,可以提高推导线路到站时刻的准确性。

(2)公交乘客刷卡时间特征

一般而言,公交乘客会在上车过程中完成刷卡付费。当然在车辆比较拥挤或乘客行动缓慢(如老年人或带有大量物品者)的情况下,也会出现公交乘客在车辆启动离站后刷卡的现象。在同一站点上车的公交乘客,其刷卡时间在时间上具有集中性。

从图 3-141 可以看到,公交车辆到达各个站点的时间是一个有序时间序列,在每个站按乘客先后刷卡上车时记录的刷卡时间也是一个有序的时间序列,且在同一站点乘坐同一车次的乘客的刷卡时间具有显著的集中性,并由各个站点上车的乘客的刷卡时间应包含在车辆到达和离开相应站点的时间段内。因此,可以运用聚类分析的方法将在同一站点乘坐同一车次的刷卡记录聚合成一组。显然,聚类数据的刷卡时间与公交车辆到达站点的时间具有良好的匹配关系。

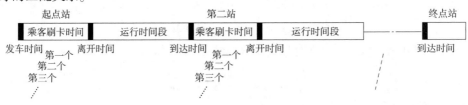

图 3-141 车辆到站时间与刷卡乘客上车时间关系示意图

如果线路上每一个站点均有乘客刷卡,则产生的聚类数据应当与公交线路的沿途站点一一对应。但考虑到在一个车次中,不可能所有的站点都有乘客上车,因此可以将多天的刷卡数据集中在一起进行聚类分析,保证更多的站点有乘客的上车记录,以提高推断上车站点的准确性。

按照前面已经推算出的车辆运行到各个站点的时间和乘客出行刷卡信息表中的乘客刷卡时间之间的关系,将乘客刷卡记录分别匹配到车辆到达各个站的时间内(这里不考虑偶然情况车辆启动离开站台后,有乘客刷卡的情况),即可得到刷卡乘客的上车站点。

4)基于 IC 卡数据的上车站点识别过程

在了解了公交运营的时间特性和乘客刷卡的时间特性之后,借助聚类分析算法和其他必要的推导可实现上车站点识别,本小节主要介绍公交 IC 卡结合公交调度数据进行上车站点识别的方法。

注意到公交数据字段中能够反映刷卡动态行为的数据有刷卡时间、线路编号、车辆编号,而没有与公交站点相联系的数据。而公交数据表通过线路编号、车辆编号与公交调度信息表(表 3-25)发生多对一的关系。根据公交调度信息中的发车时间、到达时间即可推算公交车辆在所有公交站点停靠的时间。刷卡时间可近似认为是公交车辆在公交站点的停靠时间,通过这两个时间的匹配,结合公交 IC 数据的聚类结果,即可较为准确判断各上车站点。

公交调度信息数据结构表　　　　　　　　　　　　　　　表 3-25

字　段	字段-类型	字　段	字段-类型
线路编号	整型	发车时间	时间
车辆编号	字符型	到达站点编号	字符型
车牌号	字符型	到达时间	时间
发车站点编号	字符型		

因同一车次的刷卡数据时间上具有集中性,故分别对各车次的刷卡数据进行聚类,并与推测得到的车辆停靠时刻进行匹配,得到各刷卡记录的刷卡站点,并存储在公交 IC 刷卡数据表中。下文将对公交 IC 数据进行聚类分析、车辆停靠时刻推算以及时间匹配方法进行详细介绍。

(1) 公交 IC 卡数据聚类

城市公交具有定线、定站的运营特征,公交乘客需要在公交站点乘车,当公交车到达站点,上车乘客连续进入公交车辆。因此,对于一趟公交车,乘客上车客流具有很强的时间群集特性。公交数据中的刷卡时间字段描述了刷卡乘客上车时间,因此也具有时间群集特征。对刷卡时间数据进行聚类分析即以时间长短作为聚类的相似性依据,即两次刷卡时间间隔较短的刷卡记录作为一组或一类(图 3-142)。

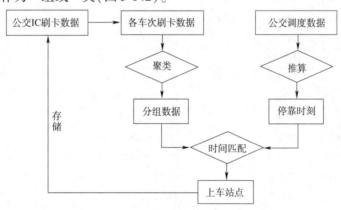

图 3-142　刷卡乘客上车到站点判断流程图

由于存在有些公交站点无上车刷卡乘客,因此对刷卡时间进行聚类的分类数量不能确定,适宜采用层次聚类方法。基本思路是:

步骤 1:提取一趟公交车的所有刷卡时间记录,数量设为 K,并将每一个记录看成一类,即初始记录分类数为 K。

步骤 2:比较相邻两类刷卡时间的距离 D_{pq},将距离最小的两类或几类合并成一类(由于刷卡时间数据在数据库中按时间顺序排列,因此相邻两数据间间隔为最短)。其中,相邻两类距离取两类数据中最短间隔,如用 $G_1 G_2,\cdots G_p G_q \cdots$ 表示类,则 G_p,G_q 间距离 $D_{pq} = \min_{i \in G_p, j \in G_q} d_{ij}$。

步骤 3:重复步骤 2 直到 $\min[D_{ij}] > T_u$ 时停止聚类,其中 T_u 表示该线路相邻两站点间最短的刷卡时间间隔。不同的路线由于道路条件、站点分布等情况不同,其取值变化较大。根据南京公交 IC 使用的情况调查,T_u 取值为 70s。

刷卡数据经过聚类分析以后,将各组数据的分类号储存在刷卡数据后新建的"分组号"字段。并计算各组刷卡数据的中间值与最大刷卡间隔,最大刷卡间隔为组内最后一次刷卡时刻与第一次刷卡时刻之差,中间值为组内各刷卡数据的算术平均值。新建"刷卡间隔"与"中间值"字段分别存储在数据表中,以备与车辆停靠时间进行时间匹配,确定上车站点。

以南京公交IC刷卡数据为例,表3-26所示为进行聚类分析和平均刷卡时间运算之后的数据表形式。

公交卡数据聚类分析结果(部分) 表3-26

序号1	序号2	线路号	车辆编号	刷卡时刻	卡号	消费金额(元)	分组号	刷卡间隔(S)	中间值
1	39	1010031	147502	17:17:18	E4315031023594135	0.7	1	0	17:17:18
2	39	1010031	147502	17:21:39	E4315031029376347	0.7	2	53	17:22:05
3	39	1010031	147502	17:21:42	E0000996096261577	0.7	2	53	17:22:05
4	39	1010031	147502	17:21:50	E0000996096294056	0.7	2	53	17:22:05
5	40	1010031	147502	17:21:57	E0000996096463889	0.7	2	53	17:22:05
6	40	1010031	147502	17:22:01	E0000996096372573	0.7	2	53	17:22:05
7	40	1010031	147502	17:22:03	E0000996096899095	0.7	2	53	17:22:05
8	40	1010031	147502	17:22:11	E0000990196669839	0.7	2	53	17:22:05
9	40	1010031	147502	17:22:12	E0000990196669839	0.7	2	53	17:22:05
10	40	1010031	147502	17:22:15	E4315031045603898	0.7	2	53	17:22:05
11	40	1010031	147502	17:22:18	E0000996195736008	0.7	2	53	17:22:05
12	40	1010031	147502	17:22:23	E0000996196769513	0.35	2	53	17:22:05
13	40	1010031	147502	17:22:32	E0000996096869335	0.7	2	53	17:22:05
14	40	1010031	147502	17:24:33	E0000996195823421	0.35	3	33	17:24:59
15	41	1010031	147502	17:24:34	E0000996196763878	0.7	3	33	17:24:59
16	41	1010031	147502	17:24:52	E4315031037879076	0.7	3	33	17:24:59
17	41	1010031	147502	17:24:53	E0000996096378640	0.7	3	33	17:24:59
18	41	1010031	147502	17:25:06	E0000996096530412	0.7	3	33	17:24:59
19	41	1010031	147502	17:26:42	E0000996096442359	0.7	4	0	17:26:42
20	41	1010031	147502	17:32:40	E4315031043714200	0.7	5	32	17:32:56
21	41	1010031	147502	17:32:43	E0000996096460106	0.7	5	32	17:32:56
22	41	1010031	147502	17:32:44	E0000996196796971	0.7	5	32	17:32:56
23	41	1010031	147502	17:32:46	E4315031038921174	0.7	5	32	17:32:56
24	41	1010031	147502	17:32:48	E0000996196809513	0.7	5	32	17:32:56
25	42	1010031	147502	17:32:49	E0000996196732085	0.7	5	32	17:32:56
26	42	1010031	147502	17:32:51	E4315031022610015	0.7	5	32	17:32:56
27	42	1010031	147502	17:32:53	E4315031034697075	0.7	5	32	17:32:56
28	42	1010031	147502	17:32:55	E0000990196689395	0.7	5	32	17:32:56
29	42	1010031	147502	17:32:59	E0000996096870219	0.7	5	32	17:32:56
30	42	1010031	147502	17:33:01	E0000996096552208	0.7	5	32	17:32:56
31	42	1010031	147502	17:33:05	E4315031039956161	0.7	5	32	17:32:56
32	42	1010031	147502	17:33:08	E0000996096552207	0.7	5	32	17:32:56

注:上表为对南京31路公交车一车次单项运营过程的刷卡数据聚类分析结果。共计刷卡数据92条,分类数量为11组。

（2）车辆停靠时刻推算

这里定义公交车停靠时刻为车辆在停靠站停靠的中间时刻，即取公交车到站时刻与离站时刻的中间时刻。用公式表示为

$$t_k = t_{ak} + \frac{(t_{lk} - t_{ak})}{2} = t_{l(k-1)} + T_{r(k-1)} + \frac{1}{2}T_{sk}, k \geq 2 \quad (3-80)$$

公交车辆运营时耗包括站点停靠时间 T_{sk} 和路上运行时间 $T_{\gamma k}$，（包括行驶时间和路上延误）。由公交调度信息表可以提取的车辆起点站发车时刻 t_{l1} 与终点站到站时刻 t_{l2}。根据这几个数据即可计算公交车辆离开各站点的时刻，推算公式为

$$\begin{aligned}
t_{lk} &= t_{l(k-1)} + T_{r(k-1)} + T_{sk} \\
&= [t_{l(k-2)} + T_{r(k-2)} + T_{s(k-1)}] + T_{r(k-1)} + T_{sk} \\
&= \cdots \\
&= t_{l1} + \sum_{i=1}^{k-1} T_{ri} + \sum_{i=2}^{k} T_{si}
\end{aligned} \quad (3-81)$$

则公交车停靠时刻为

$$t_k = t_{l1} + \sum_{i=1}^{k-1} T_{ri} + \sum_{i=2}^{k-1} T_{si} + \frac{1}{2}T_{sk}, 2 \leq k < n \quad (3-82)$$

对于首末站，近似认为到站时间和出站时间相等，即 $t_{a1} = t_{l1}, t_{an} = t_{ln}$。

下面讨论一下式中各参数的取值问题。

站点停靠时间 T_{sk}：注意到刷卡数据聚类后计算得到的各组内的刷卡时间间隔（用 Δ_k 表示）数据可近似表示为站点停靠时间，其他没有刷卡数据的站点，其停靠时间可以采用调查数据近似。根据南京公交运营数据，建议取 20s。

站点间运行时间 $T_{\gamma k}$：即站间距离除以平均运行速度的值，单位 s。计算公式

$$T_{rk} = l_{k(k+1)} / \overline{V}, 其中, \overline{V} = l / \left(t_{an} - t_{ln} - \sum_{i=2}^{n-1} T_{si}\right) \quad (3-83)$$

式中：l——公交线路长度。

将计算得到的结果以数据表形式存储在数据库中，以备确定上车站点。建立车次到站时刻表，如表 3-27 所示。

车次到站时刻表结构　　　　　表 3-27

字　段	字段-类型	备　注
站点编号	整型	公交站点的数字编号
站点名称	字符型	公交站点的名称
到站时刻	时间	到达站点时刻

注：车次到站时刻表数据与调度信息数据表根据车次产生多对一的关系。

（3）刷卡时间与停靠时间匹配

经过聚类分析和停靠时刻推算得到各类中公交乘客刷卡时间的"中间值"和公交车辆在各站点的"停靠时刻"。比较"中间值 t_m"与"停靠时刻 t_k"之间的距离 Δ_{mk}，当 Δ_{mk} = min（$|t_m - t_k|$）时，所取对应的停靠站点认为是 t_m 所对应的刷卡记录的刷卡站点，即上车站点。

3.3.7　检测器特点汇总

磁感应检测器可以直接检测车辆的通过，可以检测交通量，占有率等参数，该方法技术成熟，但安装和维护需要开挖路面、影响交通。波频车辆检测器直接检测交通量（包括动态

和静态)、车高和占有率,该方法对环境要求不高,且安装维护不影响交通,但该检测安装需要悬空。视频检测技术分为虚拟线圈式检测系统(Tripwire Systems)和跟踪式检测系统(Tracking Systems)两种工作方式。可以提供交通流量、平均速度和车道占有率等数据,且近年来在交叉口参数提取方面的研究也较多,但该方法受日照等影响较大,且检测器安装要求摄像头在车道正上方悬空,安装要求较高。上述三类检测技术特点总结如表3-28所示。

三类交通检测技术特点分析　　　　　　　　　　表3-28

技　术	检测参数	优　点	缺　陷
磁感应检测	交通量、占有率、速度、车头间距、车型等	检测已标准化;技术成熟、易掌握;计数较精确	不易检测静止交通;修理或安装需要中断交通;影响路面寿命;易被重型车辆、路面修理等损坏
波频检测	交通量、车速、占有率、车头间距、车型	对环境要求较低;可检测静止车辆;可检测多车道;在车型单一、车流稳定,车速分布均匀的道路上准确度较高	由于遮挡,精度会受到较大影响;悬空设置检测器对距离有一定要求;价格较贵
视频检测	交通量、车速、占有率、车头间距和车头时距、车型、排队	安装方便;单台摄像机和处理器可检测多车道;无接触检测;可扩展性强	易受环境干扰;安装要求较高;检测精度与实时性对算法具有较大依赖性

课后习题

3.1　陈述环形线圈的检测原理。

3.2　陈述雷达测速仪的检测原理。

3.3　陈述 AUTOSCOPE 的软件使用过程。

3.4　以交通流量的检测为例,陈述并分析超声和视频检测的特点。

本章参考文献

[1] 任保利.地磁车辆检测与车型分类算法研究[D].广州:华南理工大学,2012.

[2] 汪伟利.基于磁阻传感器的高速公路车辆检测系统的研究与设计[D].西安:长安大学,2013.

[3] 张君.基于地磁的智能交通车检系统的研究[D].杭州:杭州电子科技大学,2013.

[4] 荣梅.基于地磁的智能交通检测技术[D].湘潭:湘潭大学,2011.

[5] 苏东海.基于地磁感应的交通流检测方法研究[D].天津:天津大学,2007.

[6] 李盼.基于地磁信息的车型识别技术的研究[D].北京:北京交通大学,2015.

[7] 陈毅强.无线传感网络地磁车辆检测系统的研究[D].西安:长安大学,2013.

[8] 白云婷.无线式地磁车辆检测器的研究[D].西安:长安大学,2012.

[9] 邢磊.车辆检测技术研究[D].重庆:重庆大学,2013.

[10] 李学.道路交通检测系统的设计与研究[D].长沙:长沙理工大学,2008.

[11] 孔德强,曲仕茹.环形线圈车辆检测器的改进设计[J].工业仪表与自动化装置,2007(4):59-61.

[12] 李诚.环形线圈检测车辆的研究[J].汽车实用技术,1994(4):13-18.

[13] 金盛.环形线圈检测器交通数据预处理方法研究[D].长春:吉林大学,2007.

[14] 杜荣义.基于感应线圈道路交通流检测系统研究与设计[D].长沙:长沙理工大学,2009.

[15] 夏发钦.利用地感应线圈检测机动车辆的原理与实现[D].武汉:武汉科技大学,2011.

[16] 李颖宏,张永忠,王力.道路交通信息检测技术及应用[M].北京:机械工业出版社,2014.

[17] 马英,王昱,江昆,等.环型线圈车辆检测器在电子警察系统中的应用[J].现代电子技术,2008,31(1):184-186.

[18] 孙国栋,姜永林,梁起.智能环形线圈车辆检测器的设计与实现[J].微计算机信息,2003(9):54-57.

[19] 程钢,陈光武.环形线圈车辆检测器的埋设工艺[J].公路交通科技,2001,18(s1):169-172.

[20] 石译雄.基于环形线圈的车型识别研究[D].长沙:长沙理工大学,2009.

[21] 皮晓亮,杨晓光,孙亚.基于环形线圈检测器采集信息的交通状态分类方法应用研究[J].公路交通科技,2006,23(1):33-38.

[22] 孙亚,彭国雄,皮晓亮.基于环形线圈检测器采集信息的数据挖掘方法研究[J].交通信息与安全,2005,23(1):46-49.

[23] 丛广岩,王潮海.环形线圈式车辆检测器及其应用[J].吉林交通科技,1991(4):44-47.

[24] 梁子君,张博,宋志洪.基于无线地磁检测器的交通诱导系统建设[J].数字技术与应用,2011(11):104-105.

[25] 杨成材,王兵,陈婉,等.地磁检测器车辆检测波形分析[J].中国新技术新产品,2015(23):80.

[26] 邹娇,吴坚,应世杰.基于SENSYS地磁检测器的城市道路交通状态分析[J].交通运输研究,2011(14):139-143.

[27] 陈华.基于AMR地磁感应检测器的车辆检测和分类识别[D].天津:天津大学,2009.

[28] 张军强.基于无线传感器网络的地磁车辆检测技术[D].北京:北方工业大学,2015.

[29] 苏东海,王亮,马寿峰.基于地磁感应的车辆检测方法的研究[J].交通信息与安全,2007,25(3):9-13.

[30] 荣梅,黄辉先,徐建闽.基于地磁传感器的车辆检测算法[J].交通信息与安全,2011,29(3):43-46.

[31] 谭宇婷,李梦珠.车辆检测地磁技术研究现状及趋势[J].科技创新与应用,2017(2):92-92.

[32] 高玺广,王志刚,徐莉,等.基于地磁感应的无线车辆检测系统的设计研究[J].电子设计工程,2011,19(14):41-43.

[33] 马姗姗,程明霄,蒋书波,等.基于地磁传感器的车辆检测系统的研究[J].机床与液压,2012,40(2):65-68.

[34] 赵中琦,陈永锐,易卫东.基于磁阻传感器的无线车辆检测器[J].电子测量技术,2013(1):1-7.

[35] 陈强,陶海鹏,王志明.基于磁阻传感器的无线车辆检测器的设计[J].传感器与微系统,2011,30(6):82-83.

[36] 陈超.基于WSN的交叉口信号控制方法研究[D].大连:大连理工大学,2007.

[37] 吴义魁.基于WSN的高速动态汽车称重研究[D].南昌:南昌航空大学,2011.
[38] 姜胜山.基于WSN的车辆检测系统的研究与设计[D].北京:国防科学技术大学,2009.
[39] 李静.基于WSN的高速公路交通流检测系统研究[D].西安:长安大学,2011.
[40] 丁男.基于WSN的实时动态交通流数据获取相关技术研究[D].大连:大连理工大学,2011.
[41] 商瑶.基于WSN与数据融合技术的交通信息检测[D].大连:大连理工大学,2009.

第4章 交通数据处理技术

4.1 交通信息的内涵

交通信息是对交通设施、交通环境和交通管理等交通出行中客观要素的描述,参考相关文献,本书中将其定义为出行者在出行前或出行中查询的关于出行选择行为的所有信息。

交通信息有很多内涵,按其内容的不同可以划分为交通设施信息、交通管理信息和交通出行信息等。其中,交通设施信息可以体现交通设施的设置和布局,主要包括路网布局信息、公共交通服务水平信息和停车场车位信息等。交通管理信息对交通有控制、疏导和应急反馈的作用,主要包括交通事故信息、交通管制信息和路段拥堵信息等。交通出行信息能够为出行者提供基本的出行建议,主要包括出行方式信息、出行路线信息和绕行信息等。

4.2 统计学基础

交通数据中往往蕴含着一定信息,这些信息可以是交通系统自身运行的特征和规律,也可以是人们交通行为或经济行为在交通活动中的反映。如何正确使用统计分析方法来挖掘数据中蕴含的信息显得至关重要。数理统计的内容包括:如何收集、整理数据资料;如何对所得的数据资料进行分析、研究,从而对所研究的对象的性质、特点做出推断。

4.2.1 数据分析的统计学基础

数理统计学是使用概率论和数学的方法,研究如何用有效的方式收集带有随机误差的数据,并在设定的模型下,对收集的数据进行分析,提取数据中的有用信息,形成统计结论,为决策提供依据。数理统计应用的广泛性,几乎渗透到人类活动的一切领域。

数理统计学是数学的一个分支,它的任务是研究怎样用有效的方法收集和使用带随机性影响的数据。其中,数据必须带有随机性的影响才能成为数理统计学的研究对象,随机性来源于研究对象抽样;"有效的方式收集数据"中"有效"一词一方面是可以建立一个数学上可以处理并尽可能简单方便的模型来描述所得数据,另一方面是数据中要包括尽可能多的、与所研究问题相关的信息。

1)随机变量、样本和总体

随机变量的实质就是对于一次试验(或者观察),由于受到众多因素或者试验本身误差的影响,其结果或者观测值具有一定的随机性。如某个信号交叉口进口道一个信号周期内到达的车辆数为 X,由于交通需求是变化的,在没有观测之前,不能确定 X 的具体值;又如,经过某路段上某点的车辆运行速度在没有测量之前是不确定的。

交通工程中常用的随机变量主要有两种类型:离散型随机变量和连续型随机变量。离散型随机变量只能取有限或可数个值,如某条路段上一定时间内发生的交通事故数或交通事故死亡人数,只能是整数值,它们都是离散型随机变量。连续型随机变量取值则充满整个区间,如车头时距和车辆运行速度等,这类变量的特点是其取值可为某区间上的任何值。

随机性产生的原因主要有两点:交通现象本身的随机性和观测误差的存在。例如,在对驾驶人员的反应时间进行测量的试验中,不同的驾驶人由于生理、心理条件的不同,测量的结果是不同的,这就是自身随机性。在相同的道路或者交通条件下,应用相同的调查仪器对某个交通参数进行重复观测,每次的观测结果可能是不同的,部分原因就是存在观测误差。

在数理统计中,将研究对象的全体称为总体或母体,而把组成总体的每一个基本元素称为个体。例如,在研究驾驶人员的行为特征时,所有的驾驶人员就是要研究的总体,而每一个驾驶人员就是一个个体。在实际研究中,虽然研究的问题是针对总体的特性,但我们往往并不关心每个个体的所有特殊属性,而只是关心某个(些)指标 X 及这些指标在总体上的分布特征。例如研究驾驶人员的反应特性,测量的指标只是驾驶人员的反应时间,对于驾驶人员的身高体重、收入情况都不关心。对于每个个体而言,指标 X 是确定的,但对总体中不同的个体而言,X 是不同的。因此对总体而言,指标 X 是随机变量(或随机向量)。如果 X 的分布函数为 $F(x)$,则称 $F(x)$ 为总体分布。由于总体特性可以用其分布来刻画,因此,通常把总体分布与总体视为同义词。

综上可以给出以下定义:

设 X 是具有分布函数 F 的随机变量,若 $X_1, X_2, \cdots, X_n$ 相互独立,且每一个 $X_i (i=1,2,\cdots,n)$ 与总体 X 具有相同的分布函数 F,则 n 维随机变量 $(X_1, X_2, \cdots, X_n)$ 为来自 X 的简单随机样本,它的观测值 $(x_1, x_2, \cdots, x_n)$ 称为样本观测值,n 为样本容量。$(X_1, X_2, \cdots, X_n)$ 可能取值的全体组成的集合称为样本空间,为某些特性进行估计和推断,所以抽取的样本应尽可能地反映总体的特性。

由定义得:若 $X_1, X_2, \cdots, X_n$ 为 F 是一个样本,则 $X_1, X_2, \cdots, X_n$ 相互独立,且它们的分布函数都是 F,所以 $(X_1, X_2, \cdots, X_n)$ 的分布函数为

$$f(x_1, x, \cdots, x_n) = \prod_{i=1}^{n} f(x_i) \tag{4-1}$$

又若 X 具有概率密度 f,则 $(X_1, X_2, \cdots, X_n)$ 的概率密度为

$$f(x_1, x, \cdots, x_n) = \prod_{i=1}^{n} f(x_i) \tag{4-2}$$

在交通实践中,由于随机变量的测量结果和记录方式不同,其测量值通常有四种表现形式(数据类型):计量数据、计数数据、名义数据、有序数据。

(1)计量数据:随机变量的测量值可以是某区间内任意一个实数,例如,车辆运行速度和驾驶人员的反应时间。

(2)计数数据:只能在整数范围内取值。如一定统计时间内通过某路段(车道)断面的车辆数,某路段上在一定时间内发生的事故数等。

(3)名义数据:名义数据的测量结果不是数,而是事物的属性,如人的性别、路面干燥状况等。在进行数据分析时,为了分析(或统计)的便利,常用数来表示属性的分类,例如用"0"和"1"分别表示男和女;在选择行为中,"1"和"0"分别表示接受和拒绝。名义数据之间没有内在的次序,也没有数值距离,只起到一个名义的作用,不表示大小关系,更不能进行运算。

(4)有序数据:在实际测量中,有时需要用到表征事物的次序关系的定性变量,通常的做法是采用数值来表示排序信息。如评价道路实施的服务水平,用1、2、3、4表示服务水平的质量。与次序对应的数值只是反映某一特定属性上的排序,数值之间的距离并不相等,这些

数只起到一个顺序作用,这类数据称为有序数据。

计量数据和计数数据称为定量数据,这些数据具有一定的物理意义,可以进行各种运算。名义数据和有序数据称为定性数据(或属性数据),这些数据只是一种代码,不表示实际数量上的含义,不能进行数学运算。正是由于定量数据和定性数据之间存在这种差异,决定了定量数据和定性数据统计分析方法的不同。因此,在进行数据分析时,需要注意测量数据类型,并选择合适的分析方法。

2)常用抽样方法及其特点

样本是按一定的规定从总体中抽出的一部分个体,这里的"按一定的规定",是指为保证总体中的每一个个体有同等的被抽出的机会而采取的一些措施,取得样本的过程,称为抽样。

抽样的方法很多,总体分为概率抽样和非概率抽样两类。非概率抽样指根据一定主观标准抽取样本,令总体中每个个体的被抽取不是依据其本身的机会,而是完全决定于调研者的意愿。其特点为不具有从样本推断总体的功能,但能反映某类群体的特征,是一种快速、简易且节省的数据收集方法。概率抽样又称随机抽样,指在总体中排除人的主观因素,给予每一个体一定的抽取机会的抽样。其特点为,抽取样本具有一定的代表性,可以从调查结果推断总体;操作比较复杂,需要更多的时间,而且往往需要更多的费用。

在数理统计中,为了保证所抽取的个体在总体中具有代表性,一般采用随机抽样,简称抽样。这种抽样方法抽取的个体满足以下要求:①随机性:每次抽取时,总体中每一个被抽到的可能性均等;②独立性:每次抽取一个个体后总成分不变,也就是每次抽取之间相互不影响。下面是四种基本的随机抽样方法,对比情况如表4-1所示。

抽样方法优缺点对比表　　　　表4-1

抽样方法	方法描述	优　　点	缺　　点
单纯随机抽样	单纯随机抽样是在总体中以完全随机的方法抽取一部分观察单位组成样本	随机度高; 最简单的抽样技术; 有标准简单的统计公式	总体较大时难以编号;抽到的样本分散,不易组织调查; 统计效率低,不能很好地代表总体
系统抽样	先将总体中的全部个体按与研究现象无关的特征排序编号;然后根据样本含量大小,规定抽样间隔 k;随机选定第 i ($i<k$) 号个体开始,每隔一个 k,抽取一个个体,组成样本	易于理解,简便易行;与简单抽样相比,样本的分布较好; 抽样误差小于单纯随机抽样; 目前最为广泛运用的一种抽样方法	样本较分散,不易组织调查;当总体中观察单位按顺序有周期趋势或单调增加(减小)趋势时,易产生偏倚抽样间隔; 统计效率低
分层抽样	先将总体中全部个体按对主要研究指标影响较大的某种特征分成若干"层",再从每一层内随机抽取一定数量的观察单位组成样本	适用于层间有较大异质性,层内的个体具有同质性的总体; 能提高总体估计的精确度;在样本量相同时,精度高于简单抽样和系统抽样; 能保证"层"的代表性; 不同层可以依据情况采用不同的抽样框和抽样方法	要求有高质量的、能用于分层的辅助信息; 由于需要辅助信息,抽样框的创建需要更多的费用,更为复杂; 抽样误差估计比简单抽样和系统抽样更复杂

续上表

抽样方法	方法描述	优 点	缺 点
整群抽样	先将总体中的全部个体按与研究现象无关的特征排序编号;然后根据样本含量大小,规定抽样间隔k;随机选定第$i(i<k)$号个体开始,每隔一个k,抽取一个个体,组成样本	便于组织调查,节省经费,容易控制调查质量,适用于群间差异小、群内各个体差异大、可依据外观或地域差异来划分的群体	群内单位有趋同性;精度比简单抽样低

①简单随机抽样(Simple random sampling):单纯随机抽样是在总体中以完全随机的方法抽取一部分观察单位组成样本(即每个观察单位有同等的概率被选入样本)。常用的办法是先对总体中全部观察单位编号,然后用抽签、随机数字表或计算机产生随机数字等方法从中抽取一部分观察单位组成样本。其优点是:随机度高,在特质较均一的总体中,具有很高的总体代表度;是最简单的抽样技术,有标准而且简单的统计公式。缺点是:当总体较大时,难以对总体中的个体——进行编号,且抽到的样本分散,不易组织调查;未使用可能有用的抽样框辅助信息抽取样本,可能导致统计效率低,有可能抽到一个"差"的样本,使抽出的样本分布不好,不能很好地代表总体。

②系统抽样(Systematic sampling):系统抽样又称等距抽样或机械抽样,即先将总体中的全部个体按与研究现象无关的特征排序编号;然后根据样本含量大小,规定抽样间隔k;随机选定第$i(i<k)$号个体开始,每隔一个k,抽取一个个体,组成样本。系统抽样的优点是:易于理解,简便易行;与简单抽样相比,在一定条件下,样本的分布较好;容易得到一个在总体中分布均匀的样本,其抽样误差小于单纯随机抽样,兼具操作的简便性和统计推断功能,是目前最为广泛运用的一种抽样方法。缺点是:抽到的样本较分散,不易组织调查;当总体中观察单位按顺序有周期趋势或单调增加(减小)趋势时,容易产生偏倚抽样间隔;未使用可能有用的抽样框辅助信息抽取样本,可能导致统计效率低。

③分层抽样(Stratified sampling):分层抽样是先将总体中全部个体按对主要研究指标影响较大的某种特征分成若干"层",再从每一层内随机抽取一定数量的观察单位组成样本。分层随机抽样的优点是:适用于层间有较大的异质性,而每层内的个体具有同质性的总体,能提高总体估计的精确度,在样本量相同的情况下,其精度高于简单抽样和系统抽样;能保证"层"的代表性,避免抽到"差"的样本;同时,不同层可以依据情况采用不同的抽样框和抽样方法。缺点是:要求有高质量的、能用于分层的辅助信息;由于需要辅助信息,抽样框的创建需要更多的费用,更为复杂;抽样误差估计比简单抽样和系统抽样更复杂。

④整群抽样(Cluster sampling):整群抽样是先将总体划分为K个"群",每个群包含若干个观察单位,再随机抽取k个群($k<K$),由抽中的各群的全部观察单位组成样本。整群抽样的优点是:便于组织调查,节省经费,容易控制调查质量,适用于群间差异小、群内个体差异大、可以依据外观或地域的差异来划分的群体。缺点是:群内单位有趋同性,其精度比简单抽样低。

四种抽样方法的抽样误差大小一般是:整群抽样≥单纯随机抽样≥系统抽样≥分层抽样。在实际调查研究中,常常将两种或几种抽样方法结合使用,进行多阶段抽样。

3)统计量

随机样本是对总体进行统计分析与推断的依据,当获取样本后,往往不是直接利用样本进行推断,而是要对样本进行"加工""整理",以把所提供的关于总体X的信息集中起来,为此引进统计量的定义。

设 $X_1, X_2, \cdots, X_n$ 为来自总体 X 的一个样本,若样本函数 $T(X_1, X_2, \cdots, X_n)$ 中不含任何未知参数,则称 $T(X_1, X_2, \cdots, X_n)$ 为一个统计量。例如,设 $X_1, X_2, \cdots, X_n$ 是来自正态总体 $N(\mu, \sigma^2)$ 的样本,$\overline{X} = \frac{1}{n}\sum_{i=1}^{n} X_i$ 是统计量,而 $\frac{1}{n}\sum_{i=1}^{n}(X_i - \mu)^2$ 当 μ 为一个已知数时是统计量,当 μ 为未知参数时就不是统计量。

统计量一般是样本的连续函数,显然它是随机变量,常用的统计量有:

(1) 样本均值

$$\overline{X} = \frac{1}{n}\sum_{i=1}^{n} X_i \tag{4-3}$$

(2) 样本方差

$$S^2 = \frac{1}{n-1}\sum_{i=1}^{n}(X_i - \overline{X})^2 \tag{4-4}$$

(3) 样本 k 阶原点矩

$$u_k = \frac{1}{n}\sum_{i=1}^{n}(X_i)^k \ (k \text{ 为任意整数}) \tag{4-5}$$

特别地,$k = 1$ 时,则是样本均值。

(4) 样本 k 阶中心矩

$$\eta_k = \frac{1}{n}\sum_{i=1}^{n}(X_i - \overline{X})^k \ (k \text{ 为任意整数}) \tag{4-6}$$

应当注意的是,当 $k = 2$ 时,二阶样本中心矩与样本方差只差一个系数,特别当 n 较大时,则差异不显著。

其中,样本均值与总体均值有密切的关系;样本方差是样本 $X_1, X_2, \cdots, X_n$ 的分散程度的一个合理的刻画,它与总体方差有密切的关系,S 称为样本标准差;样本原点矩和样本中心矩统称为样本矩,显然 $u_1 = \overline{X}$,特别值得注意的是样本二阶中心矩与样本方差只相差一个实数因子。

(5) 秩统计量:设 X_j 为 $X_1, X_2, \cdots, X_n$ 中第 R_j 个最小值,则称 X_j 的秩为 R_j。由于 $X_1, X_2, \cdots, X_n$ 是一个随机样本,因此 R_j 也是随机变量。记 $R = (R_1, R_2, \cdots, R_n)$,则 R 是样本 $X_1, X_2, \cdots, X_n$ 的一个统计量,由秩得到的统计量称为秩的统计量。

样本偏度和峰度也是两个常用统计量,分别反映了总体分布的对称性与尖峰程度。在交通安全的应用中,有的研究人员把地点速度分布偏斜程度作为交通事故潜程度的表征。

(6) 样本偏度

$$\beta_1 = \frac{\frac{1}{n}\sum_{i=1}^{n}(X_i - \overline{X})^3}{\left[\frac{1}{n}\sum_{i=1}^{n}(X_i - \overline{X})^2\right]^{\frac{3}{2}}} \tag{4-7}$$

(7) 样本峰度

$$\beta_2 = \frac{\frac{1}{n}\sum_{i=1}^{n}(X_i - \overline{X})^4}{\left[\frac{1}{n}\sum_{i=1}^{n}(X_i - \overline{X})^2\right]^{\frac{4}{2}}} \tag{4-8}$$

此外,偏度和峰度反映了数据的分布形态,例如正态分布的偏度为 0,峰度为 3。因此,样本峰度和偏度也常用来描述数据分布形态。统计量的分布称为抽样分布,统计推断的结论是根据统计量分布得到的。因此,确定统计量的分布是应用数理统计学进行推断的一个基本问题。

[**例 4.1**] 某工厂生产的轴承中随机地取 10 只,测得其质量(单位:kg)为

2.36 2.42 2.38 2.34 2.40 2.42 2.39 2.43 2.39 2.37

求样本均值和样本标准差。

[**解**] 样本均值为

$$\overline{X} = \frac{2.36 + 2.42 + \cdots + 2.37}{10} = 2.39 (\text{kg})$$

样本方差为

$$S^2 = \frac{1}{10-1}[2.36^2 + 2.42^2 + \cdots + 2.37^2 - 10 \times 2.39^2] = 0.0008222 (\text{kg})$$

样本标准差为 $S = \sqrt{0.0008222} \approx 0.287 (\text{kg})$

[**例 4.2**] 随着信息化时代的到来,越来越多的人选择在家办公,下面的样本资料是在家办公的人的年龄:

22 58 24 50 29 52 57 31 30 29

41 44 40 46 29 31 37 42 44 49

(1)确定样本资料离散系数。

(2)确定样本资料的偏度系数和峰度系数。

[**解**]

$$\overline{X} = \frac{\sum\limits_{i=1}^{n} x_i}{n} = \frac{785}{20} = 39.25$$

$$S = \sqrt{\frac{\sum(X-\overline{X})^2}{n-1}} = \sqrt{\frac{2213.75}{19}} = 10.79$$

$$v = \frac{S}{\overline{X}} \times 100\% = \frac{10.75}{39.25} \times 100\% = 27.39\%$$

$$\beta_1 = \frac{\frac{1}{n}\sum\limits_{i=1}^{n}(X_i - \overline{X})^3}{\left[\frac{1}{n}\sum\limits_{i=1}^{n}(X_i - \overline{X})^2\right]^{\frac{3}{2}}} = 0.125$$

$$\beta_2 = \frac{\frac{1}{n}\sum\limits_{i=1}^{n}(X_i - \overline{X})^4}{\left[\frac{1}{n}\sum\limits_{i=1}^{n}(X_i - \overline{X})^2\right]^{\frac{4}{2}}} = 2.72 < 3$$

因此,样本数据均值为 39.25 岁,偏度系数为正值,稍右偏,峰度较正态分布较为平坦。

4)顺序统计量和经验分布

(1)顺序分布

设 $X_1, X_2, \cdots, X_n$ 为总体 X 的一个样本,把 $X_1, X_2, \cdots, X_n$ 按从小到大的顺序排列为

$$X_{(1)} \leq X_{(2)} \leq \cdots \leq X_{(n)}$$

则称$(X_{(1)} \leq X_{(2)} \leq \cdots \leq X_{(n)})$为 $X_1, X_2, \cdots, X_n$ 的顺序统计量;通常称 $X_{(i)}$ 为"第 i 个顺序统计量"。特别地,由于 $X_{(1)}$ 和 $X_{(n)}$ 分别为极小值和极大值,又称为"极值"。

设 $X_{(1)}, X_{(2)}, \cdots, X_{(n)}$ 为 $X_1, X_2, \cdots, X_n$ 的顺序统计量,令

$$R = X_{(n)} - X_{(1)} \tag{4-9}$$

则称 R 为样本 $X_1, X_2, \cdots, X_n$ 的极差。极差是度量样本散布程度的一个统计量。

设 $X_1, X_2, \cdots, X_n \sim F(x)$, $(X_{(1)} \leqslant X_{(2)} \leqslant \cdots \leqslant X_{(n)})$ 为其顺序统计量,则对于 $1 \leqslant r \leqslant n$ 有

$$P(X_{(r)} \leqslant x) = r\binom{n}{r} \int_0^{F(x)} t^{r-1}(1-t)^{n-r} dt \tag{4-10}$$

如果 $F(x)$ 有密度函数 $f(x)$,则

$$f_r(x) = r\binom{n}{r} f(x) [F(x)]^{r-1} [1-f(x)]^{n-r} \tag{4-11}$$

特别地,$r=1$ 或 $r=n$ 时,可分别得到 $X_{(1)}$ 和 $X_{(n)}$ 的分布函数

$$F_{(1)} = 1 - [1-F(x)]^n \tag{4-12}$$

$$F_{(n)} = [F(x)]^n \tag{4-13}$$

(2)经验分布

设 $X_1, X_2, \cdots, X_n \sim F(x)$,则称

$$F_n(x) = \begin{cases} 0, x \leqslant X_{(1)} \\ k/n, X_{(k)} \leqslant x < X_{(k+1)} \\ 1, x \geqslant X_{(n)} \end{cases} \tag{4-14}$$

经验分布函数 $F_n(x)$ 可以看成是总体分布函数 $F(x)$ 的一个估计,并且 $F_n(x)$ 关于 x 收敛到 $F(x)$。根据经验分布可以绘出经验分布函数,如图4-1所示。

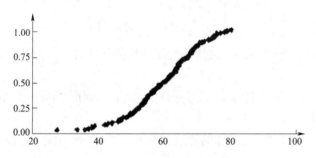

图 4-1 经验分布函数曲线示意图

5)总体分位数和样本分位数

(1)总体分位数

设 $F(x)$ 为一个一维分布,$0 < \alpha < 1$。如果 w_α 满足

$$F(w_\alpha - 0) \leqslant \alpha \leqslant F(w_\alpha) \tag{4-15}$$

则称 w_α 为 $F(x)$ 的 α 分位数(点)(或 $100\alpha\%$ 分位数),其意义是小于 w_α 的概率为 α。其中 $F(w_\alpha - 0)$ 为 F 在点 w_α 的左极限。

在统计分析中还常用到两个概念:下分位数和上分位数。由上式定义的分位数又称为 $F(x)$ 的 α 下分位数。同样可以定义上分位数。如果 u_α 满足

$$F(u_\alpha - 0) \leqslant 1-\alpha \leqslant F(u_\alpha) \tag{4-16}$$

则称 u_α 为 $F(x)$ 的上 α 分位数(即 $F(x)$ 的 $100(1-\alpha)\%$ 分位数)。其意义是大于 u_α 的概率为 α(图4-2)。因此,上分位数与下分位数之间具有换算关系:$F(x)$ 的 α 上分位数就是 $F(x)$ 的 $(1-\alpha)$ 下分位数。

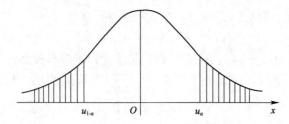

图 4-2 标准正态分布 $N(0,1)$ 的 α 上分位数与下分位数示意图

在数理统计学中，常常讨论 α 分别取值为 0.25、0.50、0.75 的情况，因为这些数值对应的统计量在实际应用中是非常重要的。在交通工程学中则常常分析 α 取值 0.15、0.50、0.85 的情况，如在车辆限速管理中常常用速度的 15% 和 85% 分位数作为车辆限速的依据，车速中位数也是常用的一个指标。

由于总体的分布往往是不知道的，实践中常用样本分位数估计总体分位数。

(2) 样本分位数

设样本 $X_1, X_2, \cdots, X_n$ 的顺序统计量为 $X_{(1)}, X_{(2)}, \cdots, X_{(n)}$。对 $0 < \alpha < 1$，令

$$m_{n,\alpha} = X_{[n\alpha]} + (n+1)\left(\alpha - \frac{[n\alpha]}{n+1}\right)(X_{([n\alpha]+1)} - X_{([n\alpha])}) \tag{4-17}$$

称 $m_{n,\alpha}$ 是 $X_1, X_2, \cdots, X_n$ 的"样本 p 分位数"，$[\alpha]$ 表示不超过 α 的最大整数。

特别地，当 $\alpha = 0.5$ 时，$m_{n,\alpha}$ 称为"样本中位数"，常用 m_2 表示。并且

$$m_2 = \begin{cases} \dfrac{\left[X_{\left(\frac{n}{2}\right)} + x_{\left(\frac{n}{2}-1\right)}\right]}{2}, & n \text{ 为偶数} \\ X_{\left(\frac{n+1}{2}\right)}, & n \text{ 为奇数} \end{cases} \tag{4-18}$$

在应用中，常用样本分位数 m_2 来估计总体的均值。并且 m_2 不受异常值的影响，是个稳健统计量。

当 $\alpha = 0.25$ 时，$m_{n,\alpha}$ 称为样本的下四分位数，用 m_1 表示；当 $\alpha = 0.75$ 时，$m_{n,\alpha}$ 称为样本的上四分位数，常用 m_3 表示。

设总体 X 的 α 分位数为 ξ_α，总体的密度函数 $f(x)$ 在 ξ_α 处连续，且 $f(\xi_\alpha) \neq 0$，则当样本量 n 足够大时，有

$$\sqrt{n}(m_{n,\alpha} - \xi_\alpha) \xrightarrow{L} N\left[0, \frac{p(1-p)}{f^2(\xi_\alpha)}\right] \tag{4-19}$$

即渐近分布为正态分布 $N\left[\xi_\alpha, \dfrac{\alpha(1-\alpha)}{f^2(\xi_\alpha)}\right]$。该结论只有在分布函数 $f(x)$ 已知的情况下才可以应用。在实际应用中，$f(x)$ 的分布往往是不知道的，这种情况下可以借助于 Bootstrap 方法，确定渐近分布。

6) 抽样分布

统计量的分布称为抽样分布。有些统计量的确切分布，如正态总体样本均值的分布是知道的；而有些统计量的确切分布是不知道的，只能给出渐近分布。

(1) 正态总体样本均值的分布

为了给出正态总体样本均值的分布，先看一个定理：

[**定理 4.1**] 设 $X_1, X_2, \cdots, X_n$ 为来自总体 $N(\mu, \sigma^2)$ 的一个样本，则样本均值无 $\overline{X} = \dfrac{1}{n}\sum\limits_{i=1}^{n}$

X_i 和样本方差 $S^2 = \frac{1}{n-1}\sum_{i=1}^{n}(X_i - \bar{X})^2$,满足以下结论:

① $\bar{X}$ 服从正态分布 $N(\mu, \sigma^2)$。

② $\frac{(n-1)S^2}{\sigma^2}$ 服从自由度为 $n-1$ 的 χ^2 分布。

③ $\bar{X}$ 与 S^2 相互独立,并且 $t = \frac{\sqrt{n}(\bar{X} - \mu)}{S}$ 服从自由度为 $n-1$ 的 t 分布。

因此,由上述定理可推出样本均值 $\bar{X}$ 服从均值为 μ,方差为 σ^2/n 的正态分布,即

$$\bar{X} \sim N\left(\mu, \frac{\sigma^2}{n}\right) \tag{4-20}$$

对于非正态总体,样本均值则没有上述性质,其精确分布就很难求出,这时可以借助于渐近分布。

(2)一般总体样本均值的渐近分布

在统计分析中,多数情况下是难以知道统计量(如均值)的确切分布的。这就需要借助统计量的极限分布。而求极限分布的一个重要工具就是中心极限定理。用数学的语言可以描述为:

设 $X_1, X_2, \cdots, X_n$ 为相互独立,来自同一总体的一个样本,并且期望和方差存在:$EX_k = u$,$VarX_k = \sigma^2 (k = 1, 2, \cdots)$,则

$$U_n = \frac{\sum_{k=1}^{n} X_k - nu}{\sigma \sqrt{n}} = \frac{(\bar{X} - u)\sqrt{n}}{\sigma} \tag{4-21}$$

当样本量 $n \to \infty$ 时,渐近服从正态分布 $N(0,1)$。

中心极限定理说明了一个问题,即在样本量很大的情况下,样本均值 $\bar{X}$ 近似服从正态分布 $\bar{X} \sim N(u, \sigma^2/n)$ 特别地,当样本量 n 很大时,总体分布均值可以用样本均值 $\bar{X}$ 来估计,σ^2 可以用样本方差 S^2 来估计。并且

$$U_n = \frac{(\bar{X} - u)\sqrt{n}}{S} \xrightarrow{L} N(0,1) \tag{4-22}$$

中心极限定理为统计推断和假设检验提供了理论基础。

(3)样本方差的分布

假设 $X_1, X_2, \cdots, X_n$ 为相互独立,来自同一总体的一个样本,并且期望和方差存在:$EX_k = u, VarX_k = \sigma^2 (k = 1, 2, \cdots)$,则对于样本方差

$$S^2 = \frac{1}{n-1}\sum_{i=1}^{n}(X_i - \bar{X})^2 \tag{4-23}$$

可以计算得到

$$E(S^2) = \sigma^2 \tag{4-24}$$

$$Var(S^2) = \left\{[X - E(X)]^4 - \frac{n-3}{n-1}(\sigma^2)^2\right\} \tag{4-25}$$

由上式可以发现,样本方差 S^2 的期望值为 σ^2。因此,样本方差 S^2 常用作总体方差 σ^2 的估计值。同样,样本标准差

$$S = \sqrt{\frac{1}{n-1}\sum_{i=1}^{n}(X_i - \bar{X})^2} \tag{4-26}$$

作为总体标准误差 σ 的估计值。

当样本量 n 增大时,样本方差的方差 S^2 会减小。因此,S^2 作为总体方差 σ^2 的估计值是合适的。当总体服从正态分布时,$E[X-E(X)]^4 = 3\sigma^2$,S^2 标准差为

$$\sqrt{Var(S^2)} = \sqrt{\frac{2}{n-1}}\sigma^2 \tag{4-27}$$

所以,当用样本方差估计总体标准方差时,可用上式近似确定样本量,即求满足 $\sqrt{\frac{Var(S^2)}{\sigma^2}} = \sqrt{\frac{2}{n-1}}$ 小于给定的相对误差值时的 n 值即可。

(4)正态总体样本方差的分布

假设 $X_1, X_2, \cdots, X_n$ 为来自总体 $N(\mu, \sigma^2)$ 的一个样本,则由定理 4.1 可知,$(n-1)S^2/\sigma^2$ 服从自由度为 $n-1$ 的分布,即

$$\frac{n-1}{\sigma^2}S^2 = \sum_{i=1}^{n}\frac{(X_i-\bar{X})^2}{\sigma^2} \sim \chi^2(n-1) \tag{4-28}$$

记 $\chi^2 = \sum_{i=1}^{n}(X_i-\bar{X})^2/\sigma^2$(称为 χ^2 随机变量),由于 χ^2 的分布是已知的,可由上式导出 S^2 的分布。

7)常用的统计分布

统计量是我们对总体的分布规律或数字特征进行推断的基础。由于统计量是随机变量,所以在使用统计量进行统计推断时必须要知道它的分布。统计量的分布称为抽样分布,抽样分布在数理统计的诸多方法及其应用中都有十分重要的作用,有些方法的核心内容就是构造一个恰当的统计量并确定其抽样分布。

车辆的到达在某种程度上具有随机性,描述这种随机性分布规律的方法有两种:一种是以概率论中描述可数事件统计特性的离散型分布为工具,考察在一段固定长度的时间或者距离内到达某场所的交通数量的波动性;另一种是以连续分布为工具,研究车辆间间隔时间、车速、可穿越空档等交通流参数的统计分布特性。

(1)离散型分布常用于描述一定时间间隔内事件的发生次数。如某段时间内到达停车场的车辆数,某路段一年内发生的交通事故数等。交通工程中常用的离散型分布主要有三种:泊松分布、二项分布和负二项分布。

①泊松(Poisson)分布

泊松分布的分布函数

$$P(X=x) = \frac{(\lambda T)^x e^{-\lambda T}}{x!}, x = 0, 1, 2, \cdots \tag{4-29}$$

式中:$P(X=x)$——在计数时间 T 内,事件 X 发生 x 次的概率;

λ——单位时间内平均发生的事件次数;

T——计数时间,如一个信号周期;

e——自然对数的底数,取值为 2.718280。

若令 $m = \lambda T$,则 m 为时间 T 内平均发生的事件次数,原式可写为

$$P(X=x) = \frac{(m)^x e^{-m}}{x!}, x = 0, 1, 2, \cdots \tag{4-30}$$

由此可求得 X 的期望 $E(X)$ 和方差 $Var(X)$ 分别为

$$E(X) = \sum_{x=0}^{\infty} x \frac{m^x e^{-m}}{x!} = m\sum_{x=1}^{\infty}\frac{m^{x-1}e^{-m}}{(x-1)!} = m \tag{4-31}$$

$$Var(X) = \sum_{x=1}^{\infty}(x-m)^2 \frac{m^x e^{-m}}{x!} = m \tag{4-32}$$

在实际应用中,期望 $m = E(X)$ 和方差 $Var(X)$ 可分别由其样本均值 $\bar{m}$ 和样本方差 S^2 进行估计

$$\bar{m} = \frac{\sum_{i=1}^{k} x_i f_i}{\sum_{i=1}^{k} f_i} = \frac{\sum_{i=1}^{k} x_i f_i}{n} \tag{4-33}$$

$$S^2 = \frac{1}{n-1}\sum_{i=1}^{N}(x_i - m)^2 = \frac{1}{n-1}\sum_{j=1}^{N}(x_j - m)^2 f_j \tag{4-34}$$

式中:n——调查样本数;

f_i——观测时间内,事件 X 发生 x_j 次的频率;

k——观测数据分组数。

由上面可知,泊松分布的期望和方差是相等的,其样本均值 $\bar{m}$ 和样本方差 S^2 分别为总体均值和总体方差的无偏估计,当 $\frac{S^2}{m}$ 显著不等于 1 时,意味着用泊松分布拟合观测数据不适合。

在实际应用时,常用以下递推式进行计算:

当 $x = 0$ 时

$$P(X=0) = e^{-m} \tag{4-35}$$

当 $x \geq 1$ 时

$$P(X=x) = \frac{m}{x}P(X=x-1) \tag{4-36}$$

在交通工程中,泊松分布最早用于描述一定时间内到达车辆数的分布规律的。当交通量不大且没有交通信号干扰时,基本上可用泊松分布拟合观测数据;当交通拥挤时,车辆之间的干扰较大,则应考虑用其他分布。此外,泊松分布还常用于描述一定时间内交通事故发生次数,故在交通安全中也有着广泛的应用。

[**例 4.3**] 假设一个商场停车场停车需求服从泊松分布。停车场每小时平均停车数为 10 辆,求 1 小时内到达车辆数小于等于 10 辆的概率;1 小时内到达车辆数大于 10 辆的概率;1 小时内到达车辆数大于 5 但不超过 10 的概率。

[**解**] 由式子

$$P(X=x) = \frac{(m)^x e^{-m}}{x!}, x = 0,1,2,\cdots$$

可求得 T 时间内到达车辆数小于等于 x 辆的概率为

$$P(X=0) = e^{-m}$$

对本题而言,$T = 1\text{h}, x = 10, m = 10$,所以

$$P(X \leq 10) = \sum_{i=0}^{x} \frac{m^i e^{-m}}{i!} = \sum_{i=0}^{10} \frac{10^i e^{-10}}{i!} = 0.583$$

同样,1 小时内到达车辆数大于 10 的概率为

$$P(X > 10) = 1 - \sum_{i=0}^{10} \frac{10^i e^{-10}}{i!} = 0.417$$

1 小时内到达车辆数大于 5 但不超过 10 的概率为

$$P(5 < X \leq 10) = \sum_{i=6}^{x10} \frac{m^i e^{-m}}{i!} = 0.516$$

②二项分布

二项分布的分布函数

$$P(X=x) = C_n^x p^x (1-p)^{n-x}, x=0,1,2,\cdots \tag{4-37}$$

式中：C_n^x——$C_n^x = \dfrac{n!}{x!(n-x)!}$；

P、n——二项分布参数，$0<p<1$，n 为正整数。

X 的期望和方差分别为

$$E(X) = np \tag{4-38}$$
$$Var(X) = np(1-p) \tag{4-39}$$

由此可得参数 p、n 的一组估计

$$\hat{p} = \dfrac{(\overline{m} - S^2)}{\overline{m}} \tag{4-40}$$

$$\hat{n} = \dfrac{\overline{m}}{p} = \dfrac{\overline{m}^2}{(\overline{m} - S^2)} (\text{取整数}) \tag{4-41}$$

式中：$\overline{m}$、S^2——样本均值和样本方差。

对于二项分布，有以下递推公式：

当 $x=0$ 时

$$P(X=0) = (1-p)^n \tag{4-42}$$

当 $x \geq 1$ 时

$$P(X=x) = \dfrac{n-x+1}{x} \cdot \dfrac{p}{1-p} P(X=x-1) \tag{4-43}$$

由此还可得二项分布的一个重要性质

$$\dfrac{Var(X)}{E(X)} = \dfrac{np(1-p)}{np} = (1-p) < 1 \tag{4-44}$$

即二项分布方差和期望是比小于 1。由于样本均值和方差分别为期望和方差的无偏差估计，因此可计算 $\dfrac{S^2}{m}$ 初步判定能否应用二项分布来拟合观测数据。由上式可知，当观测数据服从二项分布时，$\dfrac{S^2}{m} < 1$。研究表明，对于拥挤的交通流可以应用二项分布描述车辆到达率。

[例 4.4] 某人骑自行车从学校到火车站，一路上要经过 3 个独立的交通信号灯，设各灯工作独立，且各灯为红灯的概率为 p，$0<p<1$，以 Y 表示一路上遇到红灯的次数。

（1）求 Y 的概率分布律。

（2）求恰好遇到 2 次红灯的概率。

[解]（1）Y 的概率分布律为

$$P(Y=k) = C_3^k p^k (1-p)^{3-k}, k=0,1,2,3$$

（2）恰好遇到 2 次红灯的概率为

$$P(Y=2) = C_3^2 p^2 (1-p)$$

③负二项分布

负二项分布函数为

$$P(X=x) = C_{x+k-1}^{k-1} p^k (1-p)^x, x=0,1,2,\cdots \tag{4-45}$$

式中：p、k——负二项分布参数，$0<p<1$，k 为正整数。

可求得期望 $E(X)$ 和方差 $Var(X)$ 分别为

$$E(X) = \frac{k(1-p)}{p} \tag{4-46}$$

$$Var(X) = \frac{k(1-p)}{p^2} \tag{4-47}$$

由此可得参数 p、k 的一组估计

$$\hat{p} = \frac{\overline{m}}{S^2} \tag{4-48}$$

$$\hat{k} = \frac{\overline{m}^2}{S^2 - \overline{m}} (取整数) \tag{4-49}$$

式中：$\overline{m}$、S^2——为样本均值和样本方差。

常用以下递推式计算负二项分布

当 $x = 0$ 时

$$P(X = 0) = p \tag{4-50}$$

当 $x \geq 1$ 时

$$P(X = x) = \frac{x + k - 1}{x}(1-p)P(X = x - 1) \tag{4-51}$$

由此还可得，对于负二项分布

$$\frac{Var(X)}{E(X)} = \frac{1}{P} > 1 \tag{4-52}$$

因此当 $\frac{S^2}{\overline{m}} > 1$ 时，可考虑用负二项分布拟合观测数据。

(2) 当随机变量 X 取值是连续的，则称 X 的分布为连续型分布。在交通研究中常用的连续型分布主要有：正态分布、对数正态分布、t 分布、χ^2 分布、F 分布、伽马分布、负指数分布、带位移的负指数分布、M3 分布等。其中，t 分布、χ^2 分布和 F 分布常用于交通模型的假设检验以及有关的统计推断。

①正态分布

正态分布的密度函数为

$$f(x) = \frac{1}{\sigma\sqrt{2\pi}} \exp\left[-\frac{(x-\mu)^2}{2\sigma^2}\right], -\infty < x < +\infty \tag{4-53}$$

式中：μ、σ^2——参数。

当随机变量 X 分布为上式时，则称服从正态分布，并记为 $X \sim N(\mu, \sigma^2)$，上式称为 X 的分布密度函数，图 4-3 给出了正态分布密度函数图形。

由式(4-53)可以求得正态分布的期望和方差

$$E(X) = \mu \tag{4-54}$$

$$Var(X) = \sigma^2 \tag{4-55}$$

特别地，当 $\mu = 0$，$\sigma^2 = 1$ 时，则 X 的分布密度函数式可表示为

$$f(x) = \frac{1}{\sqrt{2\pi}} e^{-\frac{x^2}{2}}, -\infty < x < +\infty \tag{4-56}$$

当 X 的分布密度函数为式(4-56)时，称 X 服从标准正态分布，记为 $X \sim N(0,1)$，并称式(4-56)为标准正态分布密度函数，如图 4-4 所示。

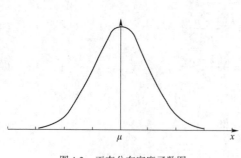

图 4-3　正态分布密度函数图

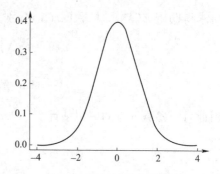

图 4-4　标准正态分布函数图

由图 4-3 和图 4-4 可以发现,正态分布密度函数是关于总体均值 $E(X)$ 对称的。此外,正态分布还具有以下性质:

a. 当 $X \sim N(\mu,\sigma^2)$,则 $U = \dfrac{(X-\mu)}{\sigma}$ 服从标准的正态分布 $N(0,1)$。

b. 当 $X_i \sim N(\mu_i,\sigma_i^2)$,并且 X_i 相互独立,$a \neq 0 (i=1,\cdots,k)$,则 $a_1 X_1 + a_1 X_1 + \cdots + a_1 X_1 \sim N\left[\sum_{i=1}^{k} u_i, \sum_{i=1}^{k} (a_i\sigma_i)^2\right]$。

正态分布 $N(\mu,\sigma^2)$ 分布函数常用 $\Phi(x)$ 表示,即

$$\Phi(x) = \frac{1}{\sigma\sqrt{2\pi}} \int_{-\infty}^{x} \exp\left[-\frac{(x-\mu)^2}{2\sigma^2}\right] dx \tag{4-57}$$

并且

$$\Phi(\mu+2\sigma) - \Phi(\mu-2\sigma) = 0.955 \tag{4-58}$$

$$\Phi(\mu+3\sigma) - \Phi(\mu-3\sigma) = 0.997 \tag{4-59}$$

因此,当 X 服从正态分布 $N(\mu,\sigma^2)$ 时,其观测值落在 $x=\mu-2\sigma$ 和 $x=\mu+2\sigma$ 之外的概率小于 0.05,落在 $x=\mu-3\sigma$ 和 $x=\mu+3\sigma$ 之外的概率小于 $0.003(1-0.997)$,如图 4-5 所示。在实际中常用此来诊断数据是否为异常值,即当 $|x-\mu|>2\sigma$ 或 $|x-\mu|>3\sigma$ 时,则认为 x 为异常值,称为 2σ 或 3σ 法则。

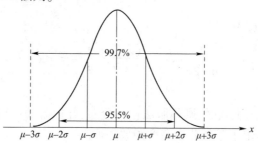

图 4-5　正态分布在 $|x-\mu|<2\sigma$ 和 $|x-\mu|<3\sigma$ 区域内的取值概率

由正态分布函数可以计算

$$\int_{\mu-0.6745\sigma}^{\mu+0.6745\sigma} f(x) dx = \frac{2}{\sqrt{2\pi}} \int_{0}^{0.6745} e^{-\frac{x^2}{2}} dx = 0.5$$

即

$$\Phi(\mu+0.6745\sigma) - \Phi(\mu-0.6745) = 0.50 \tag{4-60}$$

因此,根据正态分布密度函数的对称性以及分位数的定义可知:$\mu-0.6745\sigma$ 和 $\mu+0.6745\sigma$ 分别为正态分布 $N(\mu,\sigma^2)$ 的上四分位数(75%)和下四分位数(25%):

$$x_{0.75} = \mu + 0.6745\sigma \quad (4-61)$$
$$x_{0.25} = \mu - 0.6745\sigma \quad (4-62)$$

并且
$$x_{0.75} - x_{0.25} = 1.349\sigma \quad (4-63)$$

所以,可以应用观测样本上四分位与下四分位差 $m_3 - m_1$ 构造 σ 的估计值

$$\hat{\sigma} = \frac{m_3 - m_1}{1.349} \quad (4-64)$$

在交通工程中,常用正态分布来描述车辆运行速度分布。此外,最近研究表明,在干扰较小的情况下,各种步行设施上行人步行速度也可用正态分布来描述。

②对数正态分布

设 X 是取正值的随机变量,如果 $Y = \ln X$ 服从正态分布 $N(\mu,\sigma^2)$,则称 X 服从对数正态分布,记作 $X \sim \ln(\mu,\sigma^2)$,其密度函数(图 4-6)为

$$f(x,\mu,\sigma^2) = \frac{1}{\sigma x\sqrt{2\pi}}\exp\left[-\frac{(\ln x - \mu)^2}{2\sigma^2}\right], x \geq 0 \quad (4-65)$$

对数正态分布的期望和方差为
$$E(X) = e^{\mu + 0.5\sigma^2} \quad (4-66)$$
$$Var(X) = e^{2\mu + \sigma^2}(e^{\sigma^2} - 1) \quad (4-67)$$

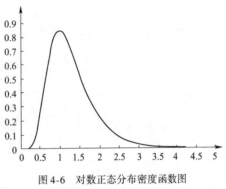

图 4-6 对数正态分布密度函数图

对数正态分布在交通研究中是常用分布之一。与交通参与者生理、心理变化有关的变量(如驾驶员的反应时间、脉搏频率、收缩压和舒张压等)用对数正态分布刻画是个很好的选择。

③ χ^2 分布

χ^2 分布以及后面介绍的 t 分布、F 分布都与正态分布有关,并且,许多统计量的分布都可以由它们导出,这几种分布在统计推断和假设检验中有着重要地位。

假设 $X_1, X_2, \cdots, X_n$ 为来自总体 $X \sim N(0,1)$ 的一个样本,则称统计量 $\chi^2 = \sum_{i=1}^{n} X_i^2$ 服从自由度为 n 的 χ^2 分布,记作 $\chi^2 \sim \chi^2(n)$。$\chi^2(n)$ 的分布密度函数为:

$$f(x) = \begin{cases} \frac{1}{2^{\frac{n}{2}}\Gamma\left(\frac{n}{2}\right)}x^{\frac{n}{2}-1}e^{\frac{-x}{2}}, & x > 0 \\ 0, & 其他 \end{cases} \quad (4-68)$$

其中,$\Gamma(y) = \int_0^{+\infty} u^{y-1} e^{-u} du$ 称为伽马(Gamma)函数。图 4-7 给出了几种不同自由度的 $\chi^2(n)$ 的分布密度函数图形。由图 4-7 可以发现,χ^2 分布是非对称的,但随着自由度的增加,对称性在增强。此外,χ^2 分布还具有以下性质:

a. 可加性:若 $X \sim \chi^2(n), Y \sim \chi^2(m)$ 且 X 与 Y 相互独立,则 $X + Y \sim \chi^2(n+m)$。

b. 若 $X \sim \chi^2(n)$,则 $E(Z) = n, Var(X) = 2n$。

[例 4.5] 设 X 服从 $N(0,1)$,$(X_1, X_2, \cdots, X_6)$ 为来自总体 X 的简单随机样本,
$$Y = (X_1 + X_2 + X_3)^2 + (X_4 + X_5 + X_6)^2$$
试决定常数 C,使得 CY 服从 χ^2 分布。

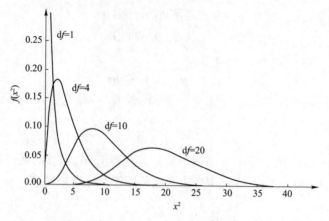

图 4-7 不同自由度下的分布密度函数

[解] 根据正态分布的性质,有
$$X_1 + X_2 + X_3 \sim N(0,3)$$
$$X_4 + X_5 + X_6 \sim N(0,3)$$
则
$$\frac{X_1 + X_2 + X_3}{\sqrt{3}} \sim N(0,1)$$
$$\frac{X_4 + X_5 + X_6}{\sqrt{3}} \sim N(0,1)$$
故
$$\left(\frac{X_1 + X_2 + X_3}{\sqrt{3}}\right)^2 \sim \chi^2(1)$$
$$\left(\frac{X_4 + X_5 + X_6}{\sqrt{3}}\right)^2 \sim \chi^2(1)$$

因为 $X_1, X_2, \cdots, X_6$ 相互独立及 χ^2 分布的可加性,有
$$\left(\frac{X_1 + X_2 + X_3}{\sqrt{3}}\right)^2 + \left(\frac{X_4 + X_5 + X_6}{\sqrt{3}}\right)^2 = \frac{1}{3}[(X_1 + X_2 + X_3)^2 + (X_4 + X_5 + X_6)^2] \sim \chi^2(2)$$

所以 $C = \frac{1}{3}$,CY 服从 χ^2 分布。

④ t 分布

设 X 与 Y 相互独立,$X \sim N(0,1)$,$Y \sim \chi^2(n)$。则 $t = \dfrac{X}{\sqrt{Y/n}}$ 服从自由度为 n 的 t 分布,记作 $t \sim t(n)$。t 分布的密度函数为

$$f(t) = \frac{\Gamma\left(\dfrac{n+2}{2}\right)}{\sqrt{n}\,\Gamma\left(\dfrac{n}{2}\right)}\left(1 + \frac{t^2}{n}\right)^{-\frac{(n+1)}{2}} \tag{4-69}$$

t 分布的期望和方差为

$$E(t) = 0 \tag{4-70}$$

$$Var(t) = \frac{n}{n-2}, n > 2 \tag{4-71}$$

t 分布密度函数是对称的,与正态分布密度函数图形有着相似之处,如图 4-8 所示。特别地,当自由度 $n>30$ 时,可用正态分布代替 t 分布。但是 t 分布与正态分布还是存在着区别的,t 分布的密度曲线与正态分布密度曲线相比,中间"瘦",尾巴长,即所谓的"重尾",如图 4-9 所示。

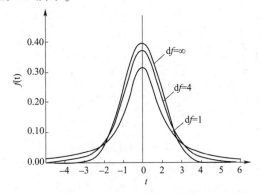

图 4-8　不同自由度的 t 分度密度函数　　　　图 4-9　t 分布密度函数曲线与正态分布比较

⑤F 分布

设 X 与 Y 相互独立,$X \sim \chi^2(n)$,$Y \sim \chi^2(m)$。则 $F = \dfrac{X/n}{Y/m}$ 服从自由度为 (n,m) 的 F 分布,记 $F \sim F(n,m)$。f 分布密度函数为

$$f(x) = \dfrac{\Gamma\left(\dfrac{n+m}{2}\right)\left(\dfrac{n}{m}\right)^{\frac{n}{2}} x^{\frac{n}{2}-1}}{\Gamma\left(\dfrac{n}{2}\right)\Gamma\left(\dfrac{m}{2}\right)\left(1+\dfrac{nx}{m}\right)^{\frac{(n+m)}{2}}}, x>0 \tag{4-72}$$

F 分布是非对称的,根据自由度的不同,分布密度函数呈现出不同的分布特征,如图 4-10 所示。

F 分布的期望和方差分别为

$$E(X) = \dfrac{m}{m-2}, m>2 \tag{4-73}$$

$$Var(X) = \dfrac{2\,m^2(n+m-2)}{n\,(m-2)^2(m-4)}, m>4 \tag{4-74}$$

⑥伽马(Gamma)分布

伽马分布的密度函数为

$$f(x) = \dfrac{\beta^\alpha x^{\alpha-1} e^{-\beta x}}{\Gamma(\alpha)}, x \geq 0, \alpha>0, \beta>0 \tag{4-75}$$

式中:α、β——为参数。

当随机变量 X 的分布密度函数为上式时,则称 X 服从伽玛分布,并记作 $Ga(\alpha,\beta)$,α 称为形状参数,β 称为刻度参数。图 4-11 所示为伽玛分布密度函数。

伽马分布的期望和方差分别为

$$E(X) = \alpha\beta \tag{4-76}$$

$$Var(X) = \alpha\beta^2 \tag{4-77}$$

$Ga(\alpha,\beta)$ 分布随参数 α,β 的取值不同,其分布密度函数图形呈现出多样性,为用其描述具体有不同的分布特征的随机现象提供了可能。特别地,$Ga(\alpha,\beta)$ 分布包含了以下几个重

要分布：

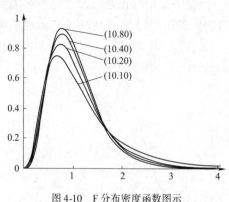

图 4-10 F 分布密度函数图示

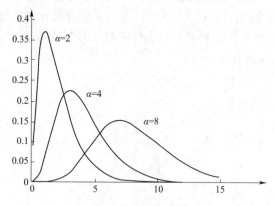

图 4-11 伽马分布密度函数图示

a. 当 $\alpha = n/2, \beta = 2$ 时，伽马分布即为自由度为 n 的 χ^2 分布。

b. 当 a 取整数值时，伽马分布即为厄兰（Erlang）分布。

c. 当 $\alpha = 1$ 时，伽马分布即为指数分布（交通工程学中称为负指数分布）。

其中，厄兰分布和指数分布已成功应用于描述交通流中的车头时距分布。

⑦负指数分布

在交通工程中，负指数分布、移位的负指数分布、M3 分布和厄兰分布常用于描述交通流中车头时距的分布。为了便于理解和应用，我们仍然以车头时距的分布为背景介绍这四种分布。

用 T 表示车头时距，则 T 为随机变量。当 T 的分布密度为

$$f(t) = \lambda e^{-\lambda t} \tag{4-78}$$

则车头时距服从负指数分布。由式（4-78）可得其分布为

$$F(t) = 1 - e^{-\lambda t} \tag{4-79}$$

其意义是车头时距 T 小于 t 的概率。而实际中，工程人员往往关心的是车头时距大于等于 t 的概率

$$P(T \geq t) = e^{-\lambda t} \tag{4-80}$$

由式（4-80）还可得

$$\lambda = \frac{1}{E(T)} \tag{4-81}$$

即参数 λ 为平均车头时距的倒数。如果用 Q 表示小时平均交通量，则 $\lambda = \frac{Q}{3600}$。

负指数分布广泛地被应用于描述车头时距分布，适用于车流密度不大、车辆到达随机性较大的情况。特别地，当车辆到达服从泊松分布时，车头时距则服从负指数分布；反之，结论也成立。

⑧移位的负指数分布

负指数分布拟合单车道交通流车头时距分布时，理论上会得到车头时距在 $0 \sim 1.0s$ 的概率较大，这与实际情况不符。为了克服负指数分布描述车头时距分布的这种局限性，引入了移位的负指数分布，即假设最小车头时距不应小于一个给定的值 τ。移位的负指数分布函数为

$$F(t) = 1 - e^{-\lambda(t-\tau)}, t \geq \tau \tag{4-82}$$

其密度函数为

$$f(t) = \lambda e^{-\lambda(t-\tau)}, t \geq \tau \tag{4-83}$$

并且,可求得车头时距期望 $E(t)$ 和方差 $Var(T)$

$$E(T) = \frac{1}{\lambda} + \tau \tag{4-84}$$

$$Var(T) = \frac{1}{\lambda^2} \tag{4-85}$$

在式(4-84)和式(4-85)中,用车头时距的样本均值和样本方差代替总体分布的均值和方差,可得到参数 λ 和 τ 的估计值。另一个简便方法是在式(4-84)中用车头时距的最小观测值估计参数 τ,用样本均值代替总体分布均值求解 λ。

⑨M3 分布

当交通较拥挤时,出现了部分车辆成车队状态行驶。负指数分布和移位的负指数分布都不能很好地描述这一现象。为此,科恩(Cowan)于 1975 年提出了 M3 分布模型。该模型假设车辆处于两种行驶状态:一部分是车队状态行驶,另一部分车辆按自由流状态行驶。M3 分布函数为

$$F(t) = \begin{cases} 1 - \alpha e^{-\lambda(t-\tau)}, & t \geq \tau \\ 0, & t < \tau \end{cases} \tag{4-86}$$

式中: α ——按自由流状态行驶车辆所占比例;

τ ——车辆处于车队状态行驶时,车辆之间保持的最小的车头时距,s;

λ —— $\lambda = \dfrac{\alpha q}{1 - q\tau}$;

q ——流量,辆/s。

由概率论知识,容易求得期望 $E(T)$ 和方差 $Var(r)$

$$E(T) = \tau + \frac{\alpha}{\lambda} \tag{4-87}$$

$$Var(T) = \frac{\alpha(2-\alpha)}{\alpha^2} \frac{(1-\tau q)^2}{q^2} \tag{4-88}$$

⑩厄兰(Erlang)分布

厄兰分布的密度函数为

$$f(t) = \lambda e^{-\lambda t} \frac{(\lambda t)^{k-1}}{(k-1)!}, \quad k = 1, 2, 3, \cdots \tag{4-89}$$

式中: k、λ ——参数,k 取正整数。

k 取不同的值,则可以得到不同的分布函数。在交通工程中常用其来描述车头时距的分布,特别地,当 $k=1$ 时,式(4-89)对应着车头时距为负指数分布的情形,当 $k=\infty$ 时,式(4-89)对应着车头时距为均匀分布的情形。k 值越大,说明交通越拥挤,驾驶人行为的随机程度越小。

实际应用中,参数 k 可由下式估计

$$\hat{k} = \frac{\overline{m}^2}{S^2} \tag{4-90}$$

式中: $\overline{m}$ ——样本均值;

S^2 ——样本方差。

⑪韦布尔(Weibull)分布

韦布尔分布是负指数分布的推广。其密度函数为

$$f(t) = \frac{\gamma}{\eta}\left(\frac{t}{\eta}\right)^{\gamma-1} \exp\left[-\left(\frac{t}{\eta}\right)^{\gamma}\right], \quad \eta, \gamma > 0 \tag{4-91}$$

式中: η, γ ——参数。

γ 的值决定了分布曲线形状,称为形状参数;当 $\gamma=1$ 就是负指数分布;当 $\gamma \geq 3$ 时,韦布尔分布近似对称,接近于正态分布。

可以容易求得韦布尔分布的期望和方差

$$\mu = \eta \Gamma\left(1+\frac{1}{\gamma}\right) \tag{4-92}$$

$$\sigma^2 = \eta^2\left[\Gamma\left(1+\frac{2}{\gamma}\right) - \Gamma^2\left(1+\frac{1}{\gamma}\right)\right] \tag{4-93}$$

最新研究发现,韦布尔分布可用于拟合交织区外侧车道车头时距分布。

8)统计分布在交通工程中的应用

统计分布在交通工程中有着广泛的应用,应用统计分布甚至可以解决具有相同机理的一类交通问题,如间隙接受理论就是把随机现象和交通问题结合起来形成的理论,应用这一理论不仅可以求解某些道路设施的通行能力,还可为交通控制提供基础参数。统计分布在交通工程中应用很广,这里只给出部分简单的例子来说明统计分布理论是如何应用于交通工程的。

(1)统计分布在道路通行能力分析中的应用

①间隙接受理论

在相交的两支车流中,假定一支车流是主路车流,另一支车流是次要车流,次要车流只能利用主路车流的间隙通过(图4-12),当主路车流上某一间隙大于临界间隙 t_c 时,次要道路上的车流才能通过。由前面的假设可知,如果主路上的间隙 $T < t_c$,则支路上车辆不能穿插;如果主路车流间隙 T 满足 $t_c + (n-1)t_f \leq T < t_c + nt_f$($t_f$ 为次要道路上车辆连续通过时保持的车头时距,称为随车时距),则允许通过 n 辆车。因此,间隙 T 内可穿插 n 辆车的概率为

$$P_n = P[t_c + (n-1)t_f \leq T < t_c + nt_f] \tag{4-94}$$

在一个车流间隙内可穿插的平均车辆数为

$$E[N] = \sum_{n=0}^{\infty} n P_n \tag{4-95}$$

假设主路车辆到达率为 λ(辆/s),则一个小时内主路为次要道路提供的间隙有 $q = 3600 \times \lambda$。所以,次要道路一个小时可穿插车辆数为

$$C = q \times E[N] = q \sum_{n=0}^{\infty} n P_n \tag{4-96}$$

这就是间隙接受理论。该理论在计算无控交叉口、信号交叉口许可左转相位通行能力以及高速公路匝道通行能力中都有应用。

②无控交叉口通行能力

间隙接受理论在交通工程中主要应用于估算类似无控交叉口等交通设施通行能力。根据主路车流中车头时距分布特性,可以得到相应的理论通行能力。

间隙接受理论在交通工程中主要应用于估算类似无控交叉口等交通设施通行能力。根据主路车流中车头时距分布特性,可以得到相应的理论通行能力。

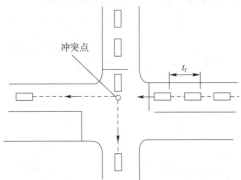

图4-12 无控交叉口车辆穿插示意图

a. 当车头时距服从负指数分布时(车辆到达服从泊松分布)
$$F(t) = 1 - e^{-\lambda t} \tag{4-97}$$
则
$$P_n = e^{-\lambda[t_c + (n-1)t_f]} - e^{-\lambda(t_c + nt_f)} \tag{4-98}$$
整理可得次要道路通行能力为
$$C_n = q \frac{e^{-\lambda t_c}}{1 - e^{-\lambda t_f}} \tag{4-99}$$

b. 当车头时距服从 M3 分布时
$$F(t) = \begin{cases} 1 - \alpha e^{-\lambda(t-\tau)}, & t \geq \tau \\ 0, & t < \tau \end{cases} \tag{4-100}$$
则整理可得次要道路通行能力为
$$C_n = q\alpha \frac{e^{-\lambda t_c}}{e^{\lambda \tau}(1 - e^{-\lambda t_f})} \tag{4-101}$$

[例 4.6] 一无信号灯控制的交叉口,主要道路的双向交通量为 1000 辆/h,车辆到达符合泊松分布。次要道路上的车辆可穿越的临界车头时距 =6s,车辆跟车行驶车头时距 =3s。求次要道路上可穿越主要道路的车流量。

[解] 已知 $q = 1000$ 辆/h,车辆到达符合泊松分布,$t_c = 6s, t_f = 3s$。由式(4-101)可以计算次要道路上可穿越主要道路的车流量为
$$C = q \frac{e^{-\lambda t_c}}{1 - e^{-\lambda t_f}} = 1000 \times \frac{e^{-\frac{1000}{3600} \times 6}}{1 - e^{-\frac{1000}{3600} \times 3}} = 334(\text{辆/h})$$

(2)统计分布在交通设计中的应用

统计分布在交通设计中也有着较为广泛的应用,如在行人交通控制系统设计时需要考虑行人可穿越间隙分布,在信号交叉口左转车道设计中需要预测每周期到达左转车辆数。此外,统计分布还可以用于评价这些交通设计的服务特性,如延误分析、排队长度计算等。

[例 4.7] 改善措施中,欲在引道入口设置一条左转弯候车道,为此需要预测一个周期内到达的左转车辆数,以便确定左转车道长度和信号配时。研究发现,每个周期内平均到达 25 辆车,有 20% 的车辆左转。求左转车的 95% 置信度的来车数。

[解] 已知每个周期平均来车数为 25 辆,左转车占 20%。所以每个周期到达左转车辆数 X 从分布为二项分布 $P(X = x) = C_{25}^x 0.2^x (1 - 0.2)^{20-x}$。因此,置信度为 95% 的来车数 $x_{0.95}$ 应满足
$$P(x \leq x_{0.95}) = \sum_{i=0}^{x_{0.95}} C_{20}^i p^i (1-p)^{20-i} \leq 0.95$$

经计算:$P(X \leq 9) \approx 0.928, P(X \leq 10) \approx 0.970$。因此,可令 $x_{0.95} = 9$。即左转车的 95% 置信度的来车数为 9。

[例 4.8] 在高速公路设计中,进口引道加速车道长度的确定是加速车道设计的核心内容。加速车道长度不仅要保证车辆在加速车道上能够完成需要的加速过程,还要保证在一定的时间内车辆能够顺利地汇入主线车流。假设高速公路上外侧车道的车头时距 H 服从参数为 λ 的负指数分布,并假设当 $H \geq t_0$ 时道上的车辆可以汇入;而对 $H < t_0$ 的间隙则不可汇入。求匝道上车辆在进入匝道后 $(0, t)$ 时间内能顺利汇入主线车流的概率。

[解] 由题意知,车头时距好的分布为:$F(t) = 1 - e^{-\lambda t}$,因此,当 H 为不可接受的间隙

时,其分布为

$$G(t) = P\left(H < \frac{t}{H} < t_0\right) = \frac{F(t)}{F(t_0)}$$

不可接受间隙的期望(不可接受时距的平均长度)为

$$\bar{H} = \int_0^{t_0} t \mathrm{d}G(t) = \frac{e^{\lambda t_0} - \lambda t_0 - 1}{\lambda e^{\lambda t_0}(1 - e^{-\lambda t_0})}$$

记 $P(t)$ 等于在 $(0,t]$ 内从匝道驶入的车辆可汇入的概率(计时从匝道车辆进入匝道与高速公路连接处开始),则

$$P(0) = 1 - P(H \le t_0) = e^{-\lambda t_0}$$

在 $(0, t+\Delta t]$ 内可汇入高速公路车流的概率可分解为在 $(0,t]$ 汇入或在 $(0,t]$ 不能汇入,但在 $(t, t+\Delta t]$ 内高速公路外侧车流中有一辆车到达且车头时距 $H \ge t_0$,因此

$$P(t + \Delta t) = P(t) + [1 - P(t)]\lambda_0 e^{-\lambda t_0}$$

其中,$\lambda_0 = \frac{1}{\bar{H}}$,这是由于在 $(t, t+\Delta t]$ 上 t 时刻车辆不能驶入,故车头时距小于 t_0,所以 λ_0 可理解为车头时距小于 t_0 的条件下的车辆到达率。因此

$$\frac{P(t+\Delta t) - p(t)}{\Delta t} = [1 - p(t)]\lambda_0 e^{-\lambda t_0}$$

令 $\Delta t \to 0$,可求得

$$\int \frac{dP(t)}{1 - P(t)} = \int \lambda_0 e^{-\lambda t_0} \mathrm{d}t$$

进一步求得

$$p(t) = 1 - (1 - e^{-\lambda t_0})\exp\{-\lambda_0 t e^{-\lambda t_0}\}$$

因此,匝道上车辆在进入匝道后 $[0,t]$ 时间内能顺利汇入主线车流的概率为:$p(t) = 1 - (1 - e^{-\lambda t_0})\exp\{-\lambda_0 t e^{-\lambda t_0}\}$。

(3)统计分布在交通安全评价中的应用

为了评价改善措施对道路交通事故减少的效果,往往采用改善前与改善后两个统计周期内发生的事故次数进行对比的方法来评价改善措施的效果。该方法面临的问题是:所观测到的事故次数减少是由于偶然因素造成的?还是改善措施的结果?

该问题可转化为统计假设检验问题。

假设有 n 辆车,所发生事故数 X 为随机变量。令

$$X_i = \begin{cases} 1, & \text{事故发生} \\ 0, & \text{事故没发生} \end{cases}$$

X_i 表示第 i 辆车发生事故的情况,$X_i = 1$ 表示第 i 辆车发生事故,其相应的概率为 p,$X_i = 0$ 表示第 i 辆车没有发生事故,相应的概率为 $1-p$。即

$$P(X_i = 1) = p, P(X_i = 0) = 1 - p, i = 1, 2, \cdots, n \tag{4-102}$$

发生事故的总数可以表示为

$$X = \sum_{i=1}^{n} X_i \tag{4-103}$$

并且 $X \sim B(n,p)$。假设用 X 表示措施实施后事故发生的次数,如果改善措施没有效果,则措施实施后事故发生的次数 X 仍应服从二项分布 $B(n,p)$。因此,评价措施是否有效转化为统计学假设检验问题。用统计学的术语,就是要检验原假设:

$$H_0: X \sim B(n,p)$$

取显著性水平 α，则由推断原理可知，当

$$P\left\{\frac{X-np}{\sqrt{np(1-p)}}<x\right\}\leqslant\alpha \tag{4-104}$$

则应认为措施有显著性效果。

由概率论与数理统计知识(德莫佛—拉普拉斯定理)

$$P\left\{\frac{X-np}{\sqrt{np(1-p)}}<x\right\}\rightarrow\int_{-\infty}^{x}\frac{1}{\sqrt{2\pi}}e^{-\frac{t^2}{2}}\mathrm{d}t \tag{4-105}$$

即当 n 无穷大时，二项分布可以用正态分布近似。

由于事故是个稀有事件，发生概率 P 很小，故 $1-p\approx1$。取 $\alpha=0.05$，查正态分布表可得 $X=1.65$。则改善措施效果显著时应满足

$$\frac{X-np}{np}<-\frac{1.65}{\sqrt{np}} \tag{4-106}$$

将措施实施前平均事故数 $b=np$，措施实施之后发生平均事故数 $a=X$，代入式(4-106)，则可表示为

$$\frac{b-a}{b}<-\frac{1.65}{\sqrt{b}} \tag{4-107}$$

因此，当事故减少百分数 $\frac{b-a}{b}\times100\%$ 大于 $\frac{1.65}{\sqrt{b}}$ 时，则认为改善措施效果显著。

如果以 $b=np$ 为横坐标，以 $\frac{1.65}{\sqrt{b}}$ 在为纵坐标，则可以绘制事故显著性检验曲线。当计算的事故减少百分数 $\frac{b-a}{b}\times100\%$ 位于曲线上方，则认为措施效果明显；反之，则不明显，如图 4-13 所示。

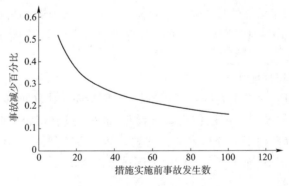

图 4-13　事故减少显著性检验曲线示意图

当事故数服从泊松分布时，其分布函数为

$$P(X=x)=\frac{\lambda^x e^{-\lambda}}{x!}, x=0,1,2,\cdots \tag{4-108}$$

式中：$P(X=x)$——在计数时间 T 内，事件 X 发生 x 次的概率；

　　　　λ——参数，计数时间内发生的平均事件次数；

　　　　e——自然对数的底数，取值为 2.718280。

假设某个路段上，采取安全措施后，在给定的统计时间内发生事故数为 X。考查措施有

无明显效果,转化为统计假设检验问题:

$$H_0: E(X) = \lambda$$
$$H_1: E(X) < \lambda$$

措施实施前后,事故数减少多少才能判断措施效果明显?即 λ 与 X 差值多大才能判断措施效果是否明显呢?

由于事故发生数是个随机变量,因此,可以考虑运用统计假设检验"小概率事件原理",即给定 $\alpha(0 < \alpha < 1,$ 常令 $\alpha = 5\%)$,当事故减少数满足

$$P(\lambda - X \geqslant K \mid H_0) = P(X \leqslant \lambda - K \mid H_0) = \sum_{i=0}^{\lambda-K} \frac{\lambda^i e^{-\lambda}}{i!} = \alpha \tag{4-109}$$

则认为措施有效。因此,把 $\alpha = 5\%$ 以及采取措施之前,事故平均发生次数 $b = \lambda$ 代入上式,可计算 $\lambda - X$,当 $X \leqslant \lambda - K$ 时,则认为措施有效。否则,认为措施无效。

同样,以 λ 为横坐标,$\left(1 - \dfrac{\lambda-k}{\lambda}\right) \times 100\%$ 为纵坐标,可以得到事故减少显著性检验曲线。在实际运用中,将措施前的事故平均数 b 代替 λ,将措施后的事故数 x 或者 a 代替 $\lambda - K$,计算 $\left(1 - \dfrac{a}{b}\right) \times 100\%$,找出点 $\left[b, \left(1 - \dfrac{a}{b}\right) \times 100\%\right]$。如果该点在曲线的下方,则认为措施在减少事故数方面确实有效;否则就认为事故数减少是偶然因素引起的。

(4) 统计分布选择

对于交通数据分析,分布模型的选择是非常关键的。以下几点原则可供参考:

①数据类型和分布特点

离散型分布和连续型分布分别适用于离散型变量和连续型变量。因此,首先要对数据类型加以辨别。对于属性数据和计数数据则选择离散型分布;对于连续取值数据则考虑连续型分布。

然后,根据数据的分布特点来选择具体的分布。例如,对离散型变量,当样本方差接近样本均值时,泊松分布是较好的选择;而当样本方差大于样本均值时,负二项分布是较好的选择。对连续型变量,则可以从样本分布的对称性、偏度系数、峰度系数等特点确定分布函数。

②数据拟合程度和合理性

选择模型是否合适,一个重要的判断标准即是否能够将对数据拟合好且合理。只有对现有数据拟合程度高的模型才可以作为备选模型;此外,只有符合实际的模型才可以被接受。例如,之所以选择对数正态分布来拟合驾驶人的反应时间,而不用正态分布,原因之一就是反应时间只能取正值,而正态分布的取值区域可以为负。

③专业知识和经验

对于同一问题,合适的模型往往不止一个。这种情况下,可以借助专业知识和经验来选择模型。例如,过去的研究表明,对数正态分布可以很好地拟合驾驶人的反应时间;M3 分布可以很好地拟合信号控制路段上的车头时距。因此,在分析此类问题时,常应用上述模型。

④处理上的可行性

在没有特别合适的模型下,可以考虑数学上处理的方便性和方式可用性。负指数分布在描述车头时距分布特性方面,是迄今为止最常用的方法。原因之一就是其在数学上的简单性。

4.2.2 分析数据的统计检验

在实际问题中存在着总体分布未知,而需要推断总体的某些未知特性,提出某些关于总体的假设。利用观测数据进行统计推断的一个重要问题就是根据样本提供的信息来判断总体是否具有指定的特征。例如,在分析行人过街行为时,是否可以断定性别对行人步行速度有显著影响?如果不同性别人群步行速度存在差异,这种差异是否是由随机因素引起的?已知驾驶人的反应时间是随机的,是否能断定其服从某个给定的分布?这类问题统称为假设检验问题。本章主要介绍常用的统计检验方法,包括:t 检验、F 检验与分布的拟合优度检验。

1)基本概念

(1)原假设和对立假设

在假设检验中常把一个被检验的假设称为原假设,其对立面称为对立假设。原假设常用 H_0 表示,对立假设用 H_1 表示。例如在检验性别对行人步行速度有无影响中,原假设为"H_0:性别对步行速度无影响",对立假设为"H_1:性别对步行速度有显著影响"。原假设和对立假设应相互排斥。如果原假设 H_0 经检验是正确的,则意味着对立假设 H_1 是错误的;如果原假设 H_0 经过检验后是不正确的,则意味着对立假设 H_1 是正确的。因此,假设检验问题就是决定接受或拒绝原假设。

对一般的假设检验问题可以表述为:
$$H_0: \theta \in \Theta_0, H_1: \theta \in \Theta_1$$

其中,Θ_0 与 Θ_1 的真子集,并且 $\Theta_0 \cap \Theta_1 = \Theta$。

上式只是给出了原假设和对立假设的一般形式,在实际应用中要根据实际问题构造假设检验问题,例如正态总体 $N(\mu, \sigma^2)$ 均值 μ 检验,我们要检验的问题可能是以下三种情形之一。

① $H_0: u = u_0; H_1: u \neq u_0$。

② $H_0: u \geq u_0; H_1: u < u_0$。

③ $H_0: u \leq u_0; H_1: u > u_0$。

这三种情形对应的检验问题是有严格区别的。情形①检验均值是否发生变化(没有指明变化方向),是双边假设检验问题;情形②检验均值是否大于给定的值(指明检验方向),是单边假设检验问题(又称为右边假设检验);情形③检验均值是否小于某个值(指明检验方向),是单边假设检验问题(又称为左边假设检验)。不同的情形对应着不同的检验规则。

因此,具体是哪种检验情形,应该根据问题的实际情况提出。此外,明确了上述问题,对应用假设检验解决具体问题也具有指导意义。如对情形②,如果假设 u_0 是根据以往经验获得的总体均值,u 是在新条件下总体均值的可能取值,该假设检验问题就是检验总体均值是否有所增加;如果 u_0 和 u 是不同条件下总体均值的可能取值,则假设检验问题就转化为比较两个总体的均值问题。

(2)检验统计量与临界值

是拒绝还是接受原假设,这需要一个规则,根据这个规则以及样本 $X_1, X_2, \cdots, X_n$ 提供的信息做出统计推断(接受还是拒绝原假设)。例如,对总体均值的检验问题 $H_0: u \geq u_0; H_1: u < u_0$,一个直观的想法就是用样本均值 $\overline{X}$ 估计 μ,当 $\overline{X}$ 比 u_0 大时,就应拒绝原假设 H_0。因此,可以用 $\overline{X} > C$(C 为某个常数)作为检验规则。当 $\overline{X} > C$ 就接受原假设,反之,则拒绝原假设。这里统计量 $\overline{X}$ 就代表了样本提供的信息,C 是做出接受或拒绝原假设的一个关键值,称为临界值。因此,在统计假设检验中,确定了假设检验问题后,还需要选择合适的统计量概括样本信息并用于统计推断(该统计量称为检验统计量),以及确定临界值。

检验统计量的选取可根据问题的直观背景提出,使得在原假设成立时或对立假设成立时,其取值存在明显的差异。选取检验统计量的一个简便方法就是根据要检验的参数估计,例如有关总体均值的检验统计量常由样本均值构造,而方差检验统计量则由样本方差的无偏估计构造。

临界值的确定应用了小概率事件原则(在概率论中,把发生概率很小的事件称为小概率事件,一般情况下,发生概率小于0.05的事件就可以称为小概率事件,有时也取发生概率小于0.10):如果一个事件发生的概率很小,则在一次试验中将其看作是不可能发生的事件。现以检验正态总体均值是否为0为例说明临界值的确定。

假设 $X_1, X_2, \cdots, X_n$ 为来自 $N(\mu,1)$ 的一个样本,则样本均值是 $\bar{X}$ 的无偏估计,并且 $\bar{X} \sim N\left(0, \frac{1}{\sqrt{n}}\right)$。因此,在原假设 $H_0: \mu = 0$ 成立的条件下,$\bar{X}$ 与 0 差别较大的概率 $P(|\sqrt{n}(\bar{X}-0)| \geq C)$ 应是小概率(或不可能发生)。所以,对给定的 $\alpha(0<\alpha<1)$,令 $P(|\sqrt{n}(\bar{X}-0)| \geq C) = \alpha$,则可求得临界值 $C = \mu_{\alpha/2}$,其中,$\mu_{\alpha/2}$ 为标准正态分布的 $\alpha/2$ 上分位数,并且当 $\sqrt{n}\bar{X} > \mu_{\alpha/2}$ 或 $\sqrt{n}\bar{X} < \mu_{\alpha/2}$ 时,拒绝原假设。

对于单边假设检验的临界值,可根据研究问题的实际背景确定。例如,对正态总体均值 $N(\mu,1)$ 的右边假设检验 $H_0: \mu \geq \mu_0$,当原假设成立时,作为 μ 的无偏估计 $\bar{X}$ 应该与 μ_0 有一定的"距离"。由于 $\sqrt{n}(\bar{X}-\mu_0)$ 服从标准正态分布 $N(0,1)$,因此,其临界值 C 满足 $P\{\sqrt{n}(\bar{X}-\mu_0) \geq C\} = \alpha$,即 $C = \mu_\alpha$,当在 $\sqrt{n}(\bar{X}-\mu_0) \geq \mu_\alpha$ 时,接受原假设;同样,对于左边假设检验 $H_0: \mu \leq \mu_0$,临界值 C 应满足 $P\{\sqrt{n}(\bar{X}-\mu_0) \leq C\} = \alpha$,即 $C = -\mu_\alpha$,当 $\sqrt{n}(\bar{X}-\mu_0) < \mu_\alpha$ 接受原假设(其中,μ_α 为标准正态分布的 α 上分位数)。

概率小到什么程度才能算作"小概率事件",这就需要根据实际情况而定,例如,飞机失事的危险概率远远低于车祸的危险概率,但如果一个航空公司的事故率达1%时,相信没有多少人选择该公司的航班了,而一个汽车公司的事故率哪怕为10%,还是有不少人乘坐该公司的汽车。因此,在假设检验中,必须先确定小概率的大小。

(3) 两类错误和显著性水平

由临界值的确定方法可以发现,假设检验是以小概率事件作为推断原则的。但是,小概率事件并不一定不发生。假设检验不可能完全正确,可能出现错误,将错误分为以下两类。

①第一类错误:原假设 H_0 是正确的,而假设检验的结论是拒绝 H_0,所以又称为"拒真"错误。犯第一类错误的原因是小概率事件也有可能发生,因此,第一错误的概率恰好就是"小概率事件"发生的概率 α,即

$$P(拒绝 H_0 | H_0 为真) = \alpha$$

②第二类错误:原假设 H_0 是错误的,而假设检验的结论是接受 H_0,所以又称为"受伪"错误。第二类错误产生的原因是在一次抽样检验中,未发生不合理结果。记 β 为犯第二类错误的概率,即

$$P(接受 H_0 | H_0 为假) = \beta$$

通常希望犯这两类错误的概率都尽量得小,当样本容量固定时,α,β 不能同时减小(若 α 减小,则 β 就变大;而 β 减小,则 α 又变大)。一般的做法是控制犯第一类错误的概率,即

保证犯第一类错误的概率α尽量得小。犯第一类错误的概率α称为显著性水平或检验水平。在实际应用中，α一般取值0.05。

(4) p 值与显著性水平

在现代统计学以及许多统计分析软件中，常应用 p 值与显著性水平α做比较的方法进行统计推断。p 值定义为检验统计量大于其取值(由样本观测值计算)的概率。为了说明如何应用 p 值来进行假设检验，以"正态总体 $N(\mu,1)$，检验原假设 $H_0:u=0$"为例。在原假设 $H_0:u=0$ 成立的条件下，$\bar{X} \sim N(0,1/\sqrt{n})$。选取检验统计量 $U=\sqrt{n}\bar{X}$，则 $U \sim N(0,1)$。假设在样本观测值 $x_1,x_2,\cdots,x_n$ 给定的条件下，U 的值为 u_0。因此，P 值为 $p=P(U \geq u_0)$。

对给定的显著性水平α，当 $p<\alpha$ 时拒绝原假设；当 $p \geq \alpha$ 时则接受原假设。为了便于理解，我们讨论一下 p 值与显著性水平α的关系。假设 U 服从标准正态分布，显著性水平α对应上分位数为 u_α，则当 $u_0<u_\alpha$ 时，由小概率事件原则，应该拒绝原假设，而即 $p=P(U>u_0)>P(U>u_\alpha)=\alpha$，即 $p>\alpha$。

因此，p 值方法与建立在小概率事件原则基础上的检验方法是等价的。

2) t 检验

在交通研究中，t 检验主要用于解决以下问题：①总体均值与样本均值相等的检验；②两正态总体均值相等的检验；③回归系数显著性检验。

(1) t 检验原理

t 检验方法是应用服从 t 分布的统计量检验给定的统计假设问题，其适用于正态总体方差未知的情形。例如，对于正态总体 $N(\mu,\sigma^2)$，方差 σ^2 未知时，检验总体均值是否等于某个已知的常数 u_0。可构造假设检验：

$$H_0:u=u_0; H_1:u \neq u_0$$

设 $X_1,X_2,\cdots,X_n$ 是来自总体 X 的样本，由于 σ^2，不能利用 $\dfrac{\bar{X}-\mu_0}{\sigma/\sqrt{n}}$ 来确定拒绝域了。注意到 S^2 是 σ^2 的无偏估计，可用 S 来替代 σ，采用

$$t=\frac{\bar{X}-\mu}{S/\sqrt{n}} \tag{4-110}$$

式中：$\bar{X}$——样本均值；

μ——总体均值；

S——样本标准差；

n——样本量。

作为统计检验量，服从自由度为 $n-1$ 的 t 分布。正态总体 $N(\mu,\sigma^2)$，方差 σ^2 未知时，μ 的置信度 $1-\alpha$ 的置信区间估计为：

$$\left[\bar{X}-\frac{S}{\sqrt{n}}t_{\alpha/2}(n-1),\bar{X}+\frac{S}{\sqrt{n}}t_{\alpha/2}(n-1)\right]$$

由

$$P\left\{\left|\frac{\bar{X}-\mu}{S/\sqrt{n}}\right|>t_{\alpha/2}(n-1)\right\}=\alpha \tag{4-111}$$

或

$$P\{|\bar{X}-\mu|>t_{\alpha/2}(n-1)S/\sqrt{n}\}=\alpha \tag{4-112}$$

可知在原假设$H_0: u = u_0$成立条件下,样本均值$\overline{X}$与总体均值μ_0之差绝对值大于$t_{\alpha/2}(n-1)S/\sqrt{n}$的概率为$\alpha$(图 4-14)。

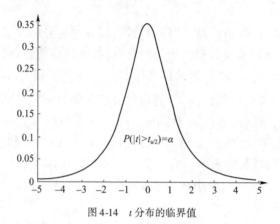

图 4-14 t 分布的临界值

换句话说,当α取较小值时(如$\alpha = 0.05$),$|\overline{X} - \mu| > t_{\alpha/2}(n-1)S/\sqrt{n}$为"小概率事件"。根据统计推断的"小概率事件"原则,应否定原假设$H_0: u = u_0$,即样本均值$\overline{X}$与总体均值μ_0有显著性差异。

所以,当给定样本观测值$X_1, X_2, \cdots, X_n$,计算$t_0 = \dfrac{\overline{X} - \mu_0}{S/\sqrt{n}}$,当$|t| > t_{\alpha/2}(n-1)$时,拒绝原假设$H_0: u = u_0$;如果$|t| \leq t_{\alpha/2}(n-1)$,则不能拒绝原假设$H_0$。故由

$$P(\text{当} H_0 \text{为真拒绝} H_0) = P_{\mu_0}\left\{\dfrac{\overline{X} - \mu}{S/\sqrt{n}} \geq k\right\} = \alpha \tag{4-113}$$

得$k = t_{\alpha/2}(n-1)$,即得拒绝域为

$$|t| = \left|\dfrac{\overline{X} - \mu}{S/\sqrt{n}}\right| > t_{\alpha/2}(n-1) \tag{4-114}$$

这就是t检验的原理。其中,$t_{\alpha/2}(n-1)$是t分布的临界值,可以查t分布分位数表得到,当n足够大时,由于t分布近似于正态分布,可查正态分布表得到。

有时,需要考虑单边假设检验问题:$H_0: u > u_0$。在此情况下,如果$t > t_{\alpha/2}(n-1)$,则可以接受原假设H_0;同样,可以考虑原假设$H_0: u < u_0$,当$t > t_{\alpha/2}(n-1)$时,接受原假设。

[**例 4.9**] 某种元件的寿命X(以 h 计)服从正态分布$N(\mu, \sigma^2)$,μ, σ^2均未知。先测得16 只元件的寿命如下:

159 280 101 212 224 379 179 264
222 362 168 250 149 260 485 170

问是否有理由认为元件的平均寿命大于 225h。

[**解**] 按题意需检验

$$H_0: \mu \leq \mu_0 = 225, H_1: \mu > 225$$

取$\alpha = 0.05$,此问题的拒绝域为

$$t = \dfrac{\overline{X} - \mu_0}{S/\sqrt{n}} > t_\alpha(n-1)$$

现在$n = 16, t_{0.05}(15) = 1.7531$。又算得$\overline{X} = 214.5, S = 98.7259$,即有

$$t = \frac{\overline{X} - \mu_0}{S/\sqrt{n}} = 0.668 < 1.7531$$

t 没有落在拒绝域中,故接受 H_0,即认为元件的平均寿命不大于 225h。

(2)正态总体均值的检验

在交通研究中,有时要分析交通环境或试验环境的变化对一些测量指标的影响。这就需要检验观测变量的样本平均值与经验值(看作总体均值)是否有显著性差异。这类问题看起来是检验总体均值与样本均值是否相等的检验,实质上是检验总体的均值是否等于某个值(或总体均值是否发生了变化)的问题。

[例 4.10] 根据某市区连续行人设施的行人步行速度调查,发现男性步行速度平均值为 1.25m/s。现在为了分析某行人设施行人的步行速度特征,调查了 525 个男性,测得平均速度为 1.29m/s,样本标准差为 0.27。是否可以根据调查结果认为该行人设施的行人步行速度明显有所不同?

[解] 由题意,由于总体样本方差未知,应用 t 检验方法。假设检验步骤如下:

①确立假设检验问题

$$H_0: u = u_0$$

②构造 t 检验统计量

$$t = \frac{\overline{X} - u_0}{S/\sqrt{n}}$$

③计算统计量值

把 $X = 1.29, S = 0.27, \mu = 1.25, n = 525$ 代入,则可计算得 $t = 4.17$。

查分位数表,确定临界值。

由于 n 足够大 $(n = 525)$,$t(524)$ 可用正态分布近似。取 $\alpha = 0.05$,查正态分布表 $u_{0.025} = 1.96$。

④下结论。因为 $t = 4.17 > 1.96$,所以不能接受原假设,即可以得到该行人设施的行人步行速度与已有经验不同的论断。

上述检验方法还可以用于配对数据检验。例如,为了分析试验条件或环境对驾驶人的交通行为的影响,在不同的环境下测量了同一组驾驶人的某生理、心理指标,则可以分析同一个驾驶人在两种环境下的测量指标差。问题归结为检验"测量指标差"的均值是否为 0。

(3)两正态总体均值相等的检验

在实践中,往往还会遇到比较两个研究总体均值是否相等的问题。例如,研究行人通过信号交叉口人行横道的交通行为特性时,需要分析男性和女性步行速度是否存在显著性差异;在分析驾驶人反应时间特性时,需要考虑性别的影响。由于比较的两个对象之间,任何一个总体分布均值都是不知道的,在这种情况下,应考虑两总体均值相等的检验方法。由于两个总体均值是未知的,实际比较的是样本均值,所以有时又称为两样本均值比较的检验或成组比较的检验。

假设 $X_1, X_2, \cdots, X_n$ 是来自总体 $N(\mu_1, \sigma_1^2)$ 的一个样本,$Y_1, Y_2, \cdots, Y_n$ 是来自总体 $N(\mu_2, \sigma_2^2)$ 的一个样本。则假设检验问题是:

$$H_0: u_1 = u_2; H_0: u_1 \neq u_2$$

由于 σ_1^2, σ_2^2 都未知,因此,要分:① $\sigma_1^2 = \sigma_2^2 = \sigma^2$ 和 ② $\sigma_1^2 \neq \sigma_2^2$ 两种情形讨论。这里仅给出情形①的假设检验问题,当 $\sigma_1^2 = \sigma_2^2 = \sigma^2$ 时

$$\frac{(\bar{X}-\bar{Y})-(\mu_1-\mu_2)}{\sqrt{(n_1-1)s_1^2+(n_2-1)s_2^2}}\sqrt{\frac{n_1n_2(n_1+n_2-2)}{n_1+n_2}} \sim t(n_1+n_2-2) \tag{4-115}$$

因此，在原假设 $H_0: u_1=u_2$ 成立的条件下，上式可写成

$$t=\frac{(\bar{X}-\bar{Y})}{\sqrt{(n_1-1)s_1^2+(n_2-1)s_2^2}}\sqrt{\frac{n_1n_2(n_1+n_2-2)}{n_1+n_2}} \tag{4-116}$$

所以，在原假设 H_0 成立的条件下，t 服从自由度为 n_1+n_2-2 的 t 分布。当样本观测值给定时，则按式(4-116)计算 t 值。对给定的显著性水平 $\alpha(0<\alpha<1)$，查 t 分布表 $t_{\alpha/2}(n_1+n_2-2)$，如果 $|t|>t_{\alpha/2}(n_1+n_2-2)$，则没有理由接受 H_0；如果 $|t|<t_{\alpha/2}(n_1+n_2-2)$，则不能拒绝原假设 H_0。

[**例4.11**] 为了分析行人在穿越人行横道时，性别对步行速度的影响。分别调查了140名青少年男性和165名青少年女性。测得平均步行速度分别为1.76m/s 和1.58m/s，标准差分别为0.55 和0.26。分析性别是否对步行速度有显著影响。

[**解**] 假设男、女青少年在穿越人行横道时，步行速度方差没有显著性差异。则由统计结果可知 $n_1=140, n_2=165, \bar{X}=1.76, \bar{Y}=1.58, s_1=0.55, s_2=0.26$。把上述数值代入式(4-116)

$$t=\frac{(\bar{X}-\bar{Y})}{\sqrt{(n_1-1)s_1^2+(n_2-1)s_2^2}}\sqrt{\frac{n_1n_2(n_1+n_2-2)}{n_1+n_2}}$$

求得 $t=3.73$。由于样本量足够大，t 分布可用正态分布近似。取 $\alpha=0.05$，则由分布表可查得临界值为1.96。由于 $t=3.37>1.96$，因此不能接受原假设，即性别对步行速度有显著影响。

3) U 检验与基于大样本理论的检验

上一节介绍了方差 σ^2 未知情形下，正态总体 $N(\mu,\sigma^2)$ 的总体均值与样本均值相等的检验、两总体均值相等的检验问题。这些检验的一个共同点就是能够知道检验统计量的确切分布。但在多数情况下，检验统计量的确切分布是不知道的。这就需要利用统计量的大样本性质——渐近分布。由于此类检验是建立在 U 统计量(渐近)服从正态分布 $N(0,1)$ 基础上的，统称为 U 检验。

(1) 总体方差 σ^2 已知情形下，正态均值的 U 检验

这类检验问题可以归结为在总体方差 σ^2 已知并且比较稳定的情况下，要检验观测值均值是否和总体均值一致；或由于试验条件的变化是否对观测值有着显著的影响。假设检验归结为检验 $H_0:u=u_0$。

在原假设成立的条件下，$\dfrac{\bar{X}-\mu}{\sigma/\sqrt{n}}$ 服从标准正态分布 $N(0,1)$。令

$$U=\frac{\bar{X}-\mu}{\sigma/\sqrt{n}} \tag{4-117}$$

则 $U \sim N(0,1)$。由标准正态分布的分位数定义可知

$$P\left(\left|\frac{\bar{X}-\mu}{\sigma/\sqrt{n}}\right|>u_{\alpha/2}\right)=\alpha \tag{4-118}$$

因此，在原假设 H_0 成立的条件下，对给定样本观测值可按式 $U=\dfrac{\bar{X}-\mu}{\sigma/\sqrt{n}}$ 计算 U 值。查标准正态分布表可得临界值 $u_{\alpha/2}$，如果 $|U|>u_{\alpha/2}$，则没有理由接受 H_0；如果 $|U|\leqslant u_{\alpha/2}$，则不能拒

绝原假设。

[**例 4.12**] 在例 4.11 中,如果市内连续行人设施行人步行速度标准差是 $\sigma=0.27$,则是否可以根据调查结果认为该行人设施的行人步行速度明显有所变化?

[**解**] 由调查结果可知:$\bar{X}=1.29, \sigma=0.27, u=1.25, n=525$。把这些值代入式 $U=\dfrac{\bar{X}-\mu}{\sigma/\sqrt{n}}$ 求得 $U=3.39$。取 $\alpha=0.05$,查正态分布表:$u_{0.025}=1.96$,因此,$U=3.39>1.96$,所以不能接受原假设,即可以接受该行人设施的行人步行速度有明显变化的论断。

(2) 基于大样本理论的 U 检验

① 单样本均值的检验

样本量充分大的情况下,t 分布可用正态分布近似。此外,在总体为一般分布的情况下,只要其期望和方差存在,则由中心极限定理可知

$$U_n = \frac{\bar{X}-\mu}{S/\sqrt{n}} \tag{4-119}$$

近似服从正态分布 $N(0,1)$。因此,在原假设 $H_0: u = u_0$ 成立的条件下,仍然可以应用 U 检验,方法同(1)。

② 两样本均值的比较

当 $\sigma_1^2 \neq \sigma_2^2$ 时,则 t 检验方法不再适用,在此情形下,可考虑大样本条件下的 U 检验。对于两个一般分布总体,只要满足期望和方差存在,由中心极限定理,也可以应用 U 检验方法检验两样本均值是否相等。

对于假设检验问题:$H_0: u = u_0; H_1: u \neq u_0$

构造检验统计量:

$$U = \frac{\bar{X}-\bar{Y}}{\sqrt{S_1^2/n_1 + S_2^2/n_2}} \tag{4-120}$$

式中:$\bar{X}$、$\bar{Y}$——分别为两个样本均值;

S_1^2、S_2^2——分别为两个样本方差;

n_1、n_2——分别为两个样本的样本量。

当 n_1、n_2 足够大以及原假设 $H_0: u = u_0$ 成立的条件下,U 近似服从标准正态分布 $N(0,1)$。

[**例 4.13**] 假设男、女青少年在穿越人行横道时,步行速度方差存在显著性差异。则由统计结果可知 $n_1=140, n_2=165, \bar{X}=1.76, \bar{Y}=1.58, S_1=0.55, S_2=0.26$。把上述值代入式 $U=\dfrac{\bar{X}-\bar{Y}}{\sqrt{S_1^2/n_1+S_2^2/n_2}}$,计算得到 $U=3.55$。取 $\alpha=0.05$,查正态分布表:$U_{0.025}=1.96$。$U=3.55>1.96$,所以不能接受原假设,即性别对步行速度有显著影响。

因此,基于大样本理论的 U 检验为一般总体均值以及其他参数检验提供了有力的工具。

4) F 检验——两总体方差比较

应用 F 检验检验两个总体均值是否相等时,要求两个总体方差 $\sigma_1^2 = \sigma_2^2$(又称方差具有齐性)。此外,在交通研究中,比较两个方差有着一定的实际意义。例如在交通运行管理中,检验某项措施实施前后,车辆运行速度方差是否发生变化,可用于评价该措施对交通安全的影响效果。因此,方差相等检验(或方差比较检验)具有重要意义。

4.3 交通数据处理案例

4.3.1 在交通中样本数量的确定及选取

1) 估计总体均值的样本容量的确定

前面已经讲到,总体均值的置信区间是有样本均值 $\bar{X}$ 和允许误差两部分组成。在重复抽样或无限总体抽样的条件下,允许误差为 $z_{\alpha/2}\dfrac{\sigma}{\sqrt{n}}$,$z_{\alpha/2}$ 的值和样本容量 n 共同确定了允许误差的大小。一旦确定了置信水平为 $(1-\alpha)$,$z_{\alpha/2}$ 的值就确定了。对于给定的 $z_{\alpha/2}$ 的值和总体标准差 σ,我们就可以确定任意一个所希望的允许误差所需要的样本容量,令 Δ 代表所希望达到的允许误差,则

$$\Delta = z_{\alpha/2}\frac{\sigma}{n} \tag{4-121}$$

由式(4-121)可以推导出确定样本容量 n 的公式如(4-122)所示

$$n = \frac{(z_{\alpha/2})^2 \sigma^2}{\Delta^2} \tag{4-122}$$

式中:Δ——使用者在给定的置信水平下可以接受的允许误差。

$z_{\alpha/2}$ 的值可直接由区间估计中所用到的置信水平确定。如果能够求出 σ 的具体值,就可以用公式(4-122)计算所需的样本容量。在实际应用中,如果 σ 的值不知道,可以用以前相同或类似的样本的标准差来代替;也可以用试验调查的办法,选择一个初始样本,以初始样本的标准差作为 σ 的估计值。

从式(4-122)可以看出,样本容量与置信水平成正比,在其他条件不变的情况下,置信水平越大,所需的样本容量也就越大;样本容量与总体方差成正比,总体的差异越大,所要求的样本容量也越大;样本容量与允许误差成反比,可以接受的允许误差越大,所需的样本容量就越小。

需要说明的是,根据式(4-122)计算出的样本容量不一定是整数,通常是将样本容量取成较大的整数,也就是将小数点后面的数值一律进位成整数,例如,24.68 取 25,24.32 也取 25 等。

[**例4.14**] 拥有工商管理学士学位的大学生毕业月薪的标准差大约为 2000 元,假定想要估计月薪在 95% 的置信区间,希望允许误差为 400 元,应抽取多大的样本容量?

[**解**] 已知 $\sigma = 2000$,$\Delta = 400$,$z_{\alpha/2} = 1.96$,根据公式(4-122)得

$$n = \frac{(z_{\alpha/2})^2 \sigma^2}{\Delta^2} = \frac{(1.96)^2 \times 2000^2}{400^2} = 96.04$$

即应抽取 97 人作为样本。

2) 估计总体成数时样本容量的确定

与估计总体均值时样本容量的确定方法类似,在重复抽样或无限总体抽样条件下,估计总体成数时置信区间的允许误差 $z_{\alpha/2}\sqrt{\dfrac{\pi(1-\pi)}{n}}$,$z_{\alpha/2}$ 的值和样本容量 n 共同确定了允许误差的大小。一旦确定了置信水平为 $(1-\alpha)$,$z_{\alpha/2}$ 的值就确定了。由于总体成数的值是固定的,所以允许误差由样本容量来确定,样本容量越大,允许误差就越小,估计精度就越高。因

此,对于给定的 $z_{\alpha/2}$ 值,就可以确定任一希望的允许误差所需要的样本容量。

令 Δ 代表所希望达到的允许误差,则

$$\Delta = z_{\alpha/2}\sqrt{\frac{\pi(1-\pi)}{n}} \tag{4-123}$$

由公式(4-123)可以推导出重复抽样或无限总体抽样条件下确定样本容量的公式如(4-124)所示

$$n = \frac{(z_{\alpha/2})^2 \pi(1-\pi)}{\Delta^2} \tag{4-124}$$

式中:Δ——允许误差,必须是使用者事先确定的,大多数情况下,一般取 Δ 的值小于0.10。

$z_{\alpha/2}$ 的值可直接由区间估计中所用到的置信水平确定。如果能够求出公式(4-124)的具体值,就可以用公式(4-124)计算所需的样本容量。在实际应用中,往往 π 值不知道,可用以前相同或类似的样本成数 p 来代替;也可通过试调查,选择一个初始样本,以初始样本的成数 p 作为 π 的估计值。如果的 π 值无法获取,通常取其最大值0.5。

[例4.15] 根据以往的生产统计,某种产品的合格率约为90%,现要求允许误差为5%,在求95%的置信区间时,应抽取多少个产品作为样本?

[解] 已知:$\pi = 90\%$,$\Delta = 5\%$,$z_{\alpha/2} = 1.96$,根据公式(4-124)得

$$n = \frac{(z_{\alpha/2})^2 \pi(1-\pi)}{\Delta^2} = \frac{(1.96)^2 \times 0.9(1-0.9)}{0.05^2} \approx 138.3$$

应取139个产品作为样本。

3)估计两个总体均值之差时样本容量的确定

在估计两个总体均值之差时,样本容量的确定方法与上述方法类似。对于给定的允许误差和置信水平为$(1-\alpha)$的条件下,估计两个总体均值之差所需的样本容量为

$$n_1 = n_2 = \frac{(z_{\alpha/2})^2(\sigma^2_1 + \sigma^2_2)}{\Delta^2} \tag{4-125}$$

式中:n_1、n_2——两个总体的样本容量;

σ^2_1,σ^2_2——两个总体的方差。

[例4.16] 一所中学的教务处想要估计试验班和普通班考试成绩平均分数差值的置信区间。要求置信水平为95%,预先估计两个班考试分数的方差分别为:试验班 = 90,普通班 = 120。如果要求估计的误差范围(允许误差)不超过5分,在两个班应分别抽取多少名学生进行调查?

[解] 已知:$\sigma_1^2 = 90$,$\sigma_2^2 = 120$,$\Delta = 5$,$z_{\alpha/2} = 1.96$,根据式(4-125)得

$$n_1 = n_2 = \frac{(z_{\alpha/2})^2(\sigma^2_1 + \sigma^2_2)}{\Delta^2} = \frac{(1.96)^2 \times (90+120)}{5^2} = 32.27$$

即应抽取33人作为样本。

4)估计两个总体成数之差时样本容量的确定

同样,对于给定的允许误差和置信水平为$(1-\alpha)$的条件下,估计两个总体成数之差所需的样本容量为

$$n_1 = n_2 = \frac{(z_{\alpha/2})^2[\pi_1(1-\pi_1) + \pi_2(1-\pi_2)]}{\Delta^2} \tag{4-126}$$

式中:n_1、n_2——两个总体的样本容量;

π_1、π_2——两个总体的成数。

[例4.17] 一家瓶装饮料制造商想要估计顾客对一种新型饮料认知的广告效果。他在广告前和广告后分别从市场营销区各抽选一个消费者随机样本,并询问这些消费者是否听说过这种新型饮料。这位制造商想以10%的误差范围和95%的置信水平估计广告前后知道该新型饮料的消费者的成数之差,他抽取的两个样本分别应包括多少人?(假定两个样本容量相等)

[解] 已知

$$n_1 = n_2 = \frac{(z_{\alpha/2})^2 [\pi_1(1-\pi_1) + \pi_2(1-\pi_2)]}{\Delta^2}$$

$$= \frac{(1.96)^2 [0.5 \times (1-0.5) + 0.5(1-0.5)]}{0.1^2} = 192.08$$

即应抽取193个消费者作为样本。

4.3.1.1 样本容量的确定

在进行参数估计之前,首先应该确定一个适当的样本容量,也就是应该抽取一个多大的样本来估计总体参数。在进行估计时,人们总是希望提高估计的可靠程度。但在一定的样本容量下,要提高估计的可靠程度(置信水平),就应扩大置信区间,而过宽的置信区间在实际估计中往往是没有意义的。例如,如果要说出某一天会下雨,置信区间并不宽,但可靠性相对较低,如果说第三季度会下一场雨,尽管很可靠,但准确性太差,即置信区间太宽了,这样的估计是没有意义的。如果想要缩小置信区间,但不降低置信程度,就需要增加样本容量。而样本容量的增加也会受到许多限制,比如会增加调查的费用和工作量。通常,样本容量的确定与人们愿意容忍的置信区间的宽度以及对此区间设置的置信水平有一定关系。因此,如何确定一个适当的样本容量,也是抽样估计中需要考虑的一个问题。

确定样本量的大小是比较复杂的问题,既要有定性的考虑也要有定量的考虑。从定性的方面考虑样本量的大小,其考虑因素有:决策的重要性,调研的性质,变量个数,数据分析的性质,同类研究中所用的样本量,发生率,完成率,资源限制等。具体地说,更重要的决策,需要更多的信息和更准确的信息,这就需要较大的样本;探索性研究,样本量一般较小,而结论性研究如描述性的调查,就需要较大的样本;收集有关变量的数据,样本量就要大一些,以减少抽样误差的累积效应;如果需要采用多元统计方法对数据进行复杂的高级分析,样本量就应当较大;如果需要特别详细的分析,如做许多分类等,也需要大样本。针对子样本分析比只限于对总样本分析,所需样本量要大得多。具体确定样本量还有相应的统计学公式,根据样本量计算公式,我们知道,样本量的大小不取决于总体的多少,而取决于:①研究对象的变动程度;②所要求或允许的误差大小;③要求推断的置信程度。也就是说,当所研究的现象越复杂,差异越大时,样本量要求越大;当要求的精度越高,可推断性要求越高时,样本量越大。因此,如果不同城市分别进行推断时,"大城市多抽,小城市少抽"这种说法原则上是不对的。在大城市抽样太大是浪费,在小城市抽样太少没有推断价值。总之,在确定抽样方法和样本量的时候,既要考虑调查目的、调查性质、精度要求(抽样误差)等,又要考虑实际操作的可实施性、非抽样误差的控制、经费预算等。

4.3.1.2 抽样方法

居民出行调查是一种综合性的社会调查,在权衡调查的内容、耗资和精度要求时,总是采用抽样方法来推断总体。从统计学的角度来看,居民出行调查可近似地视作为无限总体下的不重复抽样。一般抽样调查中常用的抽样方法主要有简单随机抽样、分层抽样、整群抽样等。但对于特定的居民出行调查工作而言,具体采用何种抽样方法要视实际问题的特点,具体问题具体分析。

1)选取抽样方法的影响因素

(1)样本抽取的代表性

通过研究总体中的一部分个体特征,进而得到隐含在这一部分个体之中的总体特征,从而可以更为省时省力地达到对总体研究的目的。样本本身的代表性(或者说是样本与总体的一致性)是抽样调查中首先需要解决的重要问题,其关键是对抽样过程随机性的保证。居民出行调查中,为了使样本具有代表性,要在充分了解总体的情况下制定适宜的抽样方法,同时在调查实施的过程中需要建立一定的监督和管理机制,采用规范的操作流程和科学的方法。

(2)样本抽取的可操作性

居民出行调查是一项极具实践操作与现实应用意义的活动,充分强调时间效率和分析程序上的简便性,因此所采用的抽样方法必须具备实际可操作性,其关键在于抽样框的可获取性以及抽样过程的人力、物力耗费大小。例如,采用简单随机抽样需要掌握整个城市所有人口的具体情况,这在现实中实现起来是很困难的。所以简单随机抽样方法在实践应用中往往难度较大。

(3)充分结合总体的特征

各种抽样方法均有其特定的适用条件。因此在对抽样方法的特性认识的基础上,还需要掌握所要抽取样本的总体的情况。

居民出行调查主要是要求掌握各类城市人群的出行行为和特征,因此有必要在进行抽样方法选择之前,掌握城市人口的规模、分布及其社会经济和家庭特征,为选取合适的抽样方法提供必要的基础信息。

(4)其他辅助信息的利用

所谓辅助信息是指除调查样本指标信息以外的有关于总体、抽样单元及样本的所有信息,主要包括反映总体结构的信息和反映抽样单元规模的信息,以及与调查指标密切相关的辅助指标信息等。

2)抽样方法的选择

通过前面的分析,可以看出各种抽样方法均有其独到的特点和特殊的使用条件,总结如表4-2所示。

抽样方法的特点和使用条件 表4-2

抽样方法	特点		适用条件
	优点	缺点	
随机抽样	简单直观,对目标量的估计及计算抽样误差都比较方便	所需样本容量较多,实际操作比较困难	总体单元在某区域内均匀分布,样点间彼此独立,总体较小
分层抽样	各类个体之间的差异小,有利于抽出有代表性的样本,子样本均匀,可能得到较高精度的估计量,能够有效消除特殊个体的不利影响	抽样过程复杂,误差分析过程复杂	调查对象类型不同,可以按照某个指标进行层的划分,且层间差异大,层内差异小

续上表

抽样方法	特点		适用条件
	优点	缺点	
等距抽样	实施简单,只需抽取一个随机初始单元,若总体单元排列规则信息充分,等距抽样能达到较高精度	估计量的精度估计比较困难	总体单元排列已知
整群抽样	在调查时调查单元分布相对集中,实施便利,节省费用。在资料不完整的情况下还可以使抽样框的编制得以简化	通常情况下,其抽样误差较大	抽样框信息不完整或者总体中各个群的结构相似。精度要求不高

总之,每一种方法都各有利弊,其应用条件都有一定的限制约束。在实际进行调查抽样的时候,要采取"抽样误差最小、费用开支最省"的原则,尽量做到二者统一,最终采用较为合理的抽样方法。

居民出行调查作为一种抽样调查的实践活动,采用何种调查方法应该依据居民出行调查的目标、调查对象的特性以及调查程序和工作组织的特点,进行分析和研究。但同时由于居民出行调查是一项包含信息广泛,反映多种出行特征的多目标的综合调查活动,要实现单项特征进行单独的抽样设计是不可能的。所以应该选取其中最关键的一项或两项调查目标作为整体抽样调查设计的目标。

4.3.1.3 案例应用

[**案例1**] 西安市在2000年进行了一次大规模的居民出行调查,该次调查对掌握西安市城市居民出行规律有很大作用,为城市交通规划、建设、管理和政策制定提供了重要的参考依据,尤其是为西安市轨道交通线网规划和相关前期研究工作奠定了良好的基础。其后8年来,西安市社会经济发展较快,人民生活水平显著提高,家庭小汽车逐步增加,居民出行特征发生了根本性的变化,道路交通状况也显现出新的特征。

近年来西安城市空间的快速扩张,外围新区逐渐形成,然而这部分新区的居民出行情况在2000年的调查中并未体现。与2000年相比较,城市交通拥堵日趋严重,城市交通问题日趋突出,要解决好西安市目前的交通问题,陈旧的数据已不复使用,迫切需要组建第二次居民出行调查。

1) 调查概述

(1) 调查范围

本次居民出行调查涉及区域为"八区一县",即新城区、碑林区、连湖区、雁塔区、未央区、灞桥区、长安区、临潼区及高陵区。

(2) 调查内容

本次调查内容为主体调查和辅助调查两部分,具体如表4-3所示。

(3) 交通小区划分

为了便于调查统计、定义出行起讫点的空间位置等,需按照一定的原则将调查区域划分成适当数量的交通小区,它是分析交通特性的基础单元。在2000年人口普查和2004年人口千分之一抽样调查的人口小区(2241个)的基础上,以社区为基本单位,同时兼顾2000年居民出行调查时交通小区的划分,最终在调查区域内形成519个交通小区。

调查内容 表4-3

类别	调查项目	调查子项
主体调查	居民出行调查	常住居民出行调查；暂住居民出行调查；流动人口出行调查
辅助调查	公交调查	公交设施调查；公交客流调查；公交服务性能调查
	机动车出行调查	机动车出行调查
	出租车出行调查	出租车出行调查
	对外交通调查	航空对外交通调查；铁路对外交通调查；公路对外交通调查
	查核线调查	查核线调查
	交通流特性调查	路段流量调查；车速与延误调查；饱和车头时距调查

2）抽样设计

2008年西安市居民出行调查采用了"预抽样+正式抽样"的两阶段抽样方法。为了进一步说明本书所提出的两阶段分层抽样方法，以2008年西安市居民出行调查为例进行应用分析。

(1) 预抽样的层次划分

在"八区一县"调查涉及范围内，根据现状人口分布、用地分布以及与轨道交通线路走向的关系三个方面的特征，从本次居民出行调查目的、可实施性以及经济合理性等方案综合分析，确定本次居民出行调查的实施范围。并得出各交通分区用地混合熵的值，然后计算抽样率。

(2) 预抽样及其数据分析

预抽样开展于2008年11月18日至24日期间，安排调查员350名对调查所涉及的"八区一县"范围内进行了0.15%比率的简单随机抽样，共调查家庭1730户、6073人，鉴于预调查数据分析的过程较为烦琐，因此仅以小寨路地区的数据为例进行说明。考虑以日平均出行次数为目标变量，同时，构造综合属性熵来描述被调查对象在家庭属性和个人属性方面的整体差异，并以此为辅助变量进行分层。其计算公式为

$$X = \sum x_i \cdot \ln(x_i) \tag{4-127}$$

式中：X——某一层的综合属性熵辅助变量；

x_i——该层中个人、家庭属性方面的度量值。

在本例中选择家庭规模、家庭收入、个人性别和年龄作为综合属性熵函数的参变量，如表4-4和表4-5所示。

小寨地区的居民日均出行次数和样本均值和方差 表4-4

交通小区	休息日均出行次数(次/天)	工作日均出行次数(次/天)	调查人数(人)	休息日均出行次数的标准差	工作日均出行次数的标准差
532	2.55	2.40	159	1.22	1.36
534	2.39	2.06	166	1.27	1.31
535	2.32	2.35	367	1.43	1.39
536	3.24	2.88	162	1.82	1.90
537	2.64	2.80	144	1.40	1.56
538	2.66	2.14	166	1.14	1.04
539	2.40	2.20	104	1.24	1.10
540	2.56	2.15	189	1.28	1.22
541	2.39	1.87	293	1.23	1.26

小寨地区综合属性熵的样本均值和方差　　表 4-5

交通小区	调查家庭数(个)	平均综合属性熵	标准差
532	16.00	11.01	3.44
534	25.00	13.55	2.73
535	60.00	12.70	2.91
536	24.00	14.36	3.31
537	22.00	10.92	0.69
538	17.00	11.54	3.45
539	16.00	13.14	4.19
540	34.00	12.37	3.77
541	41.00	11.77	3.45

类似地可以计算出各个抽样分层上的相关均值和方差。

(3) 正式抽样的样本量分配

经过计算,得到各小区的抽样比,如表 4-6 所示。

常住居民出行调查可实施性抽样计划方案　　表 4-6

调查分层	区县	街道办	户籍(个)	人口(人)	抽样率(%)
1	灞桥区	十里铺	7671	25980	3.45
1	碑林区	长安路,张家村,南院门,文艺路,柏树林,太乙路,东关南街,长乐坊	189850	738397	3.45
1	莲湖区	枣园,土门,桃园路,西关,环西,红庙坡,北院门,青年路,北关	197155	618607	3.45
1	未央区	张家堡,大明宫	27203	87769	3.45
1	新城区	西一路,中山门,长乐西路,自强路,解放门,太华路,韩森寨,长乐中路,胡家庙	157651	495510	3.45
1	雁塔区	小寨路,大雁塔	56703	243954	3.45
2	灞桥区	新筑,纺织城,灞桥,洪庆	77619	262849	2.20
2	长安区	王寺,郭杜,韦曲	69531	233463	2.20
2	高陵区	泾渭镇	18433	65675	2.20
2	临潼区	斜口,骊山,秦陵	47248	156855	2.20
2	未央区	三桥,六村堡	42649	137613	2.20
3	灞桥区	狄寨,红旗,席王,新合	56921	192763	2.99
3	未央区	未央宫,谭家,辛家庙,汉城,草滩,徐家湾	65514	211367	2.99
3	雁塔区	电子城,鱼化寨,丈八,长延堡,曲江,等驾坡	120102	516716	2.99
4	高陵	鹿苑镇	18818	60825	0.50
总计			1153068	4048343	3.03

然后根据已得出的抽样率来确定样本量。

4.3.2 显著性检验的方法及实例

在交通研究中,t 检验和 F 检验可用于回归系数检验的相关问题,对于一元线性回归模型和多元线性回归模型的应用比较广泛。

4.3.2.1 t 检验的应用实例

[**案例 2**]　近年来,机动车保有量大幅度增加,其增长速度远远大于道路改扩建的速度,经济快速发展激励生成的交通需求远远大于已有道路资源的供给能力。然而,道路资源是有限的,而且在近期内也不可能无限度地增扩,如何在现有的道路资源基础上,通过寻求交通组织优化理论与方法,最大限度提升现有道路资源供给能力,同时引导或者改变交通需求,从而使得交通供需趋于平衡,是近年来交通领域研究热点之一。

本例从消费者行为学理论中的消费购买决策过程角度,分析了出行者的交通行为过程,研究了目前在理论和应用层面比较成熟完善的 Logit 模型,分别推导选择概率对于选择方案属性和决策者特性两种变量的导数和弹性计算公式,从而得出了交通组织优化的理论依据。在模型的参数标定过程中,分别对两种不同变量进行了参数估计,完善了已有的参数估计方法。在模型的参数估计部分中运用 t 检验进行结果分析。

分别对所有参数进行最大似然法的联立方程组求解。其结果如表 4-7 所示。表中的参数值为标定结果,t 值为各个参数的统计检验值。根据统计检验知识,如果该值大于 95%(该值为通用检验标准)的 t 检验值 1.65,并且参数的符号正确,那么该参数标定结果的可信度为 95%,即认为该变量对于模型的结果影响不显著的原假设被拒绝。在参数标定结果中可以发现,各个选择方案中的性别参数 γ_{11}、γ_{21}、γ_{31}、γ_{41}、γ_{51} 的 t 检验值均小于 1.65,则可以认为性别对于模型的结果影响不显著的原假设被接受,即认为性别变量应该在该模型中被剔除。但是,在模型估计中,尽管有些参数的 t 检验值不合要求,但是以往的经验或者从理论上能够确认该参数对于结果有影响,这些参数依旧可以保留。方案中的驾车类型参数 t 检验值均亦小于 1.65,但是驾车类型在其他方案中的 t 检验值均符合要求,所以该参数也可以认为是有效的。因此,从 t 检验值来看,最初的模型中剔除性格变量的影响,其他变量都对驾驶员在提供定性交通信息内容下的路径选择行为产生显著影响。在此基础上再次通过参数估计推导公式分别对剩余参数进行最大似然法的立方程组求解,其结果如表 4-8 所示。在该表中,方案中的驾车类型参数 t 检验值依旧小于 1.65,但是其他参数的 t 检验值均符合要求。因此,与初次参数标定结果相比,再次参数标定结果在 t 检验值方面有所提高,最终选用再次参数标定结果建模。

初次参数标定结果　　表 4-7

参数名称	β_0	β_1	γ_{11}	γ_{12}	γ_{13}	γ_{14}	γ_{15}	γ_{21}	γ_{22}
参数值	−2.366	−2.895	0.025	4.153	−3.895	0.965	−9.561	0.035	4.969
t 值	−3.720	8.320	0.745	2.758	−10.791	1.569	−7.221	0.265	6.922
参数名称	γ_{23}	γ_{24}	γ_{25}	γ_{31}	γ_{32}	γ_{33}	γ_{34}	γ_{35}	γ_{41}
参数值	−4.588	1.314	−8.715	0.725	5.844	1.954	0.887	6.117	0.125
t 值	−14.322	0.785	−12.432	0.175	7.585	1.801	1.961	2.909	1.349
参数名称	γ_{42}	γ_{43}	γ_{44}	γ_{45}	γ_{51}	γ_{52}	γ_{53}	γ_{54}	γ_{55}
参数值	−5.390	1.021	−3.746	8.587	0.094	−2.650	8.514	−6.874	9.133
t 值	−8.102	6.545	7.564	15.980	0.315	−4.258	5.239	−12.071	16.137

再次参数标定结果　　表 4-8

参数名称	β_0	β_1	γ_{11}	γ_{12}	γ_{13}	γ_{14}	γ_{15}	γ_{21}	γ_{22}
参数值	−1.902	−2.325	—	3.298	−4.491	1.523	−9.561	—	4.320
t 值	−3.320	−6.320	—	2.752	−12.362	1.652	−8.251	—	7.862

续上表

参数名称	γ_{23}	γ_{24}	γ_{25}	γ_{31}	γ_{32}	γ_{33}	γ_{34}	γ_{35}	γ_{41}
参数值	-3.598	1.478	-8.965	—	5.230	2.491	0.971	6.251	—
t 值	-9.463	0.952	-9.235	—	6.752	1.962	1.783	3.695	—
参数名称	γ_{42}	γ_{43}	γ_{44}	γ_{45}	γ_{51}	γ_{52}	γ_{53}	γ_{54}	γ_{55}
参数值	-3.862	1.243	-4.502	9.451	—	-1.253	4.146	-5.820	8.254
t 值	-9.561	7.963	6.257	11.574	—	-5.369	5.967	-10.189	17.621

4.3.2.2 F 检验的应用实例

[**案例 3**] 作为城市基础公交设施,公交站台是乘客和公交运输服务最基本的联系纽带,是公交系统实现其服务不可缺少的重要环节。公交站台承担着满足公交车辆停靠和乘客上下车要求的任务,如果站台的通行能力不足,不仅不能满足公交车辆停靠和乘客上下车的基本要求,而且会影响整个公交系统的效率,甚至由于占用道路的空间资源而形成时空上的瓶颈。本例主要是从站台候车服务水平和道路交通流影响这两个方面,研究了公交站台能力的计算模型,并且通过实例数据验证,得出相关的结论。

本例选取蓟门桥西公交站台作为主干道直线式公交站台的实例,通过实地调研数据和数据处理,计算出该站台在一定的候车服务水平下应该配置的公交线路数量并与现状进行比较分析。运用所采集数据标定模型参数的过程中发现,在不同的速度条件下,模型参数具有截然不同的取值。随着速度高低而两极分化,导致拟合曲线呈现两种趋势。因此,根据路段速度的不同,对直线式公交站台分别拟合出两种不同走势的曲线,从而获得两组不同的模型参数,更加全面地诠释了直线式公交站台在不同路段速度情况下的能力。

(1) 较高速度条件下的模型标定

运用调查得到的机动车流量、速度、公交车停靠次数、平均停靠时间等数据,通过对数据标定和拟合,由高速条件下所标定的参数值统计得到的回归方程如公式(4-128)所示。

$$v = \frac{v_f}{1 + 0.5095\left[Q\bigg/\left(1 - \frac{t_0}{3600}\right)C\right]^{2.7516}} \quad (4\text{-}128)$$

回归方程的决定系数为 0.8957,F 统计值为 128.7311,可以通过显著水平为 0.05 的 F 检验。具体 F 检验指标如表 4-9 所示。

统计回归指标及 F 检验表(高速)   表 4-9

类别	自由度	平方和	R^2	F 统计值	显著性检验
回归分析	1	1.620991	0.8957	128.7311	1.16×10^{-10}
残差	22	0.277026			

(2) 较低速度条件下的模型标定

运用调查得到的机动车流量、速度、公交车停靠次数、平均停靠时间等数据,通过对数据标定和拟合,由高速条件下所标定的参数值统计得到的回归方程如公式(4-129)所示

$$v = \frac{v_f}{1 + 2.4215\left[Q\bigg/\left(1 - \frac{t_0}{3600}\right)C\right]^{2.2723}} \quad (4\text{-}129)$$

回归方程的决定系数为 0.897,F 统计值为 155.9143,可以通过显著水平为 0.05 的 F 检验。具体 F 检验指标如表 4-10 所示。

统计回归指标及 F 检验表(低速)　　　　　　表 4-10

类别	自由度	平方和	R^2	F 统计值	显著性检验
回归分析	1	13.55386	0.897	155.9143	9.96×10^{-12}
残差	23	1.999423			

4.3.2.3　回归模型

在交通领域的应用中,t 检验、F 检验一般用于线性回归模型的检验,但是线性回归模型存在许多限制条件,使得其在解决某些交通问题时存在明显的不足,特别是不适合解决以下几种情况的问题:假定因变量服从正态分布可能并不合理,例如对于某个路段上上一时期内发生的事故数,这些观测结果可能是统计数据或者离散数据,其分布往往不能用连续性变量来表示;假定数据方差对于所有观测数据都是一个常数,在一些实际场合是不合适的,例如当路段事故数服从泊松分布时,方差随着事故数增加而增加,显然不满足线性模型假设;因变量取值限定在一定范围内,如选择某种出行方式的比例,其值只能在 0 ~ 1 之间。但用线性回归模型进行预测时,预测值可以取任何值,会超过因变量的实际值。为了克服上述问题,有必要对线性模型进行扩展,即出现了广义线性模型(Generalized Linear Model,GLM)。广义线性模型在交通工程中有广泛的应用,在交通规划方面,其被应用与预测交通方式分担比例和出行路线选择问题,尤以 Probit 模型和 Logistic 模型为代表;在交通安全领域广义线性模型被广泛应用于交通事故预测。常用的广义线性回归模型有以下几种:

①传统线性模型。
②Logistic 回归模型。
③泊松(Poisson)回归模型。
④负二项回归模型。
⑤Probit 模型。

此处不做过多讲解,有兴趣的读者可参阅其他文献。

对于广义线性模型的显著性检验的常用方法有:

对于原假设 $H_0:\beta_i = 0, i = 1,2,\cdots,k$

1) Wald 检验

检验统计量为

$$z = \hat{\beta}_i / ASE, i = 1,2,\cdots k \tag{4-130}$$

式中:$\hat{\beta}_i$——β_i 的极大似然估计;

ASE——$\hat{\beta}_i$ 的标准差。

在原假设 $\beta_i = 0$ 时,z 近似服从标准正态分布。

2) 似然比检验

以 $L(\beta)$ 记对数似然函数。$\hat{\beta}$ 为极大似然估计,β^0 为检验原假设条件下的参数真值。则检验统计量为

$$R = -2[L(\beta^0) - L(\hat{\beta})] \tag{4-131}$$

下面以一个案例对广义线性模型显著性检验的 Wald 检验的应用进行详细介绍。

[案例 4]　目前基于出行链方面的研究受到许多交通学者的关注,出行链可以很好地描述个体的交通行为。伴随城市人口、空间规模的不断扩大,日均交通出行人次和人均出行距离的不断增加,城市经济活动的日益频繁,形成了多样化的出行需求。传统的四阶段模型不

能反应基于人的活动的出行链特征。而出行链能够真实反映交通需求,体现"以人为本"的出行特性,强调经济、社会、土地开发、交通网络、人口分布等对人的出行链的时空分布的影响。

我们知道传统的四阶段出行需求预测方法运用的是集计理论,在分析过程中从宏观上整体把握,主观性较强,而基于出行链理论的方法是以非集计理论为背景,掌握每一个个体出行规律,对出行链类型进行客观描述,从而得到总的出行量。在出行分布中,四阶段方法反应的是交通小区之间的分布量,它是以每一个小区为基础进行计算的,忽略了出行在小区之间的联系。其次是在以往公共交通出行量分布预测的时候,一般采用分担率,是一个整体的取值,主观性较强,而且在每个地方其取值也是不一样的,其理论基础与实际偏差较大,结果误差将逐步累积增大。出行链理论恰好弥补了这样的缺陷,非集计的思想促使每一步的计算反映实际交通需求情况。面对比较大的交通压力,我国政府积极倡导大力发展公共交通,因此进行切实而有效地公共交通出行需求预测分析显得尤为重要。

出行链是研究人们每天发生一系列连续出行的一种相对新颖的方法,目前对出行链还没有正式严格的定义。出行链最简单的定义为从出行起点至终点过程中至少停留一个目的地。目前对出行链还是有一些初步框定,如:什么类型的出行应该被看作是链的一部分,什么样的链点可以作为完整的链出行,何种特定出行目的或是链点停留时间都有一些初步的探讨。为了明确研究对象,结合出行链理论,重新定义出行链的概念。

出行链的定义:出行链是指人们为完成一项或多项活动(多目的出行),在一定时间顺序排列的出行目的所组成的往返行程,包含了大量的时间、空间、方式和活动类型信息。因为人们的日常出行从家出发最终又回到家,本例的出行链起讫点为家。

本例在考虑土地利用形态及居民出行链结构的基础上,以一个出行链为研究单位,建立基于出行链的出行分布量预测的非集计模型,确定小区之间的出行分布量。综合考虑其他小区和所有出行链,可确定所有小区间的出行分布量,进而得到基于出行链的公共交通分布量。首先研究出行链类型与出行方式之间关系,提出出行链分布系数概念,然后找出影响居民选择公共交通出行链的因素进行类相关系数、显著性检验,最后结合效用理论建立模型,求得效用最大情况下的概率,得到公共交通出行链分布系数的量化函数,分布量转换方法为城市公共交通规划建设提供理论依据。每位出行者选择公共交通出行会考虑社会经济因素、公共交通的特性因素以及出行者个人与家庭背景等因素的影响。影响城市居民出行选择公共交通出行链既有主观方面的因素也有客观方面的因素,考虑客观因素在很大程度上能反映居民出行的主观因素,而且客观因素更容易计量,调查数据更详实准确,所以,本例在分析时以主观因素与客观因素相结合,以客观因素为主的方法。客观因素数据来源于 RP 调查,主观因素数据来源于 SP 问卷调查。

每种类型出行链的出行者考虑选择公共交通出行的指标因素是不一样的,并且同一指标因素对不同出行链类型的影响程度是不一样的。选取与出行者交通出行有关的 22 个指标,对这些指标进行显著性分析。

二项 Logistic 回归分析主要是对所研究内容的分类变量与变量影响因素之间关系进行统计分析,通过分析多个自变量与一个因变量的关系,矫正混杂因素、筛选自变量,以便更精确地对因变量做出预测。该方法通过将各个自变量分别引入模型,进行 Wald 检验来筛选自变量。

$$\text{Wald} = \frac{B^2}{S.E.^2} \tag{4-132}$$

式中:$S.E.$——回归系数的标准差;

B——第 i 个自变量的回归系数。

如果 Wald 统计量的概率值小于给定的显著性水平,则认为该自变量与因变量之间有显著相关关系,否则自变量和因变量无显著相关关系。二项 Logistic 回归分析一般要求纳入分析的样本数量为自变量个数的 20 倍以上,本例所要的影响因素变量共计 22 个,样本数量满足此要求,故可以用二项 Logistic 回归分析来对各公共交通出行选择的影响因素进行筛选。利用统计分析软件 SPSS 可以进行二项 Logistic 回归分析公共交通出行链影响因素显著性分析。

表 4-11 和表 4-12 分析给出了初始模型中的变量和运用模型所得到的初始预测分类结果。从表中我们可以看出,初始模型中没有变量,只有一个常数。这种情况下的模型将所有出行预测为不选择公交车出行,总的预测准确率为 75.4%,但对公交出行样本的预测准确率为 0,结果十分不理想。

初始模型中的变量　　　　　　　　　　　　　　　　　表 4-11

		B	$S.E.$	Wald	df	$sig.$	$Exp(B)$
Step0	Constant	-1.308	0.142	84.847	1	0.000	0.270

初始预测分类表　　　　　　　　　　　　　　　　　　表 4-12

观测量			预测量		正确百分比(%)
			公共交通		
			0	1	
Step0	公交交通	0	17101	0	100.0
		1	5582	0	0.0
	平均百分比(%)			75.4	

在初始模型的基础上,经过多次迭代运算,当迭代过程收敛后,得到公交车出行影响因素的最终分析结果,如表 4-13 和表 4-14 所示。

最终方程中变量　　　　　　　　　　　　　　　　　　表 4-13

Step20^j	方程中的变量					不在方程中的变量			
		B	$S.E.$	Wald	df	Sig		Score	df	Sig.
	X_4	-1.692	0.093	331.005	1	0.000	X_1	3.915	1	0.057
	X_5	-1.305	0.186	49.226	1	0.000	X_2	2.067	1	0.154
	X_7	-0.182	0.073	6.216	1	0.038	X_3	0.319	1	0.501
	X_8	2.673	0.344	60.378	1	0.000	X_6	0.752	1	0.383
	X_9	-1.473	0.115	164.063	1	0.000	X_{13}	3.310	1	0.069
	X_{10}	1.887	0.365	26.727	1	0.000	变量			
	X_{11}	0.864	0.255	11.480	1	0.009				
	X_{12}	-1.260	0.074	289.920	1	0.000				
	X_{14}	1.052	0.289	13.251	1	0.004				
	X_{15}	-0.361	0.033	119.670	1	0.000				
	X_{16}	-0.633	0.296	4.573	1	0.042				
	X_{17}	-1.076	0.358	9.034	1	0.031				
	X_{18}	-2.004	0.199	101.412	1	0.000				
	X_{19}	1.945	0.084	536.143	1	0.000				
	X_{20}	-0.135	0.052	6.74	1	0.031				
	X_{21}	-0.102	0.031	10.826	1	0.012				
	X_{22}	-0.905	0.177	26.143	1	0.000	总体统计值	17.313	5	0.019

最终预测分类表 表4-14

观测量			预测量		正确百分比(%)
			公共交通		
			0	1	
Step20^j	公交交通	0	6807	863	88.7
		1	1189	13824	92.1
	平均百分比(%)			91.0	

从表4-14中看到,在最终模型中由于引入了多个影响是否选择公交车出行的因素,模型的预测功能得到改善:非公交出行记录的预测正确数改变为6807,预测准确率改变为88.7%,比初始模型略微减小,而公交出行记录的预测正确数却为13824,预测准确率大幅提升,由初始模型的0%提升为92.1%,总的预测准确率也有很大提升,由75.4%变为91.0%。显然,最终模型比初始模型更能描述实际生活中居民出行是否选择公交车的情况。所以,根据表4-13所示二项Logistic回归分析的结果,Wald统计量的概率值小于给定的显著性水平α(本例取$\alpha=0.05$)的因素为有无驾照、小汽车拥有数量、家庭平均月收入、公共交通出行链可达率、公共交通准时性、公共交通拥挤程度、站台候车时间、所能接受到站点的距离、出行链次数、出行链换乘系数、出行链协调度、出行距离、出行耗时,上述因素初步确定为对公交车出行有显著影响的因素。分析表明,无驾照出行者较有驾照者更可能选择公共交通出行;拥有小汽车数越多、家庭月平均收入越高者选择公交车出行的可能性就越小;公共交通出行链可达率、公共交通准时性、出行链协调度越高的情况下选择公共交通的出行者越多;公共交通拥挤程度、站台候车时间、所能接受到站点的距离、出行链次数、出行链换乘系数、出行距离、出行耗时越小的情况下,选择公共交通的出行者越多。表4-13右半部分中的因素最终没有被选中,因为如果选中它们,则相应检验的概率值大于显著性水平α,不应拒绝零假设,认为它们与因变量无显著关系。

4.3.3 车辆速度统计

4.3.3.1 时间平均车速和区间平均车速

(1)时间平均车速:在一定时间内测得通过道路某断面各车辆的点速度的算术平均值,称为该断面的时间平均车速,即

$$\overline{V}_t = \frac{1}{n}\sum_{i=1}^{n} V_i \tag{4-133}$$

式中:$\overline{V}_t$——时间平均车速,km/h;

V_i——第i辆车的地点车速,km/h;

n——一定时间内观测到的车辆总数,辆。

(2)区间平均车速:在某一特定瞬间,行驶在道路上某一特定长度内的全部车辆(m辆)的车速分布的平均值;或在一定时间增量内Δt内,该特定长度内的全部车辆行驶的距离之和$\sum_{1}^{m}\Delta s$与行程时间之和$\sum_{1}^{m}\Delta t$的比值,即

$$\overline{V}_s = \frac{1}{m}\sum_{1}^{m} V_j \tag{4-134}$$

或

$$\overline{V}_s = \frac{\text{行驶距离之和}}{\text{行程时间之和}} = \frac{\sum_1^m \Delta s}{\sum_1^m \Delta t} \tag{4-135}$$

当观测长度一定时,区间平均车速的数值为地点车速观测值的调和平均值,即

$$\overline{V}_s = \frac{1}{\frac{1}{n}\sum_1^n \frac{1}{v_i}} = \frac{ns}{\sum_1^n t_i} \tag{4-136}$$

式中:$\overline{V}_s$——区间平均车速,km/h。

s——路段长度,m;

t_i——第 i 辆车行驶路段长度 s 的时间;

n——车辆行驶于路段长度 s 的次数;

v_i——第 i 辆车行驶速度,km/s。

(3)时间平均速度和区间平均速度之间的换算关系

由时间平均速度可以推算区间平均速度

$$\overline{V}_s = \overline{V}_t - \frac{\delta_t^2}{\overline{V}_t}(\text{km/h}) \tag{4-137}$$

式中:δ_t——时间平均车速观测值的均方差。

由区间平均速度推导时间平均速度可以用下式

$$\overline{V}_t = \overline{V}_s + \frac{\delta_s^2}{\overline{V}_s}(\text{km/s}) \tag{4-138}$$

式中:δ_s——区间平均车速观测值的均方差。

4.3.3.2 交通速度的统计分布特征

1)车速统计分布

研究表明,在乡村公路和高速公路路段上,交通速度一般呈正态分布,在城市道路或高速公路匝道口处,车速分布比较集中,一般呈偏态分布,如皮尔逊Ⅲ型分布。

对交通速度进行统计分析一般要借助车速分布直方图和车速频率分布曲线、累计频率分布曲线,如图 4-15 ~ 图 4-17 所示。

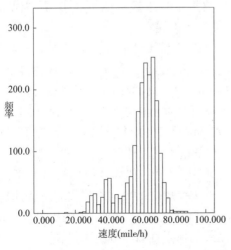

图 4-15 车速分布直方图

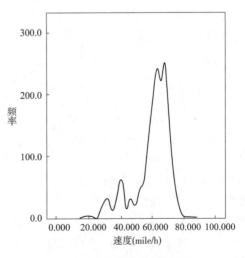

图 4-16 车速频率分布曲线图

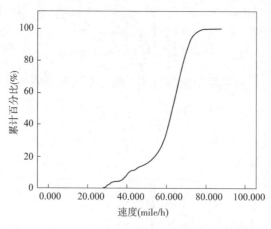

图 4-17　累计频率分布曲线

表征车速统计分布特征的特征车速常用:

(1)中位速度:也称 50% 位车速,指该路段上小于该速度行驶的车辆数与大于该速度行驶的车辆数相等。在正态分布的情况下,50% 位车速等于平均车速。

(2)85% 位速度:在该路段行驶的所有车辆中,有 85% 的车辆行驶速度在该速度之下,只有 15% 的车辆行驶速度高于此值。交通管理部门常以此速度作为某些路段的最高限制速度。

(3)15% 位速度:意义同前。在高速公路和快速道路上,为了行车安全,减少阻塞排队现象,要限制低速,交通管理部门常以此速度作为某些路段的最低限制速度。

85% 位速度与 15% 位速度之差反映了该路段上的车速波动幅度,同时车速分布的标准偏差 S 与 85% 位速度和 15% 位速度之差存在以下近似关系

$$S \approx \frac{85\%位速度 - 15\%位速度}{2.07} \tag{4-139}$$

2)箱线图

箱线图(Boxplot)也称箱须图(Box-whisker Plot),如图 4-18 所示。它是用一组数据中的最小值、第一四分位数、中位数、第三四分位数和最大值来反映数据分布的中心位置和散布范围,可以粗略地看出数据是否具有对称性。通过将多组数据的箱线图画在同一坐标上,则可以清晰地显示各组数据的分布差异,为发现问题、改进流程提供线索。

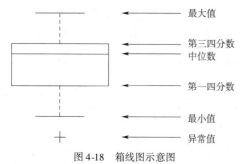

图 4-18　箱线图示意图

四分位数:在统计学中,把所有数值由小到大排列并分成四等份,处于三个分割点位置的得分就是四分位数。第一四分位数,又称"较小四分位数",等于该样本中所有数值由小到大排列后第 25% 的数字;第三四分位数,又称"较大四分位数",等于该样本中所有数值由小到大排列后第 75% 的数字。

如图 4-18 所示,箱线图所代表的意义:上下触须顶点的差,代表数据的极差大小;箱体的宽度反映了数据的散布情况(扁的集中);箱体中的中线反映了数据中位数的位置,即中心趋势;箱体在 Y 轴的高度反映了数据值的范围、水平;异常点反映了数据中超出毗邻值的数据,即超出 99% 概率的数据。因为箱线图是一个重要的探索性数据分析工具,能决定一个因子在变量中是否有重要影响。

4.3.3.3 案例应用

[**案例 5**] 在对国内外先进测速仪器分析和比较的基础上,根据采集运行车速数据的要求以及实地道路线形条件和安全需要,主要采用在国内首次使用的对射式激光测速仪进行运行车速数据采集。对射式激光测速系统由两对激光检测器组成,分别在公路两侧安装激光发射器和接收器,当有车辆通过时,将依次遮断前后两束激光线,产生的检测信号输入激光车辆速度检测器,通过检测器对检测信号处理和计算即可得出车辆速度值,同时将自动排列出车辆序号、车辆通过时间、该车速度值、提示是否超速等进行存储。测量精度较高,特别是对于受地形条件限制较难使用雷达测速仪等仪器测量的路段,更是具有较好的效果。

调研路段为我国山岭区、平原区等多条高速公路的不同断面,因此,分析所得的结论有一定的代表性和广泛适用性。为使测量的数据更具有代表性以及可比性,更有利于分析研究,在测量车速时应具备以下基本条件:白天、天气晴好、路面干燥、自由流交通(车头间距 5s 或车辆间距 120 m 以上)。在进行速度分析时,一般要求所抽取样本的交通组成与总体的车辆组成一致。主要选取高速公路上的代表车型小客车和大货车进行研究。按照交通工程学上给出的样本量计算方法,断面运行车速调研样本量控制在 300 辆,基本上保证小客车、大货车等主要通行车辆达到 100 辆,满足统计学上的要求。

国外的相关研究表明:在乡村公路和高速公路上,运行车速一般呈正态分布。我国以往相关的研究总是基于运行车速是正态分布的假设,从而计算得到特征指标以表征实际的运行车速。实际上,我国运行车速分布特征还有待研究,分布形式不同,描述的速度分布特征及特征值的大小也会不同。因此,如何正确合理确定运行速度分布是确定运行车速特征值,以及进行运行车速理论应用研究的基础。

(1) 频率分布直方图

首先,对调研中测得的各个断面的不同类型车辆运行车速从小到大进行排序,然后按一定的间隔对其进行分频统计。以调研断面 1、断面 2 为例,以速度间隔 5km/h 为一组,进行频率计算后,得到不同车型车速频率分布直方图,如图 4-19、图 4-20 所示,不同断面车速分布形式略有差异,但都表现出中间较为集中,两边较为分散的特点。通过对直方图特点的初步研究,初定用正态分布、威布尔(Weibull)分布、伽马(Gamma)分布以及 logistic 分布对车速数据进行分布拟合检验。

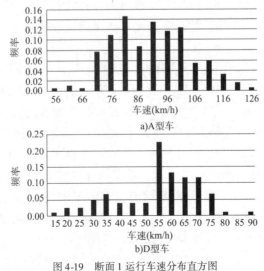

图 4-19 断面 1 运行车速分布直方图

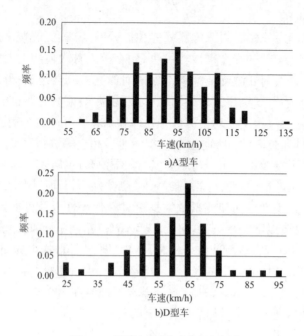

图4-20 断面2运行车速分布直方图

（2）分布的假设检验

正态分布和Logistic分布具有对称性，但对于数据单边集中或有双峰的数据，适应性较差。与正态分布不同，威布尔分布和伽马分布具有不对称性，该不对称性能够更好地用来描述具有单边拖尾现象的数据。本例中分布的假设检验问题将在4.3.5中再详细讲解。

[案例6] 作为微观交通仿真的两大重要模型之一，车道变换模型被认为是比较复杂以至难以用数学模型描述的。在这当中困扰车道变换模型发展的一个重要原因是微观数据难以获得，现代交通仿真认为，车道变换行为是驾驶员根据自身驾驶特性，针对周围车辆的车速、空挡等周边环境信息的刺激，调整并完成自身驾驶目标策略的包括信息判断和操作执行的综合行为过程。要描述这样复杂的驾驶行为，大量微观车辆单元信息的支持是不可缺少的。这是导致车道变换模型的发展相对于跟驰模型滞后多年的根本原因。本例将对城市道路上的车道变换模型进行深入研究，为交通网络分布式并行仿真软件系统的研究与开发提供关键技术上的支持，同时对于促进智能技术在交通运输领域的应用与实施具有重要的理论意义和实用价值。

主要研究内容为：（1）车道变换行为分析。分析城市道路上车道变换行为形成主因子；分析交通四要素对车道变换行为的影响特性；运用认知心理学知识，对车道变换过程中驾驶员的认知过程进行综合分析。（2）建立车道变换模型。对现有的模型进行总结和评价，结合车道变换行为的分析建立车道变换模型。（3）模型应用于交通网络分布式并行仿真软件系统的开发。结合软件工程的思想运用Visual C++编程实现车道变换模型的仿真模块。（4）通过数据调查对模型进行标定。（5）通过数据调查对模型进行验证。

车道变换模型是城市道路基本路段交通流仿真的基础，通过现场踏勘采集交通流的相关数据并对这些数据进行科学的分析和处理，可以帮助我们确认并建立能够正确反映交通流运行特性的车道变换模型，进行模型参数的标定和模型的验证。

本例分别对大型车、中型车和小型车三种车型的平均速度进行了调查，在调查过程中我们对三种车型的分类主要是根据相关标准,大型车包括黄牌公交客运车、单位班车、黄牌小公共等;中型车包括中型面包车(如金杯等)伊维客、蓝牌小公交、中型货车等;小型车包括各种小轿车、吉普车、子弹头、微型面包车(如松花江、昌河、柳州五菱等)。

数据采集的仪器是激光测速仪;采集的方法是采用激光测速仪在长春市自由大路上,介于人民大街与亚太大街之间的路段(双向六车道,车辆运行环境比较理想)上分别对三种车型自由流条件下的行驶速度进行测量调查。为满足一定的数据精度要求,必须保证一定的实测样本量。考虑百分位车速具有的特殊要求,需要观测的最小样本量,应根据修正后的模型,如式(4-140)所示。

$$N = \left(\frac{S t_\alpha}{E}\right)^2 \left(1 + \frac{\gamma^2}{2}\right) \quad (4\text{-}140)$$

式中:N——最小观测样本量;
　　　S——估计样本的标准差(可用所取样本标准差),美国《交通工程调查手册》中指出,在缺乏车速分析时,S值可根据表4-15选定;
　　　t_α——决定于置信水平和自由度的t分布统计量,其取值见表4-16;
　　　E——各观测参数的精度要求;
　　　γ——常数,其取值如表4-17。

在显著水平$\alpha=5\%$前提下,选取自由流标准差S为10km/h,车速精度要求E为±2km/h,将其带入式(4-140)计算得到最小观测样本数为96。

不同地区、不同车道数时的平均标准差　　　　　　　　　　　　表4-15

交通地区	车道数	标准差
郊外	双车道	8.5
	四车道	6.8
近郊	双车道	8.5
	四车道	8.5
市区	双车道	7.7
	四车道	7.9

t_α的取值区间　　　　　　　　　　　　表4-16

置信水平	t_α值	置信水平	t_α值
86.6	1.50	99.0	2.56
95.0	1.96	99.7	3.00

γ的不同取值　　　　　　　　　　　　表4-17

百分位速度	γ值	百分位速度	γ值
平均速度/50%位速度	0.00	5%位/95%位速度	1.64
15%位/85%位速度	1.04		

分别对三种车型的调查记录进行处理,得到三种车型的自由流速度统计表、自由流速度频率分布柱形图、自由流速度频率累积曲线图,现以小型车为例,依据小型车的自由流速度统计表做出其自由流频率分布直方图和自由流速度频率累积曲线图,如图4-21、图4-22所示。

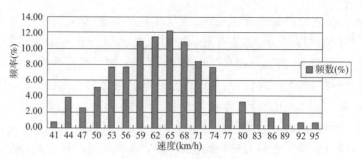

图 4-21 小型车自由流速度频率分布直方图

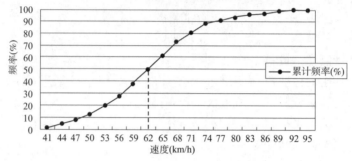

图 4-22 小型车自由流速累积频率曲线图

同时对中型车、大型车平均速度也进行了调查和统计处理。由频率分布直方图和频率分布曲线图可得出三种车型在城市道路自由流条件下的平均速度（50%位速度），并统计如表 4-18 所示。

三种车型在城市道路自由流条件下的平均速度　　　　　表 4-18

车型	大型车	中型车	小型车
平均速度（km/h）	36.5	50	62

[**案例 7**] 以案例 2 为背景,在分析过渡信号期间行人速度特性前,首先对已调查获得的 1196 个行人过街速度利用 SPSS 软件进行整体分析,观测不同年龄、不同性别、不同结伴人数、不同过渡信号类型的影响因素下行人速度的差异。然后,对过渡信号期间行人过街速度与绿灯前期到达的行人过街速度进行对比分析,从时间角度考虑行人速度特性的差异。最后,对过渡信号期间行人所处不同位置的过街速度进行对比分析,从空间角度考虑行人速度特性的差异。调查过程中,行人的过街速度受到较多因素的影响,不会总是匀速通过路口,为了简便计算,将采用行人过街的平均速度,即使用行人走过的路程（人行横道长度）除以行人通过该路程所用的时间。对重庆 6 个交叉口 1196 个样本,进行行人步行速度提取,并使用 SPSS 统计分析软件,进行统计分析。求得总体样本的 15%位步行速度,中位步行速度,85%位步行速度。对总体样本数据进行分析,过街速度总体均值为 1.20m/s,与 HCM2000 给出的建议值相同。15%位过街速度为 0.92m/s;中位过街速度为 1.14m/s;85%位过街速度为 1.43 m/s,标准偏差为 0.338。使用 SPSS 对总体过街速度样本进行频率分析,图 4-23 为带有正态分布曲线的行人

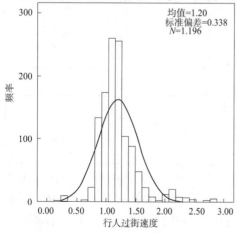

图 4-23 行人过街速度分布直方图（m/s）

步行速度分布直方图。

利用 SPSS 中,选择非参数检验中 Kolmogorov-Smirnov 检验,检验表如下表所示,K-S 检验值为 0.799,Asymp.Sig 值为 0.545>0.05,所以不能拒绝零假设,即总体样本与正态分布无显著性差异,故总体样本的服从正态分布(表4-19)。

转换后行人过街速度分布 K-S 检验表　　表4-19

样本量	均值	标准差	Kolmogorov-Smirnov Z 值	Asymp. Sig. (2-tailed)
1196	1.2035	0.3381	0.799	0.545

下面以不同性别行人步行速度为例,对箱线图的应用具体讲解。

不同性别的行人,步行速度可能有所差别。对总体样本进行性别的分类分析,其中男性过街速度样本为 509 个,女性过街速度样本为 687 个。具体不同性别的过街速度统计结果如表 4-20 所示。

行人过街速度按性别统计结果表　　表4-20

性别	样本量	均值	众数	标准差	15%位速度	中位速度	85%位速度
男	509	1.218	1.180	0.378	0.923	1.177	1.429
女	687	1.193	1.330	0.305	0.927	1.143	1.426

由表(4-20)可知,男性过街速度的均值为 1.218m/s,略大于女性过街速度的均值 1.193 m/s。男性速度的 15%位速度,中位速度和 85%位速度均与女性相差不大。SPSS 中的箱线图可更直观的表述男性过街速度与女性过街速度之间的差别和相似。图 4-24 为男性女性过街速度分布箱线图。

由图 4-24 可知,两个性别过街速度的箱线图中,箱长基本相同,表示男性和女性大部分过街速度都集中在该范围内,两者过街速度分布范围相当。箱中,男性过街速度的中位数略高于女性,最大值与女性相当,最小值略小于女性。从图 4-24 中可以看出,男性和女性过街速度的箱线图的上端和下端,均出现零星异常点。箱线图下端的零星异常值都是小于 0.5m/s,这是因为行人到达路口时所剩绿灯时间不多,行人未在路边等候选择直接进入交叉口,到达道路中间时,行人信号灯

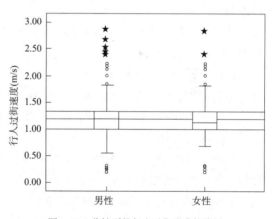

图4-24　分性别的行人过街速度箱线图

红灯亮起,机动车信号灯绿灯亮起,行人将与机动车发生冲突无法安全抵达对岸,只能在道路中间等待,至下个周期绿灯再选择过街。因此,行人步行速度的平均值会出现很小的情况。箱线图上端的零星异常值都是大于 1.75m/s,这是因为行人因个人原因需尽快通过交叉口,或者到达时绿灯所剩时间较少不足以使用平常步行速度过街,而选择跑步过街,则其平均步行速度会出现较大的情况。

男性和女性速度从均值和箱线图上发现,差异不明显。前文已经对总体样本进行了非参数检验,发现总体过街速度服从正态分布,因此可用上文提到的方差分析对男性和女性速度均值进行检验。使用 SPSS 单因素方差分析进行检验,具体检验内容如表 4-21 所示。

性别对过街速度的单因素方差分析结果 表4-21

类别	平方和	df	均方差	F	显著性
组间	0.179	1	0.179	1.565	0.211
组内	136.498	1194	0.114	—	—
总数	136.677	1195	—	—	—

表4-21是性别对过街速度的单因素方差分析结果,可以看出,观测变量过街速度的总离差平方和为136.677;只考虑性别因素的影响,性别可解释的变量差为0.179,抽样误差为136.498。它们的方差分别为0.179和0.114,F统计量的观测值为1.565,对应的 p 值为0.211,显著水平的值为0.05,0.211>0.05,所以接受零假设,认为性别对过街速度没有产生显著性影响。故男女之间的过街速度无明显差异。

当然还可以对行人过街的其他特性如年龄、结伴人数等进行诸如此类的统计分析,这里不再过多讲述。

4.3.4 样本均值对比

[**案例8**] 以案例6为例,在采集数据之后并对车速进行统计处理之后开始建立所需要的模型,在模型建立的过程中需要对模型中收集的样本数据进行检验以满足要求。

(1)模型的验证

模型的验证主要通过长春市人民大街介于自由大路与南湖大路之间一段500m长的内侧单向两车道基本路段上采集的相关数据来进行。对采集的50组数据分别进行了仿真试验,共运行了50次,然后得到50组仿真值和实测值。接下来对这50组仿真值和实测值进行检验。

模型验证应用双样本假设检验,对于实测样本和仿真样本,建立假设检验问题:建立原假设: $H_0:F(x)=G(x)$;

备择假设: $H_1:F(x)\neq G(x)$。

检验过程中分别对方差、均值进行验证。其中,方差检验采用F检验,均值检验采用 t 检验。由于F检验和 t 检验都属于对正态分布总体检验,所以首先要对实测样本和仿真样本进行分布拟合检验。

步骤一:用SPSS统计软件的单样本K-S检验法分别对实测样本和仿真样本进行分布拟合的检验(取显著性水平 $\alpha=5\%$)。

SPSS在统计中将计算K-S的 Z 统计量,并依据K-S分布表或正态分布表给出对应的相伴概率值。如果相伴概率小于或等于用户的显著性水平 α,则应拒绝零假设 H_0,认为样本来自的总体与指定的分布有显著差异;如果相伴概率大于显著性水平 α,则不能拒绝零假设 H_0,认为样本来自的总体与指定的分布无显著差异(表4-22)。

实测样本数据分类统计表 表4-22

区间 (车次/500m/15min)	0~5	6~10	11~15	16~20	21~25	26~30	31~35	36
频数	3	7	10	11	9	7	2	1

实测样本K-S检验输出的结果,如图4-25所示。

从结果中可以看出,实测样本的均值为检验统计量为0.574,对应的相伴概率为0.625,标准方差为3.80790896,大于显著性水平0.05,K-S因此不能拒绝原假设,认为车道变换次数的实测样本是服从正态分布的(表4-23)。

		换道频数
N		8
常规参数[a,b]	均值	6.2500
	方差	3.8079
极值	绝对值	.203
	正的	.178
	负的	−.203
Kolmogorov–Smirnov z		.574
Asymp. Sig.(2–tailed)		.896

注:a.检测分布是正态。
　　b.由数据计算。

图 4-25　实测样本的 K-S 检验结果

仿真样本数据分类统计表　　　　　　　　　　　　　表 4-23

区间 (车次/500m/15min)	0～5	6～10	11～15	16～20	21～25	26～30	31～35	36～40	40
频数	1	8	8	10	11	6	3	2	1

仿真样本 K-S 检验输出的结果,如图 4-26 所示。

		仿真频率
N		9
常规参数[a,b]	均值	5.5556
	方差	3.9087
极值	绝对值	.188
	正的	.188
	负的	−.179
Kolmogorov–Smirnov z		.563
Asymp. Sig.(2–tailed)		.909

注:a.检测分布是正态。
　　b.由数据计算。

图 4-26　仿真样本的 K-S 检验结果

从验证结果中可以看出,仿真样本的均值为 5.5556,标准方差为 3.90870,K-S 检验统计量为 0.563,对应的相伴概率为 0.909,大于显著性水平 0.05,因此不能拒绝原假设,认为车道变换次数的仿真样本也是服从正态分布的。

步骤二:用 Excel 中的 F 检验双样本方差分析功能对实测样本和仿真样本的方差进行检验,取显著性水平 $\alpha = 5\%$,检验结果如表 4-24 所示。

F 检验双样本方差分析结果　　　　　　　　　　　　　表 4-24

指标	F 检验统计量	拒绝域
双样本方差	0.87085	F≥1.88 或 F≤0.531915

从验证结果中可以看出:$0.531915 < F = 0.87085 < 1.88$,所以接受原假设 H_0。认为实测样本方差和仿真样本方差之间无显著差异。

步骤三:用 SPSS 统计软件的两配对样本 t 检验法对实测样本和仿真样本的均值进行检验(取显著性水平 $\alpha = 5\%$,如表 4-25～表 4-27 所示)。

实测值和仿真值的样本均值　　　　　　　　　　　　　表 4-25

		Mean	N	Std. Dewiation	Std. Error Mean
Pair1	实测值	17.6800	50	8.2671	1.1691
	仿真值	19.6400	50	8.8589	1.2528

实测值和仿真值的相关性　　　　表 4-26

	N	Correlation	Sig.
Pair1　实测值 & 仿真值	50	.035	.807

t 检 验 结 果　　　　表 4-27

	Paired Differences					t	dt	Sig. (2-tailed)
	Mean	Std. Devlation	Std. Error Mena	95% Confidence Interval of the Difference				
				Lower	Upper			
Pair1　实测值　仿真值	−1.9600	11.9009	1.6830	−5.3422	1.4222	−1.165	49	.250

从验证的结果来看,实测值样本和仿真值样本的均值分别为 17.68,19.64,调查的每一组机动车流量所对应的车道变换实测值和仿真值差值序列的平均值为 1.9600,计算出来的 t 统计量为 1.165,其相伴概率 0.250,大于显著性水平 0.05,所以不能拒绝原假设,也就是说车道变换次数的实测值样本和仿真值样本的均值无显著性差异。实测与仿真值如图 4-27 所示。

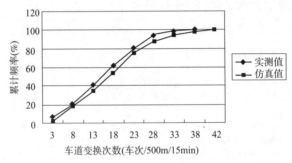

图 4-27　实测值与仿真值比较

模型验证结论:经检验认为,500m 长的基本路段上每间隔 15min 车道变换次数的仿真结果与实测数据无显著差异,样本和实测样本符合较好,而且从车道变换次数的累计频率曲线图来看,仿真效果认为模型是有效的。

4.3.5　分布对比

4.3.5.1　交通中的统计分布

车辆的到达在某种程度上具有随机性,描述这种随机性分布规律的方法有两种:一种是以概率论中描述可数事件统计特性的离散型分布为工具,考察在一段固定长度的时间或者距离内到达某场所的交通数量的波动性;另一种是以连续分布为工具,研究车辆间隔时间、车速、可穿越空挡等交通流参数的统计分布特性。详细的分布函数陈述见 4.2。

4.3.5.2　案例应用

[案例 9]　以案例 1 为例,在绘制了断面 1 和断面 2 车速频率分布直方图后,采用定性与定量相结合的方法做进一步分布假设检验。

(1) χ^2 拟合优度检验。在绘制各个断面车速频率分布直方图后,采用定性与定量相结合的方法做进一步检验。因此,对每个路段所有断面各种车速分布的拟合优度进行了排序标号,运用系统分析原理,以检验参数路段上所有断面第 i 种分布标号的和与此分布获得最优的频数的比值为确定分布的标准,参数值越小,说明对所有断面拟合程度越高,统计结果如表 4-28 所示。

部分路段不同断面分布检验结果 表 4-28

路　　段	类型	伽马	Logistjc	正态	威布尔	选取
1	A 型车	39.0	9.87	4.28	10.00	正态
	D 型车	34.2	16.10	4.78	6.15	正态
2	A 型车	5.8	35.25	4.15	28.60	正态
	D 型车	8.6	22.00	7.30	8.60	正态
3	A 型车	15.6	5.90	5.90	5.90	正态
	D 型车	6.6	10.10	5.30	64.50	正态

从统计结果可以看出,虽然不同路段上 4 种分布拟合优度的排序有所差异,但总体来看正态分布较其他分布形式更适合于描述断面车速的分布,为进一步确定正态分布的适用性,以下采用单样本的 K-S 检验的方法对其进行定量拟合优度检验。

(2)单样本的 K-S 检验又称为单样本柯尔莫哥罗夫—斯米诺夫检验,主要运用某随机变量顺序样本来构造样本分布函数,使得能以一定的概率保证 X 的分布函数 $F(X)$ 在某个范围内,用于检验变量是否服从某一分布。统计结果如表 4-29、表 4-30 所示。

SPSS 中 K-S 检验结果 表 4-29

统计项目		A 型车
样本数		234
正态参数	均值	88.155 5
	标准值	13.744 06
极差	绝对值	0.063
	正值	0.063
	负值	-0.033
K-S 检验统计量 Z		0.848
双尾检验系数 P		0.468

断面运行车速 K-S 检验结果统一表 表 4-30

检验指标	断面 1		断面 2	
	A 型车	D 型车	A 型车	D 型车
K-S Z 值	0.848	1.324	0.588	0.793
2-tailed(双尾系数)	0.468	0.060	0.880	0.555

从以上检验可以看出,K-S 验的结果表明 Z 值都大于 0.5,双尾检验概率都大于 0.05,说明断面运行车速频率分布服从正态分布假设,其他断面检验结果也都较好的验证了正态分布的适用性。

4.3.6　相关性分析

在分析两个变量或多个变量之间变化相互依存的关系时常用到相关分析和回归分析技术。相关分析是分析变量间依存关系的强弱,回归分析是分析变量间依存关系的形式。因此,相关分析和回归分析是密切联系在一起的。本节主要介绍常用的相关分析技术:线性相关、秩相关、偏相关、复相关和典型相关。

相关是两个变量之间关系强弱的一种度量,相关性是指一个变量的变化与另一个变量具有关联性。进行相关性分析就是确定变量之间是否存在相关性以及相关程度的大小。相关性分析不仅要分析变量之间是否存在相关性,还要对相关程度加以度量。为了对相关关系有更好的理解,以下对相关分析中的几个问题进行阐述。

4.3.6.1 相关关系

变量之间的依存关系可以分为相关关系和函数关系。函数关系刻画了变量之间严格的依存关系,即有确定性对应关系。一个变量取值完全取决于另一个(或几个)变量时,就称为函数关系。相关关系描述的是变量之间存在密切关系,但又不如函数关系那样严格(一个变量不能由其他一个(或几个)变量求得)。例如,一个家庭出行次数是和其家庭的收入有关系,但是不能根据这个家庭的收入来确切地求得该家庭的出行次数。这种变量之间的关系,称为相关关系。在相关关系中,我们关心的是相关性质和相关程度。

1) 相关性质

相关性质常用相关方向来刻画,可分为正相关、负相关与不相关。当一个变量增加,另一个也有增加趋势,称之为正相关;当一个变量增加,另一个变量倾向减小,称之为负相关。当变量 X 与变量 Y 之间存在正相关或负相关关系时,称变量 X 与变量 Y 具有相关性。当一个变量变化和另一个变量变化无关时,则称为不相关(不相关不等价于无关)。对正态总体分布而言,不相关和独立是等价的。

2) 相关程度

根据相关程度的大小可分为完全相关、不完全相关和不相关。完全相关就是两个变量之间,一个变量的数量变化完全由另一个变量确定,在这种情况下相关关系就是函数关系;不相关是指两个变量的变化互不影响;介于完全相关和不相关之间的就是不完全相关。

相关程度大小常用一些统计指标描述,如下面介绍的线性相关系数、偏相关系数和秩相关系数等。进行相关分析就是解决以下几个问题:①变量之间是否有相关关系;②是正相关还是负相关;③是线性相关还是曲线相关;④相关程度大小。

(1) 线性相关

在相关分析中,最常用的是线性相关分析,其主要用于分析两个变量呈线性函数相依关系的程度。线性相关程度常用相关系数(又称线性相关系数)来刻画。

对于变量 X 与 Y,定义它们之间的相关系数如下:

$$\rho = \frac{E[X-E(X)][Y-E(Y)]}{\sigma_X \sigma_Y} \tag{4-141}$$

式中:$E(X)$,σ_X——分别为 X 的数学期望和标准差;

$E(Y)$ 和 σ_Y——分别为 Y 的数学期望和标准差。

则由概率论知识可知 ρ 表征了变量 X 与 Y 之间的线性关系紧密程度,并且 $-1 < \rho \le 1$。

当 $|\rho|$ 越接近1,则变量 X 与 Y 之间的线性关系紧密程度越大;反之,线性关系紧密程度就越小。因此,常应用相关系数来描述两个变量之间线性关系紧密程度。下面说明 ρ 的符号和意义。

当 $\rho > 0$ 时,则表示 X 与 Y 为正相关,其意义是 X 与 Y 有相同的变化趋势。当 X 增加,则 Y 有增加趋势;当 X 减小,则 Y 有减小趋势。

当 $\rho < 0$ 时,表示 X 与 Y 为负相关;X 变化趋势与 Y 变化趋势相反,即当 X 增加,Y 有减小趋势;当 X 减小,则 Y 有增加趋势。

当 $\rho=0$ 时,X 与 Y 则没有相关性,即 X 的变化趋势与 Y 的变化趋势没有联系。

在实际应用中,往往由于不知道变量 X 与 Y 的具体分布,所以直接计算 ρ 具有一定的难度,一般用样本相关系数来刻画它们之间的线性相关性。

(2) 样本相关系数

样本相关系数又称为 Pearson 相关系数。假设变量 X 与 Y 的样本观测值分别为 $x_1,x_2\cdots x_n$,与 $y_1,y_2\cdots y_n$,则样本相关系数定义如下

$$r = \frac{\sum_{i=1}^{n}(x_i-\bar{x})(y_i-\bar{y})/n}{S_x S_y} \quad (4\text{-}142)$$

式中:$\bar{x}$、$\bar{y}$——分别为 $x_1,x_2\cdots x_n$ 与 $y_1,y_2\cdots y_n$ 的均值;

S_x、S_y——分别为 X 与 Y 的样本标准差。

应用中,可直接计算样本相关系数 r,并根据其大小来分析两个变量之间的线性相关性。线性相关程度大小的判定,一般根据经验可分为以下几种:

① $|r|<0.30$,不相关。
② $0.30<|r|<0.65$,一般相关。
③ $0.65\leqslant|r|<0.80$,中等程度相关。
④ $0.80\leqslant|r|\leqslant1$,高度相关。

线性相关系数的用途很多,在建立线性回归模型时,可以通过计算样本相关系数来判断两个变量之间是否具有线性关系,并由此选择影响变量。此外,由概率论知识可知,如果两个变量是服从正态分布的,则这两个变量的不相关和独立是等价的,因此,可通过相关系数来判定两个变量是否独立。在后面介绍的偏相关分析与主成分分析中,相关系数提供了重要的信息。

需要指出的是,相关系数只是度量了两个变量(或两组数据)之间的线性相关程度,不能反映其他方面的关系,且不能用其来衡量两个变量之间是否存在一定的关系,特别是,当相关系数为 0 时,并不能说明两个变量(或两组数据)之间无关。此外,相关不等于"因果"关系,在两组数据没有任何相关背景的情况下,计算相关系数未必有一定的实际意义。

(3) 相关系数的检验

线性相关分析中,一般假设变量 X 与 Y 服从正态分布。在此假设条件下,检验变量 X 与 Y 不相关,意味着 X 与 Y 相互独立。原假设为

$$H_0:\rho=0$$

用样本相关系数 r 估计 ρ,则在原假设成立的条件下,统计量

$$t = \sqrt{n-2}\, r\, \sqrt{1-r^2} \quad (4\text{-}143)$$

服从自由度为 $n-2$ 的 t 分布。因此,当样本观测值给定时,由式(4-142)与式(4-143)可求得 t 值,用 t_0 表示。计算概率值:$p=P(t>t_0)$。对给定的显著性水平 $\alpha(0<\alpha<1)$,如果 $p>\alpha$,则应接受原假设,否则就拒绝原假设。

[例 4.18] 表 4-31 为在某个路段观测到的速度(km/h)和密度(辆/km)数据。

某路段速度和密度观测结果 表 4-31

速度(km/h)	密度(辆/km)	速度(km/h)	密度(辆/km)	速度(km/h)	密度(辆/km)	速度(km/h)	密度(辆/km)
20.4	38.8	30.8	31.6	121.7	8.5	90.1	13.2
27.4	31.5	26.5	34	106.5	11.1	106.7	11.4

续上表

速度(km/h)	密度(辆/km)	速度(km/h)	密度(辆/km)	速度(km/h)	密度(辆/km)	速度(km/h)	密度(辆/km)
106.2	10.6	35.7	28.9	130.5	8.6	99.3	11.2
80.4	16.1	30	28.8	101.1	11.1	107.2	10.3
141.3	7.7	106.2	10.5	123.9	9.8	109.1	11.4
130.9	8.3	97	12.3	144.2	7.8	29.5	−31.8

由式(4-142)求得相关系数 $r = -0.97(p = 0.000 < 0.05)$,因此,速度和密度是高度相关的。密度和运行速度两者之间存在着很强的线性相关性,并且相关系数为负值,表明随着密度的增加,车辆运行的速度是下降的。

4.3.6.2 秩相关分析

前面介绍的线性相关系数只是度量了两个变量之间的线性关系的紧密程度。在实际中,由于事物之间的关系是错综复杂的,往往两个变量的变化并不是简单的线性变化关系。除了线性相关之外,两个变量之间还存在着一种"单调非线性"依存关系:变量 X 与变量 Y 之间,当一个变量增加,另一个变量也有增加趋势;或者一个变量增加,而另一个变量倾向减少,即一个变量随另一个变量增加呈现出"单调"变化的倾向。例如,在非拥挤状态下,随着车流量的增加,车速呈现下降趋势。分析这种"单调非线性"相关关系,常用 Spearman 秩相关系数和 Ken-dall 的 τ 系数。

1) Spearman 秩相关系数

由前面的分析,当变量 X 与变量 Y 有相关性时,则它们这种"单调"变化的关联性必然会反映在 (X_i, Y_i) 相应的秩 $(R_i, S_i)(i = 1, 2, \cdots, n)$ 上。基于上述思想,统计学家提出了 Spearman 秩相关系数来度量变量的相关性

$$r = \frac{\sum (R_i - \bar{R})(S_i - \bar{S})}{\sqrt{\sum (R_i - \bar{R})^2} \sqrt{\sum (S_i - \bar{S})^2}} \tag{4-144}$$

式中:$\bar{R}$——$\bar{R} = \sum_{i=1}^{n} \frac{R_i}{n}$;

$\bar{S}$——$\bar{S} = \sum_{i=1}^{n} \frac{S_i}{n}$。

由于

$$\sum_{i=1}^{n} R_i = \sum_{i=1}^{n} S_i = 1 + 2 + \cdots + n = (n+1)/2$$

$$\sum_{i=1}^{n} (R_i)^2 = \sum_{i=1}^{n} (S_i)^2 = 1 + 2^2 + \cdots + n^2 = n(n+1)(2n+1)/6$$

$$r_s = 1 - \frac{6}{n(n^2 - 1)} \sum_{i=1}^{n} (R_i - S_i)^2 \tag{4-145}$$

Spearman 相关系数检验:在原假设"H_0:变量 X 与变量 Y 不具有相关性"为真的条件下,可构造检验统计量

$$t = \sqrt{n-2} r_s / \sqrt{1 - r_s^2}, n \geq 30 \tag{4-146}$$

服从自由度为 $n - 2$ 的 t 分布。

当样本量 $n \geq 100$ 时,可以用近似分布

$$U = \sqrt{n-1} r_s \to N(0, 1) \tag{4-147}$$

当 X 与 Y 的观测值给定时,可根据样本量大小计算统计量值。如果 $n \geq 30$,则由式(4-145)和式(4-146)计算 t_0;以及 $p=P(t>t_0)$;当样本量 $n>100$ 时,用式(4-145)和式(4-147)计算 u_0,以及 $p=P(U>u_0)$。如果对给定的显著性水平 $\alpha(0<\alpha<1)$,$p>\alpha$ 则应接受原假设,否则就拒绝原假设。

[例4.19] 表4-32为我国若干年货运周转量(万吨·km)与国内生产总值(亿元)统计数据,计算 Spearman 秩相关系数。

货运周转量与国内生产总值统计表　　　　表4-32

总货运周转量 (万吨·km)	铁路货运周转 (万吨·km)	公路货运周转量 (万吨·km)	民航货运周转量 (万吨·km)	国内生产总值 (亿元)
2996414.00	2001875.00	826438.00	167691.10	2478.76
2838704.00	1929269.00	754264.00	155171.00	2174.46
2846652.00	1952602.00	783237.00	110470.00	2011.31
3127394.00	2263274.00	769190.00	94500.00	1810.09
3174494.00	2311011.00	784888.00	78595.00	1615.73
3230371.00	2393403.00	762027.00	74940.00	1394.89
3195823.00	2301941.00	725740.00	78142.00	1084.03
3144270.00	2303265.00	767790.00	73216.00	863.54
2938220.00	2153176.00	591187.00	54929.00	709.10
2867747.00	2230406.00	659642.00	65614.00	598.90
2686699.00	2067402.00	574635.00	44662.00	500.82
2274095.00	2179878.00	546022.00	38194.00	455.96
2885687.00	2344684.00	498391.00	42612.00	410.22
2791465.00	2282106.00	471393.00	37966.00	326.82
2567762.00	2133836.00	405645.00	28281.00	284.86
471953.00	1992247.00	109184.00	27437.00	257.12
4308425.00	4171789.00	113871.00	20896.00	216.61
3792817.00	3666600.00	110118.00	26173.00	183.13
3449747.00	3329450.00	106767.00	24173.00	154.94

表4-33为货运周转量(万吨·km)与国内生产总值的 Spearman 秩相关系数和相关性检验结果,括号中数据是计算的 p 值。由计算结果可以发现,总货运周转量与铁路货运周转量存在着显著的(正)相关性(Spearman 秩相关系数为0.786,p 值为0.000),而与公路货运周转量、民航货运周转量以及国内生产总值没有相关性(秩相关系数分别为0.081,-0.039 和 -0.04,p 值分别为0.743,0.875和0.870);铁路货运周转量与总货运周转量有着显著(正)相关性(秩相关系数为0.0786,p 值为0.00);公路货运周转量与国内生产总值、民航货运周转量显著(正)相关(秩相关系数为0.0954和0.944,p 值分别为0.00和0.00);民航货运周转量与公路货运周转量、国内生产总值显著正相关(Spearman 秩相关系数为0.989,p 值分别为0.0)。

Spearman 秩相关系数计算及相关性检验结果　　　　表 4-33

项目	总货运周转量	铁路货运周转量	公路货运周转量	民航货运周转量	国内生产总值
总货运周转量	1.000 (0.000)	0.786 (0.000)	0.081 (0.743)	-0.039 (0.875)	-0.04 (0.870)
铁路货运周转量	0.786 (0.000)	1.000 (0.000)	-0.298 (0.215)	-0.465 (0.045)	-0.468 (0.043)
公路货运周转量	0.081 (0.743)	-0.298 (0.215)	1.00 (0.000)	0.944 (0.000)	0.954 (0.000)
民航货运周转量	-0.039 (0.875)	-0.46491 (0.045)	0.944 (0.000)	1.000 (0.000)	0.989 (0.000)
国内生产总值	-0.04 (0.870)	-0.468 (0.043)	0.954 (0.000)	0.989 (0.000)	1.000 (0.000)

2) Kendall 的 τ 系数

关于相关性的另一个常用的度量是 Kendall 的 τ 统计量。由上文的论述可知,假设变量 X 与变量 Y 正相关时,对于样本 $(X_1, Y_1), (X_2, Y_2), \cdots, (X_n, Y_n)$,当 $X_i > X_j$ 时,则 $Y_i > Y_j$ 的概率应该大于 0.5,或者说 $X_i - X_j$ 与 $Y_i - Y_j$ 倾向于有相同的符号,即

$$p = P\{(X_i - X_j)(Y_i - Y_j) > 0\} = P\{(R_i - R_j)(S_i - S_j) > 0\} > 0.5$$

反之,假设变量 X 与 Y 负相关时,则

$$p = P\{(X_i - X_j)(Y_i - Y_j) < 0\} = P\{(R_i - R_j)(S_i - S_j) < 0\} > 0.5$$

因此,当 $p = 0.5$(或接近)时,则易倾向于认为变量 X 与变量 Y 没有相关性。基于上述思想,Kendall 提出用 $\tau = 2p - 1$ 作为相关性的度量。当 $\tau > 0 (p > 0.05)$ 时,意味着 X 与 Y 正相关;当 $\tau < 0 (p < 0.05)$ 时,意味着 X 与 Y 负相关;而 $\tau = 0 (p = 0.05)$ 时,意味着 X 与 Y 不相关。Kendall 给出了 τ 无偏估计公式

$$\tau = \frac{\sum_{i<j} \text{sign}[(X_i - X_j)(Y_i - Y_j)]}{\sqrt{(T_0 - T_1)(T_1 - T_2)}}$$

$$= \frac{\sum_{i<j} \text{sign}[(R_i - R_j)(S_i - S_j)]}{\sqrt{(T_0 - T_1)(T_1 - T_2)}} \tag{4-148}$$

式中:$\text{sign}[\ \cdot\ ]$ —— $\text{sign}[\ \cdot\ ] = \begin{cases} 1, [\ \cdot\ ] > 0 \\ 0, [\ \cdot\ ] = 0 \\ -1, [\ \cdot\ ] < 0 \end{cases}$;

T_0、T_1、T_2 —— $T_0 = n(n-1)/2, T_1 = \sum t_i(t_i - 1)/2, T_2 = \sum u_i(u_i - 1)/2$;

t_i 与 u_i —— 分别是 X 与 Y 的观测样本中第 i 个结(具有相等的秩)包含观测值的个数;

n —— 是样本量。

当观测样本中没有"结"时,则可以简化为

$$\tau = \frac{2}{n(n-1)} \sum_{i<j} \text{sign}(X_i - X_j)(Y_i - Y_j)$$

$$= \frac{2}{n(n-2)} \sum_{i<j} \text{sign}(R_i - R_j)(S_i - S_j) \tag{4-149}$$

当样本量 $n > 10$ 时,近似地有

$$\tau\sqrt{\frac{9n(n-1)}{2(2n+5)}} \to N(0,1) \tag{4-150}$$

秩相关分析系数不仅度量了变量相关性,其更大的优点是单调变换下具有不变性,并且对样本量较小和非正态数据都适用。此外,线性相关分析方法不适用于定性变量,而秩相关分析则没有此约束。

Kendall 相关检验:当变量 X 与变量 Y 不相关时,则 $\tau=0$。因此,由式(4-149)可以构造统计量:

$$U = \tau\sqrt{\frac{9n(n-1)}{2(2n+5)}} \tag{4-151}$$

在原假设"H_0:变量 X 与变量 Y 不相关"成立的条件下,U 等于 0 或接近于 0。因此,X 与 Y 的观测值给定时,分别用式(4-149)和式(4-151)计算 τ_0、u_0 和 $p = P(U > u_0)$。如果对给定的显著性水平 $\alpha(0<\alpha<1)$,$p>\alpha$,则应接受原假设,否则就拒绝原假设。

[**例 4.20**] (续例 4.19)根据表 4-32 中的数据,计算货运周转量(万吨·km)与国内生产总值(亿元),以及 Kendall 的 τ 系数(相关系数),并给出相关性检验。

表 4-34 为 Kendall 的 τ 系数计算值,括号中数值是计算的 p 值。由计算结果可以发现,总货运周转量与铁路货运周转量存在着显著的(正)相关性(τ 系数为 0.626,p 值为 0.000),而与公路货运周转量、民航货运周转量以及国内生产总值没有相关性(秩相关系数分别为 0.111、0.006 和 0.041;p 值分别为 0.506、0.972 和 0.807);铁路货运周转量与总货运周转量有着显著(正)相关性(τ 系数为 0.626,p 值为 0.000);公路货运周转量与国内生产总值、民航货运周转量显著(正)相关(τ 系数分别为 0.860 和 0.825,p 值分别为 0.000 和 0.000);民航货运周转量与公路货运周转量、国内生产总值显著正相关(τ 系数分别为 0.825 和 0.942,p 值分别为 0.000 和 0.000)。

Kendall 的 τ 系数计算及相关性检验结果 表 4-34

项目	总货运周转量	铁路货运周转量	公路货运周转量	民航货运周转量	国内生产总值
总货运周转量	1.000 (0.000)	0.626 (0.000)	0.111 (0.506)	0.006 (0.972)	0.041 (0.807)
铁路货运周转量	0.626 (0.000)	1.000 (0.000)	−0.170 (0.310)	−0.298 (0.074)	−0.287 (0.086)
公路货运周转量	0.111 (0.506)	−0.170 (0.310)	1.000 (0.000)	0.825 (0.000)	0.860 (0.000)
民航货运周转量	0.006 (0.972)	−0.298 (0.074)	0.825 (0.000)	1.000 (0.000)	0.942 (0.000)
国内生产总值	0.041 (0.807)	−0.287 (0.087)	0.860 (0.000)	0.942 (0.000)	1.000 (0.000)

对比表 4-33 和表 4-34 的结果发现,Spearman 秩相关系数和 Kendall 的 τ 系数计算结果差别不大,因此,在应用中,可以根据适用条件选用其一。

4.3.6.3 偏相关分析

前面介绍了两个变量之间的相关关系分析方法和如何判断两个变量之间是否存在相关性。但是,在实践中往往会遇到这种情况,两个变量往往受到其他变量的影响,例如,在分析某城市机动车保有量和居民收入关系时,假设居民平均收入和机动车保有量都和该城市劳动人口数有着直接的关系,则随着劳动人口的变化,居民平均收入和机动车保有量都在变化,如果不消除劳动人口的变化影响,只计算机动车保有量和居民收入的相关系数,则很难说明两者之间的相关程度。在分析此类问题时,可应用偏相关分析。

偏相关系数定义:假设 P 个变量 $X_i(i=1,2,\cdots,p)$,变量 X_1 和 X_2 的偏相关系数为

$$\rho_{12(345\cdots p)} = \frac{R_{12}}{\sqrt{R_{11}R_{22}}} \tag{4-152}$$

其中 R 为变量 X_i 与变量 X_j 的相关系数 ρ_{ij} 组成的相关阵,即 $R = \begin{pmatrix} \rho_{11} & \rho_{12} & \cdots & \rho_{1p} \\ \rho_{21} & \rho_{22} & \cdots & \rho_{2p} \\ \vdots & \vdots & & \vdots \\ \rho_{p1} & \rho_{p2} & \cdots & \rho_{pp} \end{pmatrix}$。

R_{ij} 为从 R 中去掉 i 行与 j 列后所组成的行列式。当 ρ_{ij} 未知时,可用样本相关系数 r_{ij} 代替 ρ_{ij} 计算偏相关系数 $r_{12,(345\cdots p)}$。在此情况下,样本偏相关系数可以表示为

$$r_{12,(345\cdots p)} = \frac{r_{12,[345\cdots(p-1)]} - r_{1p,(345\cdots p)} \times r_{2p,(345\cdots p)}}{[1-(r_{1p,[345\cdots(p-1)]})^2]^{\frac{1}{2}} [1-(r_{2p,[345\cdots(p-1)]})^2]^{\frac{1}{2}}} \tag{4-153}$$

它表示将变量 $X_3,\cdots,X_p$ 固定后变量 X_1 和 X_2 之间的线性相关关系。特别地,当 $p=3, p=4$ 时,分别有

$$r_{12,3} = \frac{r_{12} - r_{13}r_{23}}{\sqrt{(1-r_{13}^2)(1-r_{23}^2)}} \tag{4-154}$$

$$r_{12,34} = \frac{r_{12,4} - r_{13,4}r_{23,4}}{\sqrt{(1-r_{13,4}^2)(1-r_{23,4}^2)}} \tag{4-155}$$

一般很少对 4 个以上变量作偏相关分析。当变量超过 4 个时,往往考虑采用多元统计分析的方法对样本进行降维处理,以增加结果的可解释性。

同样,可以计算 Spearman 偏相关系数,并对偏相关系数进行检验。偏相关系数检验可以应用以下统计量

$$t = \sqrt{n-k-2}\,r/\sqrt{1-r^2} \tag{4-156}$$

服从自由度为 $n-k-2$ 的 t 分布。其中为 n 样本量,k 为被固定的变量个数,r 为样本偏相关系数。

[例 4.21] 例 4.19 和例 4.20 分析结果表明,民航货运周转量、公路货运周转量是相关的,而民航货运周转量、公路货运周转量都与国内生产总值相关。因此,可应用偏相关分析方法分析民航。

[解] 计算 Spearman 偏相关系数。由表 4-33 可知,民航货运周转量与公路货运周转量相关系数 $r_{12}=0.944$,民航货运周转量与国内生产总值的相关系数 $r_{13}=0.989$,公路货运周转量与国内生产总值的相关系数 $r_{23}=0.954$。则应用式(4-154)可计算

$$r_{12,3} = \frac{r_{12} - r_{13}r_{23}}{\sqrt{(1-r_{13}^2)(1-r_{23}^2)}} = \frac{0.944 - 0.989 \times 0.954}{\sqrt{(1-0.989^2)(1-0.954^2)}} = 0.0114$$

并且 $t_0 = 0.0456 < 1.746, p = P(t>t_0) > 0.05 = P(t>1.746)$。

因此,可以认为民航货运周转量、公路货运周转量的相关性是由国内生产总值"引起"的。

4.3.6.4 复相关分析

在实践中,有时不仅要考虑两个变量之间的相关关系,还需要考虑一个变量和多个变量

之间的相关关系。这就是复相关分析。

X_1 与 $X_2, X_3, \cdots, X_p$ 的复相关系数定义为：

$$\rho_{1(2345\cdots p)} = \sqrt{1 - \frac{|R|}{R_{11}}} \tag{4-157}$$

式中 R 与 R_{11} 定义同式(4-152)。X_1 与 $X_2, X_3, \cdots, X_p$ 的复相关系数度量的是 X_1 与 $\beta_2 X_2 + \beta_3 X_3 + \cdots \beta_p X_p$ 之间的相关程度。可以理解为：变量 X_1 与单个变量 $X_i(i=1,2\cdots,p)$ 的相关关系不是很显著，但与变量 $X_2, X_3, \cdots, X_p$ 整体(线性组合)的相关关系可能是显著的，如在回归分析中，度量因变量和所有自变量之间的相关程度。

同样，在实际中，X_i 与 X_j 的相关系数的 $\rho_{ij} = (i,j = 1,\cdots,p)$ 往往是不知道，常用样本相关系数 r_{ij} 代替 ρ_{ij}，计算样本复相关系数 $r_{1(2345\cdots p)}$ 来估计 $\rho_{1(2345\cdots p)}$。

在 X_1 与 $X_2, X_3, \cdots, X_p$ 服从正态分布的条件下，统计量

$$F = \frac{n-p}{p-1} \cdot \frac{r_{1(2345\cdots p)}^2}{1 - r_{1(2345\cdots p)}^2} \tag{4-158}$$

服从第一自由度为 $(p-1)/2$，第二自由度为 $(n-p)/2$ 的 F 分布。所以，可以由式(4-157)对复相关系数 $\rho_{1(2345\cdots p)} = 0$ 进行检验。在原假设 H_0：真的条件下，则 $\rho_{1(2345\cdots p)} = 0$ 应该和 0 的"距离"不大。因此 $r_{1(2345\cdots p)} \leq C$ 时就应该接受原假设，其中临界值 C 可用下式计算：

$$C = \left\{ \frac{p-1}{n-p} F_\alpha \left(\frac{p-1}{2}, \frac{n-p}{2} \right) \bigg/ \left[1 + \frac{p-1}{n-p} F_\alpha \left(\frac{p-1}{2}, \frac{n-p}{2} \right) \right] \right\}^{0.5}$$

4.3.6.5 典型相关分析

线性相关是研究两个变量之间的相关性的；复相关分析用于分析一个变量与多个变量之间的相关性。本节则介绍用于分析多个变量和多个变量也就是两组变量之间相关性的研究方法典型相关分析(Canonical analysis)。这是一种多元统计分析方法，在交通工程中，其适用于研究土地利用和交通发展之间的相互互动关系、经济发展和交通之间的相互关系等。

如上所述，典型相关分析是研究两组变量之间的整体线性相关关系，其核心是把一组变量当作一个整体进行研究，而不是研究变量两两之间的相互线性关系。其基本思想是，对于两组变量 $Y_1, Y_2, \cdots Y_q$ 和 $X_1, X_2, \cdots, X_p$，求 $\alpha = (\alpha_1, \cdots, \alpha_q)$ 和 $\beta = (\beta_1, \cdots, \beta_q)$，使得

$$V = \alpha_1 X_1 + \alpha_2 X_2 + \cdots \alpha_q X_q = \alpha' Y \tag{4-159}$$

$$W = \beta_1 X_1 + \beta_2 X_2 + \cdots \beta_p X_p = \beta' X \tag{4-160}$$

之间的相关系数最大。称 W 与 V 为典型变量，它们之间的相关系数 ρ 称为典型相关系数。

$$\rho = Corr(W, V) \tag{4-161}$$

因此，典型相关分析研究问题是选择典型的变量的最优线性组合。选取原则是在所有的 W 和 V 中，选取典型相关系数最大的 W 和 V，即选取 $\alpha^{(1)}$ 和 $\beta^{(1)}$ 使得 $V_1 = \alpha'^{(1)} Y$ 和 $W_1 = \beta'^{(1)} X$ 相关系数在 W_1 和 V_1 不相关的线性相关 W 和 V 中最大，重复上述步骤，直到求得所有的 $W_1, W_2, \cdots W_{p-1}, W_P$ 和 $V_1, V_2, \cdots V_{q-1}, V_q$ 为止。一般而言，典型相关分析中常采用第 1 对典型相关变量来综合反映两组变量之间的线性相关程度。

由于典型相关分析涉及许多的数学知识，其数学推导过程相对复杂，本书不予详细介绍，这里只给出典型相关分析的思想，感兴趣的读者可以参阅相关书籍。此外，许多应用统计分析软件都有典型相关分析程序可供使用。

课后习题

4.1 陈述交通信息的特点。

4.2 以地点车速的调查为例,陈述样本确定的方法。

4.3 陈述车辆的15%位速度,中位速度和85%位速度的含义。

4.4 以下列数据为例,计算两个车道的车辆速度均值,并分析其是否相等。

$V1 = [64.636, 64.344, 51.522, 65.229, 54.90, 67.075, 61.558, 84.643, 57.805, 68.365, 57.805, 62.92, 59.004, 70.049, 56.429, 64.932, 58.76, 59.004, 64.344, 59.748, 61.558, 59.004, 58.279, 59.25]$

$V2 = [61.558, 73.299, 74.062, 61.826, 69.706, 72.183, 64.932, 75.638, 63.767, 63.2, 63.482, 68.696, 56.653, 65.229, 75.638, 63.767, 65.833, 72.923, 69.029, 62.643, 70.049, 57.571, 62.643, 57.108]$

4.5 结合上述内容,思考统计在交通中的应用过程。

本章参考文献

[1] 邵志强.抽样调查中样本容量的确定方法[J].统计与决策,2012(22):12-14.

[2] 邵长桥.交通数据统计分析理论与方法[M].北京:人民交通出版社,2012.

[3] 李炬.城市居民出行调查的理论研究与实践[D].西安:长安大学,2011.

[4] 王益.信号交叉口过渡信号期间行人过街行为分析[D].重庆:重庆交通大学,2016.

[5] 徐丽丽.基于交通行为分析的交通组织优化理论与方法研究[D].北京:北京交通大学,2007.

[6] 柴茜.公交站台能力与道路交通流关系模型研究[D].北京:北京交通大学,2009.

[7] 贾佃精.基于出行链的公共交通出行需求预测研究[D].哈尔滨:哈尔滨工业大学,2015.

[8] 王书灵.基于驾驶员心生理反应的山区双车道公路极限坡度坡长研究[D].北京:北京工业大学,2005.

[9] 李淑庆.交通工程导论[M].北京:人民交通出版社,2010.

[10] 王建军,严宝杰.交通调查与分析(第2版)[M].北京:人民交通出版社,2004.

[11] 阎莹,王晓飞,张宇辉,等.高速公路断面运行车速分布特征研究[J].中国安全科学学报,2008,18(7):171-176.

[12] 杨盼盼.汽车未来行驶车速预测[D].重庆:重庆大学,2015.

[13] 徐英俊.城市微观交通仿真车道变换模型研究[D].长春:吉林大学,2005.

[14] 魏明,曹正清.大流量路段路网节点交通流统计分布分析[J].贵州大学学报:自然科学版,2005,22(4):331-336.

[15] 刘丽华.公路交通专门人才预测相关因素研究[D].西安:长安大学,2007.

[16] 徐菲菲.基于微波数据的高速公路交通拥挤检测及旅行时间预测[D].北京:北京交通大学,2016.

第5章 道路交通信息检测技术发展展望

5.1 目前道路交通信息检测技术的需求特点

5.1.1 交通发展状况

经过多年的发展,我国的交通运输系统建设有了长足的进步。但是随着我国经济的迅猛发展,汽车保有量快速上升,交通需求得不到满足。为了有效解决当今交通运输系统所面临的挑战,智能交通将成为交通运输系统发展的一个必然趋势和发展方向。据统计,采用智能交通后,每年交通事故死亡人数就可减少30%以上,并提高交通工具的使用效率50%以上。因此,构建智能交通对提升运输效率具有重要意义。

中国正面临着互联网带来的交通运输效率的提升。"互联网+交通出行""互联网+货物运输"正在重建整个交通运输的生态圈。近几年,"互联网+交通"开始引领智能交通的发展,2018年是智能交通的又一个新的元年,智能交通2.0时代已经到来,智能交通行业会有新的突破和新的变化,其核心就在于智能管控与大数据应用。未来智能交通前沿发展的大思路是万物互联和信息的智能交互,由数据到信息,由信息到知识,由知识到智慧。2018年交通运输部定了个小目标:2018年将加快推进智慧交通和绿色交通发展,提高行业科技创新能力,加快大数据、云计算、物联网和北斗导航、高分遥感等技术应用,推进实现基础设施、载运工具等"可视、可测、可控"。

最近十年是我国智能交通管理的黄金十年,从中央到地方,政策支持、领导重视、资金充足;各类先进技术不断投入使用,云计算、大数据、4G通信、视频智能分析、无人机、多目标雷达等,为提高交通管理信息采集与监测水平,为数据结构化处理和智能化决策提供了强有力支持;信号优化、标志标线优化、区域交通组织优化、道路标志标牌升级改造等,交通基础设施的优化升级,为交通管理水平的提升打下了坚实基础。

在技术上,车联网和智能网联汽车是"互联网+交通运输"最大的热点和方向。2015年7月20日,由密歇根大学主导、密歇根州交通部支持的无人驾驶虚拟支撑——Mcity正式宣布对外开放,这是世界上第一个专门为测试无人驾驶汽车、研究V2V/V2I(Vehicle to Vehicle/Vehicle to Infrastructure)车辆网技术而打造的模拟小镇。2016年3月,阿里巴巴旗下阿里云公司正式启动"城市数据大脑"项目,初期的主要目标是通过分析车辆视频数据,实时调整路口的交通信号时长,以适应道路实际车流情况,提高交通通行效率。

1) 车联网

车联网概念引申至物联网,根据不同的行业背景,对车联网的定义也有所不同。传统的车联网是指装载在车辆上的电子标签通过无线射频等识别技术,在信息网络平台上对所有车辆的属性信息和静态、动态信息进行提取和有效利用,并根据不同的功能需求对所有车辆的运行状态进行有效监督和提供综合服务的系统。

随着车联网技术与产业的发展,车联网的内容越来越丰富,已经超过了上述概念所涵盖的范畴。根据车联网产业技术创新战略联盟的定义,车联网是以车内网、车际网和车载移动互联网为基础,按照约定的通信协议和数据交互标准,在车与车、车与路、车与行人以及车与互联网之间进行无线通信和信息交换的大系统网络,是物联网技术在交通系统领域的典型应用。

车联网是由车辆位置、速度和路线等信息构成的巨大交互网络。通过 GPS、RFID、传感器、摄像头图像处理等装置,车辆可以完成自身环境和状态信息的采集;通过互联网技术,所有车辆可以将自身的各种信息传输汇聚到中央处理器;通过计算机技术,这些海量车辆信息可以被分析和处理,从而计算出不同车辆的最佳路线,及时汇报路况和安排信号周期。

根据美国、欧洲各国、日本、新加坡等车联网的发展历程,车联网的发展历程一般可以分为三个阶段:动态感知,主动管理,人、车、路协同。

中国目前正处于车联网发展的初级阶段——即由动态感知向主动管理过渡的阶段,与发达国家相比还有 15~20 年的差距。受到目前科研技术的发展水平的限制,各国互联网巨头仍然把布局车联网产业的终点放在更有意义、更具有使用价值的信息提供方面,使车辆与智能交通平台联网,实现导航、救援和信息服务等功能,这就是主动管理阶段的主要内容。

目前,国内挖进入车联网市场的巨头中,苹果、谷歌、百度分别推出了 Carplay、Android Auto 和 CarNet,主要目的在于提高驾驶过程中的舒适度;特斯拉最初立足于人车交互,减少车内实体按钮、优化交互,现在也开始做智能驾驶;车载自动诊断系统(On-Board Diagnostics,OBD)类设备、车载导航、行车记录仪等设备同样专注于智能驾驶辅助;高德地图召开的战略发布会上确定未来会回归车载导航,从导航切入车联网。

2)智能网联汽车

智能网联汽车是智能交通系统的重要组成部分,它在智能车辆、车路协同等新兴技术的促进下迅速发展,代表了汽车加快走向智能化、网联化的最新动向。智能网联汽车旨在通过现代传感技术、信息融合技术、控制技术等,实现车与 X(人、车、路、云端等)的全时空信息交互,使其具备环境感知、智能决策、协同控制等高可靠功能,最终实现人车路协同下的全自动化驾驶,在智能网联汽车发展过程中,最为重要的一个研究热点是自动驾驶技术。从当前智能网联汽车的发展来看,自动驾驶不仅应体现在局域范围内的无人化,还应在 V2X(Vehicle to X)技术支持下与道路基础设施建立连接,实现广域范围内的安全自动化。

从发展历程来看,智能网联汽车主要朝着汽车智能化、车路协同这两个方向发展,并于近年来在智能交通系统产业化推广的牵引下走向融合。

(1)汽车智能化发展现状

随着智能控制技术、通信技术在汽车领域的广泛应用,具有高度智能化水平的无人驾驶汽车得到了飞速的发展。与传统汽车相比,无人驾驶汽车减轻了驾驶员操纵汽车的劳动强度,降低了驾驶员不规范操作和误操作对汽车运行安全性的影响,无疑提高了乘客乘坐的舒适性,在某种程度上也提高了汽车行驶的安全性。

在汽车业内看来,汽车智能化是一个渐进的过程,首先是各种智能辅助系统的引入,使汽车能够完成某些特定的"自动驾驶动作",比如变道、超车等,这些单一化的动作,通过该系统变得更加智能化,而这种智能驾驶的最终阶段会发展到无人驾驶。

在汽车智能化研究方面,美国、日本、欧洲等国家和地区的研究起步较早,很多汽车厂家与科研机构都进行了深入研究。1953 年,美国贝瑞特电子公司研制出全球第一台自主导航车。它是由一辆牵引式拖拉机改造而成的,在一间杂货仓库中,沿着布置在空中的导线运输货物。20世纪80年代,美国开展了自主地面车辆(Automated Vehicle Location, AVL)项目,该项目成功开发了一辆带有8个轮子的无人驾驶机器人,该机器人实现了在低俗良好路面上的自动驾驶。1994年,戴姆勒—奔驰汽车公司和德国国防大学的Ernst Dickmanns研制出两辆比较相像全自动化汽车——VaMP和Vita-2,这两辆无人驾驶汽车在巴黎一条三车道公路上以130km/h的速度顺利行驶了1000多千米。1995年,卡内基梅隆大学研制成功了一辆智能车辆Navlab-V,该车完成了横穿美国东西部的无人驾驶试验,行驶路程达上万千米。总体来说,美国以创造应用环境为主,包括支持自动技术的研究、相关法律政策的制定以及基础设施的建设(如DARPA举办的智能汽车挑战赛)。欧盟依托历次框架计划项目对自动驾驶开展了长期持续的资助,开发了一系列试验车型(Cyber Cars系列)。日本则发挥大型汽车企业的主体作用,积极推动智能汽车技术的应用。意大利帕尔马大学VisLab实验室研制的无人车利用太阳能作为辅助动力源,配备激光雷达、摄像机、GPS全球定位设备、惯性测量设备和线控驾驶系统等装置,于2010年经过意大利、斯洛文尼亚到达中国上海。2013年,该实验室研制的无人车在无人驾驶的情况下成功识别了交通信号灯,有效避开行人,成功驶过十字路口、环岛等常见的城市危险路况。2015年,日本丰田汽车公司宣布与斯坦福大学和麻省理工学院合作建造智能汽车研究中心,开发智能驾驶系统,从操作的准确性上提高汽车安全技术。Google公司研制的自动驾驶汽车配备有激光测距仪、GPS设备、视频摄像头、车载雷达等设备,在遵守交通法规的同时能够躲避障碍物,并于Google数据中心相连接实现导航功能,其于2012年在美国内华达州获得上路牌照,总行驶里程已超过160万千米。

中国从20世纪80年代开始自动驾驶汽车的研制开发。1992年,国防科技大学研制出国内第一辆自动驾驶汽车,清华大学、上海交通大学、军事交通学院等都开展过无人驾驶汽车的研究项目。国防科技大学和中国一汽联合研发的红旗无人驾驶轿车红旗HQ3、CA7460等均已在高速公路环境试验成功。清华大学的THMR – V系统于2003年3月在公路上进行了视觉导航试验。上海交通大学于2005年成立了智能车实验室,在欧盟框架计划国际合作项目的资助下开展区域交通中的Cybercars无人车研究。2012年,军事交通学院研制的"军事交猛狮3号"在北京至天津高速公路顺利完成测试,实现了巡线行驶、跟车行驶、自主换道、邻道超车等功能。

由于智能网联汽车具有巨大潜力推动当前社会与经济发展,并可通过改造传统的汽车制造与交通运输行业带来大量的就业机会,发达国家纷纷加大投入进行该领域的研发、试验和示范应用。在中国,智能网联汽车发展已上升至国家战略层面,发展定位从原来车联网概念的一个重要组成部分,向智能制造、智能网联等智能化集成行业转移。目前在上海、重庆、北京、西安等地建立了10多个智能网联示范区,并开展了智能网联汽车部件与应用场景的测试工作。与此同时,科研机构对汽车智能化、网联化的研究,也产生了丰富的成果。

(2)智能车路协同系统发展现状

智能车路协同系统(Intelligent Vehicle Infrastructure Cooperative System,i-VICS)基于无线通信、传感检测等技术进行人、车、路多源信息获取,通过车—车、车—路信息交互和共享,在实时、可靠的全时空交通信息的基础上,结合车辆主动安全控制和道路协同控制技术,实现车辆和道路基础设施之间的智能协同和配合,达到优化利用系统资源,提高道路交通安全、缓解交通拥堵的目标。随着物联网、大数据、云计算等相关技术的兴起,车路协同系统逐渐兴起并成为智能交通系统领域的发展趋势和研究热点之一。

作为引领未来智能交通发展的前沿技术,车路协同系统具有交通要素的实时化和信息化、海量信息的简明化和精确化、用户参与的主动化和协同化、服务组织的柔性化与绿色化的特点,可广泛应用于主动避障、危险预警、驾驶行为监控、实时路径诱导、交通协调控制等领域。

世界各国都在积极推进车路协同相关技术的研究,并取得了一定的进展和成果。美国主要由美国交通运输部(United States Department of Transportation,USDOT)牵头制定车路协同计划与部署,开展了自动公路系统(Automated Highway System,AHS)、IntelliDrive、MCity等研究项目。欧洲政策主要由欧盟委员会制定,代表项目为eSafety。日本则由政府主导,并充分发挥车企的主体作用,稳步发展。国内研究主要集中在高校和科研院所,开展了如"863"计划项目、"车路协同系统关键技术"等研究与示范应用。

中国车路协同系统的研究与发达国家同时起步,经过多年的研究,取得了大量突破性成果。2006年,中国在"863"计划中设立了现代交通技术领域,并成立中国智能交通协会,注重结合实际需求开展研发应用。2010年,国家确定车联网为"十二五"发展的国家重大专项。2011年,由多所高校、研究所、企业组织申请的"车路协同系统关键技术"主题项目通过国家"863"计划立项,并于2014年2月通过科技部验收,该项目完成了车路协同系统的体系框架,攻克了多项关键技术,并进行了车路协同系统的集成测试与演示,实现了10余项典型的车路协同应用场景,完成了车路协同系统的概念性验证,标志着我国智能车路协同技术的发展已经进入实用系统的开发和推广阶段。该项目的科技成果引起了广泛热烈的社会响应,并先后与IEEE智能交通国际会议(ITSC,2014青岛)、第十四届亚太智能交论坛(南京)和2015年汽车工程学会年会(上海)成功进行实际道路现场演示。

2015年,随着"互联网+""中国制造2025"等战略的实施,集成运用大数据、云计算、智能移动互联、智能感知等技术于一体的智能车路协同系统,已经得到政府部门、高校科研院所以及汽车生产和互联网企业的广泛重视。

在工信部的支持下,上海汽车城、中国汽车工程学会、清华大学、同济大学和上海汽车等单位开始在上海建设智能网联汽车示范区,旨在推动智能化与网联化技术的成熟与应用。交通部正联合多家车企制定包括安全规范、通信协议在内的技术标准,中国汽车工程协会(CASE)和中国智能交通产业联盟共同立项编制的《V2X应用层标准》,为智能汽车产业发展奠定技术基础。

此外,国内企业也在积极推进车路协同的应用研究。如以百度、阿里巴巴为代表的互联网高科技企业,以长安、北汽、广汽为代表的大型传统汽车企业,以及华为等通信企业,均结合自身的优势,开展了车路协同相关技术的研究并且取得了阶段性的研究成果,而部分国内量产车型也已不同程度地搭载了驾驶辅助系统。2015年3月,阿里巴巴与上汽合资设立10亿元人民币的"互联网汽车基金",成立斑马汽车,试图打造汽车行业生态圈。百度在2014与宝马、奔驰、丰田、现代、英菲尼迪、沃尔沃六大汽车企业达成合作,2015年又牵手大众、奥迪、通用等,从而使其有机会在智能交通领域与国际接轨。2015年12月,百度实现了混合路况下的自动驾驶测试,展示了无人驾驶研发的最新成果。2016年4月,长安汽车研发的自动驾驶汽车成功完成了2000多千米的自动驾驶测试,智能化水平接近智能网联汽车三级标准。北京星云互联科技有限公司开展了车路协同技术产业化工作,成功推出支持多模式通信的智能车载终端、路侧多模式通信机和路侧协同控制机,并在国家智能网联汽车(上海)试点示范区(一期F1封闭测试区)、国家自然科学基金委支持的无人车竞赛常熟赛场、清华大学校园公交系统、芜湖主城区、包头市石拐区主干道推广应用,也称为部分高校、科研院所开发车路协同应用的基础平台。

但相对而言,在车路协同技术研究领域,我国仍旧缺少类似美、日、欧的大型国家项目支撑,各企业间尚未能形成合力,发展相对较慢。

5.1.2 道路交通信息检测技术的需求特点

随着交通问题的日益严重和智能科技的不断发展,在20世纪90年代智能交通系统被研发出来,并逐渐推广应用到多个国家的交通系统建设中。作为智能交通系统的重要组成部分,交通检测技术是提供交通车辆数据采集和设备监视信息采集的重要技术类型,在实现智能交通、缓解城市交通压力中发挥着越来越重要的作用。

交通检测技术利用网络和通信技术,配合电子设备与检测设备,实现对交通车辆信息的采集和整理,并传输到监控中心,为监控中心进行交通控制方案的制定提供重要信息依据。近年来,科技水平不断提高,车辆网、智能车路协同系统、无人驾驶等先进技术的出现对交通检测技术有了新的需求。

1)信号交叉口实时控制对交通检测技术提出的要求

单点交叉口的信号控制方法大致可以分为3类:定时信号控制、分时段信号控制和实时信号控制。定时信号控制则不管交通环境和时间如何改变,完全采用静态的信号控制方案。基于一天中不同时段的信号控制,将一天划分为某几个时段,每个时段采用一种预先制定的信号配时方法。实时信号控制通过分析实时的交通运行状况,自动优化调整信号配时方案。

随着交通数据检测技术、计算机技术和通信技术的不断发展,交通信号控制已逐步由基于人工观测预置信号配时方案的固定配时信号控制方式,转变为基于实时交通数据的自适应信号控制方式,交通信号控制的发展进入了一个崭新的阶段。各种实时优化信号配时参数的控制技术不断涌现,使城市道路交通信号控制变得更加灵活、控制效果更好。其中,最具代表性的有英国交通与道路研究所开发的SCOOT系统和澳大利亚新南威尔士州开发的SCATS系统。这些系统已在许多国家的城市道路交通控制中获得了较为成功的应用,其控制的主要目的是减少停车延误。

交通信号优化控制系统则可以根据各方向上检测到的车流量信息,实时调整控制周期和各个相位的绿灯时长,对交通流实行合理的引导和控制,以缓解或防止交通拥挤、减少尾气排放和噪声污染及能源消耗、缩短出行延时。

实时信号控制的核心的难点是如何检测准确的、实时的交通信息。当前,信号交叉口处最常用的交通信息检测设备主要包括线圈检测器、超声检测器、微波检测器以及视频检测器等。线圈检测器与超声监测器需要埋设在路面下方,造成其维护成本较高。视频和微波检测器虽然易于安装,同样会导致较高的维护成本。实时信号控制要求尽可能地减少实时交通信息的误差,得到精度高的交通流、排队长度、延误等信息。

2)交通安全对交通检测技术提出的要求

随着汽车数量的急剧增加,交通密度的大幅提高,交通拥堵问题越来越严重,交通事故也呈逐年上升趋势。交通安全问题已经成为当今世界上一个严重的社会问题,众多的专家学者都在研究如何减少交通事故,保障道路交通安全。交通事故预防主要是通过对实时交通参数进行采集,检测是否发生了交通事件,以便及时提醒上游驾驶员。

随着信息技术、传感技术、通信技术、交通对象识别和定位技术的发展,且人们对交通安全与节能减排问题相关的交通需求管理和信息服务更加关注,从而对交通事件自动检测的可靠性、实时性、定位精度等提出了更高要求。各种检测方法均有其优劣之处,对检测技术提出了在实际应用中应将不同的算法加以组合,并在算法中融合神经网络等智能技术及先进的信号处理、模式识别和分类技术等,尤其要重视多种检测方法的交叉验证,提高事件检测效果的要求。

3) 车联网对交通检测技术提出的要求

在车联网环境下,通过车/车路通信技术和信息处理技术,可将车载单元获取的交通信息和路侧系统感知到的交通信息进行有效的信息交互,从而获得更准确、全面的交通信息。

信息感知为车联网提供了信息的来源,是车联网应用的基础,能否实时、准确的获得多元化的交通信息对车联网整体性能的发挥有着重要的作用。针对车联网应用的需求,感知层应具备下功能:

(1) 车辆状态信息感知:主要是车辆在行驶过程中的各种运动状态信息,如车速、轮胎转向、安全的制动距离等,这些信息可实现车辆主动安全预警,并为上层应用提供动态的交通数据,是车联网信息采集重要的组成部分。

(2) 车辆位置信息感知:车辆的位置信息是实现车辆监控、路径优化、辅助驾驶的基础,采用定位技术准确的获得车辆的定位信息,是车联网上层应用的重要组成部分,也是车联网信息采集部分的重要交通信息元素。

(3) 道路环境信息感知:道路环境信息主要包括路面的车流量、交通信号、行人及非机动车等信息。通过相应传感器设备,可获得道路全面的路况信息,这对提高道路交通安全及通行效率有着重大帮助,因此,通过车辆检测器获得道路上的车辆信息是车联网信息采集部分的内在要求。

车载单元主要通过两种途径获取车辆运动状态信息及本身的属性信息:一是通过部署传感器检测装置;二是通过车载 CAN 网络获取行车电脑的信息。采用两种信息采集方式相配合,可获得车辆全面的状态信息。其中车辆位置信息的获取,一般是通过定位装置获得车辆的经纬度信息,这些车辆状态信息是车载单元交通信息采集中重要的信息元素。能够实时、准确的获得这些信息对实现交通诱导、安全预警有着重要作用。

路侧单元交通信息可分为静态和动态信息,静态信息一般指路段固定不变的交通信息,如路段长度、车道数量、交通诱导标志等。动态信息是指随时间而变化的交通信息,如车流量、车辆速度、道路占有率、红绿灯状态信息等。传统的动态交通信息采集技术有感应线圈检测技术、雷达检测技术等。感应线圈检测器的应用较为普遍,具有检测精度较高、稳定性好的特点,但施工难度大,不方便进行维护。雷达检测器具有环境适应能力强、检测区域较广特点,但其检测精度不高。新型信息采集技术有地磁检测技术、视频检测技术、行人检测技术。地磁检测器具有体积小、环境适应能力强、易于安装维护等优点,得到行业一致认可。视频检测器在车辆排队长度等方面有一定应用,但易受环境干扰、环境适应能力差。激光检测器不易受环境影响,但成本较高。行人检测器用来检测人行道上行人信息,用来辅助行人安全通行。通过各种检测设备相配合,可获得全面、准确的交通信息。

4) 无人驾驶汽车对交通检测技术提出的要求

无人驾驶汽车通过车载传感系统获取道路环境信息后自动规划行驶路线并控制车辆的速度及转向,进而实现车辆在道路上安全可靠地行驶。无人驾驶汽车的关键技术主要包括对道路环境的感知、对行驶路径的规划、对车辆运动行为的智能决策及对车辆实现自适应运动控制。目前环境感知技术发展的不成熟仍旧是阻碍无人驾驶汽车总体性能提高的主要原因,也是无人驾驶汽车进行大规模产品化的最大障碍。近年来我国智能车未来挑战赛统计结果显示,大多数赛车失分主要是由于环境信息的提取可靠性差、无法准确识别车道标线、道路边界及前方车辆等原因。无人驾驶汽车道路环境信息的提取技术主要包括机器视觉技术、雷达探测技术、超声波探测技术、车间通信技术等,而在这些技术当中,机器视觉技术因其信息量丰富、成本低廉、便于后续决策处理等优势被公认为是目前最为有效的感知方式之一;而雷达探测技术因其能够快速准确地获取空间中的位置信息且受光照条件影响较小的优势也被广为使用。

无人驾驶汽车依赖于道路检测技术、前方车辆识别技术及障碍物检测技术。

道路主要分为结构化道路和非结构化道路。所以道路检测技术分为两个方面。一是对于结构化道路来说,道路检测的目标是车道标线;另一方面对于非结构化道路来说,道路检测的目标是道路边界。

要保证无人驾驶汽车在复杂拥挤的交通环境中能够安全行驶,就需要对前方车辆的动态信息感知具有较高的精度。因此前方车辆识别技术要求实时性较好,受光照及其他环境因素的影响程度小,避免车辆误检,漏检,能够在背景运动的场景下分析出运动目标的数量、相对运动速度和位置等。

障碍物检测要求能够准确获取前方障碍物的相对距离,且不易受光照条件的影响,获取障碍物的形状和纹理信息,对障碍物的提取效果较好以及实时性好。

5) 智能车路协同系统对交通检测技术提出的要求

车路协同技术能够缓解交通拥堵的关键在于智能路测系统对于路况信息的采集和反馈。多通道的交通状态信息的辨识和采集主要包括多通道交通流量监测、路面湿滑状态信息采集、交叉口行人信息采集、道路异物侵入信息采集、密集人群信息采集以及突发事件快速识别与定位。信息采集到后,上传的通信模式也多种多样,支持的通信模式包括无线广域网、无线局域网、专用短程通信、自组织网络、传感器网络、蜂窝—3G等。保证了车路协同技术信息能够顺畅上传。车路协同系统明确地展示了道路交通参与者:人、车、路三者之间的相互智能交流,作为当前最为智能的交通重要发展理念和解决交通问题的有效解决手段,已经获得世界上多数的国家的认可,并在投入实施的过程中得到了大力支持。

车路协同系统可以分为智能路测系统与智能车载系统两个子系统。其中智能路测系统主要承担交通流信息(主要包括车流量、平均车速、异常路况等)获取与发布、路测设备控制、车—路通信、交通管理与控制等任务;智能车载系统主要完成车辆自身的运动状态信息及车辆周围环境信息获取、车—车通信/车—路通信、安全预警及车辆辅助控制等任务。智能路测系统与智能车载系统通过车—路通信进行双方信息的传输与共享。

智能路测系统中车辆行驶信息、交通流信息的获取以及智能车载系统中车辆自身的运动状态信息及车辆周围环境信息获取对交通检测技术提出了要求,在实现车辆外部环境感知的技术中,机器视觉被公认为目前最有效的感知方式之一,视觉系统为车辆提供了最为详细可靠的环境信息。而且,使用机器视觉系统获取环境信息,具有信息量大、成本低廉等优点。智能路侧系统主要实现交通流信息采集,以及道路路面状况、道路几何线形、异常事件信息的采集。其中道路几何线形的识别涉及的主要技术之一就是车道线识别,也就是说基于路测视频实现车道线的识别。智能车载系统主要实现本车行驶信息以及周围行车环境信息的采集,其中本车周围障碍车辆的检测与跟踪是行车环境信息采集的主要内容之一。而基于车载视频进行车辆识别与跟踪是极具挑战性的任务,要求交通检测技术克服以下困难:①车载相机和待检测车辆目标同时运动,且存在抖动和颠簸;②本车周围可能同时存在多台车辆,各车辆之间可能存在遮挡问题;③车辆驾驶过程中存在盲区,若要消除盲区则需要增加传感器数量,从而导致检测成本增加。

5.2 道路交通信息检测技术的研究方向

5.2.1 磁频车辆检测技术的发展趋势

环形线圈检测器数据预处理技术的研究,可以为交通管理系统和交通信息系统提供具有质量保证的数据。本书提出了环形线圈数据预处理的基本过程和方法,讨论了在各种不同条件下的适用性问题。随着技术的发展,对交通数据的精确性要求也越来越高,针对数据预处理的方法还需要在以下几个方面进行深入的研究:

(1)深入研究数据采样间隔对交通流参数的影响情况,建立采样间隔与数据质量之间的定量关系模型。给出不同条件下的最佳采样间隔选择标准。

(2)随着检测技术的发展,更新、更好的交通检测技术不断出现,数据的采集出现多源化的现象。考虑多种来源数据融合情况下的数据预处理方法就显得尤为重要,同时能避免单一数据来源的不足。

(3)单线圈检测器速度估计中平均有效车身长度是很重要的一个先验参数,考虑其确定方法就显得非常重要,这将在后续研究中展开。

5.2.2 地磁式检测器的发展趋势介绍

任保利提出采用三轴地磁传感器,结合车辆地磁检测信号的特点,经过小波滤波处理、车辆参数计算、提取车型特征向量和聚类分析,最后采用模糊模式识别方法判定车型,设计一种基于三轴地磁传感器的车辆检测系统,以提供实时的车流信息和统计信息,为智能交通控制系统进行最优控制提供服务,以此达到公路交通的优化管理。

5.2.3 WSN的发展趋势介绍

吴义魁首先从动态载荷信号着手,深入分析载荷信号的构成及特点,指出高速动态称重过程中难点在于消除低频动态载荷对真实轴重的影响;通过对载荷信号模型的进一步分析,发现载荷处理的难点可以转化为低频载荷频率的估测问题。据此通过引入无线传感器网络技术,构建分布式汽车动态称重系统,提出一种基于WSN技术的动态称重系统和一套基于WSN技术的动态载荷处理方法。为动态称重系统的设计和动态载荷信号的处理提供了新的技术平台和新的理论方法。本书具体研究工作分为以下几个方面:

(1)动态载荷模型研究,分析各种因素对动态载荷的影响以及动态载荷对动态称重精度的影响,找出解决动态称重中的难点的关键所在,提出解决方案。

(2)无线传感器网络技术应用于高速公路动态称重的优势研究,以及基于无线传感器网络技术的动态称重系统(WSN-WIM)的设计研究。提出WSN-WIM系统的概念,给出基于WSN技术的动态称重系统的具体软硬件设计方案和方法。

(3)基于WSN的动态载荷处理方法研究。利用传感器网络各节点的协作,对载荷频率进行估测,通过利用基于三参数的正弦波拟合算法对动态载荷正弦波曲线进行拟合,建立线性方程组,采用高效算法和一定的信息处理方法提高称重精度。

(4)基于灰色预测理论的称重传感器故障研究。指出在 WSN-WIM 系统中,传感器的校验是一个关键性问题,提出基于灰色预测理论的称重传感器故障诊断方法和灰色预测模型优化方案,进一步提高 WSN-WIM 系统的称重精度与系统稳定性。

5.2.4 波频车辆检测技术的发展趋势

雷达检测主要是利用被测物体对电磁波的反射回波来实现目标检测,雷达检测与光照、气候等因素无关,可以做到全天候实时测量。因此,雷达检测技术在交通信息监测领域逐渐被关注。交通信息采集雷达系统能够对道路上的交通信息进行全天候的检测,对车辆进行分类并统计出道路上的车流量、平均车速、道路占有率等信息。

目前,连续波雷达体制主要包括无调制的连续波(Continuous Wave,CW)、频率键控(Frequency Shift Keying,FSK)、线性调频连续波(Linear Frequency Modulation Continuous Wave,LFMCW)以及复合体制。CW 体制主要用于测量目标的速度,目前市场中使用的测速雷达绝大部分采用的是 CW 体制,但是该体制无法测量目标的距离信息,所以不能满足交通信息采集雷达的应用需求。FSK 体制能够测量目标速度、距离以及不同速度的多个目标,实现技术比较简单。在雷达信号实时采集、处理的硬件系统设计的基础上,进行整个系统的软件设置,提高系统对多目标的检测性能。该雷达既可以对交通道路进行实时监测、获取车辆目标基本信息,又可以实时存储采集到的雷达回波数据。录制的实时数据为后期的学习、研究提供了便利的条件。

5.2.5 微波检测器发展趋势介绍

微波检测器现在运用于动态交通事件检测系统,动态交通事件检测系统依托已有的河北省高速公路联网监控系统进行建设,主要功能包括实时、自动获取示范路段流量、平均车速、车辆占有率等交通参数,实现高速公路运行状态的全天候自动检测,并据此进行相关监控业务的处理。

动态交通事件检测系统由外场微波车辆检测、数据传输通道、道路监控中心动态交通事件检测系统软硬件、指挥调度中心动态交通事件检测系统软硬件构成。该系统以 Java 为主导技术搭建基础技术框架,同时整合了大量专项技术,使整个系统具有安全、稳定、可扩展、可兼容、可匹配等特点。

5.2.6 超声波检测的发展趋势介绍

超声波微波组合式车辆检测器的传感器安装在车道正上方。超声波传感器垂直于路面安装,微波传感器与路面成 30°迎车头方向安装。主控系统通过传感器发送固定频率超声波、微波并接收反射回波,分析判断是否有车通过,进而计算车速并对车辆进行分型。车辆分型的原理是通过超声波传感器对社会上主要类型车辆经过时产生的波形图建立动态车辆数据库,然后与现场经过车辆的超声波扫描信息进行对比,最后再结合微波传感器测出的车速、计算的车长,分析得出该车属于何种类型车辆。在本书中,超声波传感器主要负责扫描车轮廓及流量统计,微波传感器主要用来检测车辆速度并计算车辆长度。传感器安装示意图如图 5-1 所示。

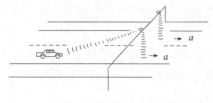

图 5-1 传感器安装示意图

当检测断面不按车道行驶的车辆较多或车道超宽时,容易出现漏检现象,此时可在上述方案配置基础上,每条车道再增加1个超声波传感器,以减少漏检。为保证超声波传感器检测精度最佳,其安装高度应控制在4.8~5.81m内,隶属于同一主机系统的传感器安装高度差应小于0.3m。同一车道的微波变送器与超声波变送器之间的安装高差不大于0.5m,水平距离不大于0.3m。由于主机与传感器之间的通信是有线传输的,所以主机与传感器的距离应尽量在150m之内,以减少信号衰减和干扰的影响。主机与监控中心则可以通过光纤或无线网络进行数据传输(3G或4G网络);无线网络传输时,还可同时进行多点传输。

超声波微波组合式车辆检测器目前可准确检测9种车辆类型,识别率大于90%;车流量、车速的检测准确率更是可达95%以上。设备具有以下性能特点:能识别客、货车;可检测车流量、车型、车速、占有时间、车头时距等信息;安装调试方便,不破坏路面;经久耐用,后期维护简单;检测不受遮挡;能准确检测静止车辆;能准确检测车间距小的车辆;能全天候工作,不受光线影响;主机支持有线和无线两种传输方式,无线传输可同时进行多点传输。

通过对超声波微波组合式车辆检测器性能与特点的分析,我们可以将此设备应用在各主要路段进行路面交通信息采集,而且前期总投入不高,后期维护简单易行,是各交通流量调查站的首选模式。

5.2.7 视频检测的发展趋势

交通视频检测系统可以分为两大类:通用计算机检测系统和嵌入式检测系统。目前,大多数采用的仍然是通用计算机系统,因为这种系统基于操作系统平台和各种通用板卡,开发难度小,但通用计算机系统往往难以小型化。另外,由于基于操作系统平台,资源开销大,难以保证图像处理的实时性,而且功耗大,很难适应恶劣的户外环境,长期运行的可靠性不高。嵌入式视频系统是专用的计算机系统,基于高性能嵌入式图像处理器,运算速度快,功耗小,体积小,实时性高,非常适合户外环境运行,必将取代通用计算机视频检测系统,成为系统中最重要的交通信息采集方式。

一方面,由于起步较晚,国内关于交通视频检测器方面的工作大多模仿国外产品。基本上都是利用现成的工控机和视频采集卡,自己开发图像处理和管理软件组合而成。从某种程度上讲,这些交通视频检测系统都是实验系统,不是完整意义上的交通视频检测器产品。虽然在视频采集处理中采用了相应的算法和方法提取目标物,但处理能力有限,难以满足日益复杂的图像处理算法对处理器存储空间的要求,也只是做地址译码等逻辑操作,算法和功能扩展的空间较小。

另一方面,由于图像处理算法对处理器的要求较高,早期的处理器难以满足许多复杂算法在实时性方面的要求。随着处理器工艺及芯片设计技术的不断发展,世界上顶级的处理器供应商们已经能够为工程师提供满足大多数工程需要的高性能数字处理器。

作为全天候视频监控的一部分,夜间车辆的检测与跟踪问题成为当今困扰学术界的研究难之一,在晚上,光线暗,车身可见度低,车灯光晕易引起背景的混乱,从而极大地加深了检测的难度,因此夜间车辆检测其复杂的光照条件一直是个棘手的问题。

针对夜间条件下,通过将分水岭分割算法与直方图双峰法相结合,并以梯度滤波法为基础,对拍摄的夜间车辆视频进行车灯提取,再结合车灯匹配原则,设计了一种新的车灯匹配与跟踪算法,进行车灯配对与跟踪,不仅很好地实现了运动车辆检测与分割问题,还在一定程度上提高了算法的准确度,降低了算法的运算量,使处理效果更加完善。

作为夜间行车时最为显著的特点,一些学者会将车前灯或尾灯作为检测目标,针对的是拍摄的视频中的每一帧。首先,提取一帧视频图像进行灰度化处理,然后进行一系列的图像预处理,主要有去噪、形态学处理以及图像增强等,接着就是车灯的提取与配对,提取的车灯主要是具有显著特征的车前灯,最后就是完成车灯的配对与帧间跟踪,根据车灯的配对规则设计了一种新的车灯配对与跟踪算法,以便于车流量的统计。

在车灯提取方面,由于用摄像机拍摄的视频图像含有大量的噪声,例如白噪声和椒盐噪声,这些噪声的存在对检测算法的运行结果造成了不可忽视的影响,因此在算法运行前需要对拍摄到的视频图像进行预处理,具体包括图像灰度化、图像滤波处理以及形态学处理等。之后,进行车灯分割,传统的车灯分割算法是假设拍摄到的车辆图像包含前景与后景两部分,通过灰度化处理并绘出其二值化图像,根据二值化图像进行车灯提取。但通过分析可以知道拍摄夜间车辆行驶视频图片的像素值呈现出了极大与极小的特性,因此,采用直方图双峰法进行车灯的提取。之后进行车灯配对及跟踪,以完成对夜间车辆的检测。

与传统的方法相比,视频检测提高了车辆检测算法的准确性与实时性。可以有效地去除夜间视频图像中所包含的环境光、路面反射光以及拍摄视频时所包含的各种噪声,能够很好地完成包括车灯配对、车灯跟踪和车流量统计等任务,在夜间车辆检测上具有一定的实用性和先进性。

无人驾驶飞行器简称无人机,是指机上没有搭载驾驶员,能够在大气层中或者超低空进行飞行,可以通过地面实时控制飞行路线和飞行状态的一类飞行器。近些年随着无人机研发技术日益成熟,无人机在民用领域各行业的应用开发成为热门的研究课题,比如应用无人机对森林、大桥、堤坝等进行大范围高空巡查,提供现场信息,起到预防事故发生的关键作用,另外还有诸如航空测绘、资源勘探、农业病虫害防治、水文研究、影视拍摄、灾区抢险救援等广泛的应用。无人机与行业应用的结合,大大地拓展了无人机本身的用途,发达国家也在积极扩展行业应用与发展无人机技术。

无人机具有低成本、易部署、高机动性、大视角范围和统一尺度等优势,在交通领域具有广阔的应用空间和巨大的潜在应用价值。通过无人机实现交通视频图像采集,结合图像处理技术,为交通监测和交通数据采集提供了一种新的方式。与传统的地面交通传感器和低角度摄像机相比,无人机可以通过调整飞行高度记录不同路段长度的数据,满足不同的研究需求。与低角度摄像机和浮动车技术等手段相比,采用无人机拍摄视频的方式对道路车辆影响更小,能够从高视角更准确地检测车辆位置。研究基于无人机视频的运动车辆检测方法不仅能够丰富基于无人机视频的交通信息获取技术的理论基础,同时有助于无人机的交通行业应用推广,具有重要的理论与实际意义。

基于无人机等低空平台视频的车辆检测算法可以分为两种思路,一种是事先没有获取任何先验参数,设法直接从视频图像序列中获取目标的相关信息,进行运动目标检测,获得视频中的运动区域,然后进一步判断车辆目标。另一类方法可以称为基于模型驱动的检测方法,需要采集待检测的特定目标(如行人、车辆等)的颜色、形状、纹理等特征,经过特征训练得到模板或者分类器,通过搜索待检测图像序列得到候选样本,并逐一对候选样本进行匹配度计算,运用之前经大量训练建立的分类器完成样本的分类,达到检测的目的。

对于从无人机视频中提取运动车辆目标,在检测方法设计上的关键环节可以分为运动目标检测和车辆识别与提取两部分。运动目标检测的目的是从视频背景中提取出属于运动目标的前景区域,这一步在无人机视频中的技术难点是应对背景的运动,尽可能地减少无人机运动对检测结果的干扰。车辆识别和提取就是要从检测出的前景区域中,判断属于同一车辆目标的区域,进行前景检测结果的划分,最终得到正确的车辆目标。

5.2.8 移动式车辆检测技术的发展趋势

1)FCD 发展趋势

德国早在 20 世纪 80 年代就开始了 FCD 技术研究,2001 年,德国宇航中心交通研究所在柏林交通管理中心建立了世界上第一个实际运行的 FCD 系统,系统采用柏林的 600 辆出租车作为检测单元,该系统于 2003 年已经开始商业运行,其他如慕尼黑、斯图加特、纽伦堡、汉堡、阿姆斯特丹以及维也纳等二十多个欧洲城市都采用德国宇航中心 FCD 技术作为城市道路交通信息实时采集的主要技术手段。2005 年,日本名古屋基于浮动车信息的动态路径引导系统建成。

我国道路交通信息采集研究与应用工作起步较晚,近年来,北京、上海、广州、杭州、宁波、厦门等城市已经拥有了一定规模的浮动车,一些大专院校、科研机构和企事业单位先后开展了浮动车交通信息采集与处理技术的国际合作或自主研发工作。宁波于 2004 引进德国技术,是国内第一个开通 FCD 交通信息采集系统的城市,通过分布在城市路网上的装有 GPS 终端设备的出租车浮动车辆数据,实现大范围城市道路交通信息的采集,并广泛应用于交通信息实时发布、交通诱导、交通管理和分析等。通过多年的运行,宁波市 FCD 系统为宁波市交通管理的提高发挥了重要的作用。但总的来说,国内对浮动车技术缺乏系统性研究,相关工作仍处于起步阶段,有关 FCD 技术的实际应用也很有限。但由于浮动车的大规模应用将极大地改善城市交通状况,其发展潜力巨大。

2)RFID 交通检测技术发展趋势

德国柏林市议会在 1999 年为了建立一个新的交管中心,进行了一个交通信息搜集计划(Traffic Data Collection for Central Traffic Monitoring)。此计划为在柏林的主要道路,选定三处测试点,每一测试点的每一车道皆安装读取器,借以搜集通过车辆数、两测试点之间的平均车速及确认车辆类别。此测试使用 Traffic Supervision Systems,也称之为被动式系统,系统架构为在车辆底盘安装电子卷标,路面底下安装天线,读取距离为 1.2m,可读取之车辆速度为 0~180km/h。此系统的特点是通过在路面底下安装天线,除了可以读取电子卷标外,也具备金属侦测功能。

美国佛罗里达高速公路利用 RFID 电子卷标(E-Pass and Sun-Pass)进行汽车旅程时间的测量。此系统利用路侧的 RFID 读取器,从已安装 E-Pass 或 Sun-Pass 的大约一百万辆车中,搜集其中电子卷标的讯号。此系统的电子卷标安装于车辆挡风玻璃上,当车辆通过装在路侧读取器通讯区域时,系统可追踪个别车辆通过不同路侧读取器的时间,进而可以提供平均旅程时间信息给大众参考。

南京市已经将 RFID 技术用于车辆信息采集中。南京交通部门在给南京市注册的机动车辆贴上电子标签之后,在道路上设置双基站,其上面有视频抓拍和感应器,通过这个技术对过往的车辆进行信息采集,然后汇集到南京的交通信息中心。通过 RFID 技术采集到两类信息静态信息(包括车辆本身的基础信息和相关车辆的环保、审验、运营、维修等信息)和动态信息(即车辆的入网和运行轨迹,包括行车轨迹、危险品运输信息、驾驶习惯等)。

目前,南京市的规划如下:首先对80万的本地车辆贴上电子标签,利用RFID技术来采集,在全市道路设置1000多个基站采集点,然后数据汇总到交通数据中心,数据中心上面建设一个共享平台,平台上面设置各个不同的管理模块,如低碳环保管理、交通疏导指挥系统、危运车辆管理等。南京市交通部门通过RFID技术采集交通信息提升公共交通服务水平,主要是对公众提供车辆诱导、停车诱导和交通诱导,通过这样的系统建设,最终达到的目标是实现一个车联网信息服务系统。目前该系统已经可以采集到的信息包括车辆的车牌号、环保等级、年检记录及车辆信息等显著的标记。

此外,RFID技术的优越性,特别在交通行业应用的优越性,已经引起交通部门的重视。"发展推广RFID、传感器网络技术"被列入我国《信息产业科技发展"十一五"计划和2020年中长期规划》。RFID技术已广泛运用到交通运输行业,在高速公路联网收费、多路径识别、道路运政管理、不停车电子收费、车辆识别、车辆跟踪等都有应用。

目前,在智能交通中,RFID技术主要用于交通监管领域,例如高速公路的收费系统、车辆证照信息管理、车辆跟踪定位等,可记录车辆相关详细信息和行驶路线以及是否超出营运范围,还利用RFID技术统计交通流量等数据,为交通规划提供准确依据。

此外,将RFID技术用于关键交通信息采集中,其原理简单,使用方便,不需要昂贵的交通信息采集设备和复杂的交通信息处理过程,也不需要安装设备时对道路的破坏。RFID交通信息采集只包括RFID读卡器、电子标签、后台数据库即可,其中电子标签只需贴在车辆前端挡风玻璃上,RFID读卡器安装在路面上方,可以与交通灯、电子眼安装在一起,后台数据库安装在交通信息中心即可。其中RFID读卡器利用光纤或数据线与后台的计算机连接,从而将进入RFID读卡器的读卡范围内检测车辆及时准确地记录,为宏观上获取交通信息提供数据。

但缺点是,需要将标签永久固定在车身、船身的适当位置如汽车的挡风玻璃上,前期贴标工作需要投入大量的时间和精力。智能交通的实现需要两个前提条件:工芯片制造成本的大幅度降低和国内民众对技术的广泛接受。

3)基于公交IC卡的交通检测技术发展趋势

1996年韩国首尔市开始使用IC卡收费系统,2007年全市的公交乘客和75%的地铁乘客使用IC卡,并在2004年开始推广装备GPS的分段计价IC卡系统。结合GPS数据和公交IC卡数据对不同类型线路的不同时段乘客的刷卡规律、运行速度等进行了分析,并利用运营公司的调查结果对分析结果进行了验证。

日本的神户大学利用地铁的IC卡交易数据分析乘客的乘车行为。研究人员利用乘客的出行时间优化列车行车计划,以提高地铁的服务质量,并利用新政策实施前后乘客出行的变化来评价政策的实施效果。

加拿大的蒙特利尔大学将数据挖掘技术应用到公交IC卡交易数据的分析中。研究人员利用数据挖掘技术分析不同持卡类型乘客的出行行为在时间上的差异,并准备借助空间分析手段进一步提高挖掘深度。

英国的威斯敏斯特大学将公交IC数据用于公共交通市场的分析,包括人均刷卡次数、乘客出行的时间和区域分布等。但是,由于所利用的交易数据也是上车刷卡,下车不刷卡,因此无法获取出行距离等信息,另外出行目的也要由调查来获取。

4)基于手机定位的交通检测技术发展趋势

相比于环形线圈与浮动车辆采集技术,基于手机无线蜂窝网络定位采集信息的基本原理是利用移动通信网络的蜂窝结构实现初步定位,再结合地图匹配技术提高定位精度,然后利用最优路径搜索算法和数据挖掘等方法,得到路网实时或者短期预测的交通路况,以及推算车流状况等,从而获取相应的交通信息,为交通出行提供诱导信息服务,此项技术将是交通数据采集的一个重要的发展趋势。

据工业和信息化部公布的数据显示,截至 2011 年 1 月,中国手机用户已经达到 8.69 亿。如此大规模的手机拥有量,为基于手机定位技术的交通数据采集提供了数据基础。

由于道路总是分布在蜂窝通信网络覆盖的区域内,可以通过手机定位数据来估计用户的大概位置,对大量手机用户的位置进行分析和挖掘之后,估计出行路段的行程车速、行程时间、拥堵状况等相关参数。通过对部分路段的交通状况的研究,逐渐扩展到全网范围内,从而估计整个道路网络的交通状态。

基于手机定位的交通信息采集技术无须额外安装与维护费用,不需要对终端进行升级改造,具有投资少、海量数据、全天候采集等特点,这对于像我国这样的发展中国家来说具有重要意义。另外,该技术采集到的交通信息遍及整个路网,而不是仅局限于预定的地点。手机蜂窝移动定位技术是一种不依赖于 GPS 的无线导航与定位技术,为中国特大城市海量的交通信息采集这一难题提供了一种解决问题的方法,具有广阔的研究和应用前景。

课后习题

5.1 陈述交通检测技术的需求特点。
5.2 以视频检测为例,陈述检测器的发展趋势。

本章参考文献

[1] 张永忠,张军强,李颖宏.多路环形线圈车辆检测器设计[J].电子技术应用,2013,39(11):23-26.

[2] 邢磊.车辆检测技术研究[D].重庆:重庆大学,2013.

[3] 杜荣义.基于感应线圈道路交通流检测系统研究与设计[D].长沙:长沙理工大学,2009.

[4] 夏发钦.利用地感应线圈检测机动车辆的原理与实现[D].武汉:武汉科技大学,2011.

[5] 任保利.地磁车辆检测与车型分类算法研究[D].广州:华南理工大学,2012.

[6] 蔡晓庆.基于磁感应的交通系统辨识关键技术研究[D].广州:华南理工大学,2012.

[7] 汪伟利.基于磁阻传感器的高速公路车辆检测系统的研究与设计[D].西安:长安大学,2013.

[8] 张君.基于地磁的智能交通车检系统的研究[D].杭州:杭州电子科技大学,2013.

[9] 苏东海.基于地磁感应的交通流检测方法研究[D].天津:天津大学,2007.

[10] 李盼.基于地磁信息的车型识别技术的研究[D].北京:北京交通大学,2015.

[11] 陈毅强.无线传感网络地磁车辆检测系统的研究[D].西安:长安大学,2013.

[12] 白云婷.无线式地磁车辆检测器的研究[D].西安:长安大学,2012.

[13] 吴义魁.基于 WSN 的高速动态汽车称重研究[D].南昌:南昌航空大学,2011.

[14] 佟阳春.基于浮动车和 WSN 的交通数据处理方法研究[D].大连:大连理工大学,2012.

[15] 杨奕聪.基于 WSN 的智能交通管理系统的设计与研究[D].北京:北京邮电大学,2014.

[16] 古沐松.基于 WSN 的分布式自适应交通监控系统的关键技术研究[D].成都:西南交通大学,2014.

[17] 胡蓓蕾.基于WSN车辆信息采集方法及相关技术的研究[D].合肥:合肥工业大学,2014.

[18] 樊春燕.基于无线传感器网络的车辆监测系统的设计与实现[D].苏州:苏州大学,2015.

[19] 张军强.基于无线传感器网络的地磁车辆检测技术[D].北京:北方工业大学,2015.

[20] 肖力.基于ZigBee无线传感器网络的车流量检测系统设计[D].广州:华南理工大学,2015.

[21] 董彩芳.基于车载视频的行人检测方法研究[D].沈阳:沈阳航空航天大学,2018.

[22] 王进展.基于雷达多普勒交通检测的信号分级控制方法[D].青岛:青岛理工大学,2018.

[23] 王妍.基于无人机视频的运动车辆检测研究[D].北京:北京交通大学,2017.

[24] 楚翔宇.基于深度学习的交通视频检测及车型分类研究[D].哈尔滨:哈尔滨工业大学,2017.

[25] 朱晓勇.LFMCW车流量监测雷达信号处理技术研究[D].西安:西安电子科技大学,2017.

[26] 杨婷.停车场车流量视频检测关键技术研究与应用[D].太原:中北大学,2017.

[27] 方玉杰.基于超声波检测的垂直泊车技术研究[D].合肥:合肥工业大学,2017.

[28] 石淑珍.基于微波车检器的动态交通事件检测系统[J].中国交通信息化,2016(12):119-122.

[29] 张运胜.基于视频的城市道路交叉口场景中车辆检测方法研究[D].南京:东南大学,2016.

[30] 冯毅超.基于夜间交通视频的车辆检测与跟踪[D].北京:北京交通大学,2016.

[31] 丁宏飞.城市快速路交通信息提取与协同优化研究[D].成都:西南交通大学,2015.

[32] 魏丽彬.超声波微波组合式车辆检测器在智能交通系统中的应用研究[J].公路交通科技(应用技术版),2015,11(06):356.

[33] 田苏慧敏.基于视频图像处理的车辆检测与车流量统计平台的设计实现[D].银州:宁夏大学,2015.

[34] 胡耀民.基于视频的车型识别关键技术研究[D].广州:华南理工大学,2014.

[35] 向金海.视频中运动目标检测与跟踪相关问题研究[D].武汉:华中科技大学,2014.

[36] 程健.基于三维激光雷达的实时目标检测[D].杭州:浙江大学,2014.

[37] 李子龙.智能交通系统中视频目标检测与识别的关键算法研究[D].广州:华南理工大学,2014.

[38] 田鹏辉.视频图像中运动目标检测与跟踪方法研究[D].西安:长安大学,2013.

[39] 江晟.混合交通视频检测关键技术研究[D].长沙:吉林大学,2013.

[40] 刘嘉祁.道路交通流量自动检测系统研制与应用[D].长沙:湖南大学,2013.

[41] 张燕燕.基于视频的交通流量检测技术研究与实现[D].成都:电子科技大学,2013.

[42] 许洁琼.基于视频图像处理的车辆检测与跟踪方法研究[D].青岛:中国海洋大学,2012.

[43] 樊兆宾.通检测与超速抓拍一体化系统设计[D].西安:西北工业大学,2007.

[44] 蔡超.基于手机定位数据的城市路段行程车速提取[D].昆明:昆明理工大学,2011.

[45] 马丽.基于手机定位及聚类的高速公路实时交通参数估计研究[D].重庆:重庆大学,2005.

[46] 马黎.基于RFID的关键交通信息采集技术研究[D].广州:广东工业大学,2011.
[47] 黄威.基于RFID的智能交通系统的设计与实现[D].西安:西安电子科技大学,2012.
[48] 吴美娥.对公交IC卡数据处理分析及应用的探索[D].北京:北京交通大学,2010.
[49] 叶加圣.基于FCD技术的道路交通信息采集与交通动态诱导系统[D].合肥:合肥工业大学,2009.
[50] 韩舒.基于FCD的道路实时信息精度检验与改善方法研究[D].上海:同济大学,2008.
[51] 张雷元,袁建华,赵永进.基于FCD的交通流检测技术[J].中国交通信息化,2008(2):133-135.